贵州师范大学传媒学院

思雅传媒丛书

主编 黄葵

中国近代
石印报刊研究

基于场域理论的视角

曾 丹 著

社会科学文献出版社
SOCIAL SCIENCES ACADEMIC PRESS (CHINA)

目 录

contents

绪　论

第一节　选题缘起

本书系以中国近代石印报刊为研究对象的报刊史之书写。报刊出版的过程融入了诸多媒介技术，印刷术在其间不可或缺。雕版、石版、铅字等印刷技术均曾被中国近代报刊业采用，形塑出不同的报刊样态。对于报刊史的研究者而言，从报刊的印刷方式入手，或许能够发现一些从其他视角看来不那么明显的问题，从而产生新的问题意识。

1838 年创刊的《各国消息》，被学界普遍视为中国石印报刊之滥觞。1838 年至 1949 年，石印报刊一直是中国近代新闻场域中的结构性组成部分，其中不乏《点石斋画报》《时务报》《农学报》《蒙学报》《小说画报》《边区群众报》《晋察冀日报》等具有长久而广泛影响力的刊物。目前，针对中国近代石印报刊的系统性学术研究尚付阙如。

现阶段的报刊史研究，在一定程度上忽略了不同印刷媒介所构建的报刊的历史。铅印是近代报刊最主流的印刷方式。《中国近代报刊名录》一书收录的报刊中，绝大部分为铅印报刊。[①] 回顾《申报》创办 60 年的经历时，亲历者曾明确表示，昔日之《京报》，实则木版与《京报》，未与报纸发生直接关系，"报纸系以铅制活字排印"。[②] "报纸系以铅制"，似乎成为我们共同接受的"常识"。诚如人类学家格尔茨郑重提醒的那样，我们需要谨慎地对待常识。常识，并不总是牢靠的。它是对经验的直接表达，而非对经验的有意识反省，是常识思维的一项天赋禀性。常识本质上是一个文化体系，它和经验

---

① 根据史和、姚福申、叶翠娣编《中国近代报刊名录》（福建人民出版社，1991）"附录"统计。
② 王天恨：《申报六十年纪念》，《申报》1932 年 4 月 30 日，第 12 版。

一样，是被建构出来的，它受制于限定的判断标准，"一切事物皆系人所造"。人所造的常识，不免化为"各种先入为主的心灵所下的结论"。格尔茨的洞见振聋发聩：将既定的事理认为是理所当然的，就不会导出任何别的东西。①

1796 年，奥地利人逊纳菲尔德（Alois Senefelder）发明了石版印刷术（简称"石印术"）。② 石印术是世界上最早的平版印刷术，利用了水油不相溶的原理，它是石印报刊出版的技术基础。19 世纪 30 年代，石印术传入中国。

经初步统计，1838 年至 1949 年，中国共诞生了 793 份石印报刊，遍布全国各个省份。石印报刊在数量上虽无法比肩近代铅印报刊，却形成了中国近代乃至世界新闻业中一个独特的媒介现象。欧美主要发达国家也曾出现过石印报刊，但都以画报为主，且在 19 世纪末已经基本消失，数量方面也不及中国。中国的石印报刊类型多样，发展态势与域外世界迥异。本书要回答的核心问题是：舶来的石印术何以在 1838 年至 1949 年的中国成就规模不大不小的石印报刊，远超近现代新闻业的发源地？

围绕上述核心问题，本书将回答下列具体问题。

第一，石印报刊在中国经历了怎样的流变？中国近代石印报刊有哪些特殊性，这些特殊性如何不同于欧美？

石印术是一项西式技术，此项在 20 世纪初被西方报业主动摒弃的"滞后"的印刷技术曾经在中国报业从传统向近代转型的过程中广为传布。石印报刊反而在中国绵延时间更长，作用范围更广。有外国学者在研究中国的印刷业后毫不讳言地指出："石印业的鼎盛发展是中国。"③

石印本④和石印报刊的流行是中国石印业"鼎盛"的两个主要表征。中国的石印出版业在 19 世纪末达到了高峰，生产了数量庞大、种类繁多的石印

---

① 克利福德·格尔茨：《地方知识——阐释人类学论文集》，杨德睿译，商务印书馆，2014，第133 页。
② 贺圣鼐、赖彦予：《近代印刷术》，商务印书馆，1933，第 18 页。
③ 芮哲非：《谷腾堡在上海——中国印刷资本业的发展（1876—1937）》，张志强等译，商务印书馆，2014，第 111 页。
④ 本书中出现的"石印本"专指现代意义上的图书，不涵盖连续出版的报纸和杂志。近年来学界已经形成了一个具有相对共识性的研究态度，即用"石印本"来指涉通过石印术印刷的图书，"石印报刊"则为用石印术出版的报纸、杂志。在中国近代特殊的办报语境中，《点石斋画报》《时务报》等亦曾在某些方面符合图书的特征，但它们显然不能归入完整意义上的图书类别。石印本与石印报刊的区别必须同时考虑到外观、内容、发行等元素。

本和石印报刊。二者在出版时间、媒介内容、外观形态、发行方式等方面都区别甚大。1905 年，科举考试的废除成为石印本发展的分水岭。自此之后，石印报刊迎来了发展的又一个高峰。对石印本的研究，学术界已涌现一定数量的成果，但对石印报刊的研究尚显缺乏。本书将尽可能地对中国近代出现的石印报刊进行全面的梳理和研究。

因此，本书要继续追问：与其他使用木刻、铅印等印刷技术的报刊相比，中国的石印报刊是如何流变的？有何特质？这些特殊性与欧美国家的同类报刊有何区别？

第二，中国近代为何会出现独特的石印报刊媒介景观？

从近代报刊的整体结构看，铅印报刊呈现了压倒性优势，处于"高音"的位置，石印报刊是中国近代报刊业中隐微而"低音"的一部分。其虽跨越了上百年的历程，却难以为人所察觉。既然报刊最适合铅印已在从业者中形成了一定的共识，那么，中国近代为何仍旧会出现独特的石印报刊媒介①景观？

"高音"也好，"低音"也罢，都是中国近代报刊的有机组成部分，各有其魅力。我们通常会被"高音"吸引，然而不了解"低音"，就不能真正了解"主调"，而且"低音"常常是可以辅助"主调"的。②纵观世界主要国家的新闻事业发展历史，位于"低音"序列的石印报刊在中国新闻业中显现出一定的反常性。石印报刊为何在中国近代"逆势而生"，又缘何在铅印术"雄霸"报业的近代中国时空中仍占有方寸之地？

对此，前人学者已做出过部分解释，也留下了一定的研究空间。姚福申将石印报刊在中国兴起的原因主要归结为三点：技术、经济和内容。其一，石印术在鸦片战争后传入中国。其二，铅印术复杂而昂贵，一时无法普及；石印术比较简便，容易普及，且印刷效率高，印刷质量好。其三，石印报刊的内容具有一定的吸引力。③中国近代石印报刊有较长的发展历史，技术、经济与内容在石印报刊出版过程中的作用是否发生了变化？除此之外，还有无

---

① "媒介"是一个内涵与外延丰富的概念。囿于主旨和篇幅，本书不再对这一概念追加辨析，但鉴于这一概念的复杂性若无特别说明，本书所指称的媒介为报刊、广播、电视等传统意义上的大众传播媒介。

② 王汎森：《执拗的低音：一些历史思考方式的反思》，生活·读书·新知三联书店，2014，第13页。

③ 姚福申：《中国编辑史》（修订本），复旦大学出版社，2004，第244—249页。

影响石印报刊发展的其他因素？这些问题都有待进一步探讨。

第三，石印报刊在中国的发展历程体现了怎样的新闻业发展规律？

本书谨慎对待石印报刊这个中国近代报刊史上的特殊对象，并将其放在更为广阔的时空维度中，坚持论从史出。石印术在欧美经历了初期的爆发式发展后，于19世纪后期迅速衰落。近代中国的石印报刊一直与铅印报刊共生，两者相遇之后迸发了怎样的火花？石印报刊早已"作古"，其在中国的发展历程体现了怎样的新闻业发展规律？俯身倾听"低音"，考察这个"逝去的媒介"，也许会使我们获得别样的启示。

综上，本书集中考察1838年至1949年诞生于中国的石印报刊。1838年创办的《各国消息》被学界普遍视为中国石印报刊的起点。绝大多数的石印报刊诞生于中华民国建立后，并在20世纪三四十年代达到数量上的最高峰。新中国成立后，石印报刊只是零星地散见于个别地区，并最终走向消亡。本书以此划定研究对象的时间和空间界限，主要基于以下三点考虑。首先，目前关于中国石印报刊整体历史的系统性研究尚付阙如。报刊史的研究大多围绕铅印报刊展开，铅印是近现代报刊的一种主流但并非唯一的印刷方式。每种媒介都会产生不同的时空偏向，造就迥异的媒介使用逻辑。偏重铅印报刊，易使报刊史研究走向片面，中国近代新闻业的一些关键问题也有可能被遮蔽。其次，石印报刊的初兴及发展、高潮阶段集中于近代。近代石印报刊发展的各个阶段，均出现过具有影响力的代表性刊物。石印报刊数量在甲午战争后开始迅猛增长，在维新变法时期达到第一次发展高潮。民国时期，仍陆续涌现出不少同类型的报刊。最后，研究具备较强的可行性。本书根据笔者自行整理的石印报刊目录进行查询，发现石印报刊原始文本的可见性总体较高。重要的石印报刊目前均能通过图书馆、报刊数据库、档案馆等渠道查阅，这增强了研究的可行性。

综上所述，本书追溯石印报刊在中国近代初兴、繁荣、鼎盛、衰退的发展历程，具有重要的理论意义和现实意义。就理论意义而言，第一，对中国近代的石印报刊媒介景观进行整体性考察，或可将石印报刊整合进中国近代报刊的总体历史进程；第二，从一个新的研究视角出发，有助于推进对中国近代报刊的多维度认知；第三，对石印报刊发展的历史进行梳理，可以为探讨近代报刊生产中媒介与社会的互动关系提供另一层面的阐释资源。就现实意义而言，第一，对近代石印报刊的研究，有助于丰富对中国新闻业近世变迁的整体认识；第二，本书将对中国石印报刊的发展过程进行经验性反思，并为当前新闻业的发展提供一定的参照。

第二节　研究综述

本书对国内外已有的相关文献进行了爬梳和整理，希望在前人的基础上推进该项研究。在国外资源方面，以美国国会图书馆、大英图书馆等图书馆的馆藏文献为基础，参照了部分外国高校图书馆所藏资料，结合 Google Scholor、JSTOR、SAGE、Oxford Journals 等外文资料库进行文献整理。在国内资源方面，参照比对了海峡两岸暨香港、澳门的文献资料，主要使用中国知网及 CADAL、CALIS、CASHIL、超星、读秀，以及港澳台地区学术文献数据库等资源。

总体而言，国内学者对本课题的关注度要显著高于国外学者，相关的报刊史、印刷史、出版史的研究都对此有所涉猎。

一　国内相关研究

（一）报刊史相关研究

目前的报刊史学界尚缺乏对石印报刊的系统性研究。"报刊"是报刊史研究的主要对象。民国时期，我国出版了多部与报刊实践相关的研究专著。[1] 此类著作对报刊印刷部分少有关注，更难谈从印刷技术的角度去区分报刊类型。当中即使有提及，也多为简单的史实性梳理。此种现象，或许与中国报界自身对印刷部分的轻视有关。1940 年，章光梅编了一本教材《报纸印刷术》，该教材开篇部分即写道："印刷部份之在中国新闻界，素不受人注意。在高级职员心目中，此种下层工作，污秽杂乱，决非我辈士君子所宜过问，甚且服务报馆多年，未曾涉足印刷部。即直辖该部之经理与管理员亦因缺乏基本管

---

[1] 戈公振：《中国报学史》，商务印书馆，1927；黄天鹏：《中国新闻事业》，上海联合书店，1930；张静庐：《中国的新闻记者与新闻纸》，现代书局，1932；胡道静：《上海新闻事业之史的发展》，上海通志馆，1935；赵君豪：《中国近代之报业》，商务印书馆，1940；等等。

理与印刷知识，各事委诸工头，出品之优劣无从鉴别改进。"① 我国的报刊业惯常采取将采编和经营环节相分离的实践模式，印刷往往归属于经营范畴。这易使媒体采编人员和研究者对印刷环节相对忽视，石印报刊更是鲜被谈论。

从报刊中呈现的图文之间的关系看，石印报刊可分为画报类和非画报类两大类，目前已有的学术研究亦围绕这两方面展开。以下所指称的石印画报，是以刊载摄影图片、绘画为主要内容，图为主、文为辅的石印报刊；非画报类石印报刊，也可称为石印文字报刊，则是以文字为主、图片为辅的石印报刊。

1. 画报类石印报刊：以《点石斋画报》为中心

对报刊史的研究者而言，其着力点往往先集中于对石印画报的开掘和作为个案的石印报刊的单独分析上。在石印画报中，关注度最高的当数《点石斋画报》。

《点石斋画报》创办于1884年5月，连续出版达14年之久，1898年停刊。1957年，《学术月刊》刊载了《点石斋画报》一文。② 该文短小，仅两三百字，可被视为新中国成立以来第一篇介绍石印报刊的专文。1959年，张铁弦发表了《略谈晚清时期的石印画报》，对包括《点石斋画报》在内的晚清石印画报作了更为详细的介绍。全文集中于对石印画报的初步考察，为我们拼凑整个石印报刊的完整图景提供了因循依据。但文章在基本史实上仍存有含糊之处。例如文内提到：晚清上海等地出版的石印画报不下二三十种。③ 据笔者统计，1905年后，仅上海一地石印画报就接近30种。民国成立前夕，全国各地出现的石印画报应不下60种。萨空了将近代画报的发展历程分为石印版、铜版、影印版三个时期的观点，被学术界广泛引用。1884年至1919年属于画报的石印时期，有《点石斋画报》《飞影阁画报》《图画日报》等代表性报刊。④ 20世纪80年代，俞月亭更为详细地考证了我国早期画报的相关情况，为后人的持续探索奠定了基础。其文对《点石斋画报》的创办缘起、形式、内容、政治思想等进行了梳理，对《点石斋画报》给予了高度评价：它在

---

① 章光梅编《报纸印刷术》，申报新闻函授学校，1940，第1页。
② 《点石斋画报》，《学术月刊》1957年第9期，第91页。
③ 张铁弦：《略谈晚清时期的石印画报》，《文物》1959年第3期，第1—3页。
④ 萨空了：《五十年来中国画报之三个时期及其批评》，燕京大学新闻学系编《新闻学研究》，燕京大学新闻学系，1932，第1—3页。

我国画报发展史上的贡献是巨大的，它的地位是非常重要的，影响也是十分深远的。[①]

　　21 世纪以来，学者们推进了对石印画报的研究，为我们提供了许多新的学术想象空间。《点石斋画报》的中心地位未曾动摇，学者们的研究视野随之不断拓宽。陈平原教授在画报领域耕耘多年，文笔雅达，挖掘了丰富的一手史料，其研究成果备受瞩目。他认为《点石斋画报》开启了中国近代雅俗共赏的"画报"体式。同时，他还对晚清出现在北京、广州等地的画报有许多有益探索。[②] 吴果中教授在我国近代画报研究领域也有许多建树。她从文化史视角出发，对《点石斋画报》给予了充分的学术关怀，此外她还论及了近代中国的其他石印画报。[③] 在近年来的画报研究视角的转向中，对石印画报的探讨也占据一席之地。刘涛、韩丛耀、梁君健等学者从视觉修辞、视觉传播等角度考察了作为视觉媒介的石印画报。[④] 除上述研究外，还有许多学者从艺术学、设计学等学科角度对《点石斋画报》进行了解读。同时，其他石印画报也受到学者们一定的重视。

　　除《点石斋画报》外，颇受学界瞩目的石印画报要数民国成立前夕在上海创办的《图画日报》。[⑤] 相关研究亦多从内容角度入手，偶有涉及媒介物质的面向，而整个石印画报的特质还需进一步突出。研究者提示，《图画日报》在内容上比《点石斋画报》更具有开放性，它体现出"走向世界"与"拥抱

---

① 俞月亭：《我国画报的始祖——点石斋画报初探》，《新闻研究资料》1981 年第 5 期，第 149—181 页。
② 陈平原：《左图右史与西学东渐：晚清画报研究》，生活·读书·新知三联书店，2018。
③ 吴果中：《左图右史与画中有话：中国近现代画报研究（1874—1949）》，北京大学出版社，2017。
④ 参见刘涛《图绘"西医的观念"：晚清西医东渐的视觉修辞实践——兼论观念史研究的视觉修辞方法》，《新闻与传播研究》2018 年第 11 期，第 45—68 页；韩丛耀等《中国近代图像新闻史：1840—1919》，南京大学出版社，2012；梁君健《视觉媒介与中国近代图像新闻中的时空观念——基于对〈点石斋画报〉中日甲午战争图片报道的分析》，《新闻与传播研究》2019年第 3 期，第 75—93 页；等等。
⑤ 参见吴果中、夏亮《媒介的社会批判：清末〈图画日报〉的文本特色——以"新闻画"为中心》，《国际新闻界》2011 年第 12 期，第 107—111 页；夏亮《叙事学视野下的晚清〈图画日报〉》，硕士学位论文，湖南师范大学，2012；林美莉《媒体形塑城市：〈图画日报〉中的晚清上海印象》，《南开学报》（哲学社会科学版）2011 年第 2 期，第 124—133 页；等等。

乡野"的双面性。① 同为清末石印画报中的杰出代表,我们对《点石斋画报》和《图画日报》的对比不能仅止步于此。一方面,这两份石印画报有何区别,个性中有无共性,都值得进一步探讨;另一方面,相关研究缺乏对不同时段的石印报刊的对比,因而难以体现石印画报的阶段性特征。北京、天津、广州等地的石印画报也受到了部分学者的关注,但总体上重视度不及《点石斋画报》和《图画日报》。

目前与石印报刊相关的报刊史研究,主要仍是偏重于石印画报。在画报研究中,画报的内容受到更多的重视。但学界对于非画报类石印报刊整体的关注度,普遍低于石印画报。

2. 非画报类石印报刊:以《时务报》为代表

非画报类石印报刊,即石印文字报刊,《时务报》是其中的代表。石印文字报刊整体尚未引起研究者的重视,然而基于《时务报》在晚清报刊史中的重要地位,围绕于此的研究成果层出不穷。

关于《时务报》的研究,同样大多围绕报刊的内容展开。以报刊本身及其相关报人作为切入视角,其中闾小波和廖梅的研究较为突出。② 前者从报刊内容入手,将《时务报》置于晚清现代化的社会背景中,考察报刊与社会的关系;后者借助《时务报》创办者之一汪康年的视角,探照了报人、报刊与时代交相辉映的历史际遇。另有多位学者因循阅读史、社会史等领域的研究方法,对《时务报》进行了深入探讨。③ 发生于《时务报》办报末期的著名的同人内讧事件也被研究者重点给予笔墨。④ 在维新时期的报刊史研究中,

---

① 刘家林、熊丽:《辛亥革命前〈图画日报〉的社会图景》,《编辑之友》2012年第5期,第122—124页。

② 闾小波:《中国早期现代化中的传播媒介》,上海三联书店,1995;廖梅:《汪康年:从民权论到文化保守主义》,上海古籍出版社,2001。其余亦可参见何炳然《梁启超和〈时务报〉的变法宣传特色》,《新闻研究资料》1990年第1期,第171—188页;沈继成《梁启超与〈时务报〉》,《华中师范大学学报》(人文社会科学版)1998年第5期,第21—27页;等等。

③ 参见潘光哲《晚清士人的西学阅读史(一八三三——一八九八)》,凤凰出版社,2019;朱至刚《跨出口岸:基于"士林"的〈时务报〉全国覆盖》,《新闻与传播研究》2017年第10期,第89—102页;蒋建国《〈时务报〉的发行与"阅读共同体"的建构》,《东岳论丛》2019年第1期,第38—51页;等等。

④ 黄旦、詹佳如:《同人、帮派与中国同人报——〈时务报〉纷争的报刊史意义》,《学术月刊》2009年第4期,第139—148页;王润泽、谭泽明:《〈时务报〉属权之争:报刊、权力及现代化政治源起》,《兰州大学学报》(社会科学版)2018年第5期,第33—41页。

《时务报》也占据重要一席。① 上述研究给予了本书重要提示，是本书得以承继的重要基础。

另外，还有一份石印文字报刊不得不提，便是《述报》。纵然学术界对《述报》的重视程度远不如《时务报》，却无法抹去它的历史地位。《述报》与《点石斋画报》诞生于同年，是中国报刊史上的第一份石印日报。令人有些诧异的是，如今研究者给予了《述报》较高的评价，并赋予了它在近代报刊史中的地位，但《述报》在过往的报刊史书写中却被忽略。梁启超的《中国各报存佚表》、李提摩太的《中国各报馆始末》、戈公振的《中国报学史》等都未曾将《述报》收录其中。谭汝俭在《四十七年来广东报业史概略》一文中将 1888 年创办的《广报》视为广东报业的肇始，对《述报》只字未提。20 世纪下半叶，才陆续有人关注这份原不载于报刊史的重要报纸。学者李磊以《述报》为个案，对其报史进行了详细探讨。②

还有学者以个案研究为主，考察了以石印出版的《农学报》《蒙学报》等报刊。③ 抗战时期诸多的报刊史研究，也关涉石印报刊。例如，围绕《晋察冀日报》④ 的相关研究，从阅读史、报刊的舆论动员等方面出发，丰富了对中共党报党刊历史的理解。在中共党报党刊史、国民党党报党刊史的研究中，有学者间接性地对本书的研究内容有所涉猎，这对中共画报史的探索具有一定的启发作用。⑤ 直至目前，鲜有学者从印刷技术入手，将上述报刊作为一份石印报刊予以观测，因此，本书亦寄望于在此方面有所突破。

3. 报刊史研究中的媒介技术

报刊史研究中与媒介技术相关，特别是与印刷技术相关的研究也有益于本书的继续探索。

---

① 汤志钧：《戊戌时期的学会和报刊》，台北：台湾商务印书馆，1993。
② 李磊：《〈述报〉研究：对近代国人第一批自办报刊的个案研究》，兰州大学出版社，2002。
③ 参见徐克敏《我国最早的专业科技期刊〈农学报〉》，《中国科技期刊研究》1990 年第 4 期，第 46—50 页；陆胤《"普通国文"的发生——清末〈蒙学报〉的文体试验》，《文学评论》2016 年第 3 期，第 129—140 页；刘小燕《罗振玉编辑实践与创获——基于〈农学报〉的考察》，《中国出版》2021 年第 18 期，第 68—70 页；等等。
④ 《晋察冀日报》原名《抗敌报》，创办于 1937 年，1940 年 11 月更名为《晋察冀日报》。
⑤ 李金铮：《读者与报纸、党政军的联动：〈晋察冀日报〉的阅读史》，《近代史研究》2018 年第 4 期，第 4—25 页；夏翔：《"广而速"：中国共产党早期画报宣传理念与实践（1921—1937）》，《编辑之友》2019 年第 7 期，第 90—95 页。

报刊史书写中应该如何对待媒介技术？这个问题曾困扰着中西方的学者。技术在西方媒介史的书写中遭遇了一种奇怪的宿命。一方面，技术已经受到充分的关注。许多媒介史研究以技术为中心，去观照技术的变迁或革命。另一方面，技术又并未得到应有的重视。来自不同学科的史学家（如媒介史、文化史、图书史）对技术史做出了重大贡献，但这些贡献既没有被整合，也没有被组织成一个连贯的讨论。[①]

中国报刊史的研究，历来偏重对报刊文本内容的解读。1994 年，闵大洪发表了《对传播技术的发展和作用多写几笔——新闻史研究中的一点思考》一文，这应是早期专门探讨传播技术与新闻史关系的文章。作者提出，研究者应该同样给予传播技术应有的重视。"在研究新闻史之时，学一点自然科学技术史，注意搜集有关传播技术方面的资料，向技术专家和技术人员请教，便会充实和丰富我们的研究领域。"[②] 此种跨学科的研究视野，在今天看来，依旧弥足珍贵。

21 世纪以来，中国报刊史的研究者一直在努力追寻新的研究范式，并为报刊史研究开拓更为广阔的空间。同时，以媒介技术为切入视角的研究也为报刊史的研究注入了新的活力。孙藜在博士学位论文中对晚清电报的传播观念作了批判性检视，探讨了传播技术与社会文化变迁之间的关系。[③] 曾培伦的研究也指出，以《新闻报》《申报》为代表的商业报纸在 19 世纪末的印刷革命中成为"技术新知"。杜恺健与王润泽则考察了印刷术与中国近代报业读者之间的关系。[④] 他们的文章提示，印刷术本身是一个技术问题，但在应用的过程中，印刷术超越了技术的层面，牵涉了广泛的社会因素，引发了不同的读者想象与社会关系。我们必须面对的事实是，报刊史的研究需要加大对技术

---

① J. Bourdon，"The Case for the Technological Comparison in Communication Histroy," *Communication Theory* 28（2018）：89—109.

② 闵大洪：《对传播技术的发展和作用多写几笔——新闻史研究中的一点思考》，《新闻与传播研究》1994 年第 1 期，第 58—63 页。

③ 孙藜：《"飞线"苦驰"万里天"：晚清电报及其传播观念（1860—1911）》，博士学位论文，复旦大学，2006。

④ 曾培伦：《近代商业报纸何以成为"技术新知"？——以中国活字印刷革命中的〈申报〉〈新闻报〉为例》，《新闻与传播研究》2018 年第 12 期，第 88—101 页；杜恺健、王润泽：《作为区分的印刷术与近代中国报业的读者想象（1815—1911）》，《编辑之友》2021 年第 3 期，第 99—103 页。

的关注度，不同的研究视角将产生不同的问题意识。

报刊史的相关研究现状表明，作为一种重要的报刊类型，石印报刊还处于相对隐匿的地位。科技史研究专家韩琦曾言，维新时期一半以上的报刊都是石印的。① 但不知何故，韩琦并未对此多加说明。这反而加深了笔者的疑惑，维新时期报刊的主办者多为甲午战争后入世的读书人，这些报刊为何大都采用石印？石印报刊与同时期盛行的《申报》《新闻报》有何区别？造成这种区别的原因是什么？同期出现的石印报刊之间是否存在某种共性？将这些石印报刊联结在一起的因素是什么？它们是如何交叉影响的？报馆、报人、印刷机构、读者、发行网络等因素相互之间会产生怎样的关系？总之，围绕石印报刊，还有众多迷思等待研究者去解蔽。

（二）印刷史相关研究

印刷史的相关研究，偏重于技术视角，重在阐释石印术的演变和社会影响，石印报刊不是其核心研究对象。石印术属于西式印刷术，它从属于化学印刷，利用水油不相溶的原理，完成图文印刷。石印的制版方式有两大类：一类是手写石印制版，另一类是照相石印制版。

要了解石印报刊的沿革，必然要追溯石印术在中国的传播。麦都思是伦敦宣教会的传教士，也是当时唯一的印刷工出身的传教士。麦都思后来把自己早期在印尼的石印出版经历写入了《中国的现状与未来》（*China: Its State and Prospects*）。彼时中国的石印报刊尚未起步，但我们可以从中蠡测早期中文出版物中的石印术使用情况。英国传教士傅兰雅熟悉西式印刷技术的最新进展，1877 年，他在《格致汇编》中第一次详细介绍了绘石与落石两种手写石印技法。② 此后，傅兰雅又在该刊上多次引介欧洲新式石印术。

1928 年，贺圣鼐发表在《东方杂志》上的《中国印刷术沿革史略》③，系统介绍了石印术。贺氏曾就职于商务印书馆，担任印刷技师，深谙印刷知识。他以土山湾印书馆采用石印术的时间为依据，将石印术传入中国的时间定为1876 年。文中提及："吾国金属活字，在初用之时，既未见十分发达，欧人更

---

① 韩琦：《晚清西方印刷术在中国的早期传播——以石印术的传入为例》，韩琦、米盖拉编《中国和欧洲：印刷术与书籍史》，商务印书馆，2008，第 124 页。
② 《石板印图法》，《格致汇编》第 2 卷冬卷，1877 年，第 10—12 页。
③ 贺圣鼐：《中国印刷术沿革史略》，《东方杂志》第 18 期，1928 年，第 59—70 页。

以石印术输入。其法翻印古本文字原形，不爽毫厘，书版尺寸，又可随意缩小，蝇头小楷，笔画无不清楚，在科举时代，为印刷考生携入试场参考书之唯一利器。"仔细研读此段话会发现，与其说贺圣鼐介绍的是石印术，不如说是印刷石印本所使用的照相石印术。他是以石印本所使用的照相石印术作为尺度，来衡量石印术传入中国的时间，因而不难理解贺圣鼐为何将石印术在中国的发轫时间节点定格在1876年。此后的几十年，几乎未有学者对这个时间起点提出疑问。1941年，马克清所编的《平版印刷术》一书，从印刷技术的角度，对石印术的原理、过程、原料等作了更为细致的介绍，是民国时期较为全面地介绍石印术的著作。①

改革开放以来，印刷史领域的学者对石印术在中国的发展也给予了一定的关注，其中张秀民的研究尤其值得一提。1989年出版的张秀民的《中国印刷史》对于石印术的研究具有重要的意义。在这部关于中国印刷史的巨著中，张秀民以时间为线，资料翔实，论述了唐代至清末近1300年的印刷发展史略。② 张著重在阐释中国本土的印刷术，全书论述了不同朝代的雕版印刷术和活字印刷术。作为西式印刷术的石印术既不属于雕版印刷，也有别于活字印刷，按照全书的逻辑线着实不好归类。于是，张秀民将石印与西洋铜版印刷、铅印、凹版印刷一起归入雕版印刷术的章节，作为清代出现的"其他印刷"方式。在这部正文近900页的巨著中，石印术只占据了不到3页的篇幅。张秀民在此书中有一个重要的学术贡献，即他通过自己发现的关键史料，修正了贺圣鼐关于石印术传入中国的时间的说法。道光年间，广州、澳门都已有石印所。1833年，《中国丛报》的一则报道称，石印机已被运到广州，并且正在成功运行。这是证明石印术在中国早期发展历程的关键史料。张秀民认为，石印术在鸦片战争前已传入我国。不晚于1833年，石印机就被运到了广州，《中国丛报》中的地图就是这台石印机的产品。另有学者的研究则涉及石印报刊的面向。汪家熔与张秀民持相似的看法，他认为石印术传入我国的时间远早于贺圣鼐所说的1876年。汪家熔曾供职于商务印书馆多年，熟悉印刷行业。他在《近代印刷史三题》一文中提出，1876年以前，上海、香港、宁

① 马克清编《平版印刷术》，国立四川造纸印刷科职业学校，1941。
② 张秀民：《中国印刷史》，上海人民出版社，1989。相关探讨最早可见于张秀民《石印术道光时即已传入我国说》，《文献》1983年第4期，第237—238、245页。

波等地就已经出现了石印出版物。① 汪氏还提供了关于早期石印报刊的一些细节：《中外杂志》、《中外新报》、《香港新闻》、《六合丛谈》的"小引"部分均为石印。上述报刊的出版时间均早于 1876 年。

20 世纪 90 年代，苏精在英国攻读博士学位期间，翻检了大量的传教士交往信函、伦敦宣教会档案等一手史料，为我们了解 1876 年以前石印术在中国的传播图景提供了重要的参考依据。苏精指出，中文石印的起点应更往前，可推移至 1825 年。1825 年 5 月，伦敦宣教会出版的马礼逊的新书《中国杂记》（*Chinese Miscellany*）中，附有 12 幅中文石印图，"这当是英国最早的中文石印"。次年，马礼逊返回中国时带来了一台石印机。② 最早的中文石印作品可追溯至 1825 年，彼时石印术尚未传入中国。苏精的研究将石印术传入中国的时间确定为 1832 年。1832 年 10 月，美国海外传教会运了一台石印机到广州。③ 此外，万启盈在《中国近代印刷工业史》中考察了石印术的传入和中国早期的石印机构。该书还梳理了大量近代报刊的印刷方式。④

近年来，还有一些与石印术相关的探讨值得一论。李静、王燕在《石印术和石印书报研究》中简要梳理了石印术传入中国、石印书报的繁荣和彩色石印画报的出现与发展的历程。⑤ 该文是印刷史领域中较少直接关注石印报刊的研究成果，文章对石印术与相关印刷品的总体关系进行了介绍，未区分石印术在书、报中的不同应用。胡啸、谷舟、周文华则在分析清末民初阶段的石印术兴衰的原因后提出，印刷史的变迁与技术高度关联，平版印刷技术的革新和推广使石印术无法避免衰落的历史命运。⑥ 谢欣、程美宝从技术的社会建构视域出发，讨论了 1876—1945 年石印术在中国的本土化过程，并指出新的发明和技术不断涌现，最终完全替代了石印术。通过从石印术的角度分析照相石印术在新闻画报中的应用，该文提出，对石印术本土化的探索有助于

---

① 汪家熔：《近代印刷史三题》，《商务印书馆史及其他——汪家熔出版史研究文集》，中国书籍出版社，1998，第 443—453 页。
② 苏精：《中文石印（1825—1873）》，《中国书目季刊》第 29 卷第 3 期，1995 年，第 4 页。
③ 苏精：《马礼逊与中文印刷出版》，台北：台湾学生书局，2000，第 180 页。
④ 万启盈编著《中国近代印刷工业史》，上海人民出版社，2012。
⑤ 李静、王燕：《石印术和石印书报研究》，《兰台世界》2013 年第 28 期，第 106—107 页。
⑥ 胡啸、谷舟、周文华：《清末民初石印技术的兴衰》，《北京印刷学院学报》2017 年第 2 期，第 14—17 页。

我们思考"中西""体用"等课题。① 陈霆在博士学位论文《晚清民初石版印刷艺术研究》中从设计文化史的角度，分析了石印术与近代中国的设计文化相遇的过程及其影响。石印术促使了中国近代印刷工业的兴起，对中国近代设计文化的建立和设计思维的转型产生了重要影响。②

从上述研究中可以大致看出，印刷史的研究重点在于石印术的变迁。研究者大多着眼于对技术本身的研究，特别关注石印术的演进和兴衰，较少触及石印报刊的实质性问题。他们或详细考证石印术传入中国的时间，或探求石印术的使用方式，或追寻石印术在中国社会的演进，有部分研究还涉及了石印术的应用和社会影响。石印报刊不为研究的本体，可见性总体甚低。少数研究提到了石印术在报刊中的应用，如近代早期外国人创办的报刊、清末的石印画报。囿于研究视角，印刷史的相关研究对石印报刊的探讨总体来说还停留在表面，有待进一步深究。

（三）出版史相关研究

出版史的相关研究历来以图书为主要研究对象，因而石印本在其中受到重点关注。刘光裕认为，"古代出版大致就是书籍出版，所以出版史的对象以书籍出版为根据，又不与报纸、杂志的出版相抵触为限"。对于出版史的研究来说，专注于三者或许太过宽泛。刘光裕对出版史划定的研究范围是：历史上书籍传播过程中出现的重要人物、重要事件，以及影响、制约书籍传播的社会历史环境。③

出版史的研究历来重视书籍，具体来说，出版史重在研究现代意涵上的书籍，因而对于近代书、报、刊相交叠的部分有所忽略。就本书的研究对象而言，出版史关注的重点在石印本上，对石印报刊着墨不多。《申报》创刊60周年之际，曾邀请民国时期著名的出版家陆费逵作为代表总结60年来中国的出版业和印刷业。陆氏关注点在石印书局和石印本，他从石印书局的萌芽

---

① 谢欣、程美宝：《画外有音：近代中国石印技术的本土化（1876—1945）》，《近代史研究》2018 年第 4 期，第 44—64 页。
② 陈霆：《晚清民初石版印刷艺术研究》，博士学位论文，苏州大学，2014。
③ 刘光裕：《中国出版史的对象、范围与分期》，《陕西师范大学学报》（哲学社会科学版）2008年第 3 期，第 67—73 页。

时期、苞苴时期一直谈到衰落阶段。清朝废科举，石印书地位一落千丈。① 位于出版业和印刷业中的石印报刊部分，自然被他有选择性地忽略掉了。

　　新中国成立后，张静庐的史料整理工作为探寻清末石印报刊的状况提供了窗口。他在整理清末重要报刊时不仅注意记录时间、地点，还特别整理了印刷方式。20 世纪后半期，陆续有一些颇具分量的编年体出版史著作产生。同时，在该阶段进行的出版史史料整理工作亦为本书奠定了一定的基础，方厚枢、叶再生、宋原放等学者都对此有较为突出的贡献。

　　石印本曾经在清末社会中广为流行，但在新中国成立后，石印本逐渐被社会淘汰，研究者试图从学术角度重新唤起人们对石印本的重视。1998 年，李培文的《石印与石印本》一文对石印术、石印出版史、石印版本鉴定作了简单介绍，属于从通识层面介绍石印术与石印出版物的文章。② 李英在硕士学位论文中以石印本为研究对象，讨论了 19 世纪末到 20 世纪 30 年代的石印术与石印本。文章以上海为中心，梳理了石印术和石印业的发展，并剖析了石印版本鉴定的相关问题。③ 作者将石印本从内容角度划分为五类：科举用书和古籍；画报和插图；丛书和方志；通俗小说和唱本；报刊和新书。可见作者的研究对象过于宽泛，因此难以精于某一个面向的探讨。但不可否认，这些研究都为本书提供了重要的参照坐标。

　　特别是近十年来，以上海为中心的石印本和石印书局的研究价值重新被开掘，并得到了出版史领域学者的关注。许静波与杨丽莹两位学者的研究成果尤为值得重视。与前阶段的学者相比，二人在研究对象上将石印书籍与石印报刊作了泾渭分明的划分。他们都有明确的研究对象：石印本。杨丽莹先是系统研究了扫叶山房的历史，这是 21 世纪以来关于石印本的开创性研究，书中讨论的时间段在明末至五四新文化运动之间。作者在该书前三章重在研究扫叶山房与刻本出版，在最后一章中，加入了新式石印术引进后扫叶山房在石印本出版上的新变。④ 随后，她又以《扫叶山房史研究》的结尾部分为出发点，在相关领域持续探索，出版了专著《清末民初的石印术与石印本研

---

① 陆费逵：《六十年来中国之出版业与印刷业》，《申报月刊》第 1 卷第 1 期，1932 年，第 15 页。
② 李培文：《石印与石印本》，《图书馆论坛》1998 年第 2 期，第 53、70、78—79 页。
③ 李英：《石印本研究》，硕士学位论文，武汉大学，1999。
④ 杨丽莹：《扫叶山房史研究》，复旦大学出版社，2013。

究——以上海地区为中心》，将研究扩展至石印术与上海石印本的出版，全面考察了清末民初时期上海的石印术与石印本的关系。① 此外，许静波对石印本也有较为丰富的研究成果。他考察了 1878 年至 1956 年以墨色石印为主要印刷方式，以书籍为主要出版形式，以私营书局为主要石印产业的上海近代书业。许著言明，以《点石斋画报》《农学报》为代表的石印报刊，不在他的探讨范围内。②

出版史的研究者重在以上海为中心，讨论近代石印本出版的相关问题。19 世纪 80 年代，石印本已经在中国的举业经济（科举考试相关的市场）中举足轻重，报刊上也刊载着各种石印书局的广告。石印本制版便捷，曾一度取代雕版书籍的主导地位，垄断出版业达数十年之久。③ 出版史的研究侧重于石印本也是合乎情理的。近代中国社会，报刊与图书在很长时间内杂糅，导致报刊史与出版史难以完全割裂。关于如何处理出版史与报刊史的关系，范军指出，"出版"与报刊不需要完全割裂，"出版"可以作为中国报刊史的一个考察维度，可为报刊史的研究提供新的视角。④ 但仅就目前而言，出版史的研究尚未给予石印报刊充分的关注度。

在时间上，出版史关于石印本的研究大都指向了 1905 年这一关键节点，科举制度的终结改变了石印本在中国的命运。然而，本书在梳理近代石印报刊的发展趋势中发现，中国近代大多数的石印报刊都诞生在 1905 年以后。此后，中国近代石印报刊出现了几个发展的小高峰，在规模和数量上大大超越前期。20 世纪 30—40 年代，中国共产党和国民党都主导发行了大量的石印报刊。在一些相关研究中，提及石印报刊时大多为基本史实的梳理，而忽视了它们在石印报刊发展史中的意义阐释。

我们若将石印本与石印报刊进行纵向对比便会不自觉地追寻如下问题的答案：为什么石印本的没落与石印报刊的兴起相重叠？石印报刊在 1905 年之后反而"逆向"成长，这一升一降意味着什么？杨丽莹在调研晚清石印本之

---

① 杨丽莹：《清末民初的石印术与石印本研究——以上海地区为中心》，上海古籍出版社，2018。
② 许静波：《石头记：上海近代石印书业研究（1843—1956）》，苏州大学出版社，2014。
③ 曹之：《中国古籍版本学》，武汉大学出版社，2015，第 422 页。
④ 范军：《作为"出版史"的中国近现代报刊史研究》，《华中师范大学学报》（人文社会科学版）2017 年第 6 期，第 141—147 页。

初时遇师长戏谑，"一个女孩子家的，怎么专挑这样邋遢的本子来看"。① 反观维新时期的石印报刊，却很少有所谓的"邋遢"之作，《时务报》屡屡被人称道。同样的技术为何生产出观感迥异的媒介产品，让阅者产生如此不同的印象？在中国，石印本和石印报刊适应不同的社会需求。石印本在近代主要用于满足科举考试的需求，活跃在商业出版领域。石印报刊传入中国，被引入了完全不同的路径。处于近代社会转型期的大时代背景下，石印本和石印报刊同样走向了没落。诸多差异，带给我们怎样的启示？

再放眼石印术发源地及其周边的西方国家，早期的辉煌后，西方的石印报刊在商业领域的消亡更多是一种"主动性"退出。但中国在 20 世纪上半叶诞生了大量石印报刊，遍布各省，这在世界新闻史的发展中都较为罕见。中西之间为何会呈现如此差异性的媒介景观？石印报刊在中国的发展历程有何独特之处，它牵连出怎样的历史异质性与多重性？一言以蔽之，目前学界对石印报刊的整体的系统性的研究尚显不足，石印报刊需要被作为一种独立的媒介现象予以阐释和剖析。

二　国外相关研究

在西方的汉学研究中，印刷出版业一直是西方学者深耕之域。在图书史和报刊史研究领域都有许多显著的成果，学者们乐于将此归属于印刷文化（printing culture）的研究领域。在对中国石印报刊的研究中，"西方中心论"的倾向似乎有些难以避免。

石印术发明者逊纳菲尔德本人的著作《石印术的发明》（*The Invention of Lithography*）最早出版于 1818 年，详细记录了石印术的发明过程以及所需的工具材料等。此外，逊纳菲尔德还出版过一部《石印术的完整过程》（*A Complete Course of Lithography*）。这两部著作迄今仍是我们了解早期石印术概况的最为重要的文献。

印刷术的发明开辟了更广阔的前景，远远超越了当代人的头脑能够

---

① 杨丽莹：《清末民初的石印术与石印本研究——以上海地区为中心》，上海古籍出版社，2018，第 244 页。

理解的范畴。关于这一伟大发明的第一本印刷书是在一代人之后才出现的。版画（engraving）的平行发明同样意义重大。印刷术的发明成果如此丰富，以至于印刷术本身就是一种复兴，一种价值的嬗变，因此我们有理由将印刷术的出现视为一个新时代的开始，即文艺复兴的诞生。①

1957年，被誉为"科学史之父"的美国学者乔治·萨顿（George Sarton）写下了这段关于印刷术双重发明意义的断言，赞颂了铅活字印刷术和版画技术在人类文明史上的推动作用。西方社会的学术研究对前者的关注度一般超过后者，学者们大多通过研究铅活版印刷（letterpress printing）形成自己的观点，因而很大程度上忽略了铅活版之后出现的印刷术的更新。马歇尔·麦克卢汉（Marshall McLuhan）、伊丽莎白·爱森斯坦（Elizabeth Eisenstein）等学者通过对印刷术的思考，对媒介与文明的关系有许多深刻的洞见。但他们的研究都过度强调了以铅活字印刷为代表的机械印刷的重要性，尤其是在图像复制方面。囿于种种原因，他们对石印术作为一种平面复制手段所取得的技术进步有所忽视。

国外最近几十年的印刷史研究，也一直缺乏对石印术的关注。除了逊纳菲尔德的著作，仅有少量石印术发展史的专著出现。卡尔·赫希（S. Carl Hirsch）的《印于石上：石印术的故事》（*Printing from A Stone: The Story of Lithography*）记录了早期的石印术在欧美的应用和技术的变迁，但这本书的篇幅较小，总体影响力有限。在西方相对更有影响力的印刷史研究中，诸多学者的研究围绕"谷登堡星系"展开，并出版了大量专著。这些著作有很多已经被译介入中文的学术世界中，描绘出印刷术给西方社会和文明带来的巨大震撼。费夫贺、马尔坦合著的《印刷书的诞生》是法国年鉴学派的代表作，在书籍史、印刷史等领域影响重大。爱森斯坦的《作为变革动因的印刷机》关注文艺复兴时期印刷术对文字记录和文化精英的影响，曾引发了"技术决定论"的争论。谷登堡印刷术造就了印刷人的崛起，麦克卢汉在《谷登堡星汉璀璨：印刷文明的诞生》中进一步探讨了印刷文明的影响力，他以自己具有创造性的马赛克式的解读风格，将我们带入对印刷术与个人、国家、民族等方面关联

---

① G. Sarton, *Six WingsMen of the Renaissance*, Bloomington: Indiana University Press, 1957, p. 119.

的思索中。

　　有多位外国研究者关注到早期石印术在欧洲的应用，其中以英国学者迈克尔·特怀曼（Michael Twyman）最具代表性。特怀曼在自己的研究生涯中出版了数本与欧洲石印业相关的专著，为我们进行比较研究提供了关键资料。《石印术（1800—1850）：英法的绘石技艺和它们在印刷术作品中的应用》（*Lithography, 1800 – 1850: The Techniques of Drawing on Stone in England and France and Their Application to Works of Typography*）一书，考察了照相石印术发明前石印术在欧洲的多种用途。特怀曼的另一本著作《早期的石印图书：一项手工印刷时代的设计和生产非正式图书的研究》（*Early Lithographed Books: A Study of the Design and Production of Improper Books in the Age of the Hand Press*），则集中审视了手工印刷时代的石印书籍的发展状况，其中不乏早期欧洲的石印报刊发展的珍贵史料。特怀曼的研究以详细的史料说明：英法等国的石印报刊业从 19 世纪初期兴起，在 19 世纪中期已经达到高潮，之后便走向衰落。19 世纪中期，照相石印术问世，与早期的石印术使用了不同的操作原理，这使石印术在欧美的运用达到顶峰。著名学者本雅明高度评价了这一技术在西方社会中的使用：随着石印术（此处指照相石印术）的出现，复制技术达到了一个全新的阶段。① 人类开始进入一个新的机械复制的时代，但在西方社会，摄影术又快速取代了石印术。国外研究者相对一致地认为，《点石斋画报》兴起的同时，欧美石印报刊业已开始走下坡路。2014 年，美国期刊《文特瑟大全》（*Winterthur Portfolio*）发表了一组专栏文章，栏目名为"经济的表征：1820 年至 1860 年的美国石印业"（Representations of Economy：Lithography in America From 1820 to 1860）。该专栏由 6 篇与石印相关的论文组成，回顾了1820 年至 1860 年美国的石印业。在 19 世纪中期的美国，石印术能够实现对文本极佳的复制，特别是在照相石印术发明后，大量的彩色广告和客厅版画被出版，改变了美国社会的视觉景观。遗憾的是，这组文章对同期石印报刊的关注度很低，毕竟在大工业化的背景下，美国新闻业已经发展到一定的程度，石印术与大众新闻传播业并不十分契合。

　　本书目力所及的有限范围内，尚未见到专门以中国石印报刊为题的外国

---

① 　W. 本雅明：《机械复制时代的艺术作品》，王才勇译，浙江摄影出版社，1993，第 5 页。

研究专著或论文。国外学者对《点石斋画报》等晚清报刊的研究用力甚勤，纵然他们着重关注中国社会鼎革之际出现的新式传播媒介，但石印报刊的元素其实一直隐约存在于他们的学术研究中，给予了中国学者看问题的新视角。德国海德堡大学的学者瓦格纳（Rudolf G. Wagner）、梅嘉乐（Barbara Mittler）等人在此方面有许多成果涌现。他们的研究虽未直接指涉中国的石印报刊，但对《点石斋画报》作了较为细致的描绘。[①] 上述学者在研究过程中借助印刷文化、公共空间等概念，引入了《点石斋画报》与中国社会现代化的关系的讨论。也有研究者指出，这些研究虽雄心勃勃，但将浮游松散的西方理论硬性嵌入中国的报业实践，"并未提供新材料、未增添新见解，也未指出新的研究方向"。[②] 上述研究普遍集中在刊物本身的内容和社会影响层面，对中国石印报刊的媒介特质鲜有关注。

美国汉学家芮哲非（Christopher A. Reed）则更进一步，他直接把目光投向了19世纪末在上海兴起的石印业，将我们引向对物质文化和传播科技的关注，同时也洞见了一个在国外汉学界长期被忽视的现象：研究中国印刷与出版的学者往往并不理解石印业的重要性。尽管芮哲非意识到"西方中心论"的缺陷，然而很难说芮哲非本人摆脱了这种桎梏。他的研究以石印业和石印书局为重点，石印报刊并不位于他的研究中心。芮哲非认为，中国的石印业在1905年后便失去了生命力。近代中国的石印报刊生命力有限，影响甚微，即使是《点石斋画报》亦如此。在他看来，《时务报》"仅仅依赖政治上的重要性才得以一直出版"，只有石印的书籍才具有"更强的生命力和持久性"。[③] 他的研究没有揭示出，诸如《时务报》之类的政治报刊，选择石印或许在很大程度上同样是为了追寻与书籍同等的"生命力和持久性"。这样一来，他似乎也未发现中国绝大多数的石印报刊是在1905年之后诞生的，1906年至1911年便出现了石印报刊发展的一个高峰期。芮哲非恐只是将石印报刊视为中国印刷业由雕版转向铅印前的过渡品罢了，这种脱离中国社会语境的看法难免

---

① R. G. Wagner et al., *Joining the Global Public: World, Image, and City in Early Chinese Newspaper (1870-1910)*, Albany: State University of New York Press, 2007.

② 李金铨：《过度阐释"公共领域"》，《二十一世纪》2008年第6期，第122页。

③ 芮哲非：《谷腾堡在上海——中国印刷资本业的发展（1876—1937）》，张志强等译，商务印书馆，2014，第118—119页。

使他再次陷入"西方中心论"的怪圈。

与近代报刊的总体运行轨迹一致的中国石印报刊毫无例外地受到了域外影响。西方传教士和商人是石印术和石印报刊传入中国的重要中介。中国早期的石印报刊几乎都刻下了西方人士的烙印，英商美查创办的《点石斋画报》与英国石印画报关联密切。国外的相关研究是我们透视中国石印报刊业发展的一面棱镜。综观前述研究，有一点尤为值得注意，石印术在西方国家报刊事业中的应用范围十分有限。中国的石印报刊兴起于石印术在西方的"没落"之时，中西石印报刊未能在历史长河中交会。

我们应该以何种标准和尺度去"发现"中国石印报刊的历史？以西方的标准去衡量东方是否适切？印刷史学家钱存训对此深有感悟："有些学者根据印刷术对欧洲社会和思想上所引起的激烈变动，因而推测对中国社会也有相同的作用。实际上，东西文化和背景不同，因此印刷术所产生的作用也有一定的差异……至于对社会、思想上的变革和印刷术本身的发展方面，东西方所产生的影响和作用，可能背道而驰。"① 石印报刊在中国经历了怎样的变化？它为什么会显现出与西方不同的发展态势？这些问题，需要用中国在地的标准去衡量。

三　研究特点

国内外已有的相关文献拓宽了本书的研究视野，给本书奠定了坚实的基础。综览上述文献，关于中国石印报刊，目前的研究呈现一定的共性特征，表现为：民国研究较为薄弱；整体重视不足；"地方"研究单薄。在现有的研究基础上，本书试图寻求新的突破。

（一）民国研究较为薄弱

现阶段大部分研究都集中探讨晚清，特别是在 1905 年之前出版的石印报刊。此种景象在石印画报的研究中尤其突出，晚清时期的《点石斋画报》被给予大量的学术关怀。民国时期的石印画报和非画报类石印报刊的研究则较少受到关注，研究较为薄弱。

科举制度的废除成为石印出版发展的转折点。1905 年以后，石印书业地

---

① 《钱存训博士序》，张秀民：《中国印刷史》，上海人民出版社，1989，第3页。

位一落千丈。在石印报刊方面，1906 年至 1911 年是一个发展高峰期。石印报刊从晚清跨入民国，《时事画报》《图画日报》等著名报刊都诞生于此时。更为重要的是，石印术的本土化进程也在同一时间展开。石印术形成了一个以上海为中心向内陆地区扩散的过程，全国多个省份陆续出现石印报刊。技术的扩散推动了石印报刊的发展。

石印报刊不止晚清一个发展高峰。1911 年后出版的石印报刊，从数量、地区等方面看都超越了晚清的规模。抗战时期，仍有大量的石印报刊出现，中国社会也持续对石印术进行了改进。这种现象在苏区和根据地的新闻事业中尤其明显，石印报刊在 20 世纪 30—40 年代迎来了又一个爆发期。直到 1949 年新中国成立，石印报刊都未完全消失。纵观整个近代史，中国报刊领域诞生了大量的石印报刊，有逾百年的出版历史，这成为全世界报刊领域的一个独特现象。

若仅着重于研究晚清的石印报刊，将会剥离石印报刊的整体性。从《点石斋画报》的创办到科举制度被废除，石印报刊的历史也才只有 20 余年，凭此难以考证近代石印报刊的全貌。石印报刊在中国的新闻场域中经历了一个怎样的发展历程？不同时期的石印报刊之间存在怎样的联系？它们在中国是如何发展的？它们生成了何种媒介景观，进而建构了何种传播观念和传播行为？寻找以上问题的答案需要对石印报刊进行一个长时间维度的考察。

（二）整体重视不足

现阶段的研究发掘了石印术在复制图像中不可比拟的优势，十分注重对石印画报的研究。偏重画报的研究总体投射出一个相对孤立的研究视野，以致把石印文字报刊视为一个无足轻重的研究领域，对研究整体重视不足。特别是在近年来的"视觉转向"和"文化转向"的浪潮中，画报的主流角色地位更为突出。若从整体的历史脉络来看，画报仅仅是石印报刊的一个组成部分，它无法代表石印报刊的整体特征。画报之外，中国报刊史中还有许多以文字为主体的石印报刊，晚清阶段的《时务报》《农学报》《蒙学报》，以及抗战时期的《晋察冀日报》《边区群众报》等皆属此类。

石印文字报刊的研究有待深入。有研究者指出，"除画报外，石印盛行期间的以文字为主的普通报刊也多运用图像"。① 此观点有待进一步商榷。本书发现，在近代的石印报刊中，画报的占比并不高，即使在石印盛行期间，也有为数不少的几乎不运用图像的文字类报刊。近代石印文字报刊的相关研究虽取得了一定的突破，但其在石印报刊整体发展史上的重要意义并未被充分诠释。新闻史相关文献提及《时务报》的印刷方式时大都写道：石印，旬刊。这似乎意味着《时务报》是以石印一以贯之的刊物。除了定期发行的特征，《时务报》与晚清石印本在内容和版式上都颇为相似，以蕴含中国传统的"旬"来划分刊期，其版式同样是对中国传统刻本的复制，暗含着编者对于刊物的流传持久性的追求。以"变法图强"为旨，力求图新的《时务报》为何会"返璞"而采用一种旧的形式？《时务报》为何能够引领晚清的石印文字报刊的风潮？发行至第 57 期时，《时务报》从石印改为铅印。如果联系起来我们会发现，《时务报》彼时并不只是在印刷方式上发生了变化，报纸内部的人事、办报理念都发生了巨大的变化。报刊的印刷和装订方式背后是否内嵌着传播思想史上的意义？

画报只是石印报刊的一个组成部分，重局部轻整体会遮蔽社会和技术驱动下的石印报刊的丰富面向。石印报刊本身如何参与主体性的构成及权力关系的编织有待阐释，石印报刊与近代社会的互构关系亦没有得到凸显。进言之，我们需要进一步挖掘近代石印报刊整体的历史价值和社会价值。

（三）"地方"研究单薄

上海是中国近代报业发展的中心，因而，我国的报刊史研究也大多呈现以上海为中心的研究图景。这种研究倾向易导致位于"地方"的石印报刊被忽视。如以上海为中心来书写石印报刊的历史，有很大可能会刻画出一部石印画报史。

在近代报业史中，内蒙古、西藏、甘肃、山东等省区的第一批近代报刊都是采用石印，且都非画报。石印报刊在这些地区是如何兴起的？梳理这些"地方"城市石印报刊的发展历史，我们或许能够发现更为多样化的石印报刊生态。上海在近代报业发展史上，是一个特殊的存在，整个城市笼罩在特有的政治和经济权力之下。正是因为上海的特殊性，若将产生于此的经验推及

---

① 　陈霆：《晚清民初石版印刷艺术研究》，博士学位论文，苏州大学，2014，第 67 页。

全国，则并不总是十分适切。在石印报刊的发展中，上海经历了一个从"中心"退居"边缘"的过程。石印报刊兴起之初，上海石印业异常发达，这也使它成为石印报刊的一个发展中心。在这个中心内，与石印业同样发达的还有铅印业，最先采用先进铅印术的报馆多集中于此。晚清时期，报刊从石印到铅印，常被大型报馆视为印刷技术上的进步。民国中后期，石印报刊已基本退出中国的大都市，转向基层地区。自20世纪20年代以后，上海早已不再是石印报刊的中心，几乎没有再诞生过有影响力的石印报刊。在远离上海的地区，特别是在苏维埃地区和敌后抗日根据地，石印报刊的发展一片红火。这提醒我们，如果仍然将研究眼光锁定在上海，而忽视"地方"，那么我们势必无法更好地解蔽石印报刊对中国新闻业和社会的多元影响。

从线性的视角观察，持进步史观的学者难以看到石印报刊历史进程中的"后退"。报刊从石印到铅印是不是进步？如果这是一种进步，那《申报》创刊初始便早已采用铅印，为何在10余年后还要转而去赠送石印的《点石斋画报》？又为何在民国成立前夕、上海铅印报刊林立的时候，我国报业反而出现了一个石印报刊的发展小高潮？

石印报刊在中国的发展进程需要在中国自身的社会语境中进行阐释。从石印术正式传入广州到《点石斋画报》创办前50余年的历史岁月中，中国仅仅产生了寥寥几份石印报刊。作为石印画报，《点石斋画报》的影响力是空前的，也可能是"绝后"的。先进的照相石印术于此得到了精妙的诠释，图与文相得益彰。中国的石印报刊本身是一个矛盾的集合体。从晚清到民国，一面是石印术的不断改良，石印报刊出版数量不断增加，地域逐步扩张；另一面是报刊影响力的式微。石印术的本土化进程是不是历史的进步？如果答案是肯定的，那为何在民国成立之后，中国再难产生一份能与《点石斋画报》和《时务报》影响力相抗衡的石印报刊？如果答案是否定的，又如何解释八成以上的石印报刊都产生于民国时期，并且几乎覆盖了中国全部省份？上述矛盾进而也指向一个问题：衡量进步的标准是什么？

在已有的对石印报刊的研究中，"新旧交替"和"新陈代谢"仍然具有一定的话语权。近代中国石印报刊与铅印报刊的"新旧交替"和"新陈代谢"一直是进行时。那些我们认为至关重要的技术，在其他地方可能根本不会被理睬，或者有不同的含义；那些在我们看来或许已经不值一提的技术，却拥有重大的价值。我们或许无法忽视，铅印在印刷速度和耐印力上的确比石印先进。但是，终百余年近代史，铅印一直没有石印制版便捷。[①] 石印术和铅印术蕴含两种不同的印刷逻辑，在近代社会的特殊背景下，石印报刊整体值得深入探究。

第三节　研究思路、研究方法、创新点和难点

一　研究思路

法国社会学家皮埃尔·布迪厄（Pierre Bourdieu）所提出的场域（field）理论是视角性、方法性的理论。它结合了主观分析与客观分析，有助于全面、系统、动态地分析中国近代石印报刊的多样性。

场域理论何以有如此之效能？"场域"是布迪厄的实践社会学理论中最为关键的部分，场域是一个空间的、关系的隐喻，它是"各种位置之间存在的客观关系的一个网络（network），或一个构型（configuration）"，[②] 主张对看不见的场域结构进行分析。1930 年，布迪厄出生在法国南部农村的一个普通邮递员家庭。通过接受高等教育，布迪厄跨入法国的"精英阶层"，这也给他后来对权力场域的批判和对抗埋下了伏笔。场域理论为新闻学研究提供了理论资源。首先，它将新闻场域与权力场域关联；其次，它关注新闻生产者和接受者；最后，它强调媒介与社会之间的互动关系。[③] 本书将中国近代石印报刊视为一个媒介场域，将场域理论用于近代石印报刊媒介实践的相关解释中。

本书吸纳了关于场域理论的三个主要观点。

第一，场域是主观与客观、建构主义与结构主义的统一。

布迪厄致力于寻找一套能打破主、客观二元对立的社会实践理论。最终，

---

① 许静波：《石头记：上海近代石印书业研究（1843—1956）》，苏州大学出版社，2014，第 15 页。

② 皮埃尔·布迪厄、华康德：《实践与反思——反思社会学导引》，李猛、李康译，中央编译出版社，1998，第 133—134 页。国内在翻译的过程中常将 Pierre Bourdieu 译为"布尔迪厄"或"布迪厄"，本书采取"布迪厄"的译法，仅为行文统一之用，无关译文优劣之分。

③ 罗德尼·本森：《比较语境中的场域理论：媒介研究的新范式》，韩纲译，《新闻与传播研究》2003 年第 1 期，第 2—23 页。

他提出了一套实践社会学理论。

场域是行动者的社会实践得以进行的空间和场所，是核心所在。场域是一个"开放的概念"（open concepts），一个社会空间中存在无数个构型不一的场域，有数学场、新闻场、科学场、文学场、艺术场、教育场等。20 世纪 90 年代，在《关于电视》这本小册子中，布迪厄正式提出了新闻场的概念，后又与其他研究者一起拓展新闻场的研究，发展了以"媒介场域"（media field）概念为核心的新闻社会学的研究范式。在现有的学术话语中，对"媒介"一词的意涵有多样化的阐释。此处的媒介，特指广播、电视、印刷等大众传播媒介。新闻场即媒介场域，包括电视新闻场、报刊新闻场、广播新闻场等。报刊新闻场内部，以印刷技术划分，又有铅印报刊场、石印报刊场、木刻报刊场等。这一个个亚场域，都是媒介场域的组成部分。每个小场域都有自身的逻辑和运作方式，生发出不同的媒介实践。

布迪厄将索绪尔、列维-斯特劳斯和马克思等人置于客观主义的阵营中，认为他们的思考只能消极地理解实践，忽视了行动者的能动性。在布迪厄看来，舒茨等人的社会现象学的观点又偏向主观主义，过分夸大个人的决策、行动和认知的作用，因而不能客观地反映社会现实。布迪厄提出，社会实践是结构与行动之间的辩证产物。场域是社会实践进行的空间，要对社会实践进行探究，需先行建构各种客观结构，再引入行动者的直接体验。

第二，惯习与资本形塑了场域。

惯习（habitus，又常被译为习性，本书为前后一致，统一采用"惯习"的译法）与资本（capital）是场域理论中的核心概念。布迪厄用了一个公式来表达三者的关系：[（惯习）（资本）] +场域 = 实践。[①] 完整的实践模式是把行为理论化为惯习、资本及场域之间关系的结果。在媒介实践中，惯习与资本既在场之内，又在场域之外。惯习与资本是场域的组成部分，共同形塑了场域，它们的形成与变迁又与外部社会紧密关联。

惯习，不同于习惯（habit），它是深刻地存在于性情倾向（dispositions）系统中的作为一种技艺存在的生成性能力。惯习是社会化了的主观性，由

---

① P. Bourdieu, *Distinction: A Social Critique of the Judgement of Taste*, trans. by N. Richard, Cambridge, Mass：Havrard University Press, 1984, p. 101.

"积淀"于个人身体内的一系列历史的关系所构成，其形式是知觉、评判和行动的各种身心图式。[①]"性情倾向"是区分不同惯习的关键，《区分》（*Distinction*）一书对此有更为详细的说明。只有在确定的结构关联中，也就是在一定的社会情境中，惯习才会产生实践活动。完全相同的惯习，在不同的场域刺激和结构中可能会产生不同的甚至相互对立的结果。我们应该把惯习看成一种发条，需要经常去发动它。[②]

惯习与场域之间是双向制约的关系。惯习的形成既来自场域内部的影响，又与场域外部的社会条件和经济条件不可分离。场域形塑行动者的惯习，惯习有助于将场域再生成另外一个世界。惯习虽是持久的性情倾向，但它不是恒定不变的。

布迪厄划分了三种主要的入场资本：经济资本（economic capital）、文化资本（cultural capital）和社会资本（social capital）。不同于马克思所定义的"资本"，布迪厄侧重从社会资源的占有与积累方面来解释资本，将经济增长的动力投向了社会关系和文化，从而也扩展了资本的内涵。经济资本，指金钱、股票等物质财富；文化资本，常通过教育背景及所拥有的知识、技能等体现；社会资本，如家族、阶级、学校、政党、社会身份、社会头衔等，体现出个人的社会关系网络。所有的资本互相联结。不过，针对上面三种资本的具体构成，布迪厄又给出了关键性的提示：各类资本可以采取不同的表现形式，它们的内涵不固定。他特别强调了社会资本的形式要根据不同国家自身的特征来定义。行动者是资本的承载者。上述三种资本也表征了活跃在我国近代石印报刊场域中的各种行动者力量，它们分别对应了经济力量、文化力量和政治力量。资本可以产生力量，它决定了权力的归属。权力场域就是力量场域，它是由不同的权力形式或资本类别的力量关系决定的。[③] 场域是权力集结的场所，充满了行动者之间的力量争斗，权力关系是决定人们行动的基础。

---

① 皮埃尔·布迪厄、华康德：《实践与反思——反思社会学导引》，李猛、李康译，中央编译出版社，1998，第17页。
② 皮埃尔·布迪厄、华康德：《实践与反思——反思社会学导引》，李猛、李康译，中央编译出版社，1998，第179页。
③ 布尔迪厄：《国家精英——名牌大学与群体精神》，杨亚平译，商务印书馆，2018，第464页。

第三，每一个场域都有自身的逻辑和规制，场域的界限必须通过经验研究才能确定。

场域不允许存有先验的答案，场域理论排除了功能主义和有机论，场域可能是系统性的，但并非一个系统的产物。场域也不似有机系统，一个场域并不具有固定的组成部分（parts）和要素（components）。① 场域的疆界是动态的，复杂难测，我们必须通过经验研究来划定中国近代石印报刊场域的惯习和资本的组成部分。

作为一种群体规范，惯习与石印报刊场域的互动主要体现在以下三个方面：行业规范、文化传统和经营态度。三种惯习将石印报刊场域与其他类型的报刊场域相区分：行业规范溯及群体共同遵守的新闻业务操作准则；文化传统溯及行动者既往所受的教育和所获得的知识在场域中的影响；经营态度指向出版群体在场域中所表现出的经济价值取向。对惯习的讨论必须关注：中国近代的社会场域形塑了行动者的何种惯习？行动者的惯习是如何作用于石印报刊场域的？

石印报刊场域除了有经济资本、文化资本、社会资本外，还有技术资本。媒介场域受到经济资本、文化资本、社会资本和技术资本四种资本的影响。我国近代石印报刊场域的形成，不能忽视技术资本的作用。技术资本，特指新闻生产中所使用的媒介技术。但布迪厄在谈论新闻场时，对技术的影响有所忽略。他笔下的新闻场是基于20世纪中后期法国的经济、社会、文化等背景而建构的。是时，传播学界普遍对媒介技术的影响缺少关注，技术在新闻业中的作用远不如现在显要，让"门外汉"的社会学家来探讨媒介技术对新闻业的影响，也许显得有些过于苛求。在媒介技术越来越受到学界和业界重视的今天，如何将技术资本整合到场域理论之中，建立起与其他资本的联系，是一个值得深思的问题。已有外国学者意识到这个问题，他们探讨了单反相机对视频新闻生产的惯习的影响，② 亦关注新技术的采用对传统新闻生产的影

---

① 皮埃尔·布迪厄、华康德：《实践与反思——反思社会学导引》，李猛、李康译，中央编译出版社，1998，第142页。

② K. Vasudevan, "Depth of Field: How DSLR Cameras Informed Video Journalism Habitus and Style," *Journalism Practice* 13 (2019): 229-246.

响。[1] 在不同的媒介场域中，技术作用的方式存在差异。中法新闻场域中惯习、资本的形成条件不尽相同，这也使两国针对同一大众媒介的媒介实践殊异。不同国家即使出现同一个媒介场域，也可能产生不同的因果解释逻辑。正如在石印报刊这一媒介场域中，中法两国行动者的媒介实践截然不同。

媒介场域是一个独立的空间，但不意味着它不会受到其他场域的影响。布迪厄等学者将场域理论应用于新闻场的研究后得出了相对一致的结论：新闻界是一个独立的小世界，有着自身的法则，但同时又被它在整个世界所处的位置所限定，受到其他小世界的牵制与推动。[2] 新闻场的自主性十分有限，难以完全保持独立，受到外部的经济场、政治场、文化场等场域的显著影响。媒介内外场域之间形成一股相互牵制的力量。

我们可以描绘出一个中国近代石印场域的基本格局。中国近代石印报刊场域，是在惯习、资本与场域的互动中生成的，活跃在场域中的主要有三种惯习（行业规范、文化传统、经营态度）、四种资本（经济资本、社会资本、技术资本、文化资本）。惯习、资本和场域本身将中国近代石印报刊场域建构成一个独立的小世界。作为媒介场域的一部分，石印报刊场域并非独立而生，它一直受到环绕在其周围的政治场、经济场、文化场的影响并与之交融。中国近代石印报刊场域是一个力场，是内力和外力共同作用的结果。中国近代石印报刊场域的基本结构如图 0-1 所示。

同时，对媒介场域的分析要兼顾以下三个环节：分析与权力场域相对的场域位置；勾画出行动者或机构所占据的位置之间的客观关系结构；分析行动者的惯习，亦即千差万别的性情倾向系统。[3]

为剖析中国近代石印报刊的发展动因，本书将研究重点集中在石印报刊生产场域。石印报刊生产场域，指报刊开展出版活动的媒介场域。首先，视报刊生产为一种出版活动。出版活动（publishing activity）是对作品进行选

---

① S. Wu, E. C. Tandoc & C. T. Salmon, "When Journalism and Automation Intersect: Assessing the Infuence of the Technological Field on Contemporary Newsrooms," *Journalism Practice* 13 (2019): 1238–1254.

② 皮埃尔·布尔迪厄：《关于电视》，许钧译，辽宁教育出版社，2000，第 44 页。

③ 皮埃尔·布迪厄、华康德：《实践与反思——反思社会学导引》，李猛、李康译，中央编译出版社，1998，第 143 页。

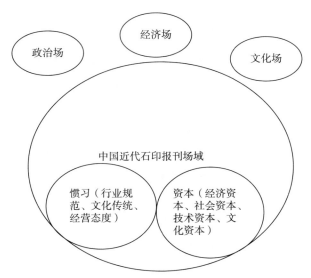

图 0-1　中国近代石印报刊场域基本结构

择、编辑、复制并向公众传播的专业活动,[①] 它包括从报刊内容采编到发行经营的全过程。其次,报刊生产在媒介场域中进行。本书把报刊生产活动放在既定的媒介场域中,使研究具有了针对性,同时也可更好地去探知周边场域对媒介场域的影响。

　　行动者是报刊生产的主体。一方面,影响场域的惯习通过行动者的活动体现。另一方面,行动者要进入场域竞争,必须携带一定的资本。谁能成为行动者?布迪厄对行动者的范围作了一定的限制,不是所有人都能被称为行动者,社会行动者是有认知能力的行动者(knowing agent)。[②] 场域理论强调行动者的能动性(agency),行动者具有积极行事的倾向。

　　本书在界定行动者时,充分考虑了行动者的能动性特征及其在场域中所扮演的角色。行动者是中国近代石印报刊出版活动中具有能动性的传播者群体。从传播者的角度去界定行动者,缘于近代石印报刊场域有自身的特殊性,传受者双方的能动性差异较大。接受者一方在场域中的能动性有限,远低于

①　编辑出版学名词审定委员会审定《编辑与出版学名词》,科学出版社,2022,第5页。
②　皮埃尔·布迪厄、华康德:《实践与反思——反思社会学导引》,李猛、李康译,中央编译出版社,1998,第221页。agent 和 actor 都有行动者之意,但场域理论中将 agent 译为行动者,因为 agent 比 actor 更强调结构与关系。

传播者的活跃度。因此，有必要对传受双方区别对待。上述定义还关涉两个基本概念：出版活动和社会群体。关于前者，前文已有说明。至于后者，社会群体，是两个或两个以上的人组成的、彼此认同和互动的集合体。① 他们通过一定的社会关系结合起来并相互作用，办报活动融汇在群体间的社会交往过程中。石印报刊的出版活动不是个体行动者的行为，而是社会群体的集体行动，即所谓有组织的行动。② 此处也需要对"专业"一词做一定的说明，"专业"是一个历史性的概念，需要在晚清民国的社会和历史语境中去衡量行动者的"专业"程度。晚清民国时期接受专业学科层级的系统性新闻教育的条件有限，本书是在一个较为宽泛的层面上看待专业活动的，并不完全将其与新闻专业教育相勾连，而以实际的报刊出版活动为标准。

本书视石印报刊的办报活动为一种具有专业性质的群体性的出版活动。作为群体，其成员之间具有相对统一的集体行为规范，将传播者定义为行动者有助于后文进行针对性研究。后文所指称的行动者与办报者、出版者都是报刊生产场域的办报主体。近代亦有不少仅提供代印业务的石印书局、石印社、石印家庭作坊等个人或群体，他们是印刷者，不属于本研究所指称的行动者范畴。

本书的章节内容，作如下安排。

绪论，交代选题缘起、研究综述、研究思路、研究方法、创新点和难点等。

第一章，论述媒介场域生成史。此章是本书研究的重要起点，划定媒介场域的界限是本书的基础。此章的研究着重厘清我国近代石印报刊的流变，解析其分布特征。

第二章，考察石印报刊生产场域的文本。结合社会背景，分析近代石印报刊生产场域文本的内容和形式，探究其文本的特质。

第三章，结合行动者的特征，探究行动者在石印报刊场域中的客观位置关系。此章按照行动者的身份特征，将行动者细分为六类，他们构成场域中的经济力量、文化力量和政治力量。此章还探讨了与行动者相关的石印报刊

---

① 约翰·J. 麦休尼斯：《社会学》，风笑天等译，中国人民大学出版社，2015，第 168 页。
② 米歇尔·克罗齐耶、埃哈尔·费埃德伯格：《行动者与系统——集体行动的政治学》，张月等译，上海人民出版社，2017，第 1 页。

的发行和接受问题，旨在全面洞察行动者的特征，审视媒介场域中各种力量的交融共生。

第四章，探究石印报刊生产场域的行动准则。场域是斗争的空间，此章考察经济力量、文化力量、政治力量三类行动者的惯习和资本是如何进入场域的，在媒介场域中遵循怎样的行动准则，他们是如何行动的。

第五章，分析中国近代石印报刊生产场域的发展动因。结合三种惯习、四种资本在场域中的具体表现与变化，此章要分析的是，行动者为何要采用此种准则，外力与内力如何影响惯习与资本，惯习与资本如何再生产和再建构了石印报刊媒介场域。

结语总结了石印报刊在近代社会转型期中既连续又断裂的生产状况。

本书的研究框架，如图0-2所示。

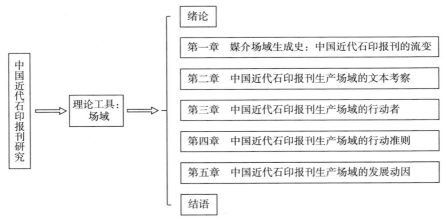

图0-2　本书的研究框架

综上，本书将法国社会学家布迪厄的场域理论嵌入中国近代石印报刊相关的媒介实践，以研究问题为导向，将场域理论作为分析工具，结合场域理论与中国在地的媒介实践，剖析中国近代石印报刊的发展动因。

二　概念界定

（一）中国近代

本书定义的中国近代指1840年至1949年。历史学界将鸦片战争视为中国近代史的开端已经得到学界的基本认同。① 本书的研究即以 1840 年作为时间下限。但学界关于中国近代时间上限的划分不一，常以五四运动的爆发和新中国的成立为标志性事件。研究者们将 1840—1919 年视为近代、1919—1949 年视为现代，② 或是把 1840—1949 年统称为近代。③ 两种分法都具有一定的合理性。1919 年之后中国仍产生了大量的石印报刊。1919 年至 1949 年虽仅有 30 年，但石印报刊的数量超过之前的总和。若只讨论 1919 年之前的石印报刊，难以反映媒介场域的全貌。故本书采取后一种分法，将 1840 年至 1949 年视为中国近代。因为我国第一份石印报刊诞生于 1838 年，所以本书的研究时间段为 1838 年至 1949 年。

（二）石印报刊

本书所指涉的"石印报刊"，为以石印术印刷出版的连续性（含定期与不定期）出版物，主要类别为报纸（报）和杂志（刊）。《中国大百科全书·新闻　出版》对报纸与杂志的概念做出了如下区分：报纸，系以刊载新闻和新闻评论为主的，面向公众，定期、连续发行的出版物；④ 杂志，为有固定刊名，以期、卷、号或年、月为序，定期或不定期连续出版的印刷读物。⑤ 报与刊，两者从属于不同的媒介内容和形态。报纸的出版周期短，更强调新闻性。杂志的类型则更为多样：按内容，有专业性杂志和综合性杂志之分；按表现形式，有文字杂志和图画杂志之别。近代石印报刊内部场域中，报纸和杂志均占有一定的比例。需要注意的是，在中国近代报刊场域的媒介实践中，杂志与期刊实则是混杂不分的。囿于篇幅，文中未对杂志与期刊按当世之标准作划分，本书所指的期刊意同杂志。

石印术是平版印刷术的开山鼻祖，早期的石印术依靠的是印刷专用石版，后期则出现了铝版、锌版、珂罗版等石版替代品。为避免研究对象过于宽泛以致无法聚焦，本书仅集中探讨以石版为媒介制作的石印报刊。

---

① 白寿彝总主编，龚书铎分册主编《中国通史》第 11 卷《近代前编（1840—1919）》（上册），上海人民出版社，2015，第 101 页。

② 《中国近现代史纲要（2021 年版）》，高等教育出版社，2021。

③ 《中国近代史》，高等教育出版社，2020。

④ 《中国大百科全书·新闻　出版》，中国大百科全书出版社，1990，第 25 页。

⑤ 《中国大百科全书·新闻　出版》，中国大百科全书出版社，1990，第 462 页。

（三） 报刊形态

本书所论及的报刊的形态问题，只在出版物"装帧"的维度上使用。"装帧"一词，来源于日本，丰子恺在 1928 年将该词引入中文语境中。装帧，指构成书籍、刊物各部位的必要物质和全部工艺的总和。① 报刊采用何种装帧方式属于外观形态的范畴。②

在近代新闻学的话语体系中，书、报、刊三者曾经畛域不明，报刊并不都为如今的散页式形态，书册式、散页式、经折式等都是近代报刊的外在形态。拿《时务报》而言，它在"内容"上是报，在"时间"上是刊，在"形态"上却是书。本书在讨论近代石印报刊的整体变迁时，兼论及石印报刊的形态更迭。

（四） 基层地区

本书所指的基层地区是一个地理方位上的概念，专指位于"基层"的地区。"基层"本是一个内涵和外延都极为丰富的概念。毛泽东在《论联合政府》中言："目前运动的弱点，在于社会的基层分子还没有广泛地参加，地位非常重要而生活痛苦不堪的农民、工人、士兵和下层公教人员，还没有组织起来。"③ 此处的"基层分子"是基于社会身份和职业的划分。

本书中的基层地区指基层人员所聚集的地区。鉴于晚清和民国时期中国的城市化程度极低，大部分地区经济水平较为落后，因此本书中的"基层地区"是从行政区划的意义上来界定的，指各省省会以外的广大地区，不特指农村地区，同时将民国中期国民政府所设置的特别市、院辖市排除在外。

（五） 晚清和清末

晚清和清末是不同的历史时间段。费正清等人在《剑桥中国晚清史（1800—1911）》一书中，将 1800 年至 1911 年这一时间段视为晚清。本书中的晚清借鉴了上述划分标准。清末，即清朝末年，它是晚清的一个组成部分。甲午战争是晚清的重要时间节点。甲午战败后，清政府的统治进入最末阶段。因此，本书中的清末是指 1895 年至 1911 年。

为了表述的一致性，本书的正文和引文部分所涉及的报刊时间均为公元

① 张慈中：《心灵与形象：张慈中书籍装帧设计》，商务印书馆，2000，第16页。
② 欧阳明：《书刊编辑学》，华中理工大学出版社，2006，第33页。
③ 《毛泽东选集》第3卷，人民出版社，1991，第1088页。

纪年。如采用农历纪年，将会予以特别标注。

三　研究方法

本书在研究过程中主要运用了文献研究法与历史比较法两种研究方法。

（一）文献研究法

新闻史的研究必须建立在文献的基础上，史料是其中的重中之重，要对史料进行发掘、甄别、整理，坚持有一分材料说一分话。史料本身即为学术研究的媒介。本书以保存相对完整的第一手石印报刊史料为根据，此外，还进一步扩大了史料的搜索范围，多方印证，全面分析，并尝试厘清具有争议的史实。除了研究综述中所涉及的论文与专著等文献外，本书所用到的其他文献来源广泛，包括国内外报刊文本、史料集、档案、日记、回忆录等，大致可分为三大类。

1. 相关报纸、杂志

相关报纸、杂志是研究石印报刊的第一手文本资料。报刊资料采集的工作量较大，容易挂一漏万。本书先通过一些学者编纂的近代报刊总目录和全国多个省区市已出版的新闻志、报业志等资料，并结合多部地方新闻史的相关著作，从中查询石印报刊名目，再经过对比分析，梳理出各地相关的石印报刊。如遇记载不一的资料，则进行多方比对、辨析，剔除无法判定印刷方式的报刊。在此基础上，本书整理了一份较为详尽的中国近代石印报刊目录，详见文末附录。

本书以上述目录为主要检索路径，通过各地图书馆馆藏纸质报刊、复制版、缩微胶卷等资源，并利用全国报刊索引、爱如生、瀚堂、抗日战争与近代中日关系文献数据平台、中国近代历史文献数据总库等多个报刊数据库，有目的地进行原始报刊资料采集，同时补充新的材料。鉴于大部分石印报刊出现在 20 世纪，且伴随目前全国历史报刊数据库建设的推进，多数石印报刊原始文献都能被获取，但仍有部分石印报刊原始文本失传。

2. 史料集、档案文献等

一些史料集、史料汇编等也成了宝贵的资料来源。20 世纪中后期，有关部门组织编纂的全国各地的文史资料选辑对本书的研究也具有较为重要的参考意义。

　　档案文献在新闻史的研究中具有重要意义。有档案馆存有部分与清末民初上海石印业相关的资料文献，包括书局、印刷业、海关等行业档案资料，能够作为本书重要的史料支撑。

　　3. 日记、书信、传记、文集等

　　晚清民国时期的读书人在办报过程中常过度关注报纸的内容，而忽略印刷、纸张等物质要素在报纸中的作用，甚至在许多报刊中并未言明印刷方式，让后世难以判断。

　　幸而许多文人有写日记的习惯，而这些日记以"传世"为目的，记载内容几经筛选，有一定的可参照性。晚清民国名士的许多日记中存有与石印报刊相关的珍贵资料。《汪康年师友书札》记载了数千封《时务报》主创人员汪康年与其师友往来的书信，这些师友也有石印报刊的主创者，如罗振玉、宋恕等，从中我们可以窥见时人的一些办报经历和办报心态。此外，部分传记也能提供一定的材料支撑。文集是对作者所写文章的系统性梳理。王韬、梁启超、康有为等人均有文集被后人整理出版，当中的一些材料可作参考。

　　通过对以上文献的分析，本书将文献置于社会情境中，解析隐藏在文献背后的深刻意涵。

　　（二）历史比较法

　　历史比较法是指按照时间顺序解释同一社会内部或不同社会中的社会现象或事物的相似性和差异性的一种研究方法。[1] 它是一种定性分析的方法，强调在比较中突出研究对象的个性。

　　本书采用历史比较法，以中国石印报刊的发展轨迹为基准，不仅分析了中国近代的石印报刊与石印本的异同之处，还比较了在一个较长的历史时间段内，中西石印报刊的相似性和差异性。

四　创新点和难点

（一）创新点

　　1838年至1949年，中国共出现近800份石印报刊，几乎遍布全国各个省

---

　　① 林聚仁主编《社会科学研究方法》，山东人民出版社，2017，第144页。

份。本书以我国近代石印报刊为研究对象，创新点体现在以下三个方面。

第一，首次对中国近代石印报刊的整体历史进行了系统性研究。目前学界关于中国近代石印报刊整体历史的系统性研究尚付阙如，这与石印报刊在近代社会中所担负的作用不完全匹配。本书爬梳了各方史料后加以论证，提供了大量细节资料，辨析了关键性史实，对中国近代出版的石印报刊进行了较为全面的整理和评价，并就其多元、复杂的发展动因进行了详细分析，具有一定的填补相关领域研究空白的作用。

第二，有助于丰富对报刊史的多元化研究路径的探索。报刊的内容历来是报刊史的研究重点，媒介技术在其中受到的关注度略低。本书突破了常规的研究视角，以媒介技术作为选题切入点，有利于从另一个维度去观察中国近代报刊的历史，丰富了当下学界对报刊史的多元化研究路径的探索。

第三，在一定程度上拓展了场域理论的边界。本书将研究对象、研究问题与理论工具三者紧密结合，针对研究对象和研究问题的特殊性，在布迪厄所提出的经济资本、社会资本、文化资本的基础上，加入了对技术资本的探讨，在一定程度上拓展了场域理论的边界。

（二）难点

本书的难点主要集中于史料搜集和文本阐释两个方面。

1. 史料搜集

中国近代报刊卷帙浩繁，有部分报刊散佚难寻，给资料搜集增加了难度。再者，有许多外国文献因年代久远较为难寻，特别是外国石印报刊的原始材料。外国的石印报刊，有德语、法语、日语等多种语言，囿于语言的障碍，也增加了研究的难度。

2. 文本阐释

本书研究对象的时间跨度逾百年，不仅涉及晚清史、民国史，还涉及中国共产党党史、近代社会史等研究领域，资料众多，文本阐释的难度较高。

第一章 媒介场域生成史：中国近代石印报刊的流变

本章旨在对中国近代石印报刊的媒介场域做整体层面的结构性考察，以展示其流变，从而论述其基本特征。要了解一个场域，须先行建构场域，一个场域的边界也应在经验研究中得以确定。

中国石印报刊在近代的流变过程可划分成四个阶段，划分标准基于石印报刊在时间上的数量增长和空间上的区域拓展而确定。第一阶段：1838—1884 年，为初兴时期。第二阶段：1884—1911 年，为繁荣时期。第三阶段：1911—1945 年，为鼎盛时期。第四阶段：1945—1949 年，为衰退时期。

本书收集的石印报刊时间跨度为 1838 年至 1949 年。通过对各种史料的爬梳并进行严格的鉴别、归类，总共有 793 份石印报刊进入研究视野。793 份报刊中，能确定出版年份的有 771 份。其余 22 份可知出版地点与出版物名称，尚未查询到具体出版的年份，但可知大致的出版时段，其中 1 份为民国初年，余下的 21 份为抗战时期。此外，有 740 份报刊可知办报者身份和报刊属性。余下的 53 份报刊，部分虽可考证到参与办报的人员，但由于资料缺乏，无法明确判断报刊归属。①

本章主要回答的问题是：中国近代石印报刊媒介场域是如何生成的？它在近代中国社会的时空脉络中显现出何种特征？

第一节 中国近代石印报刊的发展脉络

石印报刊在近代中国的发展历史较为曲折。本节为历时态研究，将考察

---

① 本统计数据剔除了不同史料中对同一报纸的印刷方式有争议的报刊。本书统计的 793 份报刊中有多份同名报刊，例如多地都曾出版《抗敌报》《烽火报》《大众报》等。本书统计的大部分同名石印报刊除报刊名字相同外，其余方面无直接联系，出版者和出版地点等都不相同。

1838 年至 1949 年我国石印报刊的发展与变迁，寻找其关键的历史时间节点。

在引入西式石印术上，中国走在了世界前列。19 世纪前期，国运式微，大门外的陌生人渐次叩开中国国门，意外使中国在石印术的引进上与西方发达国家基本同步。石印术在 18 世纪末诞生于德国，它在发明初期就已经同步传入邻近的英国和法国。19 世纪开始，石印术进一步向其他大洲扩散，俄罗斯（1815 年）、美国（1819 年）、澳大利亚（1821 年）、印度（1822 年）等国家相继引入石印术。[①] 1832 年，中国即已出现石印术。从技术抵达的时间上看，中国并不落后于西方强国。下文将分别论述中国近代石印报刊在初兴、繁荣、鼎盛、衰退四个阶段的流变。

一　1838—1884 年：初兴时期

1838 年至 1884 年，为我国近代石印报刊的初兴时期。以 1884 年为时间节点，是因为当年诞生了《述报》和《点石斋画报》两份颇具分量的石印报刊。此后，石印报刊才在近代中国真正起步。19 世纪中上叶，手写石印术尝试和中国近代新闻出版业第一次交汇，但以"失败"告终。1838 年 9 月，《各国消息》在广州创办，采用连史纸石印及书册式装订方式。此后，石印报刊在中国"隐身"。

《述报》和《点石斋画报》出现前，石印报刊在中国未真正兴起，离形成一种具有规模生产效应的报刊类型尚有一段较远的距离。早期的石印术在引进时间上的优势并没有转化为技术应用上的强势，石印术在中国社会的流行是在照相石印术发明之后。《各国消息》使用的是手写石印术。1876 年后，照相石印术开始应用于中国出版市场。照相石印术进入中国后，直至《述报》创刊前，确切而言，此间中国或许仅出现了一份石印报刊，为厦门的《博物报》。关于早期石印报刊的发展情况，尚存一些关键疑问需解决。

（一）《各国消息》：偶然性的办报实践

《各国消息》创刊人的身份之谜仍未揭晓。鸦片战争前，已有外商在一口通商的广州城内进行贸易活动。为便于经商，石印术或许已经被部分商人采

---

① N. Green, "Stones from Bavaria: Iranian Lithography in Its Global Contexts," *Iranian Studies* 43 (2010): 307-308.

用。1838 年 9 月，创办于广州的《各国消息》是我国境内第一份石印报刊，目前仅发现第 1 期和第 2 期。它的内容分时事与商情两类，因其为我国石印报刊的"拓荒者"，地位斐然。《各国消息》的创办人也备受关注，之前学界普遍认为印刷工出身的传教士麦都思为该刊物的创办者。是时广州已经有了石印机，又经过了在巴达维亚（即雅加达）从事的出版事业洗礼，深谙石印技巧的麦都思完全有能力独立出版这样一份刊物。但近年来，屡有研究者对此说法提出异议，原因归纳如下。首先且最为重要的，创刊时间对不上。1839 年 9 月，麦都思尚在自英国返回巴达维亚的途中，同年 11 月才抵达目的地，不可能到广州创办《各国消息》。其次，刊物内容不符合传教士刊物的惯常风格。麦都思出版的著作大多传教色彩浓厚，具体刊物名称可参考麦著《中国的现状与未来》。《各国消息》上没有传教信息，这与同期的传教士报刊的内容格格不入。更令人疑惑的是，麦都思在总结自己出版工作的著作中，未将《各国消息》纳入其中。最后，传教士并没有垄断石印术的应用，在广州的外商群体亦有条件自行出版石印刊物。故有学者推断，《各国消息》真正的创刊者应为在华外国报商或在华自由派商人。[①]

本书倾向于认同上述说法。麦都思和伟烈亚力的著作都记载了早期传教士的出版工作，里面收录了大量传教士主持的出版物，均未含《各国消息》。与早期进入中国的传教士类似，麦都思同样对中国国民有着较为强烈的征服欲。在他眼中，中国特有的儒家文化造就了中国人自大的思维模式，中国人怀疑并鄙视外国人，并且否定任何来自自身国家以外的东西。他迫切希望通过采取一定措施来改变中国人对域外事物的刻板印象，"除非在殖民地建立一些印象，否则中国的朋友是不会满足的"。[②] 依照《各国消息》的内容看，它和传教士的报刊内容差异颇大，其与麦都思的传教心态不符，为英商所办的可能性较大。

《各国消息》的创办，是一次具有一定偶然性的办报实践。在此后漫长十余年中，中国都未见第二份石印报刊出现。就出版者来说，在国人自办报刊兴起之前，中国近代的新闻场域中主要有两类人士：第一类为传教士，第二

① 谭树林：《麦都思并非〈各国消息〉的创刊者》，《传媒观察》2018 年第 8 期，第 101 页。
② W. H. Mudurst, *China: Its State and Prospects*, Delaware: Scholarly Resources, INC, 1973, p. 556.

40

类为外商。这两类群体，各自的传播目的有异，皆不喜选用石印。19 世纪 30 年代前后，传教士亦将铅活字传入中国，早期的外商也普遍使用铅字办报。中国有上千年的雕版印刷历史，小规模的报刊印刷事业用木刻也可以应付。西式石印术对 19 世纪中期中国的印刷界而言，并不完全意味着先进，还隐喻了昂贵的进口材料和复杂的操作技术。根据现有文献资料，继《各国消息》后，中国出现的第二份石印报刊可能要追溯至 19 世纪 50 年代。

（二）早期石印报刊的三个关键问题

《各国消息》仅是近代石印报刊场域中一朵偶然的浪花，它没能引发持续性的同类型媒介实践。《各国消息》现有实物存于大英博物馆，且有诸位专家的"目证"，以此为中国石印报刊的起点具备合理性。既有此先例，石印报刊在中国的发展路径将会如何？苏精在研究中指出，照相石印术进入中国以前，1825—1873 年出现的石印术，都"只能算是尝试性质"。① 在"尝试性质"的石印活动中，石印报刊居于怎样的位置？

关于中国近代石印报刊初兴时期的状况，尚有三个亟待厘清的关键问题。

印刷出版史研究专家汪家熔的《近代印刷史三题》（以下简称"汪文"）一文勾勒了照相石印术进入中国前的与三个石印报刊相关的重要细节。①1857 年创办的《六合丛谈》为铅印，但第一期中由伟烈亚力撰写的"小引"是楷书石印，半页 10 行，每行 22 字。②1858 年，美国传教士玛高温在宁波创办的《中外新报》采用石印。此举应与宁波花华圣经书房高度相关，玛高温与该书房都隶属于长老会。③1862 年，麦嘉湖创办月刊《中外杂志》（*Shanghai Miscellany*），它是迄今为止发现的最早用"杂志"命名的中文刊物。《中外杂志》是石印的，比土山湾印书馆采用石印术要早 15 年。②

汪文的说法至今仍屡被研究者采信，本书认为，以上说法仍待进一步商讨。

第一，汪文对早期石印术的难度认知有待商榷。文中认为石印设备简单，技术要求低：有两块石版，一副架子就够，几张欺水纸，一锭欺水墨，请人

---

① 苏精：《马礼逊与中文印刷出版》，台北：台湾学生书局，2000，第 189 页。
② 汪家熔：《商务印书馆史及其他——汪家熔出版史研究文集》，中国书籍出版社，1998，第 443—453 页。

一写，落石就能印。按照该说法，石印似乎是一件极为容易的事情，材料易得，操作简便。本书对此说法存有异议。其一，石印是化学印刷，其印刷原理与中国传统的雕版印刷迥异，所需材料亦有很大区别。早期石印术为手写石印术，工艺复杂，所需材料多依靠进口，成本高昂。其二，19 世纪中期，中国缺乏相关的技术人才。根据现有文献资料记载，1876 年前仅有两位中国人学会了石印。照相石印术引入以前，除了传教士外，第一位学会石印的中国人是印工梁阿发的徒弟屈亚昂，他跟随马礼逊的长子马儒翰学得石印术。①直到照相石印术引进后，才有明确史料显示另一位中国人邱子昂学会了石印术。后人推测，邱子昂是从土山湾印书馆的主持人翁寿祺（法籍）那里学到该项新式技术的。点石斋书局初创时，即聘请邱子昂为技师。石印所需的声、光、电、化等"格致"知识，并不在儒家传统的知识体系中，这成为 19 世纪七八十年代的中国人普遍难以逾越的知识障碍。其三，早期石印材料进口困难、成本高昂。石印术是西方工业文明下的产物，它的生产离不开机器，石版必须与印机配合。这两样基本材料中国均不能自产，全部需要进口，价格不菲。

第二，汪文并没有提出充分的史料来验证上述三个观点。正是因为这三个信息对我们知悉早期石印报刊发展状况有重要意义，更应该对汪文的说法慎之又慎。

汪氏声明了他的论据来源：请见戈公振《中国报学史》商务印书馆版第 70—73 页之间的插图，确有实据。

汪文中未注明所引用的《中国报学史》版本的具体年份，但按图索骥，本书在中国近代历史文献数据总库所收录的 1935 年商务印书馆出版的《中国报学史》的第 70—73 页找到了上述三个刊物的插图，分别为《六合丛谈》、《中外新报》和《中外杂志》。

戈公振展示上述报刊图片的用意是阐明早期在华外报的发展状况，并非证明它们是石印报刊。其原文也没有提及此三份报刊与石印的关系。全书共有 10 余处与石印相关的论述，都与这三份报刊无关，且无 1873 年前的石印报刊信息。

---

① 张秀民：《中国印刷史》，上海人民出版社，1989，第 580 页。

汪文是如何得出上述三份石印报刊相关的结论的呢？或许存在以下两种可能：第一，汪家熔此前未见过以上三种报刊的实物，以间接经验为依据，直接援引《中国报学史》中的图片推测它们为石印；第二，汪家熔或许此前从其他渠道见过以上三种报刊，并鉴定它们为石印报刊。由于汪氏仅提及自己判断的标准是"被保存下来的出版物"，而他究竟是直接抑或是间接触及上述出版物，在史料缺乏的情况下，不便揣测。

此处主要根据汪文所援引的论据《中国报学史》内的插图作一辨析。因此，问题的关键在于，能否直接从《中国报学史》的插图中推断三份报刊的印刷方式？本书认为，单凭戈著插图推断报刊印刷方式，汪文的结论不一定成立，原因列举如下。

首先，单凭印刷物的字体，难以判断印刷方式。前文提及，近代报刊出版主要有木刻、铅印、石印三种印刷方式。若以印刷字体的形态为标准，铅印与非铅印（木刻、石印）的划分尚不算太难。铅印普遍使用宋体活字印刷，活字由机器铸造，整齐划一，同一篇文章中的相同文字一般不会有什么差异。在三份刊物出现的年代，中国还未引入照相石印术。木刻印刷和手写石印都必须先依靠人工书写文本，其文字则保留了更多的楷体形态，一篇文章中出现的同一个字往往因不同的人手工书写而产生差异。之所以一直强调非铅印的特征，是因为单从图片上区分铅印与非铅印或许更为容易，而要区分木刻和石印则较困难。木刻与石印有时会呈现相同的表面特征，故还需要从用墨、纸张、版式等方面加以综合鉴别。[①] 晚清民国时期还有的报刊使用了铅排石印，单凭肉眼，实难辨别报刊的印刷方式。从上述三种刊物的插图来看，我们不难捕捉到"非铅印"的痕迹。《六合丛谈》的"小引"部分与《六合丛谈》封面的印刷风格差异颇大。此外，《中外新报》和《中外杂志》插图也同样有较鲜明的楷书痕迹。凭借以上三种刊物的插图就能推断它们为石印吗？或许不然。

其次，上述三种刊物的插图，至少有两幅都非原始报刊版本。早期近代报刊的版本芜杂，增加了后世考辨的难度。卓南生教授的研究即曾提示，有些近代报刊虽是在中国出版，后却在中国散佚。其中一些报刊曾被视为情报

---

① 黄永年：《古籍版本学》，江苏教育出版社，2009，第20—21页。

或学习资料，经由日本翻刻，又从日本"反向"输入回中国。一方面，以日本为代表的国外的翻刻之风甚蔚；另一方面，中国国内流传的早期近代报刊也无法完全避免版本的多样化。在这三份报刊诞生的年代，出版者尚未形成充分的版权意识，加之缺乏有效的报律约束，清政府对盗版行为的惩戒有限，中国自身的坊刻、家刻领域，有可能生产"盗版"报刊。这些因素可能共同导致我们现所见的国内馆藏的部分早期近代报刊有可能并非其最原始的版本。目前已经发掘的史料至少可以证明，《中国报学史》中的《中外新报》和《中外杂志》，都不是中国刊印的原版，而是日本的翻刻版，且都为木刻而非石印。戈公振在写作《中国报学史》时因未能在中国找到它们的原版，转而向日本学者小野秀雄借用了这两份日本的翻刻报刊，作为附图放入自己的著作中。若汪氏仅凭《中国报学史》的插图便推出关于早期石印报刊发展状况的结论，那极大可能会与事实有所偏差。

本书在研究过程中对比了其他途径所获得的相关报刊版本。本书所使用的《六合丛谈》文本来自"全国报刊索引数据库"，该数据库依托上海图书馆的馆藏报刊而建。将该数据库中的《六合丛谈》"小引"部分与《中国报学史》1935 年版中的插图进行对比，可以发现版面上的明显差异，详情如图 1-1 和图 1-2 所示。

图 1-1 《六合丛谈》封面（《中国报学史》1935 年版插图）

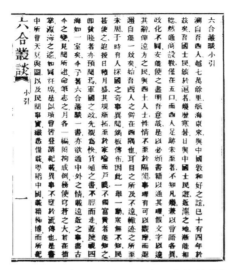

图1-2 《六合丛谈》"小引"（上海图书馆馆藏报刊截图）

图1-1为戈著插图，底本来源暂不详；图1-2为上海图书馆馆藏报刊截图，底本分别来源于大英图书馆和日本宫城县图书馆伊达文库。英日两个底本排版、字迹等要素均相同，应为同一版本，故此处仅截取了一张图。同为《六合丛谈》的"小引"部分，两者的版面语言有着较为显著的区别。图1-1为戈公振著《中国报学史》1935年版中的《六合丛谈》封面，"小引"部分因图片不够清晰，未收入本书，但依稀可见是字迹相对松散的楷体，图1-2则更为偏向印刷宋体字，两个版本每页字数也不同。图1-2的"小引"部分与该刊物前后文章的字体基本一致，应是使用的同一印刷流程。由此大致可以推断，两图虽都出自《六合丛谈》第1期，但应不是同批印刷刊物，它们可能出自不同的印刷者之手。全国报刊索引数据库中的《六合丛谈》与戈著中的《六合丛谈》在印刷上是存在差异的，它们可能都是正版，也可能都是翻版，也有可能出自报馆出版的报刊合集。具体是哪种可能性，尚需更多的史料证明。倘若以图1-2为据，恐也不能直接得出《六合丛谈》的"小引"是石印的结论。

下面，本书将借助从多渠道收集的史料，并综合已有的学界研究成果和国内外图书馆的馆藏情况，对《六合丛谈》《中外新报》《中外杂志》三份报刊的印刷方式略作讨论。

1. 《六合丛谈》的"小引"是否为石印？

同为一期刊物，《六合丛谈》的出版方墨海书馆为何要将第 1 期的"小引"单独石印？搬迁至上海后，麦都思所在的墨海书馆以活字印刷为主，其次是木刻。石印也没有完全消失，但由于印刷成本太高，只是"偶有为之"。1844 年至 1847 年墨海书馆出版了 34 种图书，仅有 1 种为石印。[①] 1857 年创刊的《六合丛谈》，具备使用石印的客观条件。然而，若《六合丛谈》的"小引"为石印，于"情"和于"理"两方面，似都难以得到合理解释。

于情一处，为何《六合丛谈》其他地方都用铅印，唯独伟烈亚力亲撰的"小引"用石印？是否因《六合丛谈》曾在异地出版过，或者伟烈亚力本人不在上海，不便铅印所以用石印？关于前者，据学者熊月之考证，《六合丛谈》发行的 15 期一直在上海出版，从未迁往过其他城市。[②] 至于后者，有无可能因伟烈亚力在期刊出版时身在他处，遂将"小引"写好石印后交由墨海书馆随《六合丛谈》一起出版？此种可能性并不大。其一，伟烈亚力虽在中国传教多年，但其传教活动以著文为主，没有充分的史料显示伟烈亚力曾习得石印术。其二，他人协助伟烈亚力石印的可能性也不大。伟烈亚力直接将"小引"手稿传至墨海书馆，由墨海书馆编辑排印更为方便，为何还要多此一举先行石印？其三，伟烈亚力全程参与了《六合丛谈》的创办，且在刊物出版时他就在上海。该"小引"结尾处明确注明"咸丰丙辰十二月英国伟烈亚力书于沪城"，更无必要去简就繁而单用石印来印刷"小引"了。

于理一方，《六合丛谈》是上海第一份铅印的中文期刊，墨海书馆正在大举推广铅印，是上海最新式的印刷技术的代表者和实践者，为何要"返璞归真"使用手写石印？直到《六合丛谈》创刊近 20 年后，在土山湾印书馆开张时，我国所使用的石印机都未过渡到铁架机阶段。土山湾印书馆使用的仅是木质石印机，出版效率低下。而且《六合丛谈》创刊时，石印术还处于初级阶段，照相石印术尚未传入中国。墨海书馆的铅印怎一个高效了得，一日可印 4 万余纸，这是石印难以比拟的。按常理来说，《六合丛谈》用铅印更具有

---

① 苏精：《初期的墨海书馆（1843—1847）》，关西大学文化交涉学教育研究中心、出版博物馆编《印刷出版与知识环流——十六世纪以后的东亚》，上海人民出版社，2011，第 167—169 页。

② 熊月之：《近代上海第一份杂志〈六合丛谈〉史料新发现》，《社会科学》1994 年第 5 期，第 45 页。

合理性。

墨海书馆在铅印上已有相当的经验，以自有的先进铅印设备而自豪。铅印产量已经较高，且伟烈亚力在刊物出版时正身在上海。综合前文的史料，加之上海图书馆所藏的《六合丛谈》第 1 期刊物似全为宋体铅排，本书认为，《六合丛谈》的"小引"部分使用石印的可能性不大。

2.《中外新报》是否为石印？

《中外新报》由美国传教士玛高温在宁波创办。报刊史学界对于《中外新报》的印刷方式，则更是众说纷纭，木刻、铅印、石印之说皆有，莫衷一是，让人难以辨之。关于它的创办日期，亦有多个说法。

叶再生认为《中外新报》系雕版印刷，竹纸印刷，封面用黄纸，有边框界栏。[①] 后又有学者认为雕版说并不可靠，《中外新报》是传教士在宁波开设书院印刷所后创办的，此书院印刷所专事铅印，因此《中外新报》应为铅活字印刷。[②]除汪文外，另有研究指出，《中外新报》为石印，它出现在《六合丛谈》以前。《六合丛谈》的出现体现了期刊发展水平的提高，由石印的不定期刊演变为铅印的月刊，显示了传媒更为广泛的影响力。[③]

汪文最早见于 20 世纪 80 年代，在那个年代，汪氏应不具备接触到《中外新报》原始版本的可能性。《中外新报》在宁波出版时的原始版本已散佚。20 世纪 80 年代，我国学者仍未在国内发现原始的《中外新报》版本。在宁波面世后，《中外新报》传入日本，该刊被翻译成日文，改称《官版中外新报》，共翻刻 13 册。[④] 1988 年，方汉奇教授也未在日本找到原版的《中外新报》。方先生虽在日本国立国会图书馆中首次翻阅到《中外新报》，不过日本所藏的这份《中外新报》亦非原版，为翻刻版本，黄色棉纸，线装。[⑤]

此外，汪文据图片推测《中外新报》的创刊日期，未发现戈公振的错误推断（戈公振后来修正了《中外新报》的创刊日期）。汪文中所记的《中外新报》创刊于 1858 年，为一误载，它的实际创刊日期是 1854 年。戈著中的

---

① 叶再生：《中国近代现代出版通史》第 1 卷，华文出版社，2002，第 157 页。
② 《浙江省新闻志》编纂委员会编《浙江省新闻志》，浙江人民出版社，2007，第 1083—1084 页。
③ 宁树藩主编《中国地区比较新闻史》（中卷），复旦大学出版社，2018，第 530 页。
④ 宁波市鄞州区政协文史资料委员会编《学汇中外：三江文存·〈鄞州文史〉精选》（文化卷），宁波出版社，2012，第 498 页。
⑤ 方汉奇：《东瀛访报记（上）》，《新闻研究资料》1989 年第 2 期，第 56—76 页。

《中外新报》第1号标注创刊年份为1858年，这份《中外新报》是日本翻刻的《官版中外新报》。汪文若以该翻刻版的时间来确定《中外新报》的初始发行时间，则会产生谬误。卓南生教授经过多年的努力，发现了部分《中外新报》的原件，包括玛高温时期29册，应思理时期4册。他根据日本的《官版中外新报》和所流传的手抄本，对《中外新报》进行了较为详细的考据。作为宁波近代史上的第一份报纸，《中外新报》创刊于1854年，首位编辑为美国传教士玛高温。1858年底，另一传教士应思理接替了玛高温的工作，另改序号出版，至1861年2月停刊。日本翻刻版本和手抄本翻印的是1858年应思理主持编务工作时期的《中外新报》，遗漏了初期的报刊。① 但是目前所发掘的原件仅占《中外新报》出版总期数的较小部分，且首期号暂未被发掘。在卓南生教授的研究中，已发掘原件的内容暂未披露《中外新报》的印刷方式，因此鉴定《中外新报》的印刷方式仍有难度。《中外新报》到底是否为石印，这有待于未来更多史料的发掘。

3. 《中外杂志》是否为石印？

1862年，英国传教士麦嘉湖在上海创办的《中外杂志》，是中国近代史上第一份以"杂志"命名的刊物。《中外杂志》原件迄今同样难觅，研究者只能依靠日本的翻刻版寻觅相关线索。

戈著《中外杂志》的插图亦不是原件，它是木刻报刊而非石印报刊，是日本所翻刻的《官版中外杂志》。戈公振自己手上也没有原件，《中外新报》和《中外杂志》都是他为了写作《中国报学史》而向日本学者小野秀雄所借的日本翻刻版本。日本翻刻的早期中文近代报刊大都采用木版印刷，还常在翻印过程中对内容和版式等进行修改，且《官版中外杂志》中不见留存的印刷信息，这给我们溯源《中外杂志》的印刷方式增添了困难。

《官版中外杂志》的内容以"辑录"的方式而成，只选辑关键文章。从整体编排版式与内容特征，不难看出它与《遐迩贯珍》《六合丛谈》的关联性，这两份期刊是《中外杂志》的范本。《官版中外杂志》内容以宗教、科学和文学为中心，有时也刊载一般的新闻和"进出口货价"（经济新闻）等

---

① 卓南生：《〈中外新报〉（1854—1861）原件及日本版之考究》，程曼丽主编《北大新闻与传播评论》第3辑，北京大学出版社，2007，第259—290页。

消息。① 白瑞华补充了一些关于《中外杂志》的信息。他称《中外杂志》是报纸形制，每期 4 页，售价 10 文。据《中国报纸（1800—1912）》记载，《中外杂志》报道新闻，也刊登宗教和大众教育之类的内容。不过，白瑞华特别强调了一点，该刊"附加了石印的中文和日文假名的地名表"。② 由于报刊原件的缺失，上述说法也较难考证。

汪文中提及的戈著中的《六合丛谈》的底本暂不明，《中外新报》和《中外杂志》都不是原始版本，而是日本翻刻版本的影印版。汪氏写作《近代印刷史三题》一文的年代，暂未有史料显示在中国境内发掘出《中外新报》《中外杂志》的原件。

综上，本书认为，汪文之说论据不够充分，结论不一定成立。直至目前，尚未有明确史料证明以上三份报刊与石印的相关性。

1838 年至 1884 年的石印报刊初兴阶段，还有一个小插曲值得一书。1878 年在厦门出现过一份石印的《博物报》，它很有可能是继《各国消息》之后中国出现的第二份石印报刊。关于该报的资料最早应见于《报学杂志》：1878 年的厦门，虽然出过石印的《博物报》，可是只出三天。③ 后在《厦门新闻志》有补充说明：1878 年创刊，厦门最早的中文报，出版三天，油光纸印刷，石印，为陈金芳尊人及修君（菲律宾华人）所组织。④ 目前对《博物报》的了解大致限于以上两则史料。《博物报》无实物留存，暂无法进一步研究，其只出版过三天，影响力也无从谈起。

总而言之，1838 年至 1884 年，中国近代石印报刊一直处于"若隐若现"的境地，仍在初兴阶段。在此期间，真正能够得到有效确证的石印报刊仅有两份，分别是 1838 年在广州出版的《各国消息》和 1878 年在厦门出版的《博物报》。早期的石印术停留在手写阶段，与同时期发展起来的铅印术相比，处于下风。石印术的便利性尚不能与木刻相提并论，成本也较高。中国近代报刊创办的初期，石印报刊未获得一席之地。照相石印术成熟之前，石印术

---

① 卓南生：《首家以"杂志"命名的中文期刊〈中外杂志〉（1862—1863）——以日本"官版翻刻新闻"为探析素材》，《新闻春秋》2019 年第 2 期，第 8—20 页。
② 白瑞华：《中国报纸（1800—1912）》，暨南大学出版社，2011，第 56—57 页。
③ 啸高：《厦门》，《报学季刊》第 5 卷第 2 期，1935 年，第 103 页。
④ 《厦门新闻志》编纂委员会编《厦门新闻志》，鹭江出版社，2009，第 57 页。

的优势还未被发掘，也就未能与报刊充分结合。但中国报刊界的图片传播需求已经在萌发。直到照相石印术成熟，中国报界才真正实现了图片与报刊的结合。

1884年之后，中国近代石印报刊迅速进入繁荣时期。

二 1884—1911年：繁荣时期

1884年至1911年，是中国近代石印报刊的繁荣时期，其间新办的石印报刊逾百份。19世纪的石印报刊场域中最为著名的两份报刊《点石斋画报》和《时务报》，都出版于该时期。

石印报刊的发展在中国的第一个转折点，应定位在1884年，以《述报》和《点石斋画报》的诞生为标志。此后，中国新闻业中汇入了全新的石印画报的样态。此阶段的报刊类型不仅限于石印画报，维新时期，以《时务报》为代表的石印文字报刊也占据一席之地。

中国近代石印报刊的繁荣，围绕着三个时间节点展开：中法战争时期、维新变法时期、清末新政时期。石印报刊在近代中国迅速扩展，石印画报和石印文字报刊各领风骚。

（一）中法战争后：石印画报占得先机

中法战争作为一个关键的时间节点，刺激了社会的新闻需求，图文并茂的石印报刊开始出现。此处主要论述1884年《述报》创办至1895年公车上书事件发生前的石印报刊的发展情况，此间的石印报刊大都可归属于石印画报。1884年作为石印报刊发展过程中的一个重要转折点，应被研究者给予特别关注。

1. 走向机械复制时代：石印报刊的1884年

1884年，是中国近代报刊史上一个较为普通的年份。对于石印报刊来说，1884年却是里程碑般的一年。是年，中国一共诞生了三份报刊：《述报》《中西近事汇编》《点石斋画报》。[①] 在此，有一个惊人的巧合，这三份报刊皆为石印报刊，且各自具有开拓性的意义。1884年的石印报刊，既有画报，又有文字报刊。

---

① 史和、姚福申、叶翠娣编《中国近代报刊名录》，福建人民出版社，1991，第392页。

石印报刊在 1884 年的兴起，离不开照相石印术的发展。照相石印术在中国被接纳，随即在都市印刷业中替代了早期的以绘石法、落石法为主的手写石印术。1850 年，照相石印术的发明，使石印术更为高效。照相石印术与日后风靡中国报刊界的摄影术不同。"照人物山水之事与石印照像之工大不相同，因必用特设之照器与照法也。凡石板所能印之画图，不能用平常所照之像落于石面印之，须有浓墨画成之样，或木板铜板印出之稿。"① 照相石印术便于缩印、"成书与原本丝毫不爽"② 的优势被出版商看中。在本雅明看来，照相石印术生成的复制品不同于手工复制品，并不会损耗原作的权威性，反而有所增益，其原因有二：技术复制比手工复制更独立于原作；技术复制能把原作的摹本带到原作本身无法达到的境界。因循此说，《点石斋画报》通过照相石印术完成了对画家原作的机械复制，成为独立于原作的包含自身原真性（echtheit）的艺术品，获得了自身的"韵味"，即"在一定距离之外但感觉上如此贴近之物的独一无二的显现"。③ 带有独特"韵味"的《点石斋画报》，"平视则模糊不可辨，窥以仪器，如身入其境中。而人物之生动，尤觉栩栩欲活"。④

从媒介技术层面看，这一时期的石印报刊都依托了晚清时期先进的照相石印术。缩印既能保持图画原本的清晰度，还能快速印刷。照相石印术与报刊合力，将我国的报业带入一个新的时代。

（1）《述报》：中国最早的石印日报

《述报》是广州地区最早的日报，亦是中国全境最早的石印日报。《述报》不能算是一份纯粹的画报，报刊上的画多作为插图出现，但它最早将石印图像与日报相结合，让图像成为日报的一种内容，具有开创性。

1884 年，中法激战正酣。新闻与战争相互依托，《述报》之诞生恰逢其时。《述报》已能依托石印术生产日报，可见照相石印术出版的高效，石印与《述报》的结盟，催生了中国最早的石印日报。《述报》原报为 10 开本，对折

---

① 《石印新法》，《格致汇编》第 7 卷秋卷，1892 年，第 28—29 页。
② 《梦迹图出售》，《申报》1881 年 7 月 8 日，第 1 版。
③ W. 本雅明：《机械复制时代的艺术作品》，王才勇译，浙江摄影出版社，1993，第 10 页。
④ 《〈点石斋画报〉缘起》，复旦大学新闻系新闻史教研室编《中国新闻史文集》，上海人民出版社，1987，第 16—17 页。

装订，中缝印题，赛连纸单面石印，版面横宽 5.5 寸（约 18 厘米），长 9.5 寸（约 32 厘米），采用书册式。

出版者自身认为，《述报》独具创造性。从表面上看，《述报》与之前的报刊似乎没有太大的不同，内容主要是外译近事和自编商情。因此，出版者急于给《述报》寻求具有辨识度的身份标识，他们将《述报》与其他报刊相剥离，标榜自身为"日报中之创格"。《述报》能够成为"创格"，很大程度上得益于石印"身份"，且看发刊词《述报缘起》中的一段论述：

> 与其求速而贻误失实，何如少缓而信有可征。与其务得贪多，致类《齐东野语》，曷若绘图贴书，兼缮海外可书。本馆有鉴于此，多聘通儒，遍阅各报，去疑存信，加以论断。事必核实，语戒荒唐。又以西国图画，非梨枣所能奏功，爰不惜工本，用点石法印行，务求其善美，庶合众长而衷一是，以为讲求时务者之一助，若言渔利犹后也。诸君赐阅，自然与别报不同。但本报为日报中之创格。①

力求"信有可征""绘图贴书"，于是"遍阅各报，去疑存信"，遂用点石法印行，以助时务，为日报中之"创格"。广州处于闻西风之先的通商口岸，受到内地、香港还有邻近的东南亚等地的多重影响。在《述报》之前，中国已经有《上海新报》《申报》《循环日报》等日报先行者。作为追赶者，《述报》意图从印刷方式入手，凸显自身的独特性。照相石印术的引入，可使《述报》与之前的日报实践相区分。

可惜的是，《述报》只发行了不到一年便戛然而止。《述报》整体发行时间短，影响力也主要集中于广州。它开创的石印日报的形式也未成气候，以致日后诸多"正统"的新闻史书写最初都未将其纳入记载。然则作为中国最早的石印日报，《述报》足以被载入史册。

《述报》也存在创办者的身份谜题。早年间曾有说法指出述报馆的主人为广州报业巨子邝其照，后又有学者在多方考证后证实：述报馆主人不可能是

---

① 《述报缘起》，《述报》1884 年农历四月卷，第 1 页。

邝其照。① 但究竟谁系《述报》的主人，至今仍是一个谜题。从《述报》的版面语言来看，它已经很接近现代报刊的版面设置，刊载了大量的言论和新闻，表现出述报馆主人对新式新闻业较高的熟悉度。报上未载广告，发行价格等信息亦不明确，这些又从侧面说明《述报》的商业性并不强。目前只能判定《述报》的印刷方为广州海墨楼书局，但实际编辑者是否同为海墨楼书局暂不可知。另外，《述报》为官办报刊的可能性也不大：其一，《述报》的内容设置和清末的官报差别较大，更接近于商业报刊的编排；其二，《述报》如果是官方报刊那应该会有较为详细的记载，不至于曾经在中国主流新闻史书写中籍籍无名。《述报》创办者的身份还有待研究者的进一步挖掘。

按照本书对画报之解释，《述报》严格来说不能被称为画报，它是以文字为主的报刊，但它的出现仍给场域中的石印报刊带来了新的生命力。

（2）《中西近事汇编》：中国最早的石印杂志

《中西近事汇编》与《述报》的出版者同源，为《述报》的每月汇编，它可被视为中国最早的石印杂志。

《述报》内容编排设置了几个固定的栏目，但其并不满足于做一份日报。日报出版周期短，内容少，不便保存。将日报"升级"为杂志，可以让日报实现更长时间的"在场"，以便和读者进行更长久的互动。辑录《述报》上的"近闻"栏目，按月分卷编成《中西近事汇编》，单独发售，从而成就了中国报刊史上最早的石印杂志。

虽然《中西近事汇编》单独发行，但它完全依附于《述报》，只是其汇编，不具备内容生产上的独立性和原创性。《中西近事汇编》能够集日报之精华而成杂志，也算得上是近代早期国人自办报刊中的又一"创举"。

《述报》停刊后，《中西近事汇编》也自然消失。

（3）《点石斋画报》：中国最早的石印画报

1884 年 5 月 8 日，《点石斋画报》创刊，其最初作为《申报》的附张发行。《点石斋画报》开启了石印报刊的新样态：石印画报。它同时也是中国最早的石印画报。

---

① 彭兴华、刘宪阁：《〈述报〉馆主人不可能是邝其照——对一个观点的辨正》，《沈阳大学学报》（社会科学版）2014 年第 2 期。

以《点石斋画报》为代表的时事新闻画报因时而生，成为彰显照相石印术特征的上佳范本。《点石斋画报》先后共发行约 14 年，至 1898 年停刊，刊登的图片逾 4000 幅，是我国近代发行时间最长的石印报刊。在影响力上，它也许堪称石印报刊之"最"。纵使《述报》早于《点石斋画报》半个多月问世，美查却似乎未曾留意到这份在中国南方出版的石印日报。他将《点石斋画报》定位为中国画报的开创者，《申报》"十余年来，海内知名，日售万纸，犹不暇给，而画独阙如"，特别提及"旁询粤港各报馆亦然"。① 当时《述报》才创刊，发行地区有限，美查未读过《述报》较合情理。然而，美查视《点石斋画报》为画报独创者的姿态却难免被质疑。在此前，中国就已经出现了画报。有学者指出："《点石斋画报》所直接承受西洋书报影响者，当为《花图新报》。"②

美查的文章有自负之嫌，然而《点石斋画报》在近代报刊史上的影响力是不容忽视的。石印术的出现使版画艺术能解释性地去表现日常生活，并和印刷术并驾齐驱。③ 石印术还使报刊获得了"图像权力"，它将图像整合进近代报刊的知识体系，融合新闻与时事，创造出全新的时事画、新闻画，倡导和传播新的报刊权力关系。更为显著的是，技术的改进降低了生产成本。在此之前，申报馆还曾发售过《寰瀛画报》。按照当年的售价分析，1 份《寰瀛画报》的价钱大约相当于 25 份《申报》，价格不菲。到《点石斋画报》时期，画报的生产成本已经大幅下降。装订成册来售卖的《点石斋画报》价格并不高，十二三岁的包天笑家境不算佳，但省下点心钱也可购买一册。④

从现存的史料看，很难发现《述报》《中西近事汇编》两者与《点石斋画报》的交集。但依后世之见，未必不能把它们置于同一维度进行比较。由于《中西近事汇编》是对《述报》的汇编，在内容生产上不具有独立性，故此处将论述重点放在《述报》与《点石斋画报》上。

从差异性上看，《述报》与《点石斋画报》对图文关系的看法是有所区

---

① 《叙》，《点石斋画报》1884 年版甲一，第 1 页。

② 吴果中：《左图右史与画中有话：中国近现代画报研究（1874—1949）》，北京大学出版社，2017，第 31 页。

③ W. 本雅明：《机械复制时代的艺术作品》，王才勇译，浙江摄影出版社，1993，第 5 页。

④ 包天笑：《钏影楼回忆录》，刘幼生点校，山西古籍出版社、山西教育出版社，1999，第 141 页。

别的。《述报》仍以文为主进行编排，在传统的日报中插入石印图画的元素。《点石斋画报》以图片为主导地位，从视觉入手，为中国读者提供新的观看新闻的方式，影响深远。

进一步思考，我们能发现《述报》与《点石斋画报》的四个共通之处，这可为观测日后石印报刊在中国的走向作一参照。第一，创刊的时代背景相似。两报均出版于中法战争期间，满足战争时期社会对新闻的需求。第二，相同的报刊装帧形态。两份报刊都采用书册式。是时报与刊畛域未分，界限不明，书册式是最为常见的报刊形态。第三，多样化的发行方式。述报馆推出了合订版月刊《中西近事汇编》，把日报版本的《述报》重新编排，按内容分门别类进行装订。除了随《申报》赠送发行外，《点石斋画报》还有多种合订版。第四，非逐利的价值取向。《述报》用赛连纸印刷，《点石斋画报》用连史纸印刷。赛连纸和连史纸是我国国产纸张中价钱相对高昂的纸张，高于被一些报馆选用的毛太纸、毛边纸等纸张。特别是连史纸，几乎是晚清报界所选用的最昂贵的纸张。

中国近代报刊史上的 1884 年是专属于石印报刊的。在中法战争的影响下，是年诞生的 3 份报刊皆为石印报刊，它们是中国最早的石印日报《述报》，中国最早的石印杂志《中西近事汇编》，中国最早的石印画报《点石斋画报》。1884 年拉开了石印报刊媒介场域繁荣阶段的序幕。中国近代石印报刊进入"机械复制的时代"，遍地开花。在画报一处，石印术与报刊找到了最佳结合点。继《点石斋画报》之后，陆续又有多份石印画报涌现。一直至维新变法前，石印画报都集中在上海。

2. 石印画报争奇斗艳

《点石斋画报》引发了蝴蝶效应，之后的 12 年中，上海一地至少还有 6 份石印报刊问世，都为石印画报，具有"小而精"的特征。19 世纪末，上海已经成为中国石印业的中心，亦成为石印术扩散的中介点，为石印画报的生产提供了技术支持。晚清上海的私营石印业渐趋鼎盛，石印商与报馆双方也乐于结盟，这样一来可以扩大石印商的业务，二来免去了报馆自购设备的高成本投入。同城的石印商则为本阶段上海石印报刊的出版提供了极大便利。

《点石斋画报》中的名画师吴友如还单独办了 2 份石印画报，为《飞影阁画报》和《飞影阁画册》。1890 年 10 月，《飞影阁画报》问世，由申报馆负责发售，每册 5 文，每月 3 期，每期有画 7 张。该刊经折装，委托鸿宝斋石印，纸张用连史纸。彼时吴友如的身份有变，他不再只是为《点石斋画报》"打工"的画师。

《飞影阁画报》的归属权为吴友如，只是经由申报馆代售。《飞影阁画报》在市场上形成了和《点石斋画报》互补的局面，它更符合文艺副刊的特征，刊载非新闻图画，图片精美，吸引了一批新的受众。1893 年初，有感于"画新闻，如应试文，虽极端揣摩，终嫌时尚，似难流传。如绘册页，如名家著作，别开生面，独运精思，可资启迪"，① 吴友如将《飞影阁画报》改为《飞影阁画册》，侧重人物描绘，供人赏析。但因为吴友如此后不久便去世，他的石印画册未能更进一步。

上海大型报馆也陆续推出了石印画报，其中以新闻报馆所办的画报最为突出。1893 年 2 月，上海《新闻报》创刊，成为《申报》强有力的竞争对手。当年底，新闻报馆也开始每日附送石印附刊，后又将画报按月汇编成册为《新闻报馆画报》。

新闻报馆的石印画报事业进行了不到一年便被中断。1894 年初，《新闻报》在头版刊登告白表示将持续赠送一年的画报，并会继续保持精益求精的态度，告示中称："本馆自上年十一月始新增画报，逐日附送，幸已风行……本年仍从旧例，每日附送画报一页，不取分文……列序目并封签以便诸君子汇订城（成）书……一岁既周均可汇成册页，惟是工本甚巨，倘有单购画报者，每纸仍收资四文……本馆精益求精，备益求备，不敢有一事安于简陋。"② 让人始料未及的是，战争中断了新闻报馆的石印画报出版计划。《述报》和《点石斋画报》始于中法战争，《新闻报馆画报》则是止于甲午战争。中日开战后，新闻报馆的画报仍在继续出版。③ 是年 8 月 2 日，《新闻报》尚且坚持每日附送画报一页，准备改革画报版式，加大附张。谁知隔日，报馆便宣布，甲午战争以来，《新闻报》销量大畅，报务繁多，"画报一节，所印不敷"，

---

① 《飞影阁画册报》，徐小蛮、王福康：《中华图像文化史·插图卷》（上），中国摄影出版社，2016，第 248 页。
② 新闻报馆：《本馆告白》，《新闻报》1894 年 2 月 17 日，第 1 版。
③ 《画报附张启》，《新闻报》1894 年 8 月 2 日，第 1 版。

决定停止附送石印画报。①

　　另有两份石印报刊都创办于 1895 年（具体月份不详），为《时事新报》附张和《饶舌杂志》。目前尚不清楚它们是否创办于公车上书事件发生前，由于此两份报刊同样都属画报之列，与维新时期的石印文字报刊风格差异较大，所以本书把它们列入此阶段论述。

　　除了《申报》和《新闻报》外，1895 年前后，上海的《时事新报》也曾发行过石印画报。1911 年，上海《时事新报》附张《时事画报》第 1 期上的《编者敬白》记载："《时事画报》为《时事新报》附张之一，今日始与诸君相见。十六年之前，《时事新报》曾刊行画报。当时制版印刷之术，远逊今兹，用油光纸而石印，及今观之，诚不免简陋之讥。然实为时代之产物，抑以同人见闻所及，亦我国画报之嚆矢也。越三年，以印刷上之障碍而废刊。是以今日之《时事画报》，谓为创刊可，谓为复活亦无不可，要非本来面目矣。"②

　　文中的"用油光纸而石印"，表明这份石印画报确实存世过。《时事画报》1911 年出版于上海。"十六年之前"，正好为 1895 年前，"越三年"，说明该报的画报附张在 1898 年前后停刊。中国近代有很多同名报刊，这份画报与 1905 年在广州出版的《时事画报》实无联系。1895 年出版的《时事画报》附张原版现已难寻，无法将之与广州的同名报刊比较。但《时事新报》发行者所称的"以同人见闻所及，亦我国画报之嚆矢"，并不符合史实。不过略有巧合的是，时事新报馆发行的《时事画报》与《点石斋画报》应为同年终止。《时事画报》发行越三年，"以印刷上之障碍而废刊"，《点石斋画报》的终刊也在 1898 年。16 年后，"卷土重来"的《时事画报》已经变成了一份铅印摄影画报。

　　1895 年还出现了我国最早的石印漫画杂志——《饶舌杂志》。《饶舌杂志》早已失传，著名漫画家王敦庆在发表于《独立漫画》上的《中国漫画史料的断片之一：介绍上海最老的一本幽默杂志》一文中谈到它。③ 颇幸运的是，王敦庆保存有这份杂志，并把它的部分内容附在自己的文章中，使我们

① 《暂停画报启》，《新闻报》1894 年 8 月 3 日，第 1 版。
② 《编者敬白》，《时事画报》第 1 期，1911 年，第 1 版。
③ 王敦庆：《中国漫画史料的断片之一：介绍上海最老的一本幽默杂志》，《独立漫画》第 2 期，1935 年，第 13—14 页。

有幸一睹这本杂志的风貌。《饶舌杂志》有很强的英式风格，它的编排方式和流行于英国的讽刺画刊物《笨拙》很类似，内容中还夹杂英文。《饶舌杂志》由寄居上海的英国人所办，它的发起人是别发洋行，杂志上也有中文配文。王敦庆认为，这些中文的部分很可能有中国人参与。

该时段的石印画报大多印刷精美、内容有趣，饱含出版者的"求精"精神。《述报》首次将日报与石印相结合，给场域注入了新的内容和形式。《点石斋画报》则更进一步，使石印报刊从常规以文字为主体的刊物演化出全新的画报形式。中国近代石印报刊从初兴时期走向繁荣时期，内在依托的是石印术的进步。我国石印报刊的发源地广州已退出中心场域，上海成为石印报刊出版的焦点城市。在《点石斋画报》后，各地接续有石印画报出现，呈现出分散的状态。画报与画报之间尚未能形成一股合力，也就未能带动场域中的办报热潮。

若一直延续 1884 年的路径，中国近代的石印报刊将毫无例外地向画报聚集，因为画报可以深刻映射出照相石印术的优势所在。近代中国社会的多样性改变了石印报刊的常规连续性走向，多种因素交织下，非画报类的石印报刊反而成为场域中的一股核心力量。

（二）维新时期：第一次石印报刊发展高潮

本书所指的维新时期不单指"百日维新"的特定时间段，而是起于公车上书，止于百日维新。维新时期，中国近代第一个石印报刊办报高潮到来。场域中形成了以《时务报》为轴心的石印报刊网络，一共有 15 份石印报刊相继创办。本书判断石印报刊进入发展高潮期的标准为：它们是否在某一时间段集中地出现在某一个或者多个地区。此处需要说明的是，第一次石印报刊发展高潮是由维新时期的文字报刊推动的。从宽泛的意义上理解，中国近代第一次石印报刊发展高潮中也应该包括《点石斋画报》。维新时期，《点石斋画报》走向报刊生命的尾声，在场域中的影响力相对前期已经大幅度缩减，但它仍是场域中不容忽视的一股媒介力量。因前文已经对《点石斋画报》有所交代，此处不再赘述，仅讨论维新时期第一次办报高潮中的新生石印报刊。

甲午战败，加剧了中国社会的变化，也带来了石印报刊发展中的转折，石印报刊从画报转向文字报刊领域。国内外局势风云诡谲，报章日渍人心，

"不出户庭，而周知天下之事者，非报馆无由也"。甲午战争爆发前，晚清学人已经认识到报章的作用，将报章视为"国之利器"。[①] 屡弱的清军溃败，一众读书人悲愤交加。1895年，上千举人联名上书光绪帝，反对签订《马关条约》。清末社会发生剧变，1898年6月，光绪帝颁布"明定国是"诏书，百日维新正式开始。同年9月21日，百日维新失败。维新变法期间形成了特殊的政治时局，报业蔚然兴起，石印报刊在其中引人注目。

这一时期石印画报黯然失色，石印文字报刊则是后来者居上，成为新的"闯入者"。1896年，国内诞生了石印报刊史上最著名的一份石印文字报刊——《时务报》，昭示了清末报刊场域的变局。文字石印报刊异军突起，画报暂时隐退，图像权力转而让渡给文字权力。1898年底，发行了14年的《点石斋画报》黯然离场。媒介技术变迁与社会变革共振，石印报刊的格局在晚清社会发生巨变，呈现与以往迥异的媒介景观。除译报翘楚《时务报》外，维新时期还诞生了众多著名的石印报刊，具体如表1-1所示。

表1-1　维新时期诞生的石印报刊

名称	创刊时间	地点	主要负责人
《时务报》	1896年	上海	汪康年
《集成报》	1897年	上海	陈念护、孔昭晋
《农学报》	1897年	上海	罗振玉
《新学报》	1897年	上海	叶耀元
《算学报》	1897年	浙江温州	黄庆澄
《经世报》	1897年	浙江杭州	宋恕
《萃报》	1897年	上海	朱克柔
《实学报》	1897年	上海	王仁俊
《蒙学报》	1897年	上海	汪康年
《女学报》	1897年	上海	康同薇
《求我报》	1898年	上海	叶绍元
《格致新报》	1898年	上海	朱开甲

---

① 陈炽：《报馆》，复旦大学新闻系新闻史教研室编《中国新闻史文集》，上海人民出版社，1987，第21—22页。

续表

名称	创刊时间	地点	主要负责人
《类类报》	1898 年	天津	梁子亨
《采风报》	1898 年	上海	孙振家
《工商学报》	1898 年	上海	汪大钧

以公车上书到维新变法失败为界，国内新增 15 份石印报刊，有以《农学报》《蒙学报》《实学报》《格致新报》等为代表的专门性期刊，也有中国最早的一批"选报"如《集成报》《萃报》显现其中。如表 1-1 所示，除《算学报》《经世报》出版于浙江，《类类报》出版于天津外，其余 12 份报刊均在上海出版。

内嵌于石印报刊中的求精精神依然在延续。石印报刊媒介场被新的行动者重新建构，一个全新的媒介场域开始显现。石印术在复制图画上的优势不再被突出展示，石印文字报刊占绝对主流，行动者更为重视石印术与中国传统思想文化的自洽性。

如果一切如常的话，表 1-1 中还会多一份报刊，即湖北武昌的《正学报》。1898 年春，《正学报》一切准备就绪，遗憾地在最后关头"胎死腹中"。当时张之洞组织章炳麟、梁鼎芬、王仁俊、陈衍、朱克柔等人在武昌筹办《正学报》，"选译东西各报为主，于邸抄则从略"。[①] 起初，报事筹备顺利，章炳麟还撰写了《正学报缘起》和《例言》。[②] 有学者推测《正学报》之所以不了了之可能有两大原因：其一，筹办者皆有较深的学术功力，各自讲学研究可行，但若聚集起来办报则尚缺凝聚力；其二，《正学报》是张之洞组织的政论性报刊，而政治家和政论家的立场很难完全一致。[③] 维新政变发生，政论性报刊失去了存在的条件和原有的意义。

《申报》中的一则关键史料，或有助于证明《正学报》虽未完全成形，但其筹备工作亦没有白费。1898 年 4 月的《申报》中提到："南皮张香帅现集巨款创设《正学报》，已购到石印机器全副，出报之期当在指顾间矣。"[④]

---

① 《报馆盛兴》，《申报》1898 年 4 月 17 日，第 9 版。
② 汤志钧：《戊戌时期的学会和报刊》，台北：台湾商务印书馆，1993，第 567 页。
③ 茅海建：《张之洞与〈正学报〉》，《历史教学问题》2013 年第 1 期，第 6 页。
④ 《报馆盛兴》，《申报》1898 年 4 月 17 日，第 9 版。

《正学报》的石印出版计划以流产告终。本书暂未查询到在此之前湖北有石印业的记录，张之洞为筹办《正学报》所购置的这台石印机或许是湖北有石印业之始。《正学报》的筹办人之一朱克柔，恰是另一份石印报刊《萃报》的创办者。1898年初，张之洞急召朱克柔前去武昌筹创《正学报》，萃报馆由此从上海移设武昌。发行20期之后的《萃报》迁至武昌出版，仍为石印，但仅出4期即停刊。《萃报》或许是用张之洞为《正学报》准备的石印机继续在武昌出版。若此推论成立，《萃报》很可能为湖北省最早的石印报刊。

维新时期的石印报刊引发了中国报界和社会的强烈震动。戊戌政变后，旋起的石印报刊之风即被扑灭，近代石印报刊发展的第一次高潮就此落幕。表1-1中的15份报刊大部分夭折，在政变后仍继续出版的，仅存《蒙学报》和《农学报》，19世纪末最为强劲的石印报刊的创办之风就此终结。清末新政期间，石印报刊才正式在媒介场域中卷土重来。

（三）新政期间：石印画报与石印文字报刊并行

清末新政是20世纪初清政府在其统治的最后十余年间所进行的各项改革的总称，① 以1906年为界，分为前后两个阶段。1901年，清政府宣布实施新政。1906年，清末的立宪运动进入一个新阶段。政局动荡给了石印报刊生存空间。1906年至1911年，石印报刊场域出现了第二次发展高潮。新政期间，石印画报与石印文字报刊两股风潮并行。一方面，一股石印画报风潮重新出现在上海的媒介场域中，同时在北京和天津等地的媒介场域中大放异彩；另一方面，石印文字报刊开始打破以上海为中心的出版格局，向其他省市和基层地区延伸。新政期间，江西、山东等省份也出现了石印文字报刊。

1. 画报风潮继起：第二次石印报刊发展高潮

第二次石印办报高潮出现的时间为1906年至1911年。其间主要以北京和上海的画报群为代表，两地诞生的实际画报总数不低于60种，仅上海一地石印画报就在30种左右。② 20世纪伊始至民国建立前，石印画报仍在媒介场域中占据一席之地。上海继续处于石印报刊的生产中心，却已不再是唯一的中心。北京、天津、广州等地也加入石印画报的生产中，1906年后，石印画

---

① 李细珠：《新政、立宪与革命：清末民初政治转型研究》，北京师范大学出版社，2018，第2页。
② 部分石印画报作为附张发行，刊名未知，未保存，因此也就未被列入本书附录的统计表中。

报在场域中大量增长，引发了新一轮的石印办报高潮。

上海在媒介场域中的地位仍旧值得重视。1906 年后，上海新办了许多石印报刊，其中最为显耀的应数《图画日报》。1909 年 8 月，《图画日报》出版，它可能是继《点石斋画报》后在全国范围内最具有代表性的石印画报。新生画报大都为油光纸印刷，在外在形式和画师的绘图技艺上虽难与《点石斋画报》的精致匹敌，但它们与新闻结合得更紧密，图画的类型更加多样，常载风俗画、讽刺画、漫画等内容。在社会大变革中，石印画报与时事高度贴合。同时，由于白话报的办报浪潮已经在社会中开启，所以石印画报的文字更加通俗。

在其他几个大都市中，也出现了石印画报的集群，这成为第二次石印办报高潮中的亮点。新政施行之初，北京的报人就已经具有了利用图画启蒙的意识，但苦于技术的限制，一直未能将理想转化为现实。1902 年，彭翼仲主办了北京的第一份画报《启蒙画报》。《启蒙画报》是木刻印刷，虽只发行了短短几年，但影响深远，直至民国中期还在儿童中流传。梁漱溟便是其忠实读者，幼年的他受到《启蒙画报》中图画和知识的启迪。后来在回忆《启蒙画报》时，他还是存有一丝小小的遗憾：可惜当时只能用木版雕刻，不免"僵拙"。石印既省事，又恰好能避免木刻图画的僵拙。"1902 年彭翼仲在北京办画报，居然还采用木版刻印，费时费力不说，因多了一道工序（雕版），很难保证画作的'纤细精妙'。"[1] 彭翼仲曾经对阅者承诺："将来逐渐改良，拟付石印，自见庐山真面目焉。"[2] 不过未等到承诺兑现，《启蒙画报》便已销声匿迹。

"图儿"成为北京的木刻画报向石印画报过渡的出版物。光绪年间北京即出现了"图儿"，那时的"图儿"还未成气候，有点类似于现在所谓的"号外"。它与画报很相似，只是不定期发行，内容也较少。每每社会上有奇事发生，便有人将事件写成浅俗文字，缀图刷印，每张铜钱十文。"图儿"实具社

---

① 陈平原：《左图右史与西学东渐：晚清画报研究》，生活·读书·新知三联书店，2018，第 251 页。
② 《本馆主人谨白》，《启蒙画报》第 11 期，1903 年。

会新闻之精神，更具有相当之势力。① 目前关于清末北京"图儿"的文献资料极其稀缺，也未见有"图儿"流传下来。从以上描述中很难判断"图儿"的印刷方式。据时人回忆，"图儿"为木刻的可能性较大。"图儿"在清末又被称为"画儿"。单有一群人将其视为一种生意，遇到社会上有什么特别的事，他们就访查出来，刻做木版印出来沿街叫卖。石印的画报出世，木刻的"画儿"也就绝迹了。②

《启蒙画报》之后在北京出现的画报几乎都为石印画报，民国肇始前，《浅说画报》③《日新画报》《醒世画报》《平民画报》《菊侪画报》等都曾具有一定的影响力。画报盛行与北京兴起的私营石印业密不可分。北京的石印画报围绕着"琉璃厂"这个核心区域展开，众多石印商和报馆汇聚于此。此阶段，北京的石印画报界也涌现出一批著名画师，如李菊侪、刘炳堂、英铭轩等。

毗邻帝都的天津也出现了一个石印画报的集群，虽总体规模小于北京同类报刊，但在当地的报刊媒介场域中亦不可小觑。1907 年创办的《人镜画报》是天津最早的石印画报，之后还有《醒俗画报》《醒华画报》等陆续问世。1909 年 7 月，《大公报》的一篇报道中称，天津已成为国内除上海外报馆最多的城市，这里出版了十余种画报。④

另外，广州出版的《时事画报》《赏奇画报》等也颇受关注。

石印画报在 1906 年至 1911 年集中出现在几个大都市，延续了《点石斋画报》以来的办报特色，引发了场域中的第二次办报高潮。北京、上海、天津等地的石印画报在数量上都达到了近代最高峰。与第一次办报高潮相同，第二次石印报刊发展高潮同样是带有地域性的，只集中于少数都市，并非全国意义上的办报高潮。

2. 石印报刊走入其他省市和基层地区

新政期间，石印报刊不仅在上述几个大都市形成了具有优势的报刊集群，

---

① 管翼贤：《北京报纸小史》，杨光辉等编《中国近代报刊发展概况》，新华出版社，1986，第401 页。
② 柳青：《画报的前身》，《新天津画报》1940 年 11 月 17 日，第 1 版。
③ 原名为《浅说日日新闻画报》，本书为行文方便，统称为《浅说画报》，脚注中亦统一标注为《浅说画报》。
④ 刘铁生：《天津报界之黑暗时代》，《大公报》（天津版）1909 年 7 月 17 日，第 4 版。

还开始进入其他省市和基层地区，少数城市也出现了较有影响力的石印报刊。除了广州、杭州等传统的吸近代风气之先的城市仍以画报为主外，石印报刊在走入其他省市和基层地区时，文字报刊占主要角色。虽然各报分布分散未能参与进第二次石印报刊高潮中，却仍可被视为当地新闻事业中的新生事物。

20世纪肇始，为配合新政的实施，我国的省级石印官报随之出现。许多地区的官书局内附设石印局，刺激了石印报刊的生产。在山东、内蒙古、江西、甘肃等省份，近代报刊的序幕由石印报刊拉开。1903年，山东工艺局为了出版《简报》而从日本购买石印机一台，从此山东有了石印印刷厂。① 清末时期中日两国交往密切，日本对中国新闻业产生了重要影响。明治维新后，日本印刷业飞速发展，能够制造新式石印机，且比欧美石印机器在价格上更为合算。内陆城市开始进口日本制造的石印机器，生产石印报刊。1903年，山东济南出现了《济南汇报》和《简报》两份石印报刊。同年8月23日，《江西官报》在南昌创刊，初为半月刊，次年改为旬刊，线装本，单面石印。

偏远地区和部分少数民族地区的石印报刊也进入历史序列。1905年创办的石印《婴报》，是内蒙古第一份近代报刊。1907年，《甘肃官报》创刊，石印，是甘肃近代史上出版时间最长、质量最高的近代报刊。② 吉林也受到这股石印报刊风潮的影响。1907年，吉林延天津官书局之例，聘人赴上海选购新书新报，采购石印纸张、设备等。③ 1908年，吉林调查局因附近吉省各蒙旗风气不开，特编辑了石印的《吉林蒙文报》，由吉林官书局代印。④ 1907年，《西藏白话报》在拉萨创刊。它是西藏第一家近代报刊，也是我国最早的藏文报纸，⑤ 是通过清廷驻藏官员张荫棠带去西藏的第一部石印机印刷的。

1906年以后，石印报刊向内陆地区继续延伸，其间新办的报刊多为石印文字报刊。芮哲非将1876—1905年视为上海石印商的黄金时代，在他看来，科举废除之后，整个石印行业活力丧失，沦为技术革命的牺牲品，石印业的鼎盛时代不复再现。上海石印书商的没落并不代表整个行业的完全性失败。

---

① 山东省地方史志编纂委员会编《山东省志·报业志》，山东人民出版社，1993，第389页。
② 宁树藩主编《中国地区比较新闻史》（下卷），复旦大学出版社，2018，第1134页。
③ 《吉林设立官书局章程》，《北洋官报》第1367期，1907年，第14页。
④ 《创办蒙文报》，《吉林官报》第125—134期合集，1908年，第123页。
⑤ 宁树藩主编《中国地区比较新闻史》（下卷），复旦大学出版社，2018，第1353页。

技术从先进地区扩散到落后地区，在原先"称霸"的地区走向没落，转向新的地区角力，也是技术扩散中的一种常见现象。科举废除后，石印报刊的生产区域大为扩展，数量猛增，与石印本的发展路径形成相反态势。20世纪以来，全国多个省份的石印报刊业才刚刚起步。

白话报也与石印结盟，基层地区的县城亦开始出现石印报刊。《江西白话报》《湖州白话报》《河南白话报》《成都自治局白话报》等都是清末较为典型的石印白话报。石印白话报助力了非省会城市报业的兴起，有的顺势成为当地最早的近代报刊。《江西白话报》与《湖州白话报》同诞生于1904年，两者都出现在非省会城市，前者在江西九江，后者在浙江湖州。《湖州白话报》正楷石印，半月刊，是湖州当地最早的报纸。它受杭州、宁波、绍兴的白话报影响而生，希望本地人管本地事，各人尽各人的责任，正如它的发刊词所写："你看看杭州人管杭州，宁波人管宁波，绍兴人管绍兴，自然觉得容易些。独有我们湖州，地方又偏僻，看各种报又不便当，又没有自己开的报馆，外头吵的翻天覆地，我们的湖州人，还在梦里睡觉，岂不可恨啊。"①1910年出版的《如皋白话报》是江苏如皋最早的报刊，由如皋劝学所主办，开当地报刊之先河。② 这些白话报也表明了地方士绅利用现代报刊介入公共事务的意图。

除了石印文字报刊外，石印画报在其他地区也得到了一定的发展，但规模和数量大都不及北京、上海等大都市。汕头的《双日画报》，杭州的《白话报画报》《之江画报》等都是当地较为著名的石印画报。部分基层地区在这个阶段还出现了几份仿《点石斋画报》之作，汕头报人曾杏村所办的《双日画报》便是其中之一。

民国成立前夕，石印报刊就已跨出上海这个中心区域，且不只停留在北京、天津、广州等大都市场域，而逐步渗入边缘的基层地区。

以上具体从中法战争时期、维新变法时期、清末新政时期三个阶段，论述了1884年至1911年的石印报刊繁荣时期的发展状况。自1884年起，在中法战争的影响下，石印报刊进入一个以石印画报为代表的全新的发展阶段。

---

① 《湖州白话报发刊词》，《湖州白话报》第1期，1904年，第1页。
② 南通市地方志编纂委员会编《南通市志》（下册），上海社会科学院出版社，2000，第2304页。

维新变法和清末新政成为近代石印报刊发展的重要节点，其间形成了两次具有地域特征的发展高潮，石印文字报刊和石印画报均在其间扮演了重要角色。1884年至1911年的石印报刊在数量上和规模上都远远超过初兴时期。1911年以后，从数量和分布范围上看，该媒介场域步入鼎盛时期。

三　1911—1945年：鼎盛时期

辛亥革命成为石印报刊发展史上的一个分水岭，场域中不再以画报为主流。辛亥革命后至1945年，中国近代石印报刊进入鼎盛时期。这是石印报刊在数量上最为集中的一个时期，诞生了近600份报刊。相较于晚清阶段仅有100余份报刊，本阶段的石印报刊在数量上大大超过以往。以全面抗战爆发为界，该时期又可划分为两个小阶段。第一阶段为1911年至1937年，第二阶段为1937年至1945年，两个阶段的石印报刊都以文字报刊为主。石印文字报刊扮演了主要角色，石印画报偶有出现于场域中。

（一）1911—1937年：深度下沉至基层地区

辛亥革命爆发至民国成立以后，石印报刊的分布秩序被重新建构。1911年至1937年石印报刊的发展历程，也是其从城市走向基层地区的过程。

民国建立伊始，上海和北京等都市地区仍零星有部分石印报刊出现，但迅速衰落。上海仍有时报馆和天铎报馆继续附送石印画报，但规模比之宣统年间大幅缩小。另外，北京的《浅说画报》在民国建立当年就已完全停刊。在历史车轮的推动下，石印报刊从城市迈向基层地区的大趋势难以逆转。

石印报刊在地缘分布上经历了大规模扩散阶段，先是扩散到省会，再通过省会扩散到县域地区。技术不再被垄断在少数专业人士手中，石印报刊出现了小型化的趋势。军队、学校、政府等机构配置了石印机，并生产出一定数量的石印报刊。民国建立后，上海已然完全退出石印报刊出版的中心场域。

河南的石印报刊在清末即已出现在开封，又在民国初年扩展至郑州、洛阳等地。1916年创办的《郑州日报》采用油光纸单面石印，发行对象是河南的回族群体，日发行量200份。五四运动让洛阳当地青年开始觉醒，豫西学联成员和豫西抵制日货总工会利用查禁的日货纸张，创办了石印的《河洛周刊》，这是洛阳市最早的一份报纸。该报以"开通民智，改良社会为宗旨"，每期发行 500 份。①

陕西的石印报刊亦从省会西安扩散至县城。1917 年，长安的石印技工车炳将石印术带到西乡县，这是西乡县石印行业之始。石印术在这里迅速得到推广，西乡县城机关单位里，也附设有石印机构，还印刷了一份《西乡日报》。②

国民党统治地区出现了多份县级石印报刊。诸多基层地区，当地的第一份报纸并非铅印，而是石印。湖北宜昌一地，1922 年至 1923 年两年中就出现了 6 份石印报刊。其中，1922 年创办的《宜昌日报》是当地最早的报纸。吉林松原的《扶余日刊》创刊，这是松原有报纸之始。在内蒙古包头市，最早的一批报刊同样为石印。重庆涪陵，1925 年面世的《新涪声报》为涪陵最早的报纸……

苏维埃政府所在的基层地区，也有数量甚巨的石印报刊出现。20 世纪 20—30 年代，石印报刊在中国共产党主导的基层新闻业中的作用越发显要。1929 年，为反对国民党反动派的压迫，湘鄂赣边区革命委员会发行了不定期刊物《工农兵》，这可能是出现在苏区的最早的石印报刊。仅在 1931 年内，诞生在各苏区的石印报刊就超过了 20 份。鄂豫皖苏区涌现了多份石印报刊，其中有《鄂豫皖红旗》《苏维埃季刊》《战斗报》《红军报》等。全面抗战爆发以前，中国共产党石印报刊的队伍已经扩大。

抗日战争爆发之前，石印报刊已经深入基层地区，成为基层新闻事业全局中的重要一环。上海不再是石印报刊出版的中心，石印报刊从大城市转移至县城地区。抗战的到来，使石印报刊在基层地区新闻事业中的势力更为庞大。全面抗战爆发后，出现了第三次石印报刊发展高潮。

（二）1937—1945 年：第三次石印报刊发展高潮

20 世纪三四十年代，石印报刊从城市转移到农村，到达部分偏远地区。这一时期的石印报刊在数量上达到了近代之最，远远超过晚清阶段的总和。

全面抗战时期，近代石印报刊场域出现了第三次办报高潮。1937—1945 年共新办 424 份石印报刊，为整个近代石印报刊出版最为密集的一个时间周期。一些较有代表性的中共党报党刊都曾使用过石印术，包括《晋察冀日报》

---

① 宁树藩主编《中国地区比较新闻史》（中卷），复旦大学出版社，2018，第 871 页。
② 李春和：《西乡石印行业始末》，《西乡县文史资料》第 6 辑，1995，第 225—232 页。

《太岳日报》《边区群众报》《红报》《红的江西》《红色江西》等。此次办报高潮远超前两次的规模,年均新办报刊近40份。第三次石印报刊发展高潮不再局限于一两个城市,而是深入基层地区,形成了一个全国联动的办报网络。

在全面抗战大背景下,石印报刊媒介场域下沉至基层地区。石印报刊打破了都市地域的限制,遍布山东、山西、湖北、四川、河北、安徽、陕西等省和主要的国统区、苏区及抗日根据地等区域。基层地区的小型化的综合性报刊占据主流,石印报刊在大都市中几乎绝迹,这和清末的石印画报发展态势形成了鲜明对比。石印画报依稀可见于石印报刊场域中,但数量和影响力均大不如前。

第三次石印报刊的发展高潮集中体现在全面抗战时期。抗战胜利后,这股办报高潮并未立即消逝,仍有所延续。经历了1911年至1945年的鼎盛阶段,石印报刊盛极而衰。

四 1945—1949年:衰退时期

抗战胜利后,基层地区石印报刊的出版活动仍在继续。1946年共有43份石印报刊出版,分布在多个省份,仅次于1940年的规模,居历史第二位,但这不能掩盖石印报刊的衰退之势。1946年末至1949年,石印报刊在数量上出现大幅度缩减。新中国成立后,石印报刊逐步绝迹。

1946年出版的43份石印报刊中,不管办报者是何身份,都难论影响力,发行时间短暂,几乎全部无疾而终。许多报刊可能仅在创刊初期采用石印,或者在办报中途遭遇物资困难改用石印,一旦条件成熟便将报刊变更为铅印,石印已非办报者的最优选。此类情况在解放战争时期的国共两党的石印报刊中屡见不鲜。

解放战争时期的石印报刊多半在县级或县级以下地区发行。安徽颍上的《颍上日报》和巢县(现巢湖市)的《巢县日报》是当中较有代表性的报刊。

安徽人才辈出,在中华文明史中有自己的位置。安徽颍上县因是春秋时期著名政治家管仲的故乡而闻名,1946年底,一位旅行者路过此地,得到的第一印象却是古老、萧条。当地为发展民众教育设置了图书阅览室,可是里面一册书都没有,只有几张旧报纸,还都是半月前的。报道新闻的报纸,"在颍上更新的可怜"。是时颍上城内共有两种报纸,全部是小型石印报纸,单面印刷。一种报纸叫《新颖报》，为皖干团颍上联络站发行的，五日刊。另一种是《颍上日报》，名曰日报，实际上是隔日出一次。《颍上日报》可谓小型石印报中的"小型报"，内容还可以，唯篇幅太小，材料很不丰富，"一张报看不到一刻钟，就可一字不漏的全部看完"。[①]

和前面论及的颍上县一样，安徽巢县的石印报刊也难以被民众所知悉。1946 年时，整个巢县仅有两份报纸，四开石印。它们全部仰赖国民党的官方力量支撑，一份是党政合办的《巢县日报》，一份是青年团组织的《巢声报》。两份报纸都只分为两版，第一版刊载国内外新闻，内容源自京沪地区的报纸，第二版 2/3 是地方新闻，1/3 是副刊，偶尔插入广告。当地的参议员和县中学校长，还有一些地方上热心文化事业的人士都是其读者。这些人士不打算长期维持石印，还计划筹办印刷所，等资金到位，就可将石印改为铅印，争取更广阔的发行空间。[②]

报刊数量的增多不代表其有与之匹配的媒介影响力。民国中后期，石印报刊的数量与影响力呈现出相反的两极。石印报刊在 1911 年至 1949 年整个历史进程中，数量上一直处于上升趋势。直到新中国成立后，石印报刊才被淘汰。民国期间，虽然不乏具有代表性的石印报刊出现，却终究难以超越《点石斋画报》《时务报》的影响力。抗战以来，我国大部分同类报刊呈现出不稳定的发展状况，大多数小型石印报刊寿命短暂。此种情况，在解放战争期间愈演愈烈。

在一些大型报刊中，石印出版仅在其全部出版历程中占据较短的时间段。在掀起石印报刊发展高潮的 1940 年，当年诞生的最著名的石印报刊应该要数陕甘宁边区的《边区群众报》。不过这份毛泽东主席亲自题词的报刊在发行了仅 10 期后便从石印变为铅印，以适应更高的信息传播需求。近代后期，石印报刊的数量不断上涨，但能在媒介场域中产生较强影响力的报刊却微乎其微。抗战结束后，石印报刊承担的抗战动员任务暂告一段落。1946 年后诞生的石印报刊虽多，却极度分散，多为无名小型报，难言影响力，石印报刊在此时已经走向衰退。

---

① 眉公：《踏入管仲的故乡》，《申报》1946 年 11 月 8 日，第 9 版。
② 窦白萍：《巢县在荆棘中生长》，《申报》1946 年 7 月 23 日，第 10 版。

本章第一节详细讨论了中国近代石印报刊的初兴、繁荣、鼎盛和衰退四个阶段的基本情况，如表1-2所示。

表1-2 中国近代石印报刊的四个发展阶段

单位：份，%

阶段	时间	报刊数量	占总数的百分比
初兴时期	1838—1884 年	2	0.3
繁荣时期	1884—1911 年	123	15.5
鼎盛时期	1911—1945 年	568	71.6
衰退时期	1945—1949 年	100	12.6
合计		793	100

1838 年至 1884 年，是我国石印报刊的初兴阶段，也是其幼年时期。确切来说，1884 年之前，中国仅有两份石印报刊面世。1884 年之后，媒介场域迎来了重要转折，石印画报这一新媒介为世人带来新的感官体验，也为近代石印报刊的发展开辟了一个新时期。1884 年至 1911 年，我国石印报刊步入繁荣阶段，媒介场域中出现了两次办报高潮。维新时期，石印文字报刊引领了第一次办报高潮。清末新政期间，上海、北京、天津等地的石印画报又共同建构了第二次办报高潮。在前两次办报高潮中，涌现了多份具有代表性的报刊。1911 年至 1945 年，我国石印报刊在数量上达到了鼎盛时期。全面抗战时期，场域中出现了第三次办报高潮。这一次办报高潮影响的区域更为广泛，报刊的类型也更趋多样化。1945 年至 1949 年，石印报刊在我国走向衰落。

第二节　中国近代石印报刊的分布情况

前文对中国近代石印报刊四个发展阶段的梳理，有助于我们建构石印报刊媒介场域的基本图景。本节要回答的问题是，中国近代石印报刊的分布有何特征。

下文将分别从空间场域、时间场域两个方面论述中国近代石印报刊媒介场域的分布特征，并由此划定石印报刊场域的边界。从空间上看，它们覆盖到全国各个省份；从时间上看，它们既连续又断裂。

一　空间：覆盖全国各省份

中国近代石印报刊不是地方性的产物，它覆盖到全国性的空间版图中。本节此处将论述近代石印报刊的空间分布状况，并结合具体史料，尽量阐明中国各省份最早的石印报刊的基本情况。由于石印术是石印报刊生产的基础技术，所以此部分的探讨兼及石印术传入各省份的时间。因本书聚焦近代中国，在划分省份时系以晚清中国的行政区划为标准。

谭其骧教授领衔主编的《中国历史地图集》系列图书是较权威的参考资料，图集的第八册绘制了光绪三十四年（1908 年）的疆域政区。本书在爬梳史料后发现，大部分省份在晚清时期已经出现了石印报刊，故在划分时主要以清朝的行政区域为基准，所参考的工具书为《中国历史地图集·清时期》。[①]

此地图一共划分出 22 个行省，与现今的省级行政区域划分略有差异，例如上海隶属于江苏省，北京、天津归入直隶。根据石印术和石印报刊在各行省最初出现的时间，本书制作了表 1-3。[②]

表 1-3　石印术和石印报刊在各行省出现的时间

序号	省份	石印术传入时间	石印报刊问世时间	石印报刊名称
1	直隶	1897 年	1898 年	《类类报》*

---

① 谭其骧主编《中国历史地图集·清时期》，中国地图出版社，1987。

② 可参见以下资料：河北省地方志编纂委员会编《河北省志·出版志》，河北人民出版社，1996，第 205 页；万启盈编著《中国近代印刷工业史》，上海人民出版社，2012，第 368、474 页；张树栋等《中华印刷通史》，印刷工业出版社，1999，第 488 页；山东省地方史志编纂委员会编《山东省志·报业志》，山东人民出版社，1993，第 389 页；范慕韩主编《中国印刷近代史》，印刷工业出版社，1995，第 280 页；安徽省地方志编纂委员会编《安徽省志·轻工业志》，方志出版社，1998，第 96—97 页；郑复俊等《清"陕西官书局"始末》，政协西安市委员会文史资料委员会编《西京近代工业》，西安出版社，1993，第 21 页；四川省政协文史资料委员会编《四川文史资料集粹·文化教育科学卷》，四川人民出版社，1996，第 239 页；湖南省地方志编纂委员会编《湖南省志·工业矿产志　机械工业》，湖南出版社，1992，第 2 页；《厦门新闻志》编纂委员会编《厦门新闻志》，鹭江出版社，2009，第 57 页；郑贞森《福建省会的印刷业和出版业》，《福建文史资料》第 27 辑，1991，第 199 页；李彦福等编《广西教育史料》，广西人民出版社，1990，第 156 页；云南省科技志编委会编《云南省志·科学技术志》，云南人民出版社，1998，第 942—943 页；贵州省地方志编纂委员会编《贵州省志·出版志》，贵州人民出版社，1996，第 88 页；白润生主编《中国少数民族新闻传播通史》（上），中央民族大学出版社，2008，第 108 页。

续表

序号	省份	石印术传入时间	石印报刊问世时间	石印报刊名称
2	奉天	不详	民国期间	不详
3	吉林	1907 年	1908 年	《吉林蒙文报》
4	黑龙江	不详	民国期间	不详
5	江苏	1876 年	1884 年	《点石斋画报》
6	安徽	民国前	民国期间	不详
7	山西	1882 年	民国前	不详
8	山东	1903 年	1903 年	《济南汇报》
9	河南	1884 年	1906 年	《河南白话报》*
10	陕西	1900 年前	民国前	不详
11	甘肃	1906 年	1906 年	《甘肃官报》
12	浙江	1897 年	1897 年	《算学报》（一说为《中外新报》）
13	江西	1902 年	1903 年	《江西官报》
14	湖北	1898 年	1898 年	《萃报》*
15	湖南	1898 年前	民国前	不详
16	四川	1883 年	民国前	不详
17	福建	1878 年以前	1878 年	《博物报》*
18	广东	1833 年	1838 年	《各国消息》
19	广西	1907 年	民国前	不详
20	云南	1890 年前后	民国前	不详
21	贵州	1910 年	民国期间	不详
22	新疆	1910 年前	1910 年	《伊犁白话报》

注：* 标识为本书的新发现，尚需更多史料佐证。

　　根据具体可考的资料，民国时期，中国各省份均出现过石印报刊。民国成立前，石印报刊就基本实现了全国性的空间介入。广东是最先出现石印术和石印报刊的省份。除奉天、黑龙江两省资料暂缺无法判断外，其余 20 个行省均已使用了石印术，其中 18 个省出版了最早的石印报刊。由于清末时段的相关史料匮乏，有 10 个省份无法判定其石印报刊出现的时间。据其他史料，上述 10 个省份中的山西、陕西、湖南、四川、广西、云南的石印报刊在清朝时期便已诞生。目前暂不知晓奉天、黑龙江、安徽、贵州四省是否在清代即出版过石印报刊。但可明确不晚于民国初年，以上四省均已有了石印报刊。

清末民初，石印术以上海为中心向其他省份扩散。同一时期，石印报刊也开始走出上海，迈向内陆其他省份，走向广大的内陆城市和基层地区。

中国近代的行政区划较为复杂，晚清与民国的省域划分存在一定的差异，且处于不断变动中，一些未列于表 1-3 中的地区也值得关注。晚清时期中国未设内蒙古自治区。清政府长期对内蒙古实行"蒙禁"政策，致当地与外界交流困难。新政时期，蒙禁政策有所松懈。1905 年，内蒙古昭乌达盟喀喇沁右旗出现了该地最早的近代报刊，为石印的《婴报》。[1] 1929 年 1 月，宁夏和青海从甘肃省脱离，成为独立的省份。青海省最早的近代报刊为石印报刊。1929 年，青海省省会西宁市出版的《新青海》和《青海省政府公报》都为石印。宁夏在清朝末年就已有石印本出版，[2] 建省后次年，石印报刊问世。民国中期，石印术已经传入各个省会和部分基层地区。例如，1929 年，在广西的左江、龙州、百色等地已出现了多份石印报刊。这些报刊出版地都位于广西全域较为边远的区域。

石印报刊的介入与当地社会近代化的步伐基本一致。由于近代报刊初始读者较少，石印术为报刊出版提供了较大的便利。1902 年，石印术传入江西。次年，该省便有了最早的近代报刊《江西官报》，以石印出版。山西、甘肃、内蒙古、西藏等地都是在石印术一到该地便有了石印报刊。这应与各地的经济水平和出版业状况相关。四川官书局在清末不但引进了石印术，还大力发展铅印事业，清末四川的近代报刊就多使用铅印。有意思的是，在表 1-3 中，大部分已知具体出版物名称和出版时间的石印报刊几乎都为当地最早的近代报刊。

一言以蔽之，近代社会中，石印报刊在中国各个省份都留下了痕迹，进行了一场全国性的空间介入。在介入全国的过程中，它们在各个省份所表现出的力量并不均衡，且差异性较为明显。

二　时间：既连续又断裂

1884 年之前，石印报刊在中国若隐若现。经历了早期的调适之后，石印

---

[1]　宁树藩主编《中国地区比较新闻史》（上卷），复旦大学出版社，2018，第 505 页。
[2]　负有强主编《宁夏地方历史文化论丛》第 5 辑，宁夏人民出版社，2019，第 55 页。

报刊在中国近代走向了连续性的生存态势。

本书原计划借助中国地图的形式按石印报刊的时空概况呈现一个近代石印报刊的全景式地图，但在实际收集史料的过程中发现，现发掘的史料尚不足以勾勒出设想中的全景图。主要的难题有两个：其一，近代后期的石印报刊与前期差异较大，分布庞杂且多在基层地区；其二，有的石印报刊纸质差以致失传，有的石印报刊不定期发行或发行期较短也未留下踪迹。

或许还可能有为数不少的报刊并未被史料所记载，因而在本书的论述中"绝迹"。查阅李永璞、林治理编的《中国共产党历史报刊名录（1919—1949）》一书，在明确标识了印刷方式的报刊中，石印或油印的报刊数量居少数，铅印报刊居多数。该书作者也曾指出，新中国成立前期的报刊多数采用油印或石印，少数采用铅印，个别手写，一般纸张粗糙，印术欠精，不易被保存下来。[1] 书中也有大量的报刊并没有标注印刷方式，这可能是存在判定上的难点。在这部分报刊中，也应有石印报刊的存在，具体数量尚难知晓。淞沪会战爆发的两个多月间，画报研究者阿英就收到不少单张石印画片和连环图画单本，专供文盲及文化水平低的读者阅读。[2] 战时的苏州后方，抗敌后援会通过石印报刊进行宣传。后援会每天收听无线电报告的战事消息，从中选取几条抄录后托当地印刷所石印，再在第二天凌晨分贴四处。[3] 和早期在北京出现的"图儿"类似，抗战期间的石印报刊因为太过零散而难以留存下来。被本书"打捞"出来的石印报刊或是留下了确实可循的文本资料，或是被前人的研究所确证。具体到省份而言，则往往挂一漏万。某些乡村、小型机构等所办的石印小报，报刊印刷质量差，增加了保存难度，因此更难以进入现今报刊数据库的收藏之列。

各地石印报刊出现的时间虽有所不同，但在关键时间上的走势大致趋同。在我国近代石印报刊的媒介场域内部，连续与断裂孕育其中。有鉴于此，本书以"时间"为维度，绘制了近代石印报刊的发展走势图（见图1-3）。

---

① 李永璞、林治理编《中国共产党历史报刊名录（1919—1949）》，山东人民出版社，1991。
② 阿英：《抗战期间的文学》，战时出版社，1938，第79页。
③ 张天翼等：《战时的后方》，战时出版社，出版年份不详，第64页。

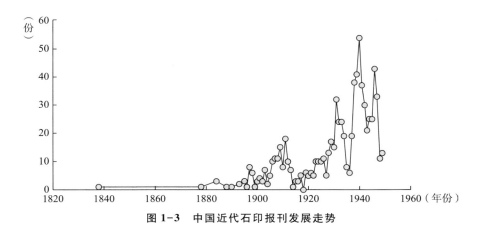

图 1-3　中国近代石印报刊发展走势

（一）连续：55 年间未曾中断

从"连续"的面向看，主要体现为，1895 年以来，石印报刊在近代中国报刊发展进程中一直延续了 55 年，未曾中断。《时事画报》《饶舌杂志》问世后，每年都有新的石印报刊出现，一直持续至 1949 年。各个历史阶段的石印报刊共同建构了近代石印报刊场域的基本格局。从连续不断的态势中，我们可以看出，石印报刊在中国的长时间延续并非一个偶然现象，它必然有其存在的价值。

近代石印报刊与石印本的发展态势是截然相反的。大部分的石印报刊出现在民国时期。近代的石印本的出版高峰在 1905 年前，石印报刊则是在 1905 年后大规模进入场域。

（二）断裂：三次内在机理各异的发展高潮

连续中存在的断裂之处同样值得书写。如图 1-3 所示，近代石印报刊在发展初期进展缓慢，直至甲午战争爆发，在数量上并无太大起伏。甲午战争之后至新中国成立前，石印报刊在数量上出现了三个峰值。第一个峰值在 1897 年，总共诞生了 8 份石印报刊，接近于以往近 60 年所累积的报刊数量（13 份）总和；第二个峰值出现在 1911 年，一共新增 18 份石印报刊，达到晚清时期的最高峰；第三个峰值为 1940 年，全国各地共有 54 份石印报刊涌现，1940 年也是近代石印报刊历史上出版数量最多的一个年份。三个峰值正好与近代石印报刊的三次办报高潮相对应，也暗含着石印报刊的断裂表征。

三次办报高潮在办报中心、报刊类型和报刊数量上均有较大的区别，内在机理各异。三次办报高潮几乎毫不相干，各个阶段的报刊互不交叉，从而显现出另一种意义上的"断裂"。《点石斋画报》带来了全新的石印画报形式，但不足以引发办报高潮。第一次办报高潮的中心在上海，以文字报刊为主，其代表为《时务报》。参与其中的石印报刊虽仅有 10 余份，但鉴于报刊的发展与维新运动的进程相一致，石印报刊有效地推动了清末的政治运动。第二次办报高潮所包含的地域范围更加广阔，代表有上海的《图画日报》、北京的《浅说画报》、天津的《人镜画报》等，报刊数量大幅上涨。第二次办报高潮的出现部分得益于新政期间的政局变动，它同时也将晚清石印画报的发展推向一个新的高度。第三次办报高潮的中心从都市转移，深入广大的基层地区，特别是在经济较为落后的农村腹地，石印文字报刊再次成为主角。抗战期间，石印报刊的数量迅猛上升。该阶段的办报规模超越以往数倍，是近代石印报刊在数量上最为鼎盛的一个时期。石印报刊与时代和战争交融，三次办报高潮内部的运作机理迥异，它们展示了近代石印报刊的不同侧面。

连续和断裂在近代石印报刊的时间脉络中共存共生，相互影响，共同建构了一个特殊的媒介场域。石印报刊介入全国各个省份，在时间上既连续又断裂。它自身便构成一个独立的空间，有自己的运作规则与逻辑。

1838 年至 1949 年，中国近代石印报刊场域共诞生了 793 份报刊，并先后经历了初兴、繁荣、鼎盛、衰退四个阶段，在维新时期、清末新政期间、全面抗战时期形成了三次办报高潮。近代早期的石印报刊若隐若现，未能形成连续性的发展态势。石印报刊在中国的真正兴起应定位在 1884 年，以《述报》和《点石斋画报》的诞生为标志。1895 年至 1949 年，中国近代的石印报刊场域形成了连续性的发展态势。超过八成的石印报刊诞生在民国期间，全面抗战时期是石印报刊数量最为鼎盛的阶段。石印报刊扩展至各个省份，将报刊的空间版图拓展至全国。在连续性的生成时间脉络中，又有断裂存在的时间点。

民国中后期，在深入基层地区的过程中，石印报刊的样态发生了变化。石印报刊的数量大幅增长，前期和后期的媒介景观截然不同。在发展后期，石印文字报刊的数量远远超过画报。数量增长的背后，实则也存在隐忧。放眼民国时期，似难以找到可比肩《点石斋画报》和《时务报》的同类型报刊。石印报刊从大都市拓展到基层地区，数量爆发式增长的背后，也在从"精致"走向"平庸"。

第二章　中国近代石印报刊生产场域的文本考察

本章集中对中国近代石印报刊生产场域的文本（text）进行考察。本书所论及的文本，是联系报刊与读者的中介，以文字和图画为载体，聚合了报刊的内容和形式，当中也折射出一定的思想内涵。

本章的文本考察聚焦于石印报刊文本自身的内容和形式。内容是构成事物的内在诸要素的总和，它包括事物的各种内在矛盾的构成和发展。内容与形式相对，形式是内容的存在方式，是内容的结构和组织。内容决定形式，形式反作用于内容。① 内容，指石印报刊行动者通过文字和图像所传达的关于现实生活的信息，主要由思想与材料组成，其间既包括非虚构的信息如新闻，也包括一定的虚构类的信息。当然，报刊的内容总要经由特定的形式而外化。就版面与文字相结合的空间形式看，石印报刊的内容可分为新闻报道、新闻言论、副刊与广告。由于广告通常由报刊的经营部门而非采编部门承揽，故本书所讨论的内容限于新闻报道、新闻言论与副刊。

本章的研究思路如下：第一节，从整体层面来考察报刊文本与时代命题之间的关系；第二节，通过石印报刊生产场域中的文本内容，考察其思想主题和倾向；第三节，剖析石印报刊生产场域中的文本形式；第四节，探究石印报刊在内容生产上的独特性，深入挖掘石印报刊场域自身的运作逻辑和规则。

囿于篇幅，本章将重点选取石印报刊不同发展阶段中的代表性报刊进行论述。

---

① 上海辞书出版社编《辞海》（第七版网络版）"内容"条，https://www.cihai.com.cn/detail?docId＝5470069&docLibId＝72&q＝内容。

第一节 石印报刊文本与时代命题的辉映

文本与情境相关联。两者互为依托，文本产生于社会情境之中，也表征着社会情境，生产出一定的意义。报刊文本生产不能脱离时代，同时也与时代命题交相辉映。

一 "启蒙"与"救亡"的时代命题

"启蒙"与"救亡"成为近代石印报刊内容生产场域中的核心时代命题。启蒙是长期性的时代任务，救亡则是阶段性的历史使命。时间上经以启蒙，空间上纬以救亡，启蒙是贯穿其间的主线。石印报刊因应社会剧变，反映时代需要。

（一）启蒙：长期性的时代任务

什么是"启蒙"？启蒙一词与欧洲社会颇有渊源，欧洲的启蒙运动也承继了文艺复兴的思想遗产。200多年前，德国哲学家康德对此问题的回应音犹在耳：启蒙是人之超脱于他自己招致的未成年状态。[1] 人通过启蒙获得理性与自由，"人"是启蒙之目的。法国的思想家福柯（又译"福科"）对康德的解释不以为然，他主张，启蒙是一组事件和复杂的历史过程，其核心在于"批判"。[2] 启蒙，则在中国近代社会语境下生成了多重意涵。它早已在中国内生的话语体系中，有发蒙幼童之意，古今有别。[3] 我们今日所谈论的启蒙，在很大程度上是一个外烁性的概念，其内涵已与中国古代文献中的有别，也与西方经典论述有所差异。中国近代的启蒙是全方位的启蒙，既是物质启蒙，也是精神启蒙，既是物的启蒙，也是人的启蒙，其核心是顺应时代进步潮流，为中国由传统的农耕社会向近代化的工商社会转型而进行的全方位的社会启蒙。

---

① 康德：《康德历史哲学论文集》，李明辉译注，广西师范大学出版社，2020，第23页。

② 米歇尔·福科：《什么是启蒙？》，汪晖、陈燕谷主编《文化与公共性》，生活·读书·新知三联书店，2005，第422—442页。

③ 陈建守：《从"启蒙"到"启蒙运动"：近代中国"Enlightenment"的概念史》，孙江主编《亚洲概念史研究》第3辑，商务印书馆，2018，第85页。

启蒙思想与时代主题紧密相关。中国近代的启蒙运动发端于鸦片战争之后。19世纪中后期，清政府通过开展洋务运动学习西方，反思自身的不足，师夷长技以制夷。甲午战争后，以严复为代表的一批知识分子以西方的启蒙思想为指南，试图将中国引向富强、文明的道路。然而，直至维新变法时期，启蒙运动尚停留于中途。康有为、梁启超等人主张的维新并不是彻底把人从古旧的东方文化中解放出来，而是以东方文明为主体，输入部分西方思想，中学为体，西学为用。维新时期的办报者将以西学新知为主的报刊内容融入中国传统的线装书形态中，采用符合旧式文人审美、接近于雕版印刷的石印，这也是晚清媒介实践中的"中体西用"。五四新文化运动中，国人高举反帝反封建的旗帜，倡导民主与科学，将中国近代的启蒙运动推向了一个新的高度。

近代石印报刊内容生产场域中的启蒙因此表现出三个阶段性特征：朴素的思想启蒙、制度启蒙和现代性启蒙。朴素的思想启蒙是指出现于洋务运动至甲午战争之间的石印报刊的内容生产场域中的启蒙方式，主张祛除愚昧。此时启蒙仍在中国古代传统的道德体系内进行，是一种较浅层次的启蒙。制度启蒙指甲午战争后，通过学习西方制度来改良中国社会的启蒙之道，启蒙进入更深的阶段。制度启蒙从维新时期开始，在清末新政期间得以延伸。现代性启蒙出现于新文化运动之前，石印报刊主张的个人意识觉醒，其特点是敢于挑战权威，提倡人的解放，鼓励人们参与社会革命。此阶段的启蒙与西方社会的启蒙思想合流。

启蒙是一项长期性的时代任务。新时代下，"富强"与"文明"仍然是社会主义核心价值观之要义。纵然其内涵与100多年前严复所提倡的富强与文明有别，但终究仍在提醒我们，启蒙是一项长期的时代任务，仍然有待继续书写。

（二）救亡：阶段性的社会命题

中国近代的救亡运动，是为拯救国家、民族于危难之中。救亡，是中国近代阶段性的社会命题。

石印报刊的文本在近代的危难局势面前做出了回应。近代中国一步步沦为半殖民地半封建社会，甲午战败，饱读经史考据之书的传统文人幡然醒悟，"中国千余年之积习，皆坐人心锢蔽，才智不出，今欲开锢闭，则兴学校为要图，而开学校之先声，则报馆为尤急"。① 他们创办报刊，以此作为救亡图存的武器。庚子之乱后，清政府被迫签订《辛丑条约》，中华民族再遭痛击。辛亥一役，革命派以暴力手段推翻了清政府，却仍然没有击退外敌的侵扰。抗日战争爆发，石印报刊文本中的救亡呼声达到高潮。

抵抗日本侵略者的救亡运动是中国近代救亡的最高峰，它实现了中国上下的真正联合。民国学者何干之认为，救亡运动填补了既往一系列启蒙运动对普通民众社会动员的缺失，"抓住了全国上下利害不同的社会层"。②

新中国成立以来，中华民族走向独立自信的道路，救亡的任务告一段落。

（三）启蒙与救亡的两位一体

关于启蒙与救亡的关系问题，不得不提及李泽厚先生的著名论断：中国近代社会发展的后期，启蒙被救亡所中断，救亡压倒了启蒙。③ 在石印报刊生产场域的文本内部，不同时间，启蒙与救亡的"音量"有所区别。晚清民初偏重启蒙，抗战时期侧重救亡。但后期的救亡亦不能脱离对民众的启蒙，启蒙与救亡一直紧密缠绕。不同行动者在不同时间所办的不同类型的石印报刊又各具特色，正是这些文本共同建构了石印报刊生产场域自身的启蒙与救亡的主题。

石印报刊场域的启蒙是一个日渐深入的过程。当洋务运动以来的"师夷长技以制夷"的富强之梦被摧毁后，国人必须去寻求另一种立国之道。严复接连发表《论世变之亟》《原强》等文，刺激中国人觉醒。他自身完成了从海军先驱到启蒙之父的转变，表征着洋务时代的终结和启蒙时代的开端。④ 救亡运动不是孤立存在的，它须以启蒙运动为前驱。即使抗战时期承受着日本帝国主义的疯狂蹂躏，中国社会仍然没有放弃启蒙的使命。

蕴含着救亡任务的启蒙运动也被称为"新启蒙运动"。20世纪30年代，陈伯达、张申府等人针对五四运动的不足，提出了进行以马克思主义为指导的新启蒙运动的主张。新启蒙运动意在超越五四，将启蒙推向更深层次，它

---

① 上海图书馆编《汪康年师友书札》（3），上海书店出版社，2017，第2884页。
② 何干之：《中国启蒙运动史》，生活书店，1947，第13页。
③ 李泽厚：《中国现代思想史论》，东方出版社，1987，第7—49页。
④ 高力克：《启蒙先知：严复、梁启超的思想革命》，东方出版社，2019，第32页。

是救亡运动转向及扩大的需要。① 新启蒙运动继承了之前的启蒙运动的传统，主张在全民族中展开思想抗争。在以救亡为主要诉求的报刊中，它们强调教育、识字的重要性，打破封建迷信，向民众宣传政治主张，提升民众的思想、政治觉悟。这些主张，也在一定程度上可视为前阶段的三种启蒙方式的延续。

　　总的看来，石印报刊文本以启蒙为主线，以救亡为支线。启蒙是长期性的命题，救亡是阶段性的任务，救亡离不开启蒙。救亡与启蒙两位一体，并存于我国石印报刊生产场域的文本之中。

二　石印报刊文本中的三种意识

　　在启蒙与救亡两大时代主题下，石印报刊在内容生产中表达出三种思想意识倾向：茶馆意识、广场意识、庙堂意识。上述三种意识，经由一定的报刊形式予以表达。

　　知识分子与我国近代报刊场域有着千丝万缕的联系，他们也是近代石印报刊生产场域中从事内容生产活动的主力。本书所提及的知识分子泛指受过较为系统的教育，具有一定智识基础的广大文人，是石印报刊的主要行动者、出版者。部分文人还参与经营活动，他们所秉持的价值观对媒介场域的文本生产有着关键影响。

　　学者陈思和将 20 世纪中国知识分子由传统向现代转型期的价值取向概括为三种意识：失落了的古典庙堂意识、虚拟的现代广场意识和正在形成中的知识分子岗位意识。庙堂意识不仅指古代知识分子通过政治途径来实现自己的学术理想和价值，还含有传统士大夫参与国家建设、在实践中教育君主和改造君主之意。20 世纪帝制覆灭，"庙堂"被拆除，传统知识分子由政治文化中心向边缘转移，古典庙堂意识由是失落。广场意识则是中国知识分子近似于模仿伦敦海德公园的一种实验。受到西方启蒙主义影响的中国知识分子开始抛弃传统价值体系，转而向西方社会寻找安身立命之道。他们站在空旷的广场上，向民众指出哪里有光，哪里有火。但社会剧变下知识分子自身价值不断被削弱，他们兼济天下的目标难以实现，广场意识也因此蒙上了一层虚拟性的色彩。岗位意识形成于市场经济的冲击下，它指向知识分子在当代

---

① 张申府：《什么是新启蒙运动》，生活·读书·新知三联书店，2014。

社会中的自我分界，从广场的激情中还原出一个本来的自我。① 在三种意识中，最后一种形成于新中国成立之后的市场经济环境中，前两种与近代石印报刊的文本思想主题更为匹配。

除了庙堂意识、广场意识外，近代早期石印报刊的文本中还流露出一种"茶馆意识"。茶馆意识，指中国近代知识分子中的一种消闲性、娱乐性的社会心态，是知识分子彰显自我的另一种方式。茶馆意识需要相对宽松的社会环境的支持。结合具有代表性的石印报刊的文本分析，在启蒙与救亡并行的时代背景下，三种意识在报刊文本中表现为：浮于都市的茶馆意识；晚清大变局中的广场意识；重新崛起的庙堂意识。诚然，不管是茶馆意识、庙堂意识，还是广场意识，在不同的媒介场域中，或者是在不同的时间段，它们的表现会有所差异，也会有一定的交织。

第二节　中国近代石印报刊生产场域的内容主题

茶馆意识、广场意识、庙堂意识三种意识建构了中国近代石印报刊生产场域文本的内容主题。在晚清的石印画报内部，表现出浮于都市的茶馆意识；在清末的社会大变局下，石印报刊在联通中西学与推广新政的过程中发挥了桥梁性作用，其文本中也增添了广场意识；在抗日救亡中，在民族危难面前，庙堂意识在石印报刊文本中重新崛起。本书在此作上述区分不是为了将以上三种意识割裂在不同的历史时间段。如前文所言，近代中国社会情况复杂，三种意识也可能会在某个时期相互交叠；总体而言，它们也会突出地表现在某个阶段。为了论述更为清晰和有效，下文将结合三种意识与其集中表现的时段进行论述。

一　浮于都市的茶馆意识

茶馆意识大多体现于晚清石印报刊，特别是石印画报中。茶馆意识之所以浮于都市，可以从两个方面来理解：一方面，晚清时期石印画报多集中于大都市；另一方面，茶馆意识在石印报刊文本中的停留时间较为短暂。

---

① 《陈思和自选集》，广西师范大学出版社，1997，第169—181页。

维新变法前,《述报》和《点石斋画报》两份报刊在场域中最为典型。这两份报刊所表露出的启蒙思想,在某种程度上继承了洋务运动以来的思想余绪。当时的启蒙是在中国传统的思想架构内展开的,以"祛除蒙昧"为要义,处于一种朴素的思想启蒙状态。此时石印报刊的文本内容集中于宣扬"时事"和"道德",同时也流露出消闲性、娱乐性的心态。

(一)《述报》:以时事为重,偶有猎奇

《述报》虽不完全为石印画报,却也使用了诸多图画元素。它与同期其他日报在内容上总体差异不大,主要设置了上谕、论说、近事、译报等栏目。作为兴起于中法战争期间的报刊,《述报》以日报的刊期发行,造就了其偏向时事的启蒙风格。《述报》在办刊之初就火速与新闻结盟,刊载大量与战争相关的论说和消息。

《述报》创刊之时,正逢法军对中国步步紧逼,北宁、兴化失守。"法国之用兵越南,非欺越南也,实则欺中国耳",《述报》表达了强烈的主战意愿,"法人无礼甚矣,苟中国此时,而仍一意与之议和,不肯轻言一战,法人之欲壑,恐难遂盈。所当力奋天戈,勤修战备。第一在乎得人而理,必使其受一大创,而后乃可与之言和"。[①] 法军步步紧逼,此时的国人虽然感到压力,但作为"天朝上国"的一分子,《述报》大体不惧外战。且《述报》认为清政府在中法战争中握有主动权,因此报上的言论以主战为主,较少显现出亡国的压力。

《述报》刊期密集,每期总体的内容并不多,办报者也有较充裕的时间对报刊文本下功夫。《述报》曾经刊登过一条英国地震的图片新闻,[②] 这幅图其实来源于《点石斋画报》。[③] 原图中,画师吴友如的署名和签章都在右下角。《述报》在转载时故意略去图片出处,还裁去了画师姓名和图上的文字,修改了部分文字内容。《点石斋画报》中的原文如下:

英国东边地方于三月廿七日早九点半钟地震,其伊波苏依出与戈吉

---

① 《论中法近势》,《述报》1884年农历四月卷,第10页。
② 《英国地震图》,《述报》1884年农历六月卷,第72页。
③ 《英国地震》,《点石斋画报大全》1910年版甲四,第26—27页。

思德两处，为尤甚焉。始则钟铎铮然作响，俄而门户震撼，器皿徙移。戈吉思德有大礼拜堂一所，有塔高十五丈突然倾塌，礼拜堂碎成齑粉。居民亦覆压不少，一时奔避，仓皇号哭遍野。然犹幸在日间，受伤之人虽不计其数，而震死者则仅一小孩一妇人而已。设在黑夜，其祸当更有烈者，然亦非常之灾已。

《述报》转载时的配文则为：

英国东地方，前有地震，其伊泼苏依出与戈吉思德两处，为尤甚焉。始则钟铎铮然作响，俄尔门户震撼，器皿徙移。戈吉思德有大礼拜堂一所，有塔高五十丈突然倾塌，礼拜堂碎成齑粉。居民亦覆压不少，一时奔避，仓皇号哭遍野。然犹幸在日间，受伤之人，虽不计其数，而震死者则仅一小孩、一妇人而已。设在黑夜，其祸当更有烈者，然亦非常之灾也。

文本的刻意变动折射出办报者对新闻时效性的追求。《述报》省去了"于三月廿七日早九点半钟"这个关键信息。质言之，《述报》实际上回避了英国地震发生的时间问题。从版面上看，该段落旁边还有空白，删除文字应不是版面容量有限所致。《述报》此举意欲何为？第一，《述报》或许想给读者创造出一种自身是新闻事件的一手信息来源的假象。该报编者对现代新闻业的操作要求已不乏了解。删去了新闻来源，消除掉自己的"二传手"身份，给读者造成一种自己才是第一手新闻来源的印象，有助于提高《述报》自身的影响力。第二，《述报》对新闻的时效性有较高的要求。《述报》刊登这幅图画时已是1884年的农历六月，距离地震事件已过去近三个月。《述报》地处广州，邻近的香港报业已经飞速起步，接受着西方新闻业中行业规范的规训，注重新闻的时效性。《述报》应也能感受到这般风气，这一点从《述报》所转载的《循环日报》的内容也可以看出。《述报》对《循环日报》的转载非常及时，当中有一些社会新闻或言论仅在原报刊发次日就出现在了《述报》上。行动者或许清楚，时效性是日报的生命线。英国地震的新闻早已失去了时效性，于是述报馆刻意删去了事件发生的时间。

作为日报，《述报》内容不仅注重新闻性，还夹杂猎奇的新闻，利用石印报刊的优势附图。在《述报》中，读者既能及时知晓时事，又能领略他国的风土人情，满足一定的猎奇心态。

（二）《点石斋画报》：图以劝惩

《点石斋画报》的出现，颠覆了近代报刊传统的编排模式，赋予了图画中心地位，将中国的新闻业务史带向了一个新阶段。除了时事与新知外，《点石斋画报》还以图画为劝惩的媒介，将"道德"相关的内容注入报刊文本。

对《点石斋画报》中时事与新知的传播，前人学者已有许多有益探索。重复无益，本书只是想从另一个角度来审视作为石印报刊的《点石斋画报》。此处从反常处入手，焦点对准的是《点石斋画报》上为数不少的失实甚至是有些荒诞的内容。它们传递出石印画报中迂回的启蒙路径。

诸多研究者对《点石斋画报》的新闻画、时事画有过细致的讨论，却较少关注其宣扬封建迷信方面的内容。学者王尔敏在 20 世纪 80 年代就关注到《点石斋画报》。对于其中所绘的封建迷信内容，王尔敏认为，研究者应持回避的态度：

> 《点石斋画报》除报导时事人物、新创器物、海外奇谈、国政要闻、民俗节令之外，尚有神鬼怪异、水火灾劫、抢劫凶杀、僧道乱行、诈骗愚弄种种琐闻。所占篇幅不少，本文未加引述。或为荒诞不经，或为道听途说。往往事主无名，有失新闻意义，亦无史料价值。数量虽巨，实无须采录。①

诚然，《点石斋画报》的时事新闻画表征了晚清现代性的萌芽，传递了大量的时事与新知。但在《点石斋画报》的文本中，宣扬封建迷信的内容亦占据了不小的篇幅。从另一个侧面看，存于其中的"落后"的封建迷信内容同样值得一论。李孝悌认为，画报中封建迷信的内容，"更符合商业新闻腥膻"

---

① 王尔敏：《近代文化生态及其变迁》，百花洲文艺出版社，2002，第 387—388 页。

的诉求。① 该看法有一定的可取之处，但本书不完全赞同。从时间上看，19 世纪下半叶才来到中国的美查已经受到欧美新闻界"黄色新闻"的影响，后也将其部分运作逻辑植入中国的新闻业，以寻求商业利益。同期《申报》坚持的"一切可惊可愕可喜之事，足以新人听闻者，靡不毕载"② 的宗旨对《点石斋画报》也产生了一定的影响。美查认为，《点石斋画报》也应随时采入"可惊可愕可喜"之事。但他也明白，画报和日报是两种不同的报刊类型，内容亦须有别。于是，美查给画报所采的"可惊可愕可喜"之事增加了一个限制性条件：足以备遗闻而昭法戒。③ 这也体现出在特定的时代背景下，石印画报对我国普通民众的启蒙作用。

《点石斋画报》反其道而行之，采取了与《述报》迥异的启蒙风格。它的启蒙路径则相对迂回不少，"寓果报于书画，借书画为劝惩"。④《点石斋画报》的核心目的在于劝惩，画报上的内容，于此展开。画报中的封建迷信看似荒谬，却是暗藏乾坤。办报者要以中国人熟悉的方式启发中国人，增强国人的道德感。许多封建迷信和志怪故事之作，都带有较鲜明的启蒙意图，佛家主张的因果报应和生死轮回的观念被反复强调。画报成为劝惩的媒介，激发读者的道德感，告诫人们要积德行善。《起死回生》就描绘了这样一个故事：朝鲜汉城一男子金某幼年失父，由金母抚养长大。金母为其子聘定一媳。不料，结婚前日，新郎突发急病身亡。金母苦无人续香火，便向新娘隐瞒金某已亡的消息，仅告诉新娘金某重病。新娘一人伴尸，朦胧中，红白两只鸡从空而坠，互相斗夺，白鸡战败。就在这时，金某忽然惊醒，连呼要水。金某认为他们定是有夫妻之分，才死而复生。故事本可以就此结束，然而作者最后又将视线拉回到金母身上。金母听到房间内的声响，大惊，急忙敲门。金某赶紧下床开门，其母一见亡子起死回生，受到惊吓，倒地气绝。⑤ 千方百计瞒子死讯，最后反被儿子吓死。这个故事传递出害人终害己之意。在《至

---

① 李孝悌：《走向世界，还是拥抱乡野：观看〈点石斋画报〉的不同视野》，刘东主编《中国学术》总第 11 辑，商务印书馆，2002，第 292 页。
② 《本馆告白》，《申报》1872 年 4 月 30 日，第 1 版。
③ 转引自陈平原《左图右史与西学东渐：晚清画报研究》，生活·读书·新知三联书店，2018，第 160 页。
④ 《第六号画报出售》，《申报》1884 年 6 月 26 日，第 1 版。
⑤ 《起死回生》，《点石斋画报大全》1910 年版元一，第 5—6 页。

诚感神》中，一贫家女的母亲身患目疾，百药罔效。贫家女跪地求神，日夜不辍。某一日香灰撒在其母眼睛上，母亲眼睛顿明，此事正好证明了"唯德是依"。① 类似的传递封建迷信的内容在《点石斋画报》十余年的历史中屡见不鲜。

中国传统的志怪故事也被收入《点石斋画报》。并州有一古墓，相传一张姓将军葬于此地。有鬼兵数千在墓旁相持力战，夜即各退。一耕夫路过古墓，被鬼将抓住。这位鬼将告诉耕夫，他是瀚海神，爱妾被抢走，后来逃到古冢里，自己是来捉贼报仇的。张将军拒交出手下，瀚海神大怒，引兵前进，终破此墓，张将军与鬼兵被焚。② 这个透露出"果报"思想的故事与新闻无关，它出自《太平广记》中的《潇湘录》。③

石印画报劝惩的目的是增强民众的道德感，重点在倡导积德行善和忠君爱国。画报借助于封建迷信，通过国人熟悉的方式，利用图画传递自身的价值观。办报者借力打力，变被动为主动。不只是《点石斋画报》如此，后来创办的许多石印画报都无法完全避免封建迷信的绘事。中国近代破除民众封建迷信的道路异常艰难。1902 年，彭翼仲在办《启蒙画报》时，特意排斥迷信的内容，向读者传播浅近的科学知识。陈独秀甚至称，《启蒙画报》促成了北京人与赛先生（Science）的第一次相遇。可惜当时的许多北京人却都叫它"洋报"，"无人过问"，以致赔累不堪。④ 民国建立前后，北京的石印画报中也有不少封建迷信的内容。五四时期，破除封建迷信仍是新式文人的一大诉求。石印画报将封建迷信的内容建构成内容生产场域的一个特色，借"赋昧"以"祛昧"，通过迂回的启蒙路径，劝诫民众诚实守信、敬畏天神、忠于君主，渲染出石印报刊文本中朴素的启蒙思想。

《点石斋画报》中的文本内容表明，画报是重要的民众启蒙读物，它的真实性则可能要居于劝惩的功能之下。在《点石斋画报缘起》一文中，美查大笔一挥，总结中国画报阙如的原因在于中式绘画太过写意，故不"真"。"西画以能肖为上，中画以能工为贵，肖者真，工者不必真也，既不皆真，则记

---

① 《至诚感神》，《点石斋画报大全》1910 年版戌十一，第 86—87 页。
② 《阴兵夜战》，《点石斋画报大全》1910 年版忠一，第 6—7 页。
③ 李昉等编《太平广记》，哈尔滨出版社，1995，第 2623—2624 页。
④ 梁漱溟：《梁巨川先生的自杀》，《新青年》第 6 卷第 4 期，1919 年，第 430 页。

其事又胡取其有形乎哉?"① 显然,美查最初认为,模仿西方画报的《点石斋
画报》要还原画之"真"。当然,这个"真"指的究竟是"画"之真还是
"新闻"之真仍然值得探讨。然而,还未等解决这个问题,美查很快修正了自
己的说法。《点石斋画报》发行次年,他便松口改称画报"不必据以为实
录",大略具备,阅者会其意"而勿泥其词也可"。② 1895 年 8 月,《申报》发
表了评论文章《论画报可以启蒙》,此中的"启蒙",仍含有中国古已有之启
发蒙昧之义。不妨先看看这篇文章发表时的背景,美查早已赚得盆满钵满,
解甲归田而无心恋战,将申报馆交由席子眉、席子佩兄弟俩主持,③《申报》
在此时已属"国有"。《论画报可以启蒙》一文虽具体作者不明,但应是由国
人撰写。文章谈道,"中国识字者少不识字者多,安能人人尽阅报章……画
报……或取古人之事绘之以为考据,或取报中近事绘之以广见闻,"④ 不管识
字与否,都可通过画报增识见、扩心胸。此番表达,正说明了画报在启蒙中
的作用。正是这种启蒙心态,恰也解释了《点石斋画报》中为何出现大量的
与如今所论的新闻真实性相悖的封建迷信内容。

(三) 有限度地传播新知

近代报刊常被视为传递新知的利器。但不论是《述报》还是《点石斋画
报》,在传递新知的层面上,都是较为有限的。它们更多的是向民众提供一些
在茶余饭后闲聊的谈资。

《述报》有多幅图文并茂的内容。《铁甲战船图》《制玻璃图》《土路火车
图》等图涉及了西方的军事、科技信息,拓展了国人的视野。《中西近事汇
编》更是将《述报》所载新知汇集其中。这些新知,仍属于"器物"类
新知。

画报对于识字不多、不知文理的"童子"尤为重视。启蒙之道,"以画报
为急务"。《点石斋画报》对图像新知的传递也仅停留在"物"的层面。报上
绘出飞艇、轮船、气球等西方新式器物,颇受儿童的欢迎。1938 年,在《晶

① 《点石斋画报缘起》,《点石斋画报大全》1910 年版甲一,第 1 页。
② 参见陈平原《左图右史与西学东渐:晚清画报研究》,生活·读书·新知三联书店,2018,第 160 页。
③ 聂好春:《买办与近代中国经济发展研究:1840—1927》,贵州人民出版社,2014,第 147 页。
④ 《论画报可以启蒙》,《申报》1895 年 8 月 29 日,第 1 版。

报》的一篇文章中，作者"老生"提及，当年的《点石斋画报》对于儿童来说，"真似大旱之望云霓也"，纵使"当时之画家，皆闭门造车，而于国外事，辄多以意为之"。画师将自己的阅历赋予对西方器物的理解中，以为自己在画飞艇，其实画的是黄浦江的轮船。①

《述报》和《点石斋画报》中所传递出来的启蒙思想仍处于朴素的启蒙状态，以祛除办报者所理解的民众的愚昧为主要诉求，以至于表现出浮于都市的茶馆意识。石印画报提供了不少生动、有趣味的信息，它浅显易懂，图文并茂，如此也不难理解晚清有许多读者把画报当成赏玩的工具。

新闻报馆深恐自己办的石印画报会成为读者的"玩物"，对此表示出极大的忧虑。办报者特意提醒阅者"赏鉴计月一同成书一册，可以增赏奇之知识，可以资有志之仿摹"，"幸勿作丧志之玩物观焉"。② 反向观之，此番忧虑恰好折射出画报的主要内容和时人对画报的心态。除了申报馆和新闻报馆，甲午战争之前，其他石印画报上的内容也都大同小异。报刊中传递的新知有限，仍多停留在器物启蒙，尚未深入到追求富强、文明的近代启蒙思想的层面。

二　晚清大变局中的广场意识

在晚清大变局中，知识分子站上时代的广场，向民众传递西学新知和救亡图存之道，石印报刊的文本流露出广场意识。甲午战争之际，启蒙与救亡两大时代命题交织，知识分子重新"入世"，担起救亡责任，以报刊媒介为武器，启蒙民众。石印报刊生产场域文本中的广场意识于维新时期至清末新政期间表现得尤为突出。晚清以降的中国启蒙运动是西力东侵的民族危机所激发的思想变革运动，它有别于欧洲启蒙运动之最鲜明的特点，是以国家富强和社会改良为目标。石印报刊内容生产场域中的启蒙思想也由朴素思想启蒙向制度启蒙渐变。民族危难之际，中国的知识分子寄望于从西方世界的新事物中找到拯救国家的武器。

---

① 老生：《点石斋画报》，《晶报》1938 年 12 月 17 日，第 2 版。这篇文章的叙述与《钏影楼回忆录》中有许多重合之处。另有资料提示，包天笑有许多笔名，"老生"为其中之一。《晶报》该篇文章应是出自包天笑之手。
② 《序言》，《新闻报馆画报》1893 年农历十一月合集，第 1 页。

（一）重在言"学"：维新时期的石印丛报

维新时期，救亡与启蒙在石印报刊场域中首度深入交汇。国家危在旦夕，成长于旧制度下的文人仍对清政府怀有希望。他们希望通过变法图强，进行制度改革，来挽救屡弱的王朝，启蒙仍是主要的命题。文人们创办了大量的石印丛报，即我们现在所常说的杂志、期刊。彼时我国尚缺乏明确的杂志、期刊的概念，而丛报一词更适合该阶段的社会语境和时人惯用的表达方式。丛报以译书、译报为主要内容，传递西学新知。

1."百科全书式"的石印丛报

维新时期的西学，有了更为广阔的意涵。在报刊文本的启蒙与救亡两种思想中，启蒙更为主流。石印报刊主张智识启蒙，倡导通过变法来挽救国家，抵御外侮。甲午战争后，西学的含义最为纷纭，其范围狭到仅指自然科学，广到泛指西洋一切文化。[①] 1896 年，孙家鼐在提议创立京师大学堂的奏折中写道，自应以中学为体，西学为用。中学有未备者以西学补之，中学有失传者以西学还之。同年，梁启超编撰《西学书目表》时将西学知识划分为三类，一曰学，二曰政，三曰教。在"学"一类，又有算学、重学、电学、化学等，即我们今日所谓的学科化的分科知识。维新时期新办的石印报刊大多集中于言"学"。在"今之人惟恐不变夷"的社会风潮中，此时的石印丛报以期刊的形式，向读者介绍位于中国传统知识体系之外的西方之"学"，以西学开民智。力主救亡图存，场域中的石印丛报传递了"百科全书式"的分科知识。石印画报开始淡出场域，倡导知识分科、会通中西的文字类石印丛报成为场域中的主流报刊。其力图借助西学知识，将晚清国民改造成"文明"之人士。

严格说来，维新时期，石印报刊的办报者自身尚未明确使用丛报的概念。当时，丛报、杂志、期刊这三者的概念尚未明晰。比之杂志与期刊，丛报更被维新时期的办报者所接纳。"丛报"一词，不在中国固有的语言体系中，实为梁启超流亡日本时所创。[②] 在给《清议报》发行 100 册的祝词中，梁启超将报划分为日报、丛报两类，还澄清了丛报的含义：丛报者，指旬报、月报、

---

① 舒新城：《近代中国思想教育史》，吉林人民出版社，2013，第 54 页。
② 马光仁主编《上海新闻史（1850—1949）》，复旦大学出版社，2014，第 269 页。

来复报等，日本所谓杂志是也。① 显然，梁启超已将丛报等同于杂志。我国古代文化中的"杂志"与正史、诗文等"正统"著述相对，梁氏所用的"杂志"语义来自东瀛，系作为媒体分类的期刊的专有名词。② 梁启超在祝词全文中使用"杂志"一词仅一次，其余则用新词"丛报"代指，还特别强调日报与丛报"皆所当务"，"而丛报为尤要"。从这里亦不难看出，"丛报"的使用更符合晚清国人的心态。因此，本书在论述维新时期的石印报刊时，也多使用石印丛报进行表述。

　　《时务报》将石印报刊带向丛报的领域，它的版式形态成了我国 19 世纪末 20 世纪初国人报刊的"一般面目"。③ 石印报刊完整意义上的丛报实践，亦可追溯到《时务报》。丛报更为符合晚清石印杂志的出版状况：一来，当时石印出版的效率较高，给了办报者较为充分的内容编辑时间和空间；二来，急切求"学"的行动者试图在短时间内达到启蒙的效果，需要尽可能传播更多的内容，因而把报纸办"厚"成为行动者的办报追求之一。石印丛报登上历史舞台，通过对民众的启蒙，以达到救亡图存的目的。《时务报》创办离不开域外新闻界的影响。进入梁启超视野的西方报刊，不是报道新闻的报纸，而是刊载"分科之学"的杂志，也就是他后来所喜用的丛报。他列举了议院言论、国用会计、人数生死、地理险要等 12 种"西人大报"。"言政务者可阅官报，言地理者可阅地学报……""有一学即有一报。"④ 他把连续出版物全部划归为"报"，或季报，或月报，或每月报，或旬报，或每日报，或半日报等，以此观之其着眼于刊期而非内容。当中的旬报之所以值得专门思考，主要在于其源自中华文化的时间系统。1896 年农历七月，《时务报》问世，连史纸石印，按旬出版，一月三册，成为清末石印丛报中的杰出代表。中国以三"旬"为一月，西方以四"周"为一月，西方有"周报"无"旬报"。"旬报"一词的再发明，是国人对西方报刊知识的"创造性的转化"。中国人将异域知识转化、吸收为自身知识体系的一部分，透视出近代中国社会精英

---

① 《梁启超全集》第 1 册，北京出版社，1999，第 477 页。
② 东亚观念史集刊编审委员会、台湾政治大学东亚观念史集刊编辑部等编《东亚观念史集刊》第 4 期，台北：元照出版公司，2013，第 391—415 页。
③ 胡太春：《中国近代新闻思想史》，东方出版社，2015，第 358 页。
④ 《梁启超全集》第 1 册，北京出版社，1999，第 27 页。

面对西方文化闯入后的无奈与坚守。

维新时期,"百科全书式"的石印丛报风行,其内容重在言"学"。梁启超认为,言"物"而不言"学"的洋务运动不能引领中国的变法,日兴中弱的原因就是中国人不言"学"。"日人之游欧洲者,讨论学业,讲求官制,归而行之;中人之游欧洲者,询某厂船炮之利,某厂价值之廉,购而用之。强弱之原,其在此乎!"中国的"变法之本,在育人才;人才之兴,在开学校;学校之立,在变科举;而一切要其大成,在变官制"。① 《时务报》出版前,中国社会就已经有了求"时务"之风。1896 年初,远在山西的乡绅刘大鹏观察到,"近来读书之士,只是读时文而已,一切经、史、子、集并不翻阅"。他尚且不能接受在中国读书人中已经发生的阅读转向,认为读时文"诚有负于读书名也"。② 社会变迁召唤着新的思想资源,在西学新知与传统经典之间,维新时期的石印报刊偏向了前者。

"报"与"学",就如此相连,"有一学即有一报"成为出版界的常态。石印丛报形成一股合力,在危亡的局势中,以西学新知为中介,共赴富强与文明之路。梁任公所知悉的各国之大丛报,皆"搜罗极博","门类极繁",《时务报》必然不能例外。该报第 1 期即有谕旨、京外近事、城外报译、西电照译等信息,还载有黎庶昌与人合译的《华盛顿传》,篇幅在 4 万字左右,内容驳杂。兴起于甲午战败后,维新时期的丛报践行着重要的社会启蒙使命。《时务报》归根到底是一份政论性丛报,多言政学,每期仅论说和译报两项便占去大半篇幅,"取材已富有余"。③ 丛报自此开始分流,除了政论报刊外,各种专业性丛报也蔚为壮观。汪、梁等人"又思为学校报,通中西两学",④遂有《蒙学报》之举。专译农业知识的《农学报》、言实学的《实学报》、刊载工商专业信息的《工商学报》、我国最早的数学类期刊《算学报》、纵谈经世之学的《经世报》等专业性丛报纷纷创办。除前述依学科内容分类的丛报外,还有我国最早的文摘性期刊《集成报》、最早的妇女报刊《女学报》等问世。通过传递多方位的西学知识,石印丛报对民众进行了制度启蒙。

---

① 《梁启超全集》第 1 册,北京出版社,1999,第 14、15 页。
② 刘大鹏遗著《退想斋日记》,乔志强标注,北京师范大学出版社,2020,第 55 页。
③ 上海图书馆编《汪康年师友书札》(3),上海书店出版社,2017,第 2152 页。
④ 梁启超:《蒙学报演义报合叙》,《时务报》第 44 期,1897 年,第 5 页。

　　要连通陌生的西学，陶铸文明之国民，石印丛报需要在有限的空间内尽可能承载多样化的学科知识。这一时期，旧式文人也对西学知识表现出强烈的渴望。孙宝瑄常常去时务报馆与同人交流，他就认为，汪康年的谈话中"有格致家极新之理甚多，不可不记"。[①]就《集成报》而论，它是选辑各报之长而成报，每册约60页，采录中外各报内容之长，报首恭录，次新闻，后各国杂电。《蒙学报》第1期也有近60页，划分了文学类、算学类、智学类、史学类、舆地类、格致类、启蒙汇编等七大块内容。第1册目录后面所附的叶浩元绘制的《至圣孔子像》和孔子生平介绍，侧面说明了这份报刊的中西结合的启蒙宗旨。《蒙学报》将"圣经贤传之成规"与"东西各国便益之新法"汇入近代石印报刊的内容场域，对中国幼童进行启蒙，欲改"中国数十年之积习，数十兆之腐儒"。为便于幼童阅读，《蒙学报》在内容上"取浅明通便之法、切实易能之书，教之有道，辅之有序"。[②]报人们在刊物正文中设计了一个供2~12岁儿童阅读的分类内容体系，同时也考虑了12岁以上的孩子的阅读需求，在报后附专书，以便12岁以上童子诵读，并于正文章句下，复用浅语注解，力求显明。《农学报》是我国历史上第一本农学类的专业期刊，半月刊，同样"厚度"可嘉，每期在60页左右。它只谈农事，"本报之设，以明农为主，兼及蚕桑畜牧，不及他事"，[③]特别设有"茶务汇录""课桑述闻"等栏目。杭州的《经世报》划分了"皇言""庶政""农政""中外近事"等12大类目。

　　晚清石印丛报的文本内容深刻地烙下了自身的独特性。这是一场"百科全书式"的社会启蒙，丛报不止步于报，它还连通了报、刊与百科全书。《格致新报》专注于传播科学知识，启迪民智，间插简单的图画，其设置的"格致问答"栏目更是沟通普通国人和西学知识的桥梁。从第1册中内页封面上的欧美地图、英文字母、函数公式等元素可以看出《格致新报》的办报意图。《格致新报》上的问答栏目译介西方科技，吸引了众多士子，也进入科举考试命题者的视野。丛报成为"百科全书式"的知识启蒙者，正好适应了晚清社会士人群体的阅读需求。晚清石印丛报集群是"百科全书式"的报刊，它们

---

① 孙宝瑄：《忘山庐日记》（上），上海人民出版社，2015，第131页。
② 《蒙学报缘起》，《蒙学报》第1期，1897年，第1—3页。
③ 《农学报略例》，《农学报》第1期，1897年，第1页。

涉猎广泛，满足阅者各异的知识需求，也承载着制度启蒙的使命。阅者可以依据自己的喜好和需要，在其中找到一些特殊的信息，打开那扇通往知识殿堂的"后门"。① 于此一处，阅者如同进入了一座包罗万象的"知识仓库"（stock of knowledge）。② 在中西学的交互碰撞中，办报者与阅者各取所需，徜徉其中，应接不暇。

2. 译书、译报：石印丛报的主流内容

译书、译报成为石印丛报文本内容的重要组成部分，其往往比新闻占据更多的篇幅。光绪二十二年（1896 年）五月，李端棻向光绪帝递交了《奏请推广学校设立译局报馆折》，提议开译书局和广立报馆。"格致、制造、农、商、兵、矿诸学，非若考据词章帖括之可以闭户獭祭而得也。知今而不知古则为俗士，知古而不知今则为腐儒。欲博古者莫若读书，欲通今者莫若阅报，二者相须而成，缺一不可。今中国邸抄之外，其报馆仅有上海、汉口、广州、香港十余所，主笔之人不学无术，所言率皆浅陋，不足省觅。今请于京师及各省会，并通商口岸、繁盛镇埠，成立大报馆，择购西报之尤善分而译之。"③ 依该奏折之提议，译书应与报馆并行，广译西书西报，遍立报馆，共同照亮中国社会的启蒙之路。多年来学术界对该奏折亦有争论，认为其非完全由李端棻个人所作，实为梁启超所代拟，学者闾小波在《汪康年师友书札》中搜罗出四封信函作为上述说辞的佐证。④ 关于奏折究竟出自谁手不在本书的讨论范围内，暂且按下不表。如果此奏折真为梁启超所拟，那奏折中对商业报刊的蔑视态度倒是和梁启超本人的言论如出一辙。奏折内的言语之间流露出对报馆主笔的强烈不齿，讽刺他们不学无术，所言浅陋。戊戌变法后，梁启超将商业报刊痛批得一文不值，认为其所载之新闻，"沪滨冠盖""瀛眷南来"，"阗塞纸面，千篇一律"，更甚者"明目张胆，自欺欺人"。观其论说，"展转

---

① 彼得·伯克：《知识社会史 上卷：从谷登堡到狄德罗》，陈志宏、王婉旎译，浙江大学出版社，2016，第 205 页。
② 参见潘光哲《晚清士人的西学阅读史（一八三三—一八九八）》，台北"中央研究院"近代史研究所，2014，第 4 页。
③ 张静庐辑注《中国近代出版史料 二编》，上海书店出版社，2011，第 7 页。
④ 闾小波：《李端棻〈请推广学校折〉为梁启超代拟》，《近代史研究》1993 年第 6 期，第 235—236 页。

抄袭，读之惟恐卧"。① 奏折中论及的如何推广报馆也和后来汪、梁等人的办报轨迹高度一致。这封奏折之下，《时务报》的创办更显得名正言顺。

《时务报》《蒙学报》《农学报》等虽都以"报"为名，但按照现在的报、刊分类标准看，它们都应归属于刊的范畴。维新变法以前，报刊一直被划入书籍的体系中。对于这个问题，梁启超有一定的发言权，"西学各书，分类最难"。《西学书目表》主要收录的是译书，而报刊作为西学东渐的产物，也被收录其中。似书又非书的报刊将如何归类？梁启超有些犯难。他最终将《西学书目表》分为上、下两卷，上卷为"西学诸书"，下卷为"杂类之书"，"曰游记、曰报章、曰格致，总曰西人议论之书、曰无可归类之书"。② 载入《西学书目表》中的《中西闻见录》《格致汇编》《万国公报》《中西教会报》等，均是现今所谓的杂志。

维新时期石印丛报的尝试，为日后中国新闻界的报、刊分野奠定了一定的基础。维新时期石印丛报的办报实践，不仅传达了学科化的西学新知，而且以"杂志"的形式进行。每份丛报都是一份"厚报"，每期数十页上万字。不少报刊还带附页，播植副刊的萌芽。此时石印报刊的新闻出版业务，融入了杂志的编辑体例及其元素。报与刊杂糅不分是晚清报刊场域中的典型现象。中国新闻界"报"与"刊"分界意识的形成，离不开维新变法后日本新闻界的思想资源的输入。只是晚清的文化界、出版界，尚未集中关注报纸、丛报、期刊及杂志的异同。

甲午战败后，沉重的救亡图存的启蒙使命，容不得行动者迟疑。行动者瞄准"刊"的归途，以文字为主要媒介，急切地向民众传播学科知识，却使他们所办的报刊并不十分"接地气"。最为风行的《时务报》鲜有图片，与图文并茂的石印画报风格迥异。中西之间的知识鸿沟尚未跨越，报上晦涩的论说更非一般智士所能读懂。《时务报》仍在发行之际，湖南学堂的学生将报章带回乡间，乡亲们却以为梁启超"得外教眩人术"，才令《时务报》可"以一丸药翻人心而转之"。继而，连众多接受新式教育的学生也以为《时务

---

① 《梁启超全集》第 1 册，北京出版社，1999，第 477 页。
② 《梁启超全集》第 1 册，北京出版社，1999，第 82 页。

报》有媚外之嫌，以至于《时务报》见擯于社会。① 虽然目标是"开民智"，但维新时期石印报刊的启蒙仍更多地停留在开官智、开绅智的阶段。

（二）"爱国"与"文明"：北京石印报刊的核心关切

清末新政期间，启蒙进入了一个新阶段。20 世纪初，第二次石印报刊发展高潮到来，画报再次被身处广场的知识分子委以重任："处二十世纪欧风亚雨之沓至，而欲以暗室一镫（灯），普照前途者，其惟报乎？合五大洲黄白黑棕之逼处，而欲以因事象形，提撕民族者，其惟画报乎?"② 石印画报重返场域，上海继续引领风潮。皇城根下的北京掀起了一阵办报之风，一时间出版了大批石印画报，在数量上甚至有压倒上海之势。为了论述的集中性，此处重点讨论新政期间北京与上海的石印报刊的内容。由于上述两地的石印报刊基本是以画报的形式出现，下文的讨论将围绕石印画报的文本内容展开。

北京石印画报后来居上，它们力争言论空间，重构了生产场域的文本，"爱国"与"文明"成为文本内容中的核心关切。它们站上时代的广场呐喊，将场域的内容带向爱国、文明的制度启蒙，继续主张广开民智，造就开通之国民。北京石印画报的内容与时事高度融合，还给媒介场域增加了两种新的报刊类型：其一，将白话报与石印画报相结合，建构出"白话石印画报"；其二，将综合性日报与石印画报结合，生产出"综合性石印图画日报"。白话石印画报和综合性石印图画日报刊期密集，从时事谈及政治，刊载独具特色的自嘲式内容，以达到劝惩人心、维护当权者统治的目的。晚清的日报多采用中西两种纪年方式，而北京的画报大都仅采用皇帝年号纪年，从这里也可以看出办报者对皇权的拥护。他们同样希望借助报刊之力宣传社会改良思想，将中国引向西方国家的富强之路。

1. 从时事谈及政治

清末的帝都涌现了一批著名的"白话石印画报"，《北京画报》《星期画报》《开通画报》等先后步入场域。它们兴起于 1906 年后的第二次办报高潮，将白话报与画报两者的内容合二为一，采用石印的方式，以图画为中心元素，配以"浅说"，倡导循序渐进的启蒙，态度温和。彼时北京的白话石印画报与

---

① 梁启超：《鄙人对于言论界之过去及将来》，《庸言》第 1 卷第 1 期，1912 年，第 3 页。

② 季毓：《赏奇画报缘起》，《赏奇画报》第 1 期，1906 年，第 23 页。

《点石斋画报》有许多相似之处。就爱国保种与开通妇孺等热点问题，白话石印画报有许多创见。1906 年底，《大公报》的一篇报道对北京的画报盛兴之况大为赞赏：

> 京师自彭翼仲《启蒙画报》发现之后颇为社会所欢迎，继之者则有张展云君之《北京画报》及《星期画报》类，皆后先媲美组织文明社会，人心受其影响。今又有某志士刊发《开通画报》，已经警厅批准定期出版矣。
>
> 按图画一端为沟通思想之利器、交换知识之新邮。泰西教育家如廊美纽斯及俾斯塔若基诸人无不利用此种学科。诚以图画之应用较于文字之范围尤为广阔，往往遇一事物陈说所不能解悟者，一经指画则竟了若明星。况立于二十世纪中事故纷纭，无奇不有，有画报出，则优胜劣败善恶存亡之真相，直刺于个人之眼帘，而印于脑筋，颇足以激起爱国保种之精神，改恶向善之观念。画报之有功于社会者，于此足觇一斑。①

除《启蒙画报》外，《大公报》所提及的几份画报都为白话石印画报。《北京画报》同时也是京城最早的一批石印报刊，创刊时间为 1906 年农历四月初一，发行人张展云，由著名画师刘炳堂绘图，旬刊。② 首期画报刊载了《爱国大扑满》《姚烈士投江》《文明结会》《野蛮结会》等十幅时事新闻画，封面简洁明了，注明期数和目录标题。《北京画报》以简要的白话文点缀于刘炳堂精心绘制的图画中，文字晓畅，更容易为读者所接受。

《爱国大扑满》这幅图画新闻描绘了东安市场的集体阅报场景，大扑满外侧贴满了报纸，一位先生站在凳子上讲报。扑满旁围了一圈人，大家听得津津有味，配文中的白话简单易懂："东安市场会友讲报社的卜先生，曾在报社门口，摆一个大闷葫芦罐，六尺多高，上写'爱国大扑满'，并贴着许多国民捐的浅说。每天有一位张瀛曙先生，对着闷葫芦罐，演说爱国的道理，为是

---

① 《又出画报》，《大公报》（天津版）1906 年 12 月 19 日，第 4 版。
② 《北京画报》前几期未标注具体出版日期，仅表明刊期为旬刊。根据该报第六册［光绪三十二年（1906 年）五月廿一日］的出版时间推算，其创刊时间应不晚于光绪三十二年四月。

让人家一边听，一边看，好感动热心。"① 画报又展示了一位留学归国青年以身殉国的故事，进一步强调爱国之心。紧接着，画报还通过两幅"文明"与"野蛮"的对比图画，提倡国人要文明行事。

这些内容设置已经折射出北京石印画报的核心关切：爱国与文明。此阶段的爱国大致等同于爱清政府。办报者依然对清朝皇权十分维护，他们要用报刊来唤醒民众的爱国之心，希望借助报刊为这个古老国家找到一条新路。

石印报刊的行动者希望以报刊为媒介，开通社会风气，最终达到巩固皇权的目的。与《点石斋画报》相仿，白话石印画报以"妇孺"为拟想读者，通过文理浅白的画报开通妇孺，启蒙同胞，宣传新政，最终振起全社会的爱国之心。《北京当日画报》第 1 期的图画中，一位老者头戴"完全国民"的帽子，身扛一面旗。这面旗子无他，正是在 19 世纪末被列为大清国旗的青龙旗。以老年人入画，也体现出这份画报的开通风气的宗旨。

北京的石印画报对文明的认知是件很有意思的事情。行动者所理解的文明有两个关键点：妇孺看报、破除迷信。总的来说，要实现开启民智的目的。该阶段画报中的封建迷信的内容相对减少，更强调时事。开通民众，特别是开通妇孺，是白话石印画报自诩的责任。为达此目的，北京的石印画报表现出与上海石印画报不同的启蒙风格。北京石印画报自出现起，就积极参与社会事务。在办报者看来，看报的人不少，但仍是不开通的人居多，皆因识字的人太少。画报大兴，使得不识字的人也能阅读新闻，画报所办的好事，"真比作官的还高呢"。② 他们将外国比中国开通的原因归结为外国报刊的舆论监督功能，亦想把此种功能移入中国。

妇女读报，成为衡量国民文明程度的一把标尺。办报者认为，报刊媒介连通着文明，连青楼女子都知道看报，那足以证明报刊对女性群体的意义。北京的画师塑造了多样化的本地青楼"报迷"女子的形象。其中一位名叫王宝的妓女"报瘾"最大："近来妇女们识字看书报一天比一天的多，就是青楼妓女也很知道看报是好，真比顽固党强的多。听说得福班妓女王宝报瘾最大，每天必买各种报纸反复读之，真有为看报不睡觉的时候，大伙给他（她）取

---

① 《爱国大扑满》，《北京画报》第 1 期，1906 年，第 2 页。
② 刘荣庭：《祝北京当日画报》，《北京当日画报》第 6 期，1908 年，第 1 版。

了个外号叫'报迷'。哈哈，人要得了这个外号总算文明喽。"① 在宣传爱国保种和开通妇孺方面，该时期的石印画报有许多有益的尝试。只是，这些尝试都限制在服务于新政宣传，不对皇权产生威胁的前提下。

场域中的内容生产产生变化的转折点出现在1909年，场域中的言论空间逐步增大，石印报刊开始"畅所欲言"。慈禧、光绪接连去世，年仅3岁的末代皇帝溥仪登基。幼帝尚不能自理，更何谈统理朝政。政权震动，对于京城的石印报刊的内容生产来说，却也创造了更多的言论空间。

1909年后，北京的石印画报内容风格与前期相比大有变化。综合性石印图画日报成为场域中的主要类型，报刊不仅继续畅言社会新闻，更开始高谈政治事件。新政初期，除了日报外，石印画报中还有旬刊、五日刊，刊期相对较长。这一时期，北京报坛新出版的《新铭画报》《正俗画报》《北京白话图画日报》《浅说画报》等报刊几乎都是综合性石印图画日报。它们的特点是：以图画新闻为主体，兼有文字新闻、评论、广告等内容。辛亥革命前的北京石印画报就多设有"时事要闻""演说""评论"等栏目。石印画报与综合性日报一样，在头版设"演说"一栏，利用言论，回应社会变革。

石印画报上甚至开始谈论宫闱秘事。1911年，《浅说画报》开辟了一个新的图画新闻栏目：内廷消息。报上称两宫将在1911年4月驻跸颐和园。此举将花费"约须一百数十万"，国库款项支绌。② 在以上文字中，作者特意将"一百数十万"五个字放大数倍。国难临头，清政府还这般挥霍，作者的不满溢于言表。晚清重臣曹汝霖宅内的消息亦频频出现在报端。他常常在家宅接待外国来宾，③ 甚至他亲自设宴款待留学东京的中国学生的消息都通过画师的精妙之笔公之于众。④ 政权鼎革之际，这些新闻画吸引了民众的大量关注。

2. 独具特色的自嘲式内容

近代报刊在建构自身形象时，常会塑造出一种"舆论先锋"的高大上形象。反映在报刊文本中，则表现为报刊往往会过滤掉社会的负面评价。与此不同的是，北京的石印画报通常并不避讳读者的不满，甚至特意刊载各类

---

① 《报迷》，《正俗画报》第54期，1909年，第4版。
② 《两宫驻跸颐和园之经费》，《浅说画报》第843期，1911年，第6版。
③ 《应接不暇》，《浅说画报》第843期，1911年，第3版。
④ 赵仁甫：《曹侍郎之宴客》，《浅说画报》第845期，1911年，第4版。

"骂报"新闻。本书选取了晚清北京石印画报中的五幅较为典型的"骂报"图（见图2-1）。

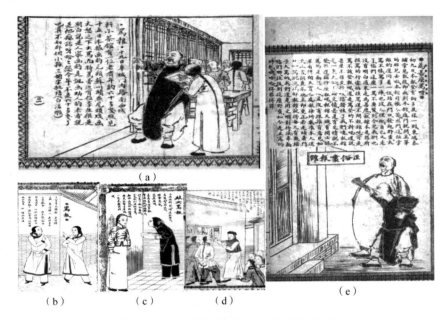

（a）

（b） （c） （d） （e）

图2-1 北京石印报刊中的"骂报"图集

资料来源：2-1（a）：《骂报》，《正俗画报》第56期，1909年，第4版；2-1（b）：《骂报》，《浅说画报》第435期，1910年，第3版；2-1（c）：《妓女骂报》，《浅说画报》第507期，1910年，第6版；2-1（d）：《细批画报》，《浅说画报》第97期，1909年，第3版；2-1（e）：《为什么骂呀》，《正俗画报》第69期，1909年，第5版。

石印画报上所展示的"骂报"的主角多样化，涵盖了醉心旧学的老者，有家庭妇女，还有铺面掌柜、妓女等人物。他们中间有普通读者，也有被曝光了负面新闻的"新闻人物"。

《细批画报》中的穿着旧灰棉袄戴着官帽的老者，颇像旧式学堂里的教书先生，他对新式画报很是不满。老者在西华门的阅报栏旁批评画报，引来多位路人围观。办报者自嘲了一番，"还算好，这位老先生没骂洋报不好"，末了还不忘感谢骂报者。另一位骂报的老者在前几日看了《正俗画报》上的戏画大怒，还为此大骂特骂。旁人给老者解释说这是"讽画"，老者会错了意，以为是"疯话"。在东河槽口内大骂报纸的妇人，则是因为报上登过与之相关的暗赌新闻，于是大骂。"东鸿泰"商号被揭了丑的两位男士正站在报馆门外破口大骂，这幅新闻画饶有趣味。其中一位男子个子高大，却大腹便便，像极了一个充满气的气球。另一位男子则形成强烈的对比，瘦削矮小。两位表情愤怒，表现出对报馆的强烈不满。北京的石印报刊为何要自揭短处？从图 2-1（c）骂报的妓女中，我们或许能发现一些端倪：

> 王广福斜街，明远茶室内，有个排五的妓女，时常骂报。究其原因，是为前者某报登过该妓吸过鸦片。所以见了报就愁啦。今日，我们再招回骂。劝你夜内别抽就得啦。要是被警士查知，一定是要罚的呀。①

这则新闻中的地点、人物、事件都比较明确。妓女看见自己吸食鸦片的事情见了报，一怒之下骂报。这样一来说明，报纸已经得到了一定的普及，处于社会"边缘"的妓女群体中也有读者。而这位读者"恰好"看见了自己的新闻，从侧面说明读报的妓女群体应该不少。二来，报馆即使被骂，仍要劝这位妓女别再吸食鸦片，又体现了报刊在倡导文明中的作用。

"骂报"新闻并不是办报者真正在自揭短板，而是带有浓烈的"春秋笔法"，内嵌着欲扬先抑的隐晦赞扬，明贬暗褒。"骂报"究竟意味着什么？骂报的人群越多样，反而说明报纸传播得越广。"骂报"新闻的作用，则是彰显报纸劝惩人心、传输文明的天职。那位把"讽画"当成"疯话""白活啦"的老先生"实在顽固的叫人可怜"。可也不能怨他，他的见识只有如此，因为他不了解报纸的力量。报纸可以开民智、正风气，有无穷之裨益。"虽报纸之深浅不一，反正全以开风气为宗旨"。②画报所载之赌博、暗娼等负面新闻，"皆彰阐惩劝之意也"。报中并没有迷魂药，有药也只是"明白药"。如大家能明白报纸对传输文明的重要性，则定会"如梦方醒，决不至于骂报啦"。办报者顺势劝诫，"当此预备立宪的时代，国民必须皆有普遍的智识，一定要多看报。欲增普通之学识，非多阅历各种白话、浅说、舆论、绘报不可"。③对于被骂，报人们也很会自我开解，"报馆本是怨府招骂的行当，怕挨骂还不开报馆呢"。只要登的是对的就不怕挨骂，因为"报馆天职，有闻必录"，"为

---

① 《妓女骂报》，《浅说画报》第 507 期，1910 年，第 6 版。
② 《奉劝诸君看报　1》，《正俗画报》第 71 期，1909 年，第 2 版。
③ 《奉劝诸君看报　2》，《正俗画报》第 72 期，1909 年，第 2 版。

的就是劝惩人心"。若是能达成此目的，被骂又如何呢？

京城的石印画报在一定程度上可谓政局的"晴雨表"。当时清政府的统治飘摇欲坠，被帝国主义联手夹击。北京的石印画报，纵论政局和政治人物，将京城报界的救亡之声推向高潮。清政府统治的末期，北京的石印画报已经畅谈时政，甚少避讳。

《浅说画报》是一份典型的综合性石印图画日报，它也是我国近代发行时间最长的石印日报，始于1908年，终于1912年，横跨清末和民国两个历史时期。[①]《浅说画报》在不同阶段的内容变迁，恰好也是清末北京的石印报刊文本内容变化的一大写照。《浅说画报》网罗了京城最有名的一批画师，包括李菊俦、潘小山、赵仁甫等人。其中，李菊俦的名气最大，他经验丰富，绘图别致，曾经辗转于数家画报，为北京画报贡献了多幅新闻画和讽刺画。1905年开始，全国各地陆续展开保路运动。可是1909年初，清政府为偿还"赎款"，又向英国汇丰银行借款，清政府的软弱再次给了外国资本争夺中国铁路利权的机会，因此群情激愤。是时《浅说画报》刚创刊不久，画师将此次事件描绘成一幅讽刺画。身穿西式礼服、戴着礼帽的洋人对着小女孩微笑"引诱"："快来，快来，买路矿的，我有钱，借给谁用？"[②]中西两个人物，一高一矮，一强一弱，对比悬殊。清政府就像一个小女孩，任由西方列强哄骗、欺侮，手无缚鸡之力。武昌起义爆发的次日，报上登出了一幅讽刺画《早知今日　何必当初》，[③]传递出作者的极度悲愤之情。

辛亥革命前夕，《浅说画报》的言论空间进一步扩大，新闻画已经开始毫不避讳地描绘皇族和政事，在思想上也表现出向革命党靠拢的倾向。辛亥年的第一张新闻画是关于陕西革命军踊跃抗敌的消息，在图画的正上方，画师特意画了一面旗子，上面写着十个大字：宁为丈夫死，不为奴隶生！[④]报中屡屡表达出对革命党的同情之意，革命救亡的声音日渐高涨。一些更为隐秘的

① 《浅说画报》从创刊到终刊都为石印，从连续性的角度而言，它应是近代发行时间最长的石印日报。笔者所见的最早的一期《浅说画报》为1909年农历二月十五（1909年3月6日），第86号。该报为日报，周末不间断出版，按此推算，其最早出版日期应为农历1908年十一月十九（1908年12月12日），正好为慈禧去世后第4天。
② 《讽画》，《浅说画报》第86期，1909年，第2版。
③ 《早知今日　何必当初》，《浅说画报》第1068期，1911年，第3版。
④ 《陕西国民军之踊跃》，《浅说画报》第800期，1911年，第2版。

"宫中秘事"常出现在《浅说画报》中。它至少暗示了两个转变：首先，清政府的舆论控制力已经陷入低谷，它难以对石印画报的内容生产再施加强势的影响力；其次，办报者建立了宽广的人际交往网络，可以直达宫廷刺探秘事。

《浅说画报》中相继刊出了一些耐人寻味的新闻，其中不乏发生在私密场所的具有敏感性的对话。这些看似都是平日以"下层妇孺"为对象的石印画报很难获得的消息，如今却频频见报，绘图缀说，煞有介事。1911年初，《浅说画报》刊出了一幅新闻画，里面涉及军咨处大臣载涛与溥仪父亲载沣之间的一段对话，内容更是超乎寻常："涛邸因强邻逼迫，外患凌侵，日前亲对监国赞可国民军，为保全大清帝国亿万斯年之根据。闻监国意颇谓然。"① 这暗示了清政府内部对于革命军的复杂态度，既极力镇压，又千方百计想利用之。从图片中的场景看，这段对话发生在皇宫内。作者的新闻来源暂无从知晓，但作者对谈话内容的描述又甚是详细，且内容如此敏感。能够获得这样的新闻，或也说明了画报出版者的人脉之广。

1911年5月，清政府推出了"皇族内阁"，假立宪之心昭然若揭。国人残存的最后一丝希望也开始破灭，石印画报转向"革命"，媒介场域中的救亡呼声达到清末最高潮。《浅说画报》的报人们通过报纸号召大家不做亡国奴，同仇敌忾，情绪激昂，在报上接连发表《中国言论之可哭》《中国法律之可哭》《外人何德干我国》《卖国奴请看》等图文新闻，还通过画报来聚集爱国人士，组织讲武社，协力挽救中国于危难之中。此时的爱国已不完全等同于爱清政府，从保种、保皇到革命，显示了清末石印报刊舆论场中的态度变化。

（三）转向现代性启蒙：上海石印报刊的当务之急

走上广场的上海的知识分子，向时人灌输"新智识"，媒介场域转向现代性启蒙。现代性是一个外生性的概念，石印报刊场域中的现代性（mordenity）启蒙不等于西化。它既是近代国人对西方冲击的调适与回应，又是中国社会日常生活变迁下的产物。民国成立前夕，上海的石印画报场域从制度启蒙转向现代性启蒙，提倡个人意识的崛起和人的解放。

维新变法失败后，中国志士总结经验教训，对传统文化之优劣进行了深层次反思。1902年，《新民丛报》创刊，"欲维新吾国，当维新吾民"，高声

---

① 《涛邸赞成国民军》，《浅说画报》第842期，1911年，第2版。

疾呼"新民为今日中国第一急务"。梁启超在报上连载巨著《新民说》，发表了大量"新民"主张，采合中西，对民进行"德育"和"智育"。《新民丛报》秉承"新之义有二：一曰，淬厉其所本有而新之，二曰，采补其所本无而新之"，① 开辟了"新智识之杂货店"的栏目，专载世界各国千奇百怪的文字消息，有很强的知识性和趣味性。在此影响下，"新智识"成为中国新式文人中的一个热词。中国舆论界的当务之急，在于铸就新的国民。然而，《新民丛报》停刊后，该栏目也终结。1909 年 8 月在上海创刊的石印《图画日报》借鉴了《新民丛报》的做法，报中的"新智识之杂货店"借用《新民丛报》的同名栏目，内容却大相径庭。它结合了石印术的优势，寓意画和讽刺画占据重要位置，所传达的启蒙之意也与 19 世纪晚期的石印画报有别。

但《图画日报》的绘画风格和《点石斋画报》等石印画报有许多相似之处，画笔工整、崇尚写实。《太和殿》一图便是典型。太和殿屋顶的一块块瓦片，门上象征不同权力的式样雅致花窗，紫禁城中千姿百态的植物，通过画家之笔得到了精妙表达。画报中的文字仍是居于配角位置，但文字数量普遍多于《点石斋画报》，叙述也更为详尽。此时的《图画日报》虽不如同期北京的石印画报那般尖锐和激进，却已经与《点石斋画报》时期与皇权小心翼翼地相处有所区别，《图画日报》很擅长用"温和"的话语来表达自己的政见。画报中的政见，常常也隐藏了较深层次的意义。

该报图画中饱含对腐朽、没落的晚清政府的失望与控诉。例如图 2-2 所示的这幅《大同世界之男女》，京师一女子抛弃性别之见，女扮男装，似乎还故意将额头上的长发剃去以抹去性别差异。画中，这位女子正站在一栋屋前抽烟。

此情此景，与传统社会的女性形象很不相符。作者反倒认为见怪者是"不知中国以前之历史"，认为应该打破性别界限，以"大同"为主张的"文明世界"却主张男女不相混，图中女子的行为实不应该。作者不惧辛亥革命前夕清政府与留学生间的微妙关系，强调"留学生某条陈化除男女之界域，以保孔教，意者不愧为卓识鸿议"。破除男女之间的性别界限，也是求世界大同的一种表现。以上观点，不难看出作者与传统思想的对立和撕裂。图文之

---

① 《新民说一》，《新民丛报》第 1 期，1902 年，第 1—10 页。

图 2-2　《大同世界之男女》

资料来源：《大同世界之男女》，《图画日报》第 66 期，1909 年，第 9 版。

间，传递出国人冲破旧社会束缚，通往现代性新社会的渴望。

　　《图画日报》戏谑地讽刺晚清官僚主义，号召人们反对社会不公。在《北京三宝》这幅画中，一位官员悠闲地坐在马车上。"北京城有三宗宝，人情势力脑袋好"。全社会都拼命巴结手握权势的"大人先生"。这些大人先生，皆肥头大耳肤白面嫩之人也。"其官愈大者，其头愈肥，其耳愈大，其肤愈白。"①我们可以看到，同为讽刺画，《图画日报》与北京石印画报也存在较为显著的差异。北京的石印画报常使用比较夸张的漫画式表现手法，通过简单几笔即可勾勒事件概貌。反观《图画日报》，却是线条错落有致，仍坚守较为繁复的时事画的绘画风格。这也代表着部分上海石印报刊的启蒙风格：不讳言政治，但也不激言，全程温润有度，循序渐进。

　　维新时期至新政期间的石印报刊文本的内容，表现出晚清大变局中知识分子的广场意识。政权飘摇，民心不稳，知识分子站在空旷的广场上发出时

①　《北京三宝》，《图画日报》第 73 期，1909 年，第 9 版。

代的呐喊，引领人们思索这个古老国家究竟去向何方。京沪两地的石印报刊大都寿命短暂，《浅说画报》发行了两年有余，《图画日报》辉煌一时，也仅发行了一年。知识分子始终无法触及核心权力，此阶段的石印报刊中所宣扬的社会改良也很难落地。它们所提倡的制度启蒙和现代性启蒙仍局限在一定的社会阶层内，这也给石印报刊场域中的广场意识蒙上了一层虚妄的色彩。

三　重新崛起的庙堂意识

在抗战的影响下，石印报刊的内容场域实现了转变，救亡话语成为场域中的主调。石印报刊力主救亡，着力去配合当时社会的主要任务。1931 年以来，中国社会的基本矛盾已经发生了变化，由帝国主义和中华民族的矛盾及封建主义和人民大众的矛盾，变为日本帝国主义和中华民族之间的矛盾。抗日救亡，是中华民族面临的首要任务。国难当头，知识分子重回庙堂，以天下为己任，大量的石印报刊出现于此时。在石印报刊的文本中，庙堂意识重新崛起。

（一）　为救亡而生的中共党报党刊

抗战期间的石印报刊，多为国民党或中国共产党所办的党报党刊，中国共产党的党报党刊在其中表现得尤为突出。1938 年，中国就诞生了 38 份石印报刊。它们都是因抗战救亡而生，其中有两份画报，为山东的《大众画报》和《抗敌画报》，余下的都为文字类的报刊，包括《胜利报》《烽火报》《抗敌副刊》《抗战报》《前线报》等。上述 38 份报刊中，中共所办的占了 20 份，国民党占 15 份。从报名中，不难看出上述报刊在抗战救亡中的使命感。同年，湖南桃源县还出版了一份石印的《通俗日报》，这是彼时桃源唯一的报纸。《冀中导报》也创办于 1938 年，它是解放后的《河北日报》的前身。

1937 年 12 月 11 日，《抗敌报》诞生于战火纷飞的后方，三日刊，编者为中国共产党晋察冀军区政治部，社址设于河北省阜平县城文娴街，是华北抗日根据地发行的第一份报纸。1940 年 11 月，《抗敌报》更名为《晋察冀日报》。《晋察冀日报》先后由沙飞、邓拓等人负责，成为战争时期石印报刊的一个缩影。它不仅是军区的工作桥梁，还担负着向根据地民众进行宣传动员的任务。《晋察冀日报》前后经历了三种印刷形式，先油印，后石印，再铅

印。《晋察冀日报》初创时为油印小报，用土黄色毛边纸单面排印。发行到
12 期，报社从外地运来了 3 台石印机。从第 13 期开始，报纸变更为石印，在
新闻材料的选择、整理和编排方式上也有了很大的革新。改铅印前，《晋察冀
日报》共出版 62 期，其中油印 12 期，石印 50 期。石印时期的《晋察冀日
报》只是整个报纸短暂的一笔，从 1938 年 1 月 23 日至 1938 年 8 月 11 日，总
共出版石印版的《晋察冀日报》50 期。《晋察冀日报》也并非战时发行时间
最长的石印报刊，却在近代石印报刊的历史上有独特的地位。

　　以《晋察冀日报》1938 年 2 月 7 日的内容为例，此时报纸刚改为石印不
久，版面内容较为丰富，围绕抗日救亡安排内容，以国内外时事为主，也有
文艺副刊。头版为国际新闻。该版刊载了法国、美国、新加坡等国军事消息
的电文。头版下半部分有一条关于顾维钧的新闻，旁边绘制了一幅顾本人的
画像。整版新闻正文的字体为宋体。第二版为国内要闻版。第二版分为上中
下三层，上层部分为军队新闻，中间部分为全国各地抗日新闻，最下部分则
是晋察冀根据地的抗日简讯。第二版的新闻除了从各地收发的电文外，还特
意发表了一幅图画新闻《洪子店的一幕惨剧》，描绘了在日寇扫荡时，平山县
洪子店村的百姓惨状。在新闻正文中，该版的字体同样为宋体。第三版是副
刊。在"文艺作品专号"中，诗歌占据了大半的篇幅，另外还刊登了一篇
《行军日记节录》。全版的字体不同于头版，使用的是楷体，版面语言更显灵
动。第四版仍为副刊。"陕北新来令"登载了一长篇散文，该版下部分接续刊
登了第三版未载完的《行军日记节录》。以上安排兼顾了国内外新闻与副刊，
体现了石印报刊内容的综合性。

　　石印期间，边区经济困难，出版不易，报纸必须在有限的版面中发布更
多的抗战信息。报刊的命运与国家、民族相连，石印报刊要去回应最为迫切
的现实问题。《晋察冀日报》被视为"边区喉舌"，它带着重任前进。中共对
《晋察冀日报》赋予了艰巨的历史使命：它要成为边区群众抗日救亡运动的宣
传者与组织者，它要代表广大群众的要求。它在边区的抗敌工作、武装斗争、
经济斗争、政治斗争、文化斗争中应成为一把战号。带着这个使命，石印出
版了 50 期，《晋察冀日报》已经成为"晋察冀边区广大人民抗日武装斗争的

新时期的奋斗的证据"。它的创立发展与进步，就是晋察冀军区不断壮大的象征。①

（二）启蒙与救亡的深度交汇

抗战时期，石印报刊的文本内容与救亡缠绕在一起，对民众进行救亡教育成为石印报刊的又一核心任务。石印报刊紧密配合了 20 世纪 30 年代掀起的新启蒙运动与救亡教育。近代著名教育家余家菊指出，战时应有新的救亡教育方式。"知识要发挥权力……必须在知识自我合一以后……灌输的知识、转贩的知识，不经消化以后，是不生力量的。因此，抗战所需要的教育，决不是再加上一点国耻史等类知识之灌输，亦不是另外加上一点应用的技能所能完事。抗战事实所启示的，乃在教育本质的改造"，应以"'教育须得发生力量'为原则"。②

在石印报刊的场域中，救亡与启蒙深度交汇。《滇西日报》是大理历史上的第一份日报，也是国民党的代表性石印报刊，总共发行超过五年，其中有两年左右为石印期。大理是滇西的关口，在抗战中意义重大。1942 年 8 月 13 日，《滇西日报》创刊。特意将创刊日选在"八一三"事变的纪念日，也表明了《滇西日报》的抗战救亡之心。

《滇西日报》已经初步具备了一份现代性日报的样态，报上的内容大都与战事相关。它每日仅出一版，却"麻雀虽小五脏俱全"。目前可见的最早的一期《滇西日报》为 1942 年 8 月 23 日第 11 期。报上各级标题和正文均使用不同的字号，使读者能够一目了然。新闻多为转载，国内、国际、本地新闻和言论等内容都有所覆盖。报刊关注世界反法西斯战场的时事消息，它报道了美军在太平洋战场的最新动态和国民党在赣东的抗日情况。由于大理地理位置的特殊性，《滇西日报》一直特别关注缅甸、印度等邻国的动态，还特地整理了一则综合性的"孟买消息"。该期的时评《多事之秋虑北方》摘自同年 8 月 10 日出版的《大公报》。《大理自卫队分别在各地校阅》登载的是自行采集的本地消息，报道了当年 8 月 19 日在大理各县校阅民众自卫队和实弹射击的情形。报上所发表的大理本地新闻的时效性总体都较强，许多头一天发生的

---

① 《抗敌报五十期的回顾与展望》，《抗敌报》1938 年 6 月 27 日，第 1 版。
② 余家菊：《救亡教育——力的教育》，《经世》（战时特刊）第 3 期，1937 年，第 6 页。

新闻在第二天就能见报。兴起于抗战中的《滇西日报》作为大理唯一的日报，自然承担宣传沟通的任务。救亡的同时，《滇西日报》也较为注重民众的启蒙教育。

在时代的风云变幻之下，知识分子返回庙堂，失落的庙堂意识重新崛起，石印报刊将救亡与启蒙深度交汇，因应抗日救亡的需要。近代不同的时间段，报刊文本与时代主题相互辉映。文本的内容中映照出浮于都市的茶馆意识，晚清大变局中的广场意识和重新崛起的庙堂意识。三种意识交织重叠，也体现出石印报刊与时代和社会的高度相关性。

第三节　中国近代石印报刊生产场域的文本形式

从时间上看，石印报刊的文本在形式上是一致性与非一致性相统一的。石印报刊是连续性刊物，内部又可分为定期刊物和不定期刊物。清末民初的石印报刊中，大多数为定期刊物，有固定的刊期。战争时期，受制于经济环境的影响，出现了较多的非定期刊物。红军在江西万载所办的第一份石印报刊《工农兵》，即为一份非定期刊物。它的发行刊期不固定，随环境而变化。

从空间上看，石印报刊的文本形式又是多元的，有独立的，也有依附的，还有既独立又依附的。《述报》《时务报》《小说画报》《晋察冀日报》等，它们都是独立的刊物，有自己的采编和经营团队，独立进行报刊生产。部分石印报刊依附于其他报刊而存在。例如，作为日报的一个组成部分，石印附张在依附日报免费发行时不具备独立性。民国成立前后，上海多家日报都曾发行过免费的石印附张。还有一类报刊属于既独立又依附的形式，它们既依附于母报，又具有一定的独立性。《点石斋画报》和《新闻报馆画报》就是典型，它们在最初发行时是报纸的附张，免费附送，后又被出版者择一定的期数制作成册收费发行。

对文本形式的具体分析可以有不同的维度。结合石印报刊媒介场域的实际情况，下文将重点分析石印报刊的表现符号和语言风格。

一　石印报刊的表现符号

文字和图像是近代石印报刊文本中的两大表现符号，文字与图画的关系在不同的石印报刊中具有多样化的呈现。

(一) 文字为主,图以缀文

文字为主图以缀文是早期石印报刊的主要表现形式。《述报》即为其中的典型,它是石印报刊在中国真正兴起的重要标志。《述报》首次将石印图画与日报相结合,因而出现在该报的图画也屡被研究者所提及。

李磊给予了《述报》中的时事性新闻画较多关注。他提出报上的《侯相出京》《养疴》《西藏入贡》《勒丐当差》等图画都很典型,"《述报》的这类图文相配报导形式应当是中国近代报刊史上同类报刊中最早的一批"。从新闻图画的原创性角度来说,上述结论可能较难成立,因为它忽视了《述报》与《点石斋画报》的密切关联。《述报》上的时事新闻画实则多取自《点石斋画报》,自身原创的新闻画稀缺。[①]

《述报》在图画新闻传播中的贡献值无法与《点石斋画报》相提并论,前文所提的四幅图画无一属于《述报》原创,全部是从《点石斋画报》上"搬运"的。[②] 但仍需注意的是,《述报》没有全盘吸纳《点石斋画报》的编排特色,继续坚持"左图右史"的传统编排观,文为主,画为辅,以文字为启蒙根基。1884年诞生的两份最重要的石印报刊不是在各自的地域内独美,而是已经展开了互动。美查试图扩大《点石斋画报》的影响力,在短时间内就发行到了广州。借助日渐畅通的发行网络,及时阅读到新式《点石斋画报》的述报馆利用同为石印出版的优势,选其中之佳画移入《述报》。《点石斋画报》对《述报》的内容生产有显著的影响。《述报》创刊半月后,《点石斋画报》问世。借助发行网的拓展,广州已经能在较短时间内收到《申报》。《述报》一直大量转载《申报》的内容,此番交集也延伸到《点石斋画报》上。《述报》在《点石斋画报》中汲取到新闻画的新形式,对《点石斋画报》的排版方式则有所保留。办报者认为,"左图右史"的表现传统应该得到延续,文字需占有关键的位置,图画虽精却不能喧宾夺主。这一点我们亦能在《述报》发行后期其所原创的图画新闻中找到较充分的依据。

---

① 李磊:《〈述报〉图片考》,《中国青年政治学院学报》1998年第3期,第99页。

② 《侯相出京》,《点石斋画报大全》1910年版乙五,第36—37页;《养疴》,《点石斋画报大全》1910年版乙三,第18页;《西藏入贡》,《点石斋画报大全》1910年版乙七,第50—51页;《勒丐当差》,《点石斋画报大全》1910年版乙四,第29—30页。

诚然，我们不能忽视《述报》自身的努力。《述报》后来也做出了一些改变性的尝试，一改抄袭之风。同是使用新式石印术办报，述报馆报人仍持有传统的理念，他们并不完全认同《点石斋画报》所持的图像叙事的理念。在《点石斋画报》的刺激下，《述报》开始逐步增加原创性的新闻画内容，刊载了一组《安南捷报图》："兹有友人绘出越南捷报图，传神阿堵，栩栩欲活，真妙手也。爰暂停格致一天，缩登诸报，将来装订当入近闻卷内，与格致无涉，至黑蛮风土记，明日接录此布。"① 这四幅图画线条精细，每幅图上附有一个四字标题，人物神态跃然纸上，栩栩如生，展现了一个动态的战争场景。图画的标题都是四个字，图片的关键之处用简短的文字加以注释。但它们与《点石斋画报》有很大的区别，除了标题和注释外，上述四幅图片没有配文。

不仅如此，《述报》所刊载的西方器物图也几乎都为"旧图"。以《述报》1884 年农历四月卷合集上的六幅插图为例，这些图全部源自外国传教士所办的报刊，其具体出处如表 2-1 所示。

表 2-1 《述报》1884 年农历四月卷插图目录及来源

插图名称	《述报》刊登日期、页码	插图来源
《格林炮图》	农历四月卷，第 11 页	《格致汇编》1877 年 4 月卷
《铁甲战船图》	农历四月卷，第 14 页	《格致汇编》1877 年 4 月卷
《铁甲炮台船图》	农历四月卷，第 16 页	《格致汇编》1877 年 4 月卷
《土路火车图》	农历四月卷，第 42 页	《中西闻见录》1872 年第 1 号
《鹤颈秤图》	农历四月卷，第 44 页	《中西闻见录》1872 年第 3 号
《制玻璃图》	农历四月卷，第 46 页	《中西闻见录》1872 年第 3 号

《述报》1884 年农历四月卷的六幅插图全部来自洋务运动期间由外国传教士丁韪良主编的《中西闻见录》和傅兰雅主编的《格致汇编》。本书查阅之后的《述报》图画，发现还有为数不少的翻拍图像，取材也不限于《格致汇编》和《中西闻见录》。《遴选旗兵》《土军攻俄》等图就摘抄自申报馆的《寰瀛画报》。《述报》在收录时没有进行二次创作，仅是照搬原文原图。图

---

① 《安南捷报图》，《述报·近闻卷一》1884 年（月份不详），第 20 页。

片翻拍自原杂志，在版式设计上也延续了外报的形式，多只有图片和简要标题。《述报》总体上是缺乏绘图缀说的意识的，图与文相互割裂，两者之间仍有一条难以逾越的鸿沟。述报馆后期已很少使用图像，很大可能是出于成本的考量。《述报》在办报过程中曾一度重视图像的运用，但尚未放弃以文字为根基的办报理念。

《述报》仍然以传统思想为根基，以文字为根基，借助西方器物，对民众进行启蒙。从晚清的办报难度看，延请专业画师绘图实属不易，只有具备一定经济实力的报馆才能支撑，因此也不必太苛责《述报》。总体而言，内容创新程度不高的《述报》，为石印报刊场域内容生产提供的创造力有限，它作为石印报刊的优势也难以显现。

民国初年，包天笑主编的《小说画报》多使用小说插图，也是一份典型的文字为主、图以缀文的石印报刊。《点石斋画报》曾给包天笑留下了深刻印象，它"纸白版新，颇堪悦目"。幼年的包天笑尚在私塾读书，每当《点石斋画报》寄到苏州，他必买一册，"儿童本来喜欢看画，况且所画的都是时事，也可以增长知识不少"。① 对《点石斋画报》的感情在包天笑心中萦绕多年，在上海办杂志时，他也想仿效《点石斋画报》办一种杂志，萧规曹随，于是就有了后来的《小说画报》。包天笑称此举为"开倒车"。对于图画，他表示绝不用照相铜版图画，不要漫画、速写，图画一定要中式，不要半中半西。民国初年上海大型书局的印刷设备已经相当先进，铜版印图的技术尤甚纯熟。小说类期刊大都以封面画为重，喜用前人花卉山水真迹，一色铜版印刷。对于刚跨入民国的晚清遗老遗少们来说，就"虽属古雅，然总不及画里真真的动人爱赏"。② 《小说画报》聘请钱病鹤（又名钱云鹤）、丁悚等著名画师为小说绘制的插图，异常精美，吸引了一批受众。

民国中期以后，此类的石印报刊在媒介场域中已不多见，插画元素在石印报刊中的应用也越发稀少。抗战时期有少数石印报刊也用到插画，但总体不如清末民初阶段的石印报刊插图精致和细腻。

---

① 天笑：《我与杂志界》（待续），《杂志》第 14 卷第 5 期，1945 年，第 7 页。
② 郑逸梅：《小说杂志丛话》，《半月》第 22 期，1924 年，《说林珍闻》第 3 页。

（二）文字为辅，文以缀图

文字为辅文以缀图是石印画报最常见的表现形式。《点石斋画报》的出现，颠覆了石印报刊中的图文关系。它以图画说新闻，图文并茂，开启了新型的报刊表达形式。当时新闻画为许多报馆所追捧，一时间喷涌出多份石印画报。竞争者不甘落后，纷纷效仿。

《点石斋画报》的创造性，在于它改变了人们观看新闻的方式。这个改变，需要依靠媒介技术来完成。点石斋书局的生产车间内，早已是一片繁荣的景象。月出三次，次凡八图，《点石斋画报》采用西式写实绘画手法，画家的作品皆由照相石印法印刷出版。《点石斋画报》中栩栩如生的图像"蒙骗"了不少受众，鲁迅先生就是其中的一位。鲁迅先生曾在书信中特别提到吴友如在《点石斋画报》中的画作都是用药水画在特种的纸张上，直接上石，不用照相。[①] "特种的纸张"即为转写纸，鲁迅所描述的正是转写石印法。可也正是这些笔致精细的绘图，迷惑了阅书无数的鲁迅。《点石斋画报》并不是对原图的转写复制，它是照原图缩小后呈现的。读者在画报上看到的不是原画，而是经由照相石印术转译后的缩印版。画报成品到底比原图缩小了多少呢？《点石斋画报》现有一批原图存于日本东京，原图的尺寸约为 28.4 厘米×47 厘米。如果我们对比同期《申报》的大小，可能会对原图的尺寸有一个更直观的印象。《申报》版面尺寸约为 50 厘米×100 厘米，一大张包含 8 个版面，前后留有缝隙。一张《点石斋画报》的原图就约等于半版，即 4 个版面的《申报》。可以想象，原图是比较大的，若以原图印刷，将会耗费不少成本。有人将东京的原图与画报实际刊发的图片进行对比后发现，缩小率大约为 43%。这个缩小率是相对于线而言，若按面积算，实物的缩小率为 18.5%。[②]也就是说，实际上出版的《点石斋画报》仅为原图大小的 1/5 左右。这么大比例的缩小幅度被阅者自然地忽视了，缩印图被理所当然地想象为原图。这大概是因为《点石斋画报》图画惟妙惟肖，即使是大幅度缩印，也使读者仿若在观看原图，丝毫察觉不出缩印的痕迹，这完美的仿真效应恰恰说明了照

---

① 《鲁迅选集》第 4 卷，人民文学出版社，1995，第 475 页。
② 三山陵：《吴友如和〈点石斋画报〉——硬笔画和石板印刷》，段睿珏译，上海鲁迅纪念馆编《上海鲁迅研究·赵家璧与出版研究》，上海社会科学院出版社，2018，第 153 页。

相石印术之精妙绝伦。

新闻报馆的画报按旬附送，也是图主文辅的形式，不仅有石印画报，还有石印画册。它的画报更具有时效性，"不加分文，定例每日附出画报一纸"。"更每月朔、望两日间送任伯年先生册页各一纸，一年既周，即成名家绘册一本。又每月初十、二十两期间送晚笑堂画谱各一张，日后亦可汇裱成册。"《记本馆自今日始附送画册画报事》记录了新闻报馆画报画册的创刊原委：

> 今夫华虫藻火，实开绘事之先，三笑十眉争赏画图之妙……为世人所共宝，无不争愿储藏也。本馆职司纪载，常惭笔札未工，幸荷赐观，喜见报章日广，每愿稍酬雅意，投赠时加，借兹聊表微情，心期略慰。因念文窗清玩无过丹青，客邸消闲莫如粉本。北□□□云汉热古人之神笔，虽已难追，骥可索而象可图。当代之名人或能求绘，爰为珍搜墨海稿，乞艺林不惜苦心，广征秘本，付之石印，喜无累黍之差，附诸报端，可作剪芹之献，山水竹石惟其备，幅幅争奇；虫鱼花鸟无不工，帧帧入妙。自问既非赝鼎，当不贻笑于大方。须知出自名家，应为有目所共赏，敢月贻以二纸，可年汇夫一编。想见墨藻缤纷，取之无竭；笑看笔花飞舞，层出不穷。又以昔人画册，每多散佚之虞，近日坊间绝少精刊之。本欲临池而追仿，妙法难探，嗤锓板之失真，全神安在？此亦鉴家之憾事，宜为本馆所留心。是以精为购觅，备极收储，得来墨迹全函，堂名晚笑，愿与诸君共赏，法则前贤。当于一月之中，亦以两帧见赠。庶几古人手笔不至湮没而无传，况为后学津梁，可以抚摹之有助……虽点石斋月出三期，而篇幅既拘，窃恐搜罗之莫尽。况飞影阁新章一变，而规模非昔，愈觉纪绘之难周……从此随报分投，不取半文之值。行见按年装订，可成数百之图。至于板式，则精益求精，纸张则洁而又洁。此虽画报之常事，亦征本馆之用心。①

《新闻报》创刊时，《点石斋画报》发行了近10年，画报已经培养了一批专属阅读者，图画"为世人所共宝"。"常惭笔札未工"，以画报"稍酬雅意

---

① 《记本馆自今日始附送画册画报事》，《新闻报》1893年12月8日，第1版。

投赠"，广集名家墨海，付之石印，"喜无累黍之差，附诸报端，可作剪芷之献，山水竹石惟其备，幅幅争奇；虫鱼花鸟无不工，帧帧入妙。自问既非赝鼎，当不贻笑于大方"。新闻报馆毫不避讳地谈到了自己的竞争对手，称"近日坊间绝少精刊"，还直指《点石斋画报》和《飞影阁画册》之短，"虽点石斋月出三期，而篇幅既拘，窃恐搜罗之莫尽。况飞影阁新章一变，而规模非昔，愈觉纪绘之难周"。《点石斋画报》刊期太长，难使阅者尽兴。改革后的《飞影阁画册》已经脱离了时事新闻画的领域，主打"仕女图"。作为石印画报的后来者，从字里行间不难看出新闻报馆的求精之心。民国前期，大型的商业报纸附送石印画报已渐成惯例，《时报》《时事新报》《舆论报》等报都参与过这场革新运动。

新闻画在晚清石印报刊初兴时期即已成为生产场域文本中的主要形式。《点石斋画报》对新闻画的传播有巨大的影响力，这一点已经得到充分认同。新闻画绘画繁复，耗时费力。《点石斋画报》十日一出，画家尚能应付。但作为日报来说，如果不像《点石斋画报》那般具有专业而强大的画师班底，图报出版全部依靠技艺复杂的新闻画并不现实。

新政期间，石印报刊画报中不仅有新闻画，还出现了新的形式：讽刺画。讽刺画为漫画的一种，漫画的思维方法和表现手法不同于一般绘画，讽刺与幽默是它最突出的艺术特点。[1] 讽刺画多用简笔描绘，通常用一二词语形容某事，或用组字法，多含贬义。讽刺画的形式源于西方新闻业，是 19 世纪中期欧美新闻业中的常见元素。讽刺画，常又被称为寓意画、讽画等，它吸收了西方漫画的表现手法，于 20 世纪初期石印报刊中大量出现。

讽刺画日渐占据场域，成为石印报刊中与新闻画"并驾齐驱"的图画形式。石印报刊将讽刺画与新闻结合，既符合国人的文化惯习，又向场域输入了新的图像新闻形式。20 世纪初期，北京、上海等地的石印画报上就频频出现讽刺画，"往往含有重大之刺激性，在观众之意识界，最易感受深刻之印象"。[2] 鲁迅先生也曾言，讽刺画作者虽然大抵会被讽刺者所憎恨，但他常常是善意的，他的讽刺，在于希望他们改善。即使在抗战时期，讽刺画也被社

---

① 毕克官、黄远林：《中国漫画史》，文化艺术出版社，1986，第 1 页。
② 苏：《讽刺画谈》，《益世报》（北京）1927 年 10 月 4 日，第 7 版。

会所需要。讽刺画是对社会有益的成分。我们不但需要讽刺画，而且需要更多的针对我们自己的"讽刺画展"。① 借助新闻画和讽刺画，图文并茂的石印画报开启了中国画报史上的一个新阶段，影响力延续至今。

（三）间以图画

抗战时期，石印报刊在文本形式上出现了较大的改变，以文字为主，图画稀缺，很多时候只是偶尔有石印图画元素，"间以图画"。其间产生的石印画报凤毛麟角，图画成为石印报刊中的"奢侈品"。《太岳日报》的媒介实践很能说明图画在战时石印报刊中所处的地位。1940 年 6 月创刊的《太岳日报》位于晋察冀边区，在根据地有较大的影响力，版面设置和内容整体与《晋察冀日报》趋同。《太岳日报》初创时是双日刊，后改为三日刊。《太岳日报》的石印出版时间长于《晋察冀日报》。1940 年 6 月至 1944 年 4 月，该报应都为石印。改成《新华日报》太岳版后，《太岳日报》变为铅印，不复采用石印。

《太岳日报》创办初期无图，后来才加入图画元素。在 1940 年 7 月的《太岳日报》上，笔者暂时没有发现图画。虽为石印报刊，但《太岳日报》在创刊后很长一段时间内几乎都没有出现图画的身影（1940 年 10 月和 11 月的报刊散佚未存）。大致从 1941 年 4 月开始，《太岳日报》出现了石印图画。这些石印图画不是新闻画，而是宣传画。1941 年 4 月 18 日起，《太岳日报》在头版下了一番功夫。第 127 号报纸发行时正值根据地的春耕运动，报头左边的文字标语是：提高生产效率，发起生产竞赛，迎接"五一"劳动节。报头右边则是一幅宣传画，图画中间，一位人士高举旗帜在进行抗日动员工作，下面还有一群人环绕在他周围。报社特意将标语"刻画"在旗帜上："反对帝国主义战争！反对反共内战！"当天的报纸上，办报者还给每个栏目精心设置了图画标识。在这之后，《太岳日报》设置了固定的图画宣传栏。每日图画都不同，生动有趣。接下来的几期里，报上分别刊登了《反对政治》《破敌交通，保卫春耕》等图画。文章内容设置清晰，标题中的引题、主题、副题的字号区别分明，印刷字迹工整。从报纸的版式设计、内容安排等来看，《太岳日报》已与常规铅印报刊无异。该时期的大型报纸不论是商业大报《申报》

---

① 力群：《我们需要讽刺画》，《解放日报》1942 年 2 月 15 日，第 4 版。

《大公报》，还是国民党的官方报刊《中央日报》，又或者是中共的官方报刊《解放日报》，都采用铅印。若不是有其他资料佐证，很难看出《太岳日报》是一份石印报纸。报上的印刷文字为宋体、楷体混用，也加入了图片元素，这些都体现出石印术的灵活性。

前文提及，《晋察冀日报》在石印初期也出现了图画新闻。图画新闻发生地洪子店是河北平山县的重镇，整个新闻只有一句标题《洪子店的一幕惨剧》，无其他文字说明。图中显示，有三人耀武扬威地走在前面，其中两人为日寇，穿着军装佩带枪支，后面留下一位老百姓被关在房间内。该图绘图粗略，构图也较为随意。从空间视觉上看，远景比近景还大，远处的老百姓的头像部分显然要大过近处的三人，如此并不符合美术构图的原则。当然，不知道这是不是绘图者有意采用的夸张手法。不过凭借那时的办报条件，能绘制图画新闻已属不易。《晋察冀日报》也设法为新闻配图，如增加新闻漫画、地图等，提高报纸的可读性，并多次利用"画谜"与读者互动。"画谜"是清末石印画报中的常见内容，读者根据图画来猜谜。在第 27 期上，《晋察冀日报》登载了一幅"画谜"，谜底系六个字组成，"猜中者多赠本报一份，但以第一名至第五名为限"。[1]

从文本形式的精细化程度看，此时的石印报刊比晚清时期要逊色不少。《晋察冀日报》和《太岳日报》在表现形式上有一定的共性，图画新闻较前期大幅减少，多数时候是间以图画。将它们与晚清民初的石印报刊进行对比，我们又可以清楚地发现，石印报刊的个性特征几乎全然隐匿。石印的《太岳日报》和《晋察冀日报》以及前面提到的《滇西日报》都是常规的现代化报刊样式，单张散页式的形态，以新闻为主要内容，排版错落有致，已在一定程度上与铅印报刊融合成一体。在石印报刊中，文与图的比例被颠覆，图像只是报刊中的补充而非必要元素，间以图画，图画总体质量较低。因图画的运用也能适当弥补抗战早期摄影新闻的缺失，石印报刊顺势成为铅印报刊的"替身"，顶替铅印报刊的角色。于办报者而言，情势所迫，他们也无须利用石印术来彰显报刊的特色。在内容生产中，石印报刊自身的特色日渐隐匿，与铅印报刊在形式上合流。

---

[1]　《路灯》，《抗敌报》1938 年 3 月 31 日，第 1 版。

二 石印报刊的语言风格

中国近代石印报刊因应外部社会变化和现实需要，语言从半文半白过渡到白话文，这对中国近代的文学改良也有一定的积极意义。同期，石印报刊的语言也表现出较强的现实批判色彩。

（一）从半文半白过渡到白话文

19 世纪末是近代石印报刊发展的一个高峰期，不管是画报，还是文字报刊，它们利用更浅显的语言传递消息，表现出"半文半白"的语言风格。时务文体一改八股文的文风，半文半白，笔锋常带感情，对中国近代报刊文体的演变有突出贡献。梁启超的《论报馆有益于国事》《变法通议》等文章，语言畅达，感情真切，受到时人强烈推崇。不过回到石印报刊场域中，就语言的"半文半白"来看，《点石斋画报》走在了《时务报》的前面。

把"妇孺"群体当成拟想读者，使《点石斋画报》在语言上尽量向"下"贴近。比之《申报》，石印画报的语言风格有较大改变。19 世纪末 20 世纪初，与画报并行的，还有一股白话报风潮，多份白话报产生于此时。不过由于白话报初兴，发行量不大，有许多白话报采用木刻。当白话与石印画报相结合，石印报刊场域中的语言风格渐由半文半白向白话文过渡。

北京的石印画报多在 1906 年后出现，兴起于白话报之后，应是受到了白话报文风的影响。办报者对此种语言风格的使用已经相当游刃有余，且看《北京当日画报》的发刊词：

> 哈哈，我们今天当日画报也出现了。在下创办此报，原为开通风气、破除迷信之陋俗起见，所以我们约请英君铭轩绘图，当日出报，天天能以瞧画图。居家妇女孺稚盼想得急，所以我们不辞劳瘁，昼夜写画，总想着早早的唤醒我们同胞，立志自强，也不枉我们这份子苦心。画报的文理浅白，与（于）社会中最容易晓得，画出图来使人一见者能够触目惊心，感人足能颇易，所以我们的用意，就是先开通妇孺的见识，称着脑气清洁，能以知道合群保种，知时达务，能够振起爱国之心。①

---

① 《本报出版刊辞》，《北京当日画报》第 1 期，1908 年，第 2 页。

石印画报的定位本就有面向下层社会的特点，加上浅白的语言，石印画报更为受到追捧。

在中国报刊的文体改良过程中，石印报刊具备一定的超前性。早在 1913 年，包天笑就萌生了办《小说画报》的想法。当时文人所写和所译之小说，大多仍纯用文言体。在陈颂平的感染下，包天笑以《小说画报》开白话文风气之先，明确提出"小说以白话为正宗"。[①] 这份中国最早的白话小说期刊网罗了多位鸳鸯蝴蝶派的著名作家，用白话文写作。《小说画报》不仅在表现符号上有很大创新，在语言文字上与其他小说期刊也有很大区别。

五四运动爆发，推广白话文成为重要一环。抗战时期，服务于救亡宣传工作的石印报刊同时也肩负着启蒙百姓的任务，基层地区识字率低，教育水平落后，白话文也成为首选。

（二）较强的现实批判色彩

当时的石印报刊文本，还表现出较强的现实批判色彩，且在社会鼎革之际表现得越发突出。受限于客观环境，在报刊出版不易的情况下，石印报刊必须帮助出版者发出自己的心声。

在目睹了戊戌政变后的惨状后，时人人人自危，不敢多言。接连又遇庚子国变，不免有人发出疑问：今日之世，尚能言乎？《南洋七日报》的办报者更被同人劝及"罪言千君怒，时言触时忌"。报人们仍坚持在乱世中立言，"今日之世，殆较春秋战国而尤甚焉。鄙人不言，天下不言，恐大局至于不堪言之际"。[②]

庚子之变后创办的报刊为提振国人斗志，言辞更为激烈。办报者认为，拯救国家于危难不只是成年人的事情，儿童也应该参与其中。迫于救亡之势，《童子世界》的印刷、排版都显得很粗糙。维新时期也有一份儿童石印旬刊——《蒙学报》，该报编排美观，印刷精良。《童子世界》一出版就定为日报，内容生产压力陡增，或许也难以顾及刊物的外在形式。旧式教育已不能满足当时童子之需求，唯有办报一路可通，"中国之病，在乎闭塞；对病发药，在乎

---

① 《例言》，《小说画报》第 1 期，1917 年，第 1 页。
② 《叙》，《南洋七日报》第 1 期，1901 年，第 1 页。

交通；交通之道，厥惟报章"。初创时也有同人提议办成旬报或者七日报，"日报为期期接住，不得稍松，为难事者"。几经商议，"宜顺童子之性情"，"一则盼切甚苦，二则长篇取厌不如日报之按日而文短，有鼓舞而无厌倦"，最后《童子世界》还是决定以日报的形式发行。① 第一篇论说《论童子世界》即言，"中国之人，莫不曰国将亡矣，国将亡矣，不闻有一人能兴之也。吾谓此责任，尽在吾童子"。为何作者将救国之重任寄托于童子？中国壮年之人往往懒惰无所事事，吸食鸦片，筹钱捐官，不问国事，更相互推诿。要拯救国难，唯有将希望寄托于受教育之童子。② 1900 年，《清议报》上发表了震耳欲聋的《少年中国说》，刺激了晚清少年的救亡之心，"今日之责任，不在他人，而全在我少年"。③《童子世界》呼应了《少年中国说》中对儿童群体的期待，将 20 世纪初的中国存亡问题系于童子身上。该刊早期的封面画都是同一幅：一位西装革履的外国人骑在一头狮子上，他左手拿着皮鞭鞭打雄狮，右手高举大清的青龙旗。睡狮，正象征着孱弱的中国。这头睡狮已经被西方列强踩在脚下蹂躏，若再不警醒，国将不国。

刊物贴合儿童的心理和兴趣，加入了关于世界历史的内容。《外国古事》全文介绍了罗马帝王恺撒的故事："大将恺撒是古罗马数一数二的人物。他的事迹甚多，我也无暇细说。只记得，他有一桩事情，实在足以感动我们冒险进取的精神。说来大家听听……"④ 办报者通过简明的白话文故事，引起儿童的阅读兴趣，同时激发他们救亡的勇气，使其跃上历史舞台，"把千年不醒的狮子抬起来"。⑤ 东京的江苏留学生群体亦关注到这份报刊，且对它大加赞许，"此种报纸所以开内地童子之知慧，养成他日无量数童子之人格者，诚为我中国最可宝贵之报也"。⑥

经过一连串的洗礼，抗战时期，石印报刊生产场域中文本的批判色彩愈加强烈。处于国民党的"围剿"之中，中共的党报党刊带有较强烈的批判性。《工农兵》字迹潦草，有点类似于一份手抄报。但同时可以看出，它与《太岳

---

① 《论童子世界之缘起并办法》，《童子世界》第 8 期，1903 年，第 2 页。

② 钱瑞香：《论童子世界》，《童子世界》第 1 期，1903 年，第 2 页。

③ 任公：《少年中国说》，《清议报》第 35 期，1900 年，第 4 页。

④ 《外国古事》，《童子世界》第 4 期，1903 年，第 4 页。

⑤ 《警告我一般的童子》（续昨日稿），《童子世界》第 6 期，1903 年，第 2 页。

⑥ 《童子世界》，《江苏》（东京）第 1 期，1903 年，第 133 页。

日报》《晋察冀日报》一样，都在模仿铅印报刊的版式设计，它是为湘鄂赣边的工农群体反帝反封建和反抗国民党的压迫而生。[①] 第 1 期《工农兵》共两个版面，有明确的报头、报眼，版面设计清晰，有自己的投稿简则，还特别设置了图画新闻栏目。在两个版面中，大都为原创性内容。头版有代论和斗争消息，新闻的标题与正文之间区分明确。第二版的内容偏向副刊，在有限的版面内不仅有"工农兵论坛""红色艺林""曲谱"栏目，还特意设置了一个画报栏目。这份石印报刊也加入了图画的元素，第 1 期的画报名为《裁兵》，编者意图借此讽刺国民党的军事政策。报中两幅绘画也较为随意，用简单的线条描绘。图画中的文字说明排版较为混乱，难以辨析。《工农兵》印刷字迹虽不算佳，但内容很丰富，原创性也很强，为我们提供了许多有价值的信息。1934 年创办的《红色江西》语言的批判色彩更强，报上醒目处常刊登类似的标语：加紧对被占领区群众斗争的领导，动员与武装广大群众消灭白匪团匪，恢复苏维埃政府。[②] 两份石印报刊都针对国民党的"围剿"，发出了自己的声音。全面抗战期间，民族矛盾空前激烈，石印报刊承担着救亡任务，语言风格更为激烈。

综上，本节对石印报刊的文本形式进行了考察。在形式上，文字与图像的关系在不同的石印报刊中有多元化的呈现。石印报刊的语言风格也呈现出自身场域的特征。中国古代惯用的文言文较少出现在石印报刊的文本中，石印报刊的语言更为偏向下层群众。自晚清画报始，石印报刊的语言风格就呈现出半文半白的倾向。进入民国后，媒介场域中的语言完成了从半文半白向白话文的过渡，当中也体现了较为强烈的批判性。

第四节　中国近代石印报刊生产场域的文本特质

不同印刷技术的报刊媒介有各自的特性，这也引发了不同的报刊场域在内容生产中的差异性。石印报刊的内容生产场域内部，存在自身的偏向，这使它的内容生产有别于其他类型的报刊场域。吴果中指出，中国近代画报的

---

① 《发刊词》，《工农兵》1929 年 9 月 20 日，第 1 版。
② 详见《红色江西》1934 年 7 月 1 日，第 2 版。

论域集中在四大方面：西学东渐的智识启蒙；大众媒介的社会批判；政治文化视域下的民众动员；市民文化的街头生活与娱乐。以上四个维度的论域共同建构了近代画报内容生产中"民族国家"的主题。① 石印画报作为近代画报中的一个部分，其论域并不与上述四点完全重叠。环视近代石印画报场域，我们很难找出一份和著名的铅印摄影画报《良友》的消闲娱乐宗旨完全相匹配的石印画报。

作为报刊出版中的非主流媒介，石印报刊更有时不我待的紧迫感，它们更急切地因应社会热点现实。换言之，与铅印报刊相比，石印报刊的内容更为"集中"和"局限"。总结石印报刊场域的文本特征同样应该关涉它的文本基本特征和文本内容变迁两个层面。从基本特征看，石印报刊的文本与铅印日报的文本形成互补之势，一来可充当铅印日报的补充成分；二来在清末民初阶段，石印报刊的文本偏重于日常生活，带有一定的娱乐性。然而，它在娱乐性场域中维持的时间并不长。从内容变迁的层面看，近代后期，石印报刊的文本中的娱乐性日益消退，转向政治领域。

以上三个特点，将石印报刊与铅印报刊的文本特质区分开来。

一　充当铅印日报的补充成分

作为一种特殊的媒介，近代石印报刊的文本在两个向度上充当了铅印日报文本的补充成分。首先，它们可以是铅印日报的副刊；其次，不少石印报刊也具备了独立性，成为铅印日报的竞争者。姚福申、管志华在《中国报纸副刊学》中给副刊的定义如下：副刊一般指报纸上刊登文艺作品或理论文章的固定版面。每天或定期出版，多数有专名。② 这一定义，把新闻性内容排除在副刊之外。《点石斋画报》《新闻报馆画报》等多份日报附属的画报都具有典型的副刊特征，它们曾作为日报的附属刊物发行。有所不同的是，它们曾经登载了大量与新闻相关的内容，时事画、新闻画即为其中之代表，这也是石印副刊的一大特色。维新变法以来，石印报刊经历了从"捆绑"到"独立"的过程。至新政期间，大量的石印报刊已经脱离了铅印日报附属品的形

---

① 吴果中：《左图右史与画中有话：中国近现代画报研究（1874—1949）》，北京大学出版社，2017，第 107 页。

② 姚福申、管志华：《中国报纸副刊学》，上海人民出版社，2007，第 17—18 页。

式，独立发行，其中还不乏石印日报。不同类型的石印报刊发挥自身的媒介特质，共同充当了报刊媒介场域中铅印日报的补充成分。

19 世纪末期，新闻报馆将画报与日报的区别归结为：非有画报无以补日报之缺略不足。① 石印报刊何以补日报之缺略？图文并茂，是近代石印报刊文本的一大特色。图画，是补日报所缺的主要媒介。以图为媒，石印报刊充当铅印日报的补充成分，不仅可以补日报所不能言，还可补日报所不便言。

（一）补铅印日报所不能言

补铅印日报所不能言，即补充铅印日报所不能表达的内容。19 世纪末的铅印日报，大都以文字为主，只是偶尔附图，受到技术条件的限制，难以做到图文并茂。1920 年，《时报》创办《图画周刊》，成为中国日报有摄影副刊的开端。② 铜版画价格太贵，而木刻画太费时，日报的发行讲究经济与速度并存的原则。石印不仅出版效率较高，还是一种较为经济的方法。加上它在复制图画中的作用，正好弥补了日报的图画之缺。日报附送的石印画报，作为副刊的形式，弥补了日报的文本不能言图或是甚少言图的缺憾。不管是《点石斋画报》还是《新闻报馆画报》，它们当中的许多时事画都以日报新闻为来源，可读性却增色许多。

针对新闻事件，画家能综合各方之言后，加入自己的想象再描绘出新闻画，弥补日报文本无图的缺憾。要画家通过绘图还原新闻现场，既要考虑艺术效果，又要兼顾新闻事实，实属不易。不能完全言说新闻事实，或者说存在夸张的成分，也构成了石印新闻画的特色之一。1894 年春，朝鲜人士金玉均在上海被刺，轰动亚洲政坛。对于这个极具社会话题度的新闻事件，《点石斋画报》和《新闻报馆画报》皆将其载入报中，分别如图 2-3 和图 2-4 所示。

图 2-3 的《为国除奸》出自名画师张志瀛之手，图 2-4 的《韩人被刺》画家则未署名。甲申事变后，金玉均被朝鲜定位"乱首"。他流窜日本，开启了长达十年的流亡之路。朝鲜方面多次对金进行暗杀、诱捕等，均失败。③ 逃

---

① 《叙》，《新闻报馆画报》1893 年农历十一月合集，第 1 页。

② 方汉奇主编《中国新闻事业通史》（第 2 卷），中国人民大学出版社，1996，第 172 页。

③ 关于金玉均被刺事件的更为详细的介绍，参见戴东阳《中国驻日使团与金玉均——兼论金玉均被刺与甲午战争爆发之关系》，《近代史研究》2009 年第 4 期，第 93—111 页。

亡十余年后，颇具传奇色彩的金玉均终在上海一旅店被朝鲜所派的刺客洪钟宇刺死，此事意义非同小可。

图 2-3　《为国除奸》

资料来源：《为国除奸》，《点石斋画报大全》1910 年版礼十，第 74 页。

图 2-4　《韩人被刺》

资料来源：《韩人被刺》，《新闻报馆画报》1894 年农历四月合集，第 13 页。

相对于铅印日报的文字报道，石印画报图文并茂的表现形式让事件"活"了起来。但细细比对会看到，针对同一新闻的绘图，《点石斋画报》和《新闻报馆画报》大相径庭，两幅图中的事件发生的场景、人物装扮等方面都存在较大差异。其一，两幅图的事件场景截然不同。图 2-3 中，事件似发生在一个两面环窗、整洁有序的旅店中。金玉均正在躺椅上休息，突见刺客洪钟宇，从躺椅上惊坐而起。图 2-4 的房间看似较为局促，布置也与图 2-3 完全不同。刺客到来时，金玉均似正站在床边，床上的被子整齐叠放着。墙上的时钟停留在约 1 点 27 分，画家可能是想通过钟表暗示读者事件发生的时间。其二，两幅图的人物装扮迥异。图 2-3 画师笔下的洪钟宇戴着帽子、身材魁梧，而金玉均正在休息，衣着略有不整，并未戴帽子。两人看似身高相当；图 2-4 中，两人都戴着帽子，衣着整洁，但刺客的身材比金玉均矮了一截。其三，两幅图中刺客所持武器不同。同城的报纸均报道金玉均被枪射死，连中三枪而亡。然而，两图中刺客所拿的武器完全不同。有意思的是，两位画家都尽力去强调中枪场景，特地在枪口处画了一团烟雾。据其他媒体报道，金玉均确系凌晨被暗杀，但案发时房内只有金、洪二人，具体的杀人时间和细节，无其他人知晓。两幅图都有不太合乎情理的地方，到底孰真孰假，难以辨别，或许都有真真假假掺入其中。但两图对同一事件的描绘有诸多不一致之处，两图都为真几乎不可能。金玉均被杀是铁板钉钉的事实，这里的假主要存在于新闻事件的细节中。

此条新闻中，两幅图的文字描述方面也差异颇大。

《为国除奸》的配文为：

> 高丽叛臣金玉均者，当光绪十年大院君之变甫定，金乘机煽惑，阴谋不轨。当是时，社稷几濒于危，幸我中国兴师戡乱，为之诛锄逆党，高始复安。金见事机已败，偕其党易服潜遁，改其名曰岩田三和。始至日本，旋窜泰西各国，行踪飘忽，迄无定在。高王阴使人求之卒不可得，如是者已十有一年矣。有洪钟宇者，以金系大逆不道之人不宜久留，以贻国家隐患，奉高王命，愿为剪除。因至日本往从之，佯与之友，踪迹渐密，冀图一逞。而金防之綦严，相随久之无隙可蹈。二月下，浣见金乘船至沪，旅居于日人吉岛德三所设东和客邸，亦托辞从之。适值金北

窗假寐，睡兴方浓，遂乘间发枪三响，立制金之死命。当时由上海县临场相验，恐有别情，电询高国，旋得回电，始知洪钟宇此举实大有造于高丽。业已派员来迎，会当论功行赏矣。然则如洪者，乌得以专诸聂政目之哉？

《韩人被刺》配文则为：

虹口东和客栈日人所开，里韩人金玉均寓内。三月二十二日夜，同国人洪钟宇直入金房中，笑举手枪，连发三响，金头面胸腹三处受伤而死，凶手为巡捕拘获。黄大令验尸时据供金大逆不道，洪受朝命为国除奸云。

两个文本的写作风格不一。《点石斋画报》的文字涉及了事情的前因后果，有 300 余字。《新闻报馆画报》则仅描述了暗杀事件，全文不足 100 字。画报常将妇孺视为自己的拟想读者，若两方的读者均是第一次了解到此事，那《点石斋画报》的文本就会优于对手许多。《点石斋画报》对事件的背景、经过都有更为详尽的解释。不过，两份画报对于该事件的情感倾向却是一致的：惩奸除恶。金玉均事件并未就此画上句号，其被运回朝鲜枭首示众。《申报》和《新闻报》两报对此事的关注度远远大于画报，内容更为详细，言论、新闻皆有。①

对于同一条新闻，两家石印画报尽管在图画上差异颇大，但在文本部分的描述却是基本一致的，这也体现出画报中新闻画的特色：新闻为真，画未必真。新闻事件发生时，画家不在现场，亦无现场摄影图片可参照，也只能就周围获取的信息去"拼凑"新闻现场。加上晚清画报大都采用图、文分离的编排手段，画家负责绘图，撰写文字的则另有其人，这可能会在一定程度上增加图、文之间的分隔。这样的分隔，和如今所说的新闻失实有一定的类似成分，但不能完全等同。同类的失实，在新闻画中并不少见。它们大多出于非主观因素，与倡导封建迷信的绘图有本质区别。绘图中的差异，或许不

---

① 参见《追述金玉均纠党谋叛事并附抒鄙见于后》，《申报》1894 年 4 月 1 日，第 1 版；《叛臣已获》，《申报》1894 年 4 月 5 日，第 1—2 版；《书本报记金玉均戮尸余闻后》，《申报》1894 年 5 月 16 日，第 1 版等报道。

能完全归属于画家的主观臆想。画家难以及时抵达新闻现场，也是受到客观条件限制的结果。画报"不必真"，被这一时期的画报出版者所认可或默许。巧合的是，前文提及的美查之言画报"不必据以为实录"，正是他针对金玉均叛变事件的有感而发。

19 世纪末上海著名的画报，包括《点石斋画报》、《字林沪报》画报、《新闻报馆画报》等，它们有一个共同点：前有母报作为启蒙的排头兵，冲锋陷阵。如此，画报作为后方补给，只需要好好耕耘自身的一亩三分地便足矣。因而，它们在内容、人员、经营等方面的处理上都更为灵活。在光怪陆离的十里洋场办报，远离帝都，上海石印画报的启蒙更为低调，更强调一种循序渐进式的启蒙路径。它们尽量回避政治锋芒，从社会中下层中寻找启蒙之机。商业日报已经对社会政治有较高的参与度，画报的另辟蹊径，弥补了日报中图片缺失的遗憾。

（二）补铅印日报所不便言

补铅印日报所不便言，即充分发挥石印所长，在铅印日报的内容缝隙中寻找舆论空间。20 世纪初期，京津地区的白话报刊利用石印出版的优势，补铅印日报所不便言，对铅印日报形成了有力威胁。1909 年春，《大公报》的出版阵地天津发生了一起震动晚清司法界的新闻。候选知县姜廷珍之妻姜李氏身亡，姜廷珍被控与妾一同虐妻，后将姜李氏勒死。审讯时，姜廷珍承认殴打姜李氏，否认杀妻，坚称其妻为自缢身亡。对此，民间舆论沸腾，多认为该案就是一件恶劣的杀妻案，要求严惩凶手。《大公报》对此有所报道，但报道的力度和"态度"都不能让民众满意。天津当地的《醒华画报》利用石印优势，刊载了一幅图文并茂的讽刺画。针对民间的怨愤，画中的讽刺对象却不是当事人，而是《大公报》。

《醒华画报》的讽刺画谓《大公报》因收了姜廷珍 1500 元所以"闭嘴"，直指其被收买。正是因为石印画报的传播度，《大公报》立马刊登言论向《醒华画报》和公众辩解，严词否认受贿，它提出了两点自辩理由：第一，比姜李氏一案更重要的国家政事众多，此前已经在报上登过此案，不用再全力注之；第二，姜李氏案件尚未定案，若命题为杀妻案于法不合。[①] 从这件事后续

---

① 《可怜哉社会一般之心理》，《大公报》（天津版）1909 年 3 月 19 日，第 2 版。

的发展来看，经过多次刑讯，姜李氏的死最终被定为自缢，姜廷珍未被定罪。《大公报》的上述两点辩解也不无道理。是时正值清朝的法律改革，新法主张废除刑讯。《大公报》还在其他文章中表达过对该事件的看法，认为此案决不可再用刑讯。① 案件正式宣判之前，不得将犯罪嫌疑人指称为罪犯，媒体审判不得凌驾于司法审判之上，而维护司法的独立性，正是现代媒体遵循的一项伦理准则。从这点看，《大公报》的主张具有一定的超前性。

从中我们也可以看到，石印报刊利用石印出版的优势，在场域中具有较强的能动性。它们图文并茂的文本可以更为有效地刺激普通民众的神经，也有能力去引导社会舆论的走向。在一定情况下，很可能对文字铅印日报造成威胁。

通过石印术的优势，发挥文本所长，石印报刊成为铅印日报的补充性场域，补铅印日报所不能言、不便言。石印报刊在报刊场域中找到了适合自身的文本内容主题和表现形式。

二 前期偏重于日常生活

就文本内容来看，石印报刊前期更偏向于软新闻，后期则转向硬新闻。硬新闻是关系到国计民生以及人们切身利益的新闻，它对时间有极严格的要求，报道必须迅速。软新闻指富有人情味、纯知识、纯趣味的新闻，它和人们的切身利益并无直接关系，与人们的日常生活之间的联系更为密切。②

清末新政前期，石印报刊场域偏向于日常生活，多刊载软新闻，传播知识性信息。此时石印报刊文本中的娱乐性也不能被忽视，某些娱乐性信息或许掺杂了行动者刻意为之的因素。

（一）传播知识性信息

维新时期石印丛报的启蒙以"报"的形式进行，落脚点却为"刊"。它们"重"新知，"轻"新闻，重视译报的元素，侧面加速了晚清"报"与"刊"之间的分化。

石印丛报会通中西，富强与文明成为此时石印文本中的内容主旋律。报

---

① 陈典方：《决不可再用刑讯》，《大公报》（天津版）1909 年 3 月 30 日，第 1 版。
② 程曼丽、乔云霞主编《新闻传播学辞典》，新华出版社，2012，第 36 页。

刊文本中，时常凝聚着行动者的政治诉求和家国情怀。进入救亡图存的社会语境中，石印报刊的文本生产从道德劝诫与器物的新知转向制度层面的西学新知，并融入"中体西用"的观念。

这一时期，石印丛报发布了一大批知识性信息，以掩饰自身的政治锋芒。《时务报》刊载了不少政治信息，整体偏重于"先知"的层面，落实到"后行"则尚待时日。《农学报》《蒙学报》《算学报》等均传播专业性较强的分科知识。石印丛报中常出现的译书、译报等新知，也染上了新闻色彩。对于普通民众来说，译书、译报更具有知识性，但仍与我们现今所言的"新闻"有别。即使将这些知识性信息归入新闻的范畴，它们也更趋向于软新闻。

石印丛报中的新知与新闻之间界限模糊，使得译书、译报也具有了一些软新闻的色彩。换句话说，丛报之"报"可以没有我们如今所谓的新闻，但不可无新知。译书、译报，则为新知的主要来源，石印画报偏重的图画元素一开始就被《时务报》在内的诸多办报者隔绝在外。丛报的内容主体是论说和译文。过于注重译介新知、广布新学，使得维新时期的丛报普遍忽视了新闻。《时务报》几乎全为文字，很少有图片，其论说也偏长文。报人们虽着力避免八股文风，并开创了时务文体，但对于智识水平较低的普通读者而言，要读懂《时务报》的长篇论说，难度还是不小。不过值得肯定的是，《时务报》上所传递的西学新知，是与中国近代社会状况和人们的需求高度联系的。

新知也常以新闻的面貌出现。《时务报》风行，士人裘廷梁向汪康年建议，报馆的启蒙步伐应该加快。"今宜增设浅报，择要译录，精为之图，以诱观者。"[1]《农学报》就采用了图文结合的形式，刊载了大量译书、译报，并在关键处附有考究的图画。报上消息多译自外书外报，还特别聘请日人翻译日本农书。《农学报》上几乎每期都有全国各地的务农消息，其中的一些农事活动也具有软新闻色彩。1897年4月下旬出版的《农学报》上曾刊登过江西九江采新茶的消息："今年九江城厢内外茶栈仅十七家，本月初三四日，由宁州运到头帮毛茶者，计十一家，已一律开拣。其他各栈，近日逐渐运到。现在茶价与去年相等，前疑经雨色味必逊者，今知色味较去年略胜。诸业茶者，

---

① 上海图书馆编《汪康年师友书札》（3），上海书店出版社，2017，第 2405 页。

皆欣然色喜云。"① 这则消息有明确的时间地点，对于半月出版一次的《农学报》来说，发生在"本月初三四"的消息已经具备了很强的时效性。联想到中国历来有喜饮"明前茶"的惯例，1897 年的清明节正好在农历三月初。这则有具体时间的消息很可能迟滞了一个月。它具有新闻性，但是时效性委实不佳。然而，这样的新闻亦可为时人提供一定的知识性信息。

晚清石印丛报的文本内容重视知识，强调在变幻莫测的局势中西学新知才是石印丛报首要传播的内容，新闻则并非丛报的必需品。报刊新知成为科举试题的直接来源，报刊是"知识仓库"和利禄之路的结合。湖南士子陈为镒曾奉命代销《时务报》，正是《时务报》上的相关知识，使他找到了可以在科举"命题作文"中畅所欲言的依据。②

石印丛报广泛传播学科化知识，对新闻的时间要求却不太在意。若用如今的标准去评判"新闻"，我们较难在丛报中找到符合标准定义的新闻。换个角度，新知和新闻在清末石印丛报中高度重叠。对于闭塞的晚清国民来说，新知就是新闻。近代报刊的知识性功用在维新时期的石印报刊中得到了充分诠释。

（二）刻意表现的娱乐性

晚清阶段石印画报的娱乐性一直被研究者所强调，对此，我们应谨慎对待，表面上的娱乐性或许带有行动者刻意为之的色彩。行动者借助石印的技术特点，有意识地在硬新闻中掺杂一些软性因素，利用画报的娱乐性色彩，将硬新闻带入软新闻的路径。石印画报在处理灾难新闻时常表现出上述倾向。按理说，灾难新闻时效性强，与国计民生关系重大，应属硬新闻。而石印画报在处理该类新闻时，常有意模糊硬新闻的特质，反倒为其增加软新闻的指征。此举展现出行动者对画报的较为普遍的态度，同时也是顺应画报读者群需求的反映。

1893 年，宁波一戏场发生火灾，死伤上百人，异常惨烈，震惊全国。上海各大报纸都有登载此次火灾。新闻报馆也不例外，其所属的画报和日报亦

---

① 《茶事续述》，《农学报》第 2 期，1897 年，第 3 页。
② 潘光哲：《晚清士人的西学阅读史（一八三三——一八九八）》，台北"中央研究院"近代史研究所，2014，第 261 页。

有不同的表现方式。《新闻报馆画报》登载了一则时事画《甬东戏场火劫》，记录这场火灾。画报刊载了一幅民众在火灾现场逃难的图片，并配文字："宁波江北岸有余使君庙。十月朔日，该处居民演戏酬神……前来观剧，拥挤异常。正当锣鼓喧天，忽神前所点火烛延及帐幔，顷刻火光熊熊，冒穿屋顶，势盛燎原。戏台上下及两旁看楼诸人争相逃命，无如人多地窄……有葬身火穴者，有践踏致毙者，事后查检遗骸，多至二三百具。"[1] 该配文仅 100 余字，时间、地点、事件等新闻要素齐全，文字浅显，对于火灾造成的后果则是一笔带过。

该新闻的配图线条清晰，景别有致，人物细节处理到位，千人千面，从中不难看出画家的高超技艺。从画作本身来说，画面中的大火与人物相分离，画家有意回避了火灾的惨烈情景。画面后方大火熊熊燃烧，前方的人物在逃窜。逃难的人物以男性为多，甚少见到老人和妇孺。此事造成了上百人死伤，但从画面中，我们很难看出火灾现场的惨烈之状，也难以从画中找到被踩踏之人。画面最左边的栏杆好似已经隔开了人与火，反而显得大家正在井然有序地撤离。

《新闻报》对此次火灾事件的重视程度远远超过画报。一周内，《新闻报》至少刊登了三则与本次火灾相关的新闻，紧密追踪事件动态。1893 年 12 月 10 日，《新闻报》发布了宁波火灾的消息："昨晨江天轮船自甬抵沪，据船上人述及，宁波江北岸地方某庙内因初一日酬神演戏不知如何失火，一时黑雾冲霄，赤烟卷地，熊熊之威燎原不可向迩。场上唱戏看戏诸人均各纷纷逃避，无如人多地窄以致拥挤不开，烧毙人口无算，亦一浩劫云云，果尔则昔时广东金利墟之灾不又见之于甬地哉！至于详细情形，当俟访明续登。"[2] 这则关于宁波火灾的消息是当天上海报坛的独家新闻，是日的《申报》无此消息。次日出版的《新闻报》上又详细描述了火灾的惨状："妇孺老稚之往观者约数千计，正在兴高采烈，庙中大殿忽然火起……啼哭声喧，人如潮涌，恐后争先，路遂梗塞，强有力者于人堆中践踏而过，虽失帽遗履尚幸得出，若妇女小孩老弱不得出者不知凡几……一妇双脚朝天头不知在何处……一妇手

<hr>

[1] 《甬东戏场火劫》，《新闻报馆画报》1896 年癸巳十一月合集，第 25 页。

[2] 《戏场大火》，《新闻报》1893 年 12 月 10 日，第 3 版。

抱一孩至死不放……最惨者有一家祖孙父子婆媳共七人同遭焚毙，一家妇女孩提共五口靡有孑遗……"① 之后，《新闻报》又刊出后续消息，此次火灾惨案造成的死伤在 300 人以上，报纸进一步追踪报道事故发生的原因，"住庙之道婆恐抢物阻闭后门致酿此劫"。《新闻报》表示愤怒至极："被焚时庙婆如此忍心，尚望有以惩之以慰九泉。"②

画报内容上的差异化生产仍是为了服务于"劝惩"的主题。画报的文本内容流露出一种"报喜不报忧"之感，恰也符合办报者所认为的画报应具有"赏玩"功能。画报有意识地报喜不报忧。即便不能向报"喜"靠拢，画报也尽力去避"忧"。对同一则火灾新闻，画报偏向于轻描淡写，而《新闻报》则追问到底，字里行间表达出对遇难者的同情和对事故责任者的愤怒。石印画报与日报负载不同的功能。画报无须重复日报的姿态，只需守好报馆"后方"，另辟蹊径，低调作文，用更通俗易懂的表现方式去吸引读者，"从容"地对读者进行思想启蒙即可。

前文提到的《述报》所引用的《点石斋画报》中《英国地震》的配文，便也是一强有力的证据。该新闻画的配文如下：

> 英国东边地方于三月廿七日早九点半钟地震，其伊波苏依出与戈吉思德两处，为尤甚焉。始则钟铎铮然作响，俄而门户震撼，器皿徙移。戈吉思德有大礼拜堂一所，有塔高十五丈突然倾塌，礼拜堂碎成齑粉。居民亦覆压不少，一时奔避，仓皇号哭遍野。然犹幸在日间，受伤之人虽不计其数，而震死者则仅一小孩一妇人而已。设在黑夜，其祸当更有烈者，然亦非常之灾已。③

该文本作者在末尾写道，"然犹幸在日间，受伤之人虽不计其数，而震死者则仅一小孩一妇人而已"，刻意强调祸虽大但犹存幸运的一面。特别是其中的"死者则仅一小孩一妇人而已"，可以表明作者庆幸的态度。当我们对比《申报》中对此事的报道文本，可以发现截然不同的态度。《申报》当日将此

---

① 《详述剧场浩劫》，《新闻报》1893 年 12 月 11 日，第 3 版。
② 《劫火余闻》，《新闻报》1893 年 12 月 13 日，第 2 版。
③ 《英国地震》，《点石斋画报大全》1910 年版甲四，第 26—27 页。

条新闻刊登在头版，仅次于论说之后，足见报馆对该新闻的重视程度：

> ……妇孺啼哭仓皇逃至街上……一孩被震而死，一妇人头被压扁，受伤者甚重。大礼拜堂亦碎成齑粉，现在该处尽成瓦砾场，直与遭开花炮攻炸无异，所坏财物其数尚不能计算。[1]

两相比较，对同一事件的态度差异一目了然。两个文本有部分描述完全相同。日报出版在前，画报出版在后，画报的文字作者在写作时应是参考了日报的报道，并在此基础上进行了修改。画报在言语间仍感到庆幸，地震破坏严重，在描写地震后果时特意强调"死者则仅一小孩一妇人而已"，传递出该作者认为事故并不足为惧之意。日报的态度则大相径庭，对孩子和妇人的死状描述则详细不少，"一孩被震而死，一妇人头被压扁，受伤者甚重"，字里行间，丝毫不见作者的庆幸之意。画报和日报各有自己的读者群，实现了内容的差异化生产，这同时也反映出它们各自不同的媒介特性。刻意表现的娱乐性背后，是画报出版者所担当的启蒙重任。

三　后期转向政治领域

内容生产曾偏向日常生活，表现出较强的娱乐性，这在19世纪八九十年代的石印报刊中有较为显著的体现。但纵观近代石印报刊的文本，娱乐性只在其间停留过较为短暂的时间，场域中的娱乐色彩持续走低。至抗战时期，即使是在画报中，石印报刊的娱乐性也非常低，表现出日益消退的态势。民国成立前夕，石印报刊的文本大规模偏向硬新闻。抗战以来，整个场域中普遍以宣传抗日救亡主题的新闻为主，转而言说政治领域。

晚清的石印报刊画新闻、画故事、画人物，不仅有新闻画，还有讽刺画、漫画等形式，其内容生产场域与日报形成了鲜明的对比。娱乐色彩曾让石印画报在报刊场域中颇具影响力，也让它们饱受诟病，晚清同期的大型铅印日报对石印报刊的评价很值得玩味。上海的部分商业报馆自行出版石印画报或者附张，对石印报刊也多持较为肯定的态度。清末阶段的《大公报》为铅印

---

[1] 《英国地震》，《申报》1884年6月1日，第1版。

文字日报，暂未见其发行过石印附张。北京和天津是《大公报》的主要发行区域，亦是新政期间北方石印画报的阵地，《大公报》又会如何看待这些石印报刊呢？纵然《大公报》曾对其表示赞赏，但它对石印画报的态度并非始终如一。

　　同在报刊媒介场域的铅印日报就明显察觉到双方在内容生产上的差异性，并有所反馈。或许是同行相争，又或许是文人相轻，也或许出于其他原因，总之，清末的《大公报》对同城的石印画报流露出较为鄙夷的态度，认为它们虽标榜爱国、利民，却只谈风月且只会谈风月。1909 年前后，不仅天津本地的石印画报业取得了突破性的进展，而且由于地理位置的关系，北京的石印画报也常行销至天津，石印画报一度有超过铅印日报之势。据《大公报》在 1909 年初刊登的《论画报》一文所言，画报的销行"最广"。不过，该文对石印画报的内容却十分藐视，甚至将之视为"蛇蝎"，称其"千部一腔""千人一面"，无一篇不载娼窑公案。画报只谈风月，内中"非南朝金粉，则北地胭脂；非醋海生波，则金屋贮美"。《大公报》还劝诫石印画报担起立言的责任。"虽谈风月，而不妨加以箴言；虽涉狎邪，而正好用以规讽。数典者诇可忘祖，立言者要不离宗。"① 在天津报业巨头《大公报》眼中，石印画报还是难以成为正统的出版物。《大公报》认为，辛亥革命前夕天津报馆迭出，却反而使天津报界进入"黑暗时代"。报纸提出了报馆黑暗时代的四个指征：纪娼妓，画美人，登细报，载灯谜。上述四点，每一个批判的靶子都指向了石印画报。

　　《大公报》将"纪娼妓"置于首位，直接批评了画报的娱乐色彩。在"正统"日报的报人眼中，娼妓之流是与报界绝缘的，"娼妓在我国社会中为最下等之人，以其倚门卖笑、毫无廉耻，引诱人之子弟，破坏人之财产而最有害于社会者"。报纸历来都绝口不谈娼妓，而今之报纸则不然，争相报道娼妓的各种日常生活行踪。《大公报》认为，这是一些报纸为提高销量的不择手段之举，实在是"不堪入耳"。②

---

① 《论画报》，《大公报》（天津版）1909 年 2 月 16 日，第 2 版。

② 部分画报的名称不明，因此未全部收入本书附录中。除了几份已知为石印的画报外，其他同为石印的可能性较大。同样可参照，1906—1911 年北京出版的画报都为石印。《天津报界之黑暗时代》，《大公报》（天津版）1909 年 7 月 17 日，第 4 版；《天津报界之黑暗时代（续）》，《大公报》（天津版）1909 年 7 月 18 日，第 6 版。

对于石印报刊场域中的娱乐性新闻，我们不妨持辩证的态度观之。娼妓在近代社会并没有被严禁，晚清的石印报刊场域并不讳言娼妓。画报中常有娼妓的各种新闻入画，报人、社会名流与娼妓之间的交往故事也可进入内容生产空间。画家刘炳堂就曾经把自己与彭翼仲同去参加某妓女的婚宴之事绘入画报中，还对此事大加赞扬。

诚然，石印报刊不乏《大公报》所斥的猎奇心态，为销量而博人眼球，但对此持完全的批判态度亦不可取。正是画报场域对软新闻的大量再现，促使了民智的开启和民众的觉醒。清末的一些石印报刊行动者把娼妓阅报当作民众开通的一项指征，也将其视为民众思想革命的一种标志。自维新时期开始，场域中的软新闻色彩就持续走低。一种把报纸当作书籍形态来接受的文化，不大可能到新闻中去寻求娱乐。[①] 纵然大量的报刊谈论纯粹的"知识"，但这些知识还是会与救亡图存的社会形势相联系，借着"新闻"的外衣传递给受众。宣统年间的石印报刊又有了较强的革命性，内含大量关涉政事和国计民生的硬新闻，表现出的娱乐性与甲午战争前的石印报刊场域亦有较大区别。抗战时期，石印报刊的内容大多较为相似，通过国际新闻、国内新闻与副刊，转向政治领域，宣传抗日，共同传递抵抗日本侵略的决心。

民国中后期，娱乐性已经与石印报刊场域渐行渐远。娱乐性日趋消退的另一面，是石印报刊文本中新闻性的持续上扬。抗战时期，整个场域的内容生产都偏向于硬新闻，转向政治领域，为抗日救亡进行舆论动员。即使在石印画报中，也是以抗战动员为办报主旨，娱乐性色彩近乎全然隐退，与前期的内容生产场域显现出截然不同的面貌。

---

① 马歇尔·麦克卢汉：《理解媒介：论人的延伸》，何道宽译，译林出版社，2019，第256页。

第三章　中国近代石印报刊生产场域的行动者

　　本章聚焦于我国近代石印报刊生产场域中的行动者，意在勾勒行动者在媒介场域中的位置关系，探究行动者的特征。行动者是资本的承载者，有了行动者，才有了行动，有了历史，有了各种结构的存续或转换。场域中出现了哪些行动者，他们各自具有怎样的特征？行动者与行动者之间、行动者与场域之间的互动是如何进行的？与其他类型的报刊相比，石印报刊的发行与接受又表现出何种独特性？

　　本章对行动者的讨论，就出版活动和发行活动分而论之。第一部分，先论述石印报刊生产场域的行动者概况，再探究各类行动者群体在石印报刊场域中的出版行动，并分析他们的行动特征。第二部分，通过行动者的发行活动，观测场域中的接受情况。对发行活动的探究，有助于对近代石印报刊生产场域进行更为全面的检视。

第一节　中国近代石印报刊生产场域的行动者概况及特征

　　我国近代石印报刊生产场域中的行动者群体复杂多变，资本与场域的交汇中延伸出多股力量。商人、维新派、其他中国文人、清政府、国民党、中国共产党，六类群体携带不同的资本入场，在场域中争夺生存空间，寻求各自的代表利益，也构筑出行动者中的经济力量、文化力量、政治力量。行动者体现出的力量在不同的社会时间段有所区别，各类行动者的行动相对分散。

　　本书在论述行动者的概况时，将先对场域中不同类型的行动者做出界定与说明。正因为行动者是资本的承载者，本节在划分石印报刊场域中行动者的类别时，主要考虑行动者与资本的关系。在近代石印报刊的生产场域中，行动者与场域理论中的三种主要资本相结合，演化出了不同的行动者类型。

一类行动者可能同时聚合了经济资本、文化资本和社会资本，但总会有某种资本在当中表现得最为突出。

一　中国近代石印报刊生产场域的行动者概况

根据传播的主体进行区分，我国近代石印报刊场域中具有代表性的行动者主要有六类群体。下文将依照各类行动者进入媒介场域的先后顺序进行论述。

（一）商人

经济资本是商人群体聚集的基础。商人群体的办报主体较为明晰，包括书局、报馆、商人团体等，他们掌握报刊的所有权，将报刊发行与广告作为主要收入来源。获取利润是商人的主要目的，他们所办的代表性刊物有《点石斋画报》《新闻报馆画报》《小说画报》等。

商人同时拥有一定的文化资本和社会资本。商业报馆所办的石印报刊，由商人出资，多雇用文人办报，利用一定的社会资源进行发行，同时涵盖了经济资本、文化资本和社会资本的运作。商人群体中，外商的表现较为突出，《点石斋画报》《新闻报馆画报》的经营中都有外商的身影。中国商人也是核心的参与者，民国时期进入场域的商业书局、报馆等普遍由中国人控制。

代表商人利益的社会团体也归属此列。上海书业公所是一个较典型的商业性质的社会团体，集结的是"凡上海一埠关于图书业之商家"，[①] 代表着上海出版商人群体的利益。石印出版的《国民快览》是上海书业公所的机关刊物，它具有鲜明的商人报刊特征。

掌握经济资本的商人群体是行动者中的经济力量。

（二）维新派

本书所指的维新派是晚清出现的以康有为、梁启超等人为首的政治派别。他们活跃于 19 世纪 90 年代，主张结社集群、变法图强。各类资本在维新派中则表现得较为复杂，文化资本和社会资本在维新派的办报过程中有突出作用。维新派的成员多脱胎于中国传统的文人阶层，但本书划分行动者类别时将维新派与其他中国文人群体进行分别论述。作此区分是因为维新派所办的

---

① 许静波：《石头记：上海近代石印书业研究（1843—1956）》，苏州大学出版社，2014，第188页。

石印报刊在整个石印报刊历史上具有重要的意义，他们的办报行动也与其他中国文人群体有所区别。

与商人群体相比，维新派的经济实力处于下风。他们在筹集办报资金上一般有两种模式，一种是依靠学会同人捐款，《时务报》《农学报》等为此种集款模式；另一种是不接受外部援助，由实际参与办报的同人自主筹集资金，《算学报》《集成报》等采用此法。维新派所办的报刊中，甚少出现广告。发行收入，即订阅或零售报刊所得成为其主要的收入来源。

在文化资本与社会资本两端，文化资本是维新派聚集的基础，社会资本也在他们的具体办报活动中占据一席之地。维新派最初多因地缘关系而聚集，由是延伸出学缘关系，并逐渐累积文化资本。基于相似的教育背景，加上地缘情结，文人们结成一定的交际网络，开始生成一定的社会资本。康有为、梁启超之间的交往过程就较为符合上述逻辑。甲午变局中，有着相似价值观的文人们打破省界的限制，寻求更大的社会活动空间，粤地的康、梁师徒二人"北上"与浙籍人士汪康年共同筹办《时务报》。办学堂、办报刊、办学会三位一体，有一会即有一报。文人们结社集会，一批石印"会报"由此而生。1896年至1898年，全国各地就兴起了30多个学会。时务学会、农学会、蒙学会位列其中，分别以石印的《时务报》《农学报》《蒙学报》作为"会报"。中国政治史的研究者认为，这些"学会"与"政党"之间仍有一定的距离。学会均有一定的组织，但都很涣散，它们的成员也只是由于一时的政见相同而结合。它们不是组织严密的政治团体，还没有达到堪称政党的标准。① 从维新派的人员组织、资金来源、办报内容、办报目的等方面看，他们都承载了一定的文化资本和社会资本，而后者在维新时期有更为突出的表现。《时务报》还吸引了清朝官员黄遵宪的参与，外加张之洞的财力支持。官方发文"官销"报纸，要求各地机关牵头订阅，后期更是将《时务报》改为官报。维新派结社集会，利用社交网络相互扶持，创办了多份石印报刊，希望以报刊推动社会改良，并谋求一定的政治地位。以上也构成了维新派的办报活动与其他中国文人的区别所在。

故此，本书将维新派视为行动者中的政治力量。

---

① 朱建华、宋春主编《中国政党史》，黑龙江人民出版社，1991，第14—15页。

（三）其他中国文人

还有一些中国文人群体也特别值得重视，纵然他们所办的报刊的综合影响力不及维新派。一般来说，其他中国文人行动者接受了一定的教育，具有相当的知识水平，掌握了报刊的所有权，不为商人所雇用，也不具有明晰的政治身份，具有较强的独立性。部分文人也表露出较强的政治企图，但他们并非职业政客。

我国近代报业有悠久的文人论政的传统。其他中国文人与维新派一样，与近代石印报刊有深切的纠葛，是一股重要的办报力量。他们掌握的更多的是文化资本，该群体又可分为两种类型。一部分文人对政治场域有所追求，但不如维新派那般强烈，也缺乏根基深厚的社交网络。他们是饱读四书五经的传统文人，怀有家国理想，谋求在国家危难当头贡献匹夫之力。在办报时，他们是政治场域的"编外人员"。庚子事变后的部分报刊便出自这群文人行动者之手，民国时期的一些学生、学者等群体也属于此列。他们中有人也可能与官场有着某种联系，甚至谋得过官职。他们试图通过办报来表达某些与官方相异的政见，此种行动同样表现出"在野"的特征。清末和民国时期皆出现过少数的此类办报者。另一部分文人创办石印报刊则纯粹是为了满足自己的某种爱好。20世纪20年代初，江苏泰县就曾涌现过多份石印文艺性期刊。它们由当地文人创办，专供文人相互切磋文学技艺。

其他中国文人群体是行动者中的文化力量。

（四）清政府

20世纪初，清政府进入场域，此处的清政府既指晚清帝制权力中央，也涵盖了其管辖之下的地方权力体系。清政府体系中的代表性石印报刊有《江西官报》《济南汇报》等。辛亥革命后，帝制中国覆灭，清政府在场域中的办报活动就此搁浅。

清政府是首先进入石印报刊场域的官方行动者，也是行动者中的政治力量。

（五）国民党

本书所指的国民党石印办报活动涵盖了晚清和民国两个阶段。清朝末年，革命党成长为一股与清政府抗衡的力量，最终推翻千年帝制，这也是国民党作为一股独立的政治力量介入场域的初始阶段。经历了民国初年的纷争，1927 年，"宁汉合流"，国民党成为执政党，一党专政的南京国民政府成立，后其牵头主办了一批石印报刊。

国民党是行动者中的政治力量。

（六） 中国共产党

民国时期，中国共产党虽未获得执政党地位，但一直活跃在场域中，影响力日益扩大。抗战以来，中国共产党在全国的地位日益突出，力量逐渐增强，成为可与国民党相抗衡的政党力量。毛泽东指出，中国的抗日战争，一开始就分为两个战场：国民党战场和解放区战场。到 1943 年，侵华日军的 64% 和伪军的 95%，为解放区军民所抗击。① 解放区包括近亿人口，中国共产党在这些地区已经履行了"官方"的职责，握有政治主动权。

从数量上看，中国共产党是创办石印报刊数量最多的一个群体，是行动者中的核心政治力量。

六类群体构成了场域内部行动者中的经济力量、政治力量和文化力量。从六类群体各自所聚合的资本来看，商人群体最先入场，是行动者中的经济力量；维新派、清政府、国民党和中国共产党陆续进入场域，组成行动者中的政治力量；其他中国文人群体则更多的是纠集同人办报，成为场域中的文化力量。石印报刊行动者在媒介场域中的位置处于不断变化中。

场域是斗争的空间，主要是中国人在争夺石印报刊场域。行动者中，以国人自身的力量为主流。场域中虽不乏外国力量介入，但他们在逾百年的石印报刊历史长河中却非主要力量。我国近代报刊兴起的初期，外商和传教士在中国创办报刊，还曾一度操纵中国新闻业。依托西式石印术的石印报刊也受到外国资本的影响，但从本书所获取的史料来看，这个场域并非外国行动者的必争之地。他们在石印报刊场域中的活动也较少，显现出该场域与铅印报刊场域的异质性。除了少数外国商人于 19 世纪末进入该场域，暂无确切的史料证明传教士曾在中国创办过石印报刊。抗战时期，日本方面曾在我国建立了伪满政权。在伪满洲国所属区域内，亦暂未发现由日本人主办的石印报刊。

---

① 《毛泽东选集》第 3 卷，人民出版社，1991，第 1042 页。

就报刊的所有权而言，少数报刊的所有者不明，无法将其以行动者归类，另有少部分报刊的行动者不能被明确划入以上六大群体。例如，清末新政期间北京的部分石印报刊的性质归属就并不清晰。此外，还涉及极少量的国共合作或是半官半商的报刊。针对上述情况，本书在附录的统计表中将以上报刊的行动者归为"其他"类别。然而，这些行动者并不完全被排斥在石印报刊场域中的三大办报力量之外。根据不同的办报行动，他们也可被归为场域中的经济力量、政治力量和文化力量。

在石印报刊场域中，行动者各自处于怎样的位置？各类行动者力量不均，对场域的作用力不完全一致。石印报刊数量的变化，背后是行动者的位置关系的变动（见表3-1）。

表3-1　中国近代石印报刊生产场域的行动者概况

单位：份，%

行动者	报刊数量	占比
商人	82	10.3
维新派	13	1.6
其他中国文人	134	16.9
清政府	15	1.5
国民党	243	30.6
中国共产党	253	31.9
其他	53	6.7
合计	793	100.0

本书所统计的793份报刊中，能够明确划分行动者类别的报刊有740份。六类行动者根据自身的诉求介入石印报刊的生产场域。以办报数量为衡量尺度，政治力量是场域中最大的一股办报力量，文化力量次之，经济力量再次之。政治力量所办的报刊，占据近七成。维新派办报数量少，但成为介入石印报刊场域最早和清末极具影响力的政治力量。清政府利用石印报刊来完善清末官报的生产体系，但仅在场域中存在了不到十年，所办的报刊数量也屈指可数。随着政权的覆灭，清政府在场域中的行动就此终止。国共双方在场域中的活动历时最长，报刊数近500份。中国共产党所办报刊数量最多，达

253 份，约占总数 1/3。其他中国文人群体所办的石印报刊有 134 份，他们的活动一直在场域中延伸，成为场域中的第三股"势力"。商人群体主要基于商业诉求，他们在石印报刊兴起初期便进入场域争夺空间，所办的报刊是三大力量中最少的，仅占总数的 10% 左右，不足 90 份。

下文将依托对行动者中的经济力量、政治力量、文化力量的划分，对行动者群体的具体特质进行考察。

二　中国近代石印报刊生产场域的行动者特征

携带特有的资本，商人、维新派及其他中国文人、清政府、国民党、中国共产党形成了六类群体，成为石印报刊生产场域中的主要行动者，表征着经济力量、政治力量、文化力量对场域的渗透。他们通过报刊的影响力，共同推动媒介场域中象征资本的生产。

不同的行动者是如何争夺位置的？行动者的位置关系是怎样变化的？行动者之间是如何互动的？行动者与场域之间又呈现出怎样的关系？针对以上问题，下文将对不同类型的行动者群体的具体特征进行分析。

（一）经济力量：从中心到边缘

代表经济力量的行动者在场域中经历了从中心到边缘的位置变化。出版活动离不开经济资本，媒介场域倾向于首先与那些拥有大量资本的商人群体结合。[①] 近代石印报刊场域就首先与拥有大量资本的商人群体相结合。在商人群体中，书局和商业报馆实力雄厚，是这个场域的主要行动者，其他商人是场域中的次要参与者。

商人创办石印报刊的活动主要集中于晚清时期。民国时期，商人创办的石印报刊数量大幅缩减。尽管此部分石印报刊在数量上不占优势，影响力却不容轻视。但从整体上看，他们的行动仍表现出一定的不稳定性，主要体现为：商人群体的参与虽从晚清一直延续至民国，然而，他们在场域中的积极性前后差别甚巨。民国时期，商人群体对石印报刊场域的兴致大幅度缩减。

---

① 罗德尼·本森、艾瑞克·内维尔主编《布尔迪厄与新闻场域》，张斌译，浙江大学出版社，2017，第 7 页。

1. 书局：收放自如，审时度势

晚清的大型书局往往是拥有大量资本的行动者，他们对石印报刊的发展有重大意义。它们或代印，或代售，或直接编辑出版，介入石印报刊的媒介场域。"书局"一词的意涵，在清末社会中不是一以贯之的，它经历了一个由官入民的过程。"书局"的近代概念兴起于同治初年各省创建官书局的历史背景中，早期大抵是"官书局"的代名词。19世纪80年代，照相石印术的普及改变了图书市场的权力主体关系。民营书局占据了大规模的市场份额，书局一词也被赋予了新的意涵，逐渐衍化成了民营书业机构的代名词。① 就所有制关系看，近代书局大致可分为民营书局和官书局。许多民营书局开展了石印代印业务，它们也曾代印过为数不少的官方报刊。反之，官书局经营官营业务，较少为民办石印报刊提供代印服务。为了论述的一致性，此处讨论的书局仅局限于出版商业报刊的民营书局。

（1）晚清时期的规模效应

晚清时期，书局作为"先锋"进入场域，在场域中有着较大的自由度，生产出了一批有影响力的石印报刊。进而，书局主导出版的石印画报形成了规模效应。

《点石斋画报》是中国近代史上第一份既有实物出版者又具体可考的石印报刊。《点石斋画报》究竟由谁所办？是《申报》还是点石斋书局？关于《点石斋画报》的所有权属性的问题，研究者常提及《点石斋画报》为《申报》的附属品，② 但此说法仍然值得商讨。《点石斋画报》到底为《申报》的附属品，还是点石斋书局的附属品？后一种说法相对更符合实际。1877年，美查的中国买办陈华庚正在寻找门路补充《申报》的收入。陈氏后来说服美查投资石印业，又聘请了土山湾印书馆的中国技师邱子昂，这才催生了富有传奇色彩的点石斋书局。③ 1878年，美查从外洋购置石印机器，创办点石斋书局。《申报》与点石斋书局是两个相互独立的机构，只是拥有同一个老板，

---

① 徐世博：《清末科举停罢前的上海"书局"考论》，《文史》2019年第2期，第223—224页。
② 参见王荣华主编《上海大辞典》（中），上海辞书出版社，2007，第1195页；徐小蛮、王福康编著《中华图像文化史·插图卷》（上），中国摄影出版社，2016，第234页。
③ 张仲礼主编《城市进步、企业发展和中国现代化（1840—1949）》，上海社会科学院出版社，1994，第99页。

同属美查在中国的产业的一部分。美查兄弟组织了美查洋行，他们先后创办了江苏药水厂、燧昌自来火局、美查造胰（皂）厂、申报馆、申昌书局和点石斋书局等六个企业。[1] 申报馆与点石斋书局各自具有相对的独立性。"申报馆"既可以指代《申报》一份报纸，又可指代申报馆。《点石斋画报》并非《申报》的附属品，它是属于点石斋书局的。《点石斋画报》和《申报》的结合也是美查将自身产业集群的优势资源聚合的结果。《点石斋画报》由点石斋书局直接出版，通过《申报》按旬附送。经由《申报》附送的《点石斋画报》不取分文。也就是说，《点石斋画报》本身并不给《申报》带来直接的经济收益。但附送《点石斋画报》，有助于给《申报》招揽更多的顾客，增加《申报》的发行量。

点石斋书局在《点石斋画报》的出版过程中可谓煞费苦心。《点石斋画报》出版前，几乎都会在《申报》上附上相应的广告。如前所述，除了随《申报》附送外，《点石斋画报》还有多样化的发行形式，按月、按年或者按一定的期数重新印刷成册发行。装订成册的《点石斋画报》是收费发行的，它所得的利益直接归属于点石斋书局。

在晚清兴起的画报之风中，一些书局规模不大，也未出版过报刊，或许是因为石印画报有利可图，便也入场成为行动者。1900年底，德商所办的求是斋书局出版了一份《求是斋画报》，为月刊。《求是斋画报》持续时间短，影响力微弱。这份画报目前仅见一册，"首绘沪江名妓，继绘中外新闻，后附《金陵十二钗图咏》"。[2] 与其他画报不同，《求是斋画报》在报中"赠彩"，即附送彩票，之后再根据号码发奖。为此，该画报还特意在《申报》上做了广告。[3] 此举表达了求是斋书局的商业意图，出版和发行画报应不是主要目的。用附带的彩票吸引更多的受众购买报刊，从而赚取彩票发行的利润可能才是求是斋书局的主要目的。

《图画日报》和《点石斋画报》都属于同一种类型，它们由书局掌管，从内容生产到出版环节都由书局来主导。1909年创刊的《图画日报》归属于上海环球社。上海环球社是一家书局，实力雄厚，位于上海四马路，社内设

---

① 于光远主编《经济大辞典》，上海辞书出版社，1992，第1805页。
② 柯灵主编《阿英全集》第8卷，安徽教育出版社，2003，第722页。
③ 《德商求是斋画报随报赠彩》，《申报》1901年1月7日，第4版。

著述部、绘画部、调查部、摄影部，置有石印机等设备，雇有外籍技工。①
"本报之设，为开通社会风气，增长国民智识，并无贸利之心。惟小说一门，
最易发人警醒，动人观感。故本报逐日图绘社会小说续繁华梦及侦探小说罗
师福二种，以饷阅者。"②《图画日报》内容丰富，一直发行至民国成立前夕，
它是 20 世纪开端上海最为著名的石印日报。

晚清时期，书局依靠强大的实力和对读者心态的有效把控，实现了在场
域中的规模生产。同时，书局也通过出版石印画报收获了一定的利益。

（2）民国时期的"有限生产"

民国时期，商业书局对场域的热情日趋消退。书局主办的石印报刊数量
迅速回落，进入"有限生产"时期。民国肇始，陆续还有书局踏入石印报刊
的场域。此间书局所出版的石印报刊大致分为两种类型：一种是利用旧式石
印术，用以满足某类特定群体的阅读偏好，报刊的基本类型和面貌与晚清时
期较为相似，以扫叶山房和文明书局为代表；另一种则是积极更新技术，生
产新式石印报刊，以商务印书馆为代表。

《文艺杂志》偶然登场，仅石印出版一期便无踪迹。1914 年，《文艺杂
志》出版，前 12 期均为铅印，只有 1918 年所出的第 13 期为石印。《文艺杂
志》的石印期异常短暂，可它的出版者却不寻常。它由老牌书局扫叶山房出
版，也可算是扫叶山房出版史上唯一的一本石印期刊。这期《文艺杂志》采
用黑白石印术，带有浓郁的复古韵味，为月刊，分门别类出版，总共有 10 余
门类，篇幅在 8 万字左右，旨在讨论文艺、网罗典籍，保存国粹。

1917 年，文明书局所出版的《小说画报》在印刷方面也谈不上技术创
新，它使用的仍是黑白照相石印术。不过《小说画报》在内容上却下了一番
功夫，它只保留了插画小说，以服务于特定的爱好者。政权鼎革之际，清朝
的遗老遗少们还在怀念着过去，这份全是插画的石印小说刊物在一众铅印的
铜版画刊物中异军突起。在郑逸梅看来，它用油光纸石印，专尚白话，按情
节插图，十分有趣。③

---

① 万启盈编著《中国近代印刷工业史》，上海人民出版社，2012，第 483 页。
② 《本馆征求小说》，《图画日报》第 4 号，1909 年，第 2 版。
③ 郑逸梅：《小说杂志丛话》，《半月》第 9 期，1925 年，第 3 页。

《小说画报》由包天笑组织文字编辑工作，所有权归属于文明书局。文明书局的负责人沈知方在出版界身经百战、腾挪辗转，能同意办一份标新立异的石印小说刊物，是经过了一番详细权衡的。谈及《小说画报》的缘起，包天笑称不过是一次失眠夜的天马行空的想象，是个"空想"。当他把这想法告诉沈知方时，哪知对方却爽快地答应了，反而以为这是一个新鲜玩意儿。[1] 作为深谙出版之道的生意人，沈知方能赞同包天笑的"天马行空"的想法，必然不是一时兴起。出版史研究者对沈氏的评价甚高，称其为特立独行、锐意开拓、恃才狂放的出版家，善于迎合新兴市民阅读需求，捕捉畅销书题材，有着过人的眼力和胆识。[2] 沈知方愿意牵头出版《小说画报》，是因为《小说画报》刚好能够弥合同类铅印刊物留下的缝隙。此时，针砭时弊的小说刊物走俏市场。市面上走俏的同类小说刊物大都被书局所把持，各大书局也都有自己的"品牌"刊物，大家互相争夺市场。著名的有清华书局的《小说季报》、有正书局的《小说时报》、商务印书馆的《小说月报》和《小说世界》、中华书局的《中华小说界》、文明书局的《小说大观》等。上海的铅印术已经趋于成熟，摄影图片开始流行，石印画报也在向铜版画报过渡，有被淘汰之势。实力强劲的书局置办了先进的铜版和珂罗版设备，所印的小说插图十分精美。另一份包天笑主编，文明书局印刷发行的《小说大观》，文字用铅字印刷，图片用珂罗版印制。有的读者对此表现出不适应，认为这些画太过死板，不如手绘的灵动。沈知方正是从中看到了商机。

《小说画报》和《小说大观》在小说创作上几乎是同一个班底，形式上却刚好形成了互补。《小说画报》多了一个专门的绘图团队，以吸引更多的读者。重拾《点石斋画报》时期的画报面目，成了《小说画报》与同时期小说杂志最大的不同。从不寻常处入手，以"复古"为"时尚"，符合出版商的思维逻辑。不过，其终究还是敌不过市场自身的选择，风靡一时后，《小说画报》很快便被读者抛之身后了。

商务印书馆在石印报刊场域的尝试，则是从新式技术的应用开始的。民国初期，张元济花重金从日本引进了五彩石印术。不仅如此，张元济还大力

---

① 包天笑：《钏影楼回忆录》，刘幼生点校，山西古籍出版社、山西教育出版社，1999，第277页。
② 吴永贵：《民国出版史》，福建人民出版社，2011，第225页。

支持派人去日本学习最新的技术。①　商务印书馆率先更新了五彩石印术设备，并将新式石印术应用至《儿童画报》。商务印书馆印刷质量上佳，凡外国印刷之能事，商务印书馆"皆优为之"，如铅印、单色、五彩石印、三色铜版、珂罗版、雕刻铜版、照相锌版、凹凸版等，各种出品无不精美异常。②　1922 年，《儿童画报》创刊，有新式五彩石印术加持的《儿童画报》成为民国时期同类型画报中的代表。

《儿童画报》与同时期中国的较小县市所诞生的石印报刊具有截然不同的风貌。比起铜版摄影画报，它既生动又不落俗套，趣味渊永。它第 1 期的封面中，两位小朋友正在阅读图画书，图画精致且美观。

《儿童画报》的成功要归结于五彩石印术的应用。民初商务印书馆已经是上海实力最雄厚的出版商之一，有相当的资本去开发新产品。第 1 期中的刊物内页描绘了一位儿童丰富多彩的暑假生活，又展示了一个昆虫界的游艺大会。蝴蝶、蜻蜓、蚱蜢、蜗牛等昆虫被拟人化，它们盛装打扮，在音乐组、游技组、图画组中来回穿梭，一片热闹景象。画报图片精美，色彩绚丽，文字趣味十足。

晚清时期虽然诞生了众多的书局，亦有不少书局曾代印过石印报刊，但真正化身为行动者的书局不多，石印本才是大多数书局的主营业务。此时，与大型资本相结合的书局在场域中有着极大的自由度。它们实力雄厚，根据社会需求、市场反应来调节石印报刊的出版内容和节奏。总体而言，书局行动者的介入仍集中在晚清阶段。民国时期，在更新技术方面，仅少数实力雄厚的书局占据优势，商务印书馆有过一些具有创造性的举动。20 世纪 20 年代以后，书局基本远离了场域。

2. 商业报馆：构筑后方的竞争之场

19 世纪晚期，商业报馆利用石印画报形构出一个独特的市场竞争场域。石印报刊被商业报馆赋予了重任，去弥补报馆已有的产品中所存在的缺失。在商业报纸的改良中，"旧式"的石印画报却又常常会被报馆用作新媒介，推陈出新呈现给读者。

---

① 《张元济日记》（上），张人凤整理，河北教育出版社，2001，第 397 页。
② 汪耀华编《商务印书馆史料选编（1897—1950）》，上海书店出版社，2017，第 82 页。

（1）新旧媒介的交织

《点石斋画报》同期的石印报刊很好地克服了木刻报刊、铅印报刊在传递图像功能上的不充分性，在新媒介与旧媒介的交织中，造就了石印画报自己的时代。在晚清阶段的石印画报时代，石印报刊是作为一种新媒介面向相关社会群体的。一个社会和媒介使用者去拥抱新媒介是一种常态。随着时间的推移，新媒介也面临着"老去"的危机，成为旧媒介，并被新的媒介"再媒介化"，以弥补自身的不足。铅印术、摄影技术的日渐成熟，使依靠新技术生产的文字报刊、图像报刊、文图兼具的报刊的优势越发明显。铅印报刊成为新媒介，石印报刊会不可避免地沦为旧媒介。新旧媒介的交替需要时间，石印报刊刚好位于上海新旧媒介交替的裂缝之处。

晚清的石印画报为商业报馆建构了一个后方竞争之场，为商业报馆的出版运营开辟了崭新的模式。商业报馆承《点石斋画报》之余绪，对画报表现出较浓厚的兴趣。19世纪末的上海报坛，"申""新""沪"三足鼎立，当一方有创新之举时，其余两方也不甘落后，何况还有如此引人注目的《点石斋画报》珠玉在前。

在第二章中，本书已经论及了《申报》和《新闻报》所附送的画报。作为竞争对手之一的《字林沪报》是否会有所应对？关于《字林沪报》相关画报的问题，现有的学术研究关注较少。本书查阅了大量资料，发现在《上海新闻志》中有少许文字记载：1886年起，蔡尔康欲与《申报》展开竞争，将报纸重点转移至非新闻性领域。《字林沪报》编纂先是推出副刊《玉琯镌新》，又出《花团锦簇楼诗稿》一页，随报附送。1888年6月，增出周刊《词林画报》，仅出5期。①按上述说法，《字林沪报》确实出版过画报。

本书对照《字林沪报》原报后发现，《上海新闻志》中的说法有些许偏差。第一，《字林沪报》早在1884年中法战争期间就附送过画报；第二，《词林画报》名称有误，应为《词林书画报》，在1888年4月即出第1期，先后至少出版过6期；第三，《词林书画报》是否系《字林沪报》所出，根据现存史料较难判定。

1884年10月20日，《字林沪报》头版刊载了一大幅基隆战事的新闻图，

---

① 《上海新闻志》编纂委员会编《上海新闻志》，上海社会科学院出版社，2000，第108页。

这应是《字林沪报》的一大创举。此做法在同期的新闻业中已属先进，头版新闻画给了读者很强的视觉冲击力。它可能是《字林沪报》受到竞争对手冲击的一种回应，该图画为木刻，报馆聘请手民（木工）一人，"寿诸梨枣"，"阅报诸君可试取前后各报与此图互相印证"。该图主要描绘的是静态的场景，山川风景占据了大量篇幅。在线条的处理上，该图不如《点石斋画报》中的战争图灵动。《字林沪报》也做上了图画生意，"远近诸君可将自己的图画拿去报馆代刻，能一丝不走惟妙惟肖"。①

1888 年 4 月 25 日，《字林沪报》照例在头版刊登了多条石印书局广告，其中的一条值得略施笔墨一论。告白《新创词林书画报第一号出售》刊登了如下内容："近有法京女子乃能与鸟相亲，每当柳下花间，群鸟依依，似曾相识。虽物性之感通，亦耳目所罕及也。本馆书画报首辑词林谈助，特附入《飞鸟依人》一图以供博览，合之《福禄寿喜》《玉兰诗社》《行善延年》三图，暨初创之封面序文共五页，继为甬东姚梅伯先生评选乐府东堂老第一折卖宅四页，又姚君自选苦海航词第一首，图为血湖游魂俾知曲院青楼无非鬼域，特于花柳场中作当头之棒喝焉。终为增图《水浒传》第一回两页及春江花影一页，共成十三页。左史右图，印钉精妙，于月之十四第一号出卖，尝览诸君定以先观为快。至本馆创始条例及本埠外埠经售处俱详报端，不再赘述。"② 告白的落款为"词林馆特白"。由于《词林书画报》原报失传，我们只能从告白中一窥端倪。这份画报的内容包括人物图、百兽图、风景图、诗词作品，还有插画小说等。它与以新闻画为主的《点石斋画报》在内容取向上完全不同，倒和《飞影阁画报》有几分相似。告白中没有言说《词林书画报》的印刷方式。因为上述告白穿插在众多石印书局的广告中，加上它以中国传统文学作品、绘画为主要内容，这些都是石印术所长，而且此时正值上海石印业红火之际，《词林书画报》为石印的可能性很大。《词林书画报》不只出版 5 期，至少发行到了第 6 期。在《字林沪报》1888 年 6 月 1 日和 6 月 8 日的报纸头版中，都有《词林书画报》第 6 期的广告。

---

① 《本馆剞劂氏谨告》，《字林沪报》1884 年 10 月 21 日，第 1 版。
② 《新创词林书画报第一号出售》，《字林沪报》1888 年 4 月 25 日，第 1 版。

《词林书画报》的内容与《点石斋画报》差异明显，它将注意力移至非新闻性的内容领域。"词林"在古代中国多指翰林或翰林院。但此处报上的"词林馆"究竟是清政府的翰林院，还是书局，或者是文人墨客的书斋，抑或是美术商等机构或组织，暂不详。《字林沪报》的副刊《玉琯镌新》和赠送的画册《花团锦簇楼诗稿》一直延续多年，暂未见原报留存。根据同时期同类型出版物的印刷方式来看，《玉琯镌新》和《花团锦簇楼诗稿》两本画册也很可能为石印。

面对强劲的竞争对手，《新闻报》显然不甘落后，创办当年就发行了石印画报。与《点石斋画报》的多样化发行方式类同，新闻报馆的画报除了免费版，也有收费版，不过定价却耐人寻味。它的开张告白中就说明："倘有单购画报者每纸收资四文"，意味着若不买《新闻报》，则需要花 4 文钱。我们可以对比同日《新闻报》的版面和售价，一大张 8 个版面，当天还送一大附张，登载新闻和告白，附张共 4 个版面。总共 12 个版面的《新闻报》，售价仅 7 文。单页仅两幅图画的画报卖到 4 文，不可谓不贵！不过，对于订阅户，《新闻报》又是"格外从廉"，购买全月订齐之画报每本仅收洋 1 角。购买一期《飞影阁画册》就需要洋 5 分，购买一月的新闻报馆画报仅需 1 角，又不可谓不便宜！由此可以看到，虽然耗费甚巨，新闻报馆并不完全冀望依靠画报获取利益，反而很可能是"赔本赚吆喝"。即使按日零售画报可以获利，报馆似乎也不想争取这部分零星的"读者"，报馆需要的是有黏性的"用户"。以低价订阅画报吸引读者，并进而将画报用户转化为《新闻报》本身的订户，再与用户建立长期稳定的联系而持续获利，可增加《新闻报》的发行量。《新闻报》将石印画报视为与市场上同类商业报刊相抗衡的工具，石印副刊成为商业报刊竞争的第二个战场。谁在这个战场占优，谁就有可能争取更多的读者。

（2）群起而拥之

帝都石印报刊场域的经济力量同样不可忽视。清末的北京，形成了一个规模较大的石印报刊的场域，在数量上石印报刊不逊于同城出版的铅印报刊。这些报刊到底是什么性质，还需要就具体刊物具体分析，不能一概而论。北京的石印报刊场域，应有商人报刊和文人报刊混杂其中。例如《维新画报》就具有浓厚的商业性质，充满猎奇性的内容。而《北京画报》则不同，其慎选内容，刊物档次提升不少，更偏向于由文化力量或由政治力量所办。由于出版条件艰难，多数北京石印画报都采用日报形式，连续出版。出版者为其费尽心力，以"能把我四万万同胞开通的做个完全的国民"为办报宗旨。[①]北京同类石印画报行动者身份多不明，在商业手段上却具有一定的相似性，经营手段与同期商业日报很类似，因此将其置于此处论述。

报馆大多分工明确，有印刷者、画师、管理者等，有较成熟的采编、经营发行体系，也刊载有少量的广告。画报经理人充当着同人中的意见领袖的角色，不少人也表现出以办报启蒙社会的责任感。报馆的"经理人""发行人"等，并不专事经营，他们也作为重要的行动者，参与到内容生产中。《浅说画报》的经理人姚月侪就多次在报上发表演说文章，时而还在报上发表绘画作品。[②]

北京石印画报大都统一定价，不止一家报刊宣称，各地宣讲所阅报处若去函订阅，报馆即行派送，每月仅收报费半价。[③]《浅说画报》自第 910 期起，特辟一专栏招登告白，"刊资格外从廉"，但在该画报上刊登广告的寥寥无几。报社的常驻画师仅两人，每天出版的图片较多。很多图画新闻，图文合一，画师或许还得负责文字写作，内容生产的压力巨大。这些困难都没有影响同人办好报纸的决心，报馆不惜重金，还多次在报上登载招聘广告，聘请艺精画师。

《归绥日报》是绥远最早的报纸，石印，1913 年创刊，为个体出资所办，主事者为成都籍人士周颂尧，这是一份小型报。周十七八岁时从成都到绥远，创《归绥日报》时也仅 20 岁出头，后一直在绥远任事。此人对于绥事"知之最悉，其著作之关于绥事者颇有价值"。《归绥日报》还附有石印画报一张，画师姓梁，为绥远当地知名画家，所画人物山水极佳。《归绥日报》停刊后，画报单独印行，取名《通俗画报》，不久也停刊了。《归绥日报》以开发西北、注重蒙事为宗旨。周颂尧既是报馆主人，还要负责采写新闻，更险些因此丧命。民国初年，绥远与外蒙通商，周氏时常与往返外蒙之商人接触，探

---

① 《演说》，《浅说画报》第 100 期，1909 年，第 1 版。
② 《附画》，《浅说画报》第 300 期，1909 年，第 7 版。
③ 《宣讲所阅报处鉴》，《浅说画报》第 841 期，1911 年，第 7 版。

听消息。周以专电口吻，披露蒙兵出动，分三路进攻，一路攻包头，一路攻陶林，一路攻百灵庙。绥远都统张绍曾以此消息惑乱社会治安之名，即手谕查封《归绥日报》并企图枪决周颂尧。不料数日后蒙兵果抵百灵庙，绥方军队战败，张绍曾反而求计于周。周为画策，得破蒙兵，终保全性命。[1] 这也从侧面表现出，缺少经济资本的小规模办报者生存状况异常艰难。

除了民营书局和商业报馆外，仍有其他商人群体走入近代石印报刊媒介场域。小型的商业资本在场域中活动度较低，所出版的石印报刊数量很少，价值也有限。这部分群体大多属于偶然性、临时性参与，他们不是场域中的稳定组成部分。从新闻业务的角度看，这部分参与者的贡献值亦较低。

3. 雇用编创团队

商人群体在出版石印报刊上，多采用雇用编创人员的方式。编创人员多由画师和文人组成，部分画师也兼具文人身份。

商人群体因携带一定数量的经济资本，他们在场域中具有较高的自主性。商业报馆雇用文人和画师组成编创团队。新闻报馆的画报负责人"仓山旧主"，真名袁祖志，号翔甫，家学渊深，晚清在上海结杨柳楼台诗社，"尤擅游戏文章，时沪上几无敌手"。袁祖志曾任《申报》笔政数年，交友甚广，与杨乃武、王韬等名士私交甚笃，趣味风雅，还邀画工为林黛玉绘葬花图。[2] 袁祖志任《申报》笔政的时间应该在19世纪80年代中期，其时尝在《申报》上发表诗文。他饱读旧学诗书，积极拥抱西学，是晚清报界的中国本土从业者中较早"开眼看世界"的人。1883年，他与著名实业家唐廷枢一起游历泰西，"钩稽海图岛志，罗织风俗人情"，著为《谈瀛录》。[3] 新闻报馆成立后，力邀袁祖志加入并让其牵头主持石印画报事宜。

《小说画报》的创办，给了沉寂多时的名画师"再就业"的机会。《小说画报》图画量少，但图画精致程度不输当年的《点石斋画报》，这主要归功于画师。当中两位常驻画师，为钱病鹤和丁悚。他们二人在清末参与办报，也在石印画报上发表了多幅新闻画作，积累了一定的名气。钱病鹤出身绘画世家，与包天笑是同乡，幼年便已表现出过人之天赋，后又与人共同创办了南

---

① 《绥远新闻事业二十年来之惨淡略史》，《大公报》（天津版）1931年7月27日，第5版。
② 大木：《记仓山旧主》，《新闻报》1948年6月22日，第7版。
③ 《寿仓山旧主七十叙言》，《新闻报》1896年10月14日，第1版。

林画社。上海的石印画报兴起后，钱病鹤投身报界，凭其精巧的画术享誉一时。著名作家刘半农与钱病鹤的交集最早就发生在《小说画报》时期。刘后来曾专为钱氏作诗一首：相逢竟将莫相识，革命当年此画师。仍靠丹青谋活计，不随杨柳弄腰肢。世情万变都描画，佛像千帧初写时。老作布衣君与我，听人两字唤愚痴。① "革命当年此画师" 正是描写了钱病鹤在辛亥革命前后的报界活动。

民国成立后，丁悚也继续投身报界，却与石印画师的身份渐行渐远。之后，他又供职于《游戏杂志》《礼拜六》等刊物。在《游戏杂志》中，丁悚的身份变成了 "主撰者"，仍为新闻刊物作画，却对新闻刊物的特征表现出相对的不适应性。他试图去谋取身份的独立性，做一位独立画师而非新闻刊物画师。有读者指摘，丁悚不应在 1915 年出版的《礼拜六》封面画上标注"1914" 字样。对此，丁悚辩称，"画家通例如此"，画家只记作画年代，不能预定其印行于何时。②《小说画报》的刊行正好给了这些具有强烈的自我身份认同的画师更多的展示机会。

综上，在商人群体中，书局和商业报馆拥有较为雄厚的经济实力，成为石印场域中的主要参与者。书局在场域中灵活而自由，商业报馆将石印报刊视为市场竞争的利器，对报刊场域进行再媒介化。小型的经济力量也穿插其间，在场域中的影响力有限。经济力量在场域中的活动大多集中于清末民初时期。民国中后期，少数商人群体仍旧活动在场域内。商人群体往往采取雇用创作团队的方式，他们所组织的编创群体的流动性较强。经历了晚清的辉煌后，以书局、商业报馆为代表的经济力量从中心退居边缘。

（二）政治力量：从边缘走向中心

继经济力量后，政治力量也入场争夺空间，从边缘走向中心。维新派成为最先进入场域的政治力量。新的行动者大量进入场域中，既可能成为变革的力量，也可能成为保守的力量。③ 维新派兴许要归属于前者。维新时期，第一个石印报刊发展高潮来临。维新派登上石印报刊场域中的行动者的舞台，

---

① 朱洪：《刘半农传》，东方出版社，2007，第 254 页。
② 《来函》，《礼拜六》第 34 期，1915 年，第 12 页。
③ 罗德尼·本森、艾瑞克·内维尔主编《布尔迪厄与新闻场域》，张斌译，浙江大学出版社，2017，第 8 页。

成为变革的力量，开启了一个全新的报刊时代。19 世纪末具有典型意义的非画报类型的石印报刊大都出自维新派之手，数量虽零星，影响力却巨大。

政治力量的行动者对近代石印报刊进程产生了不可忽视的影响。他们掌握了一定的社会资本，扩大了石印报刊的影响力。清政府在 20 世纪初进入这一场域。几乎同一时间段，革命党也开始了在这一场域中的行动。民国时期，中国共产党的力量汇入这一场域。维新派、清政府、国民党、中国共产党，四类行动者先后进入石印报刊的场域，构成了行动者中的政治力量。

上述四类群体所办石印报刊占据总数的近七成。524 份明确归属于政治力量的石印报刊中，维新派主办了 13 份、清政府主办了 15 份、国民党主办了 243 份、中国共产党主办了 253 份。

1. 维新派：推进"公众之报"积极争夺场域

维新派推进"公众之报"，与铅印报刊积极争夺场域。在"此间人皆欲依附《时务报》以自立"① 的世风中，维新时期新办的 13 份石印报刊中有 9 份与《时务报》直接相关。它们可以归属到维新派主力群体的办报体系中，或是由时务报馆参与创办，或是依附时务报馆发行。《农学报》《集成报》《算学报》《新学报》《萃报》《实学报》《蒙学报》《工商学报》《女学报》皆与《时务报》关系密切。

除了《采风报》与《类类报》外，其余 11 份报刊的负责人都与维新派有直接牵连。《采风报》为新闻报馆的一群文人在业余时创办，主要负责人为孙振家。天津的《类类报》的具体办报者不明，也暂未见有报刊实物流传，现有的史料仅能证明他的经理人为梁子亨。从它的出版时间和内容来看，本书倾向于认为它可能是一份由政治力量主办的宣传改良的报刊。《类类报》出版于百日维新正式开始后一周，三日一期，粉连石印，按经济六科，分门别类。② 现有资料称其为商人所办，但从种种迹象来看，《类类报》上几乎难寻商业痕迹，它可能与天津的维新势力有较为密切的关联。

《时务报》正式发行前，黄遵宪嘱人联络沪上报刊先出公启。黄看似丝毫不担心《时务报》会招致同行的妒忌，"此报别具面目，申沪各报应不虑其挽

---

① 上海图书馆编《汪康年师友书札》（2），上海书店出版社，2017，第 1677 页。
② 李云：《传承与突破：近代天津小说发展综论》，天津社会科学院出版社，2018，第 460 页。

夺也，何来嫉妒之有？"① 后来，《申报》《新闻报》的确都刊登了《时务报》的开张广告。

将第 1 期②的《时务报》与同日《申报》进行对比，便足以说明《时务报》是如何"独具面目"了。详见图 3-1、图 3-2 和图 3-3。③

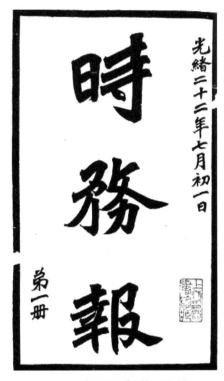

图 3-1　《时务报》第 1 期封面

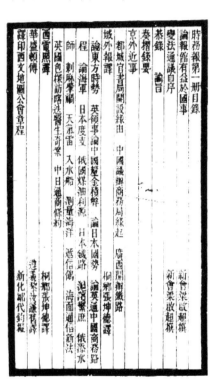

图 3-2　《时务报》第 1 期目录

图 3-1 与图 3-2 为《时务报》第 1 期的封面和目录。《时务报》为农历光绪二十二年七月初一出版，对应的公元日期正好是 1896 年 8 月 9 日，所以图 3-3 选取是日《申报》，以和《时务报》作一比较。

---

① 上海图书馆编《汪康年师友书札》(3)，上海书店出版社，2017，第 2136 页。

② 《时务报》1896 年 8 月 9 日在上海创办，旬刊，当时用"册"来标识每期，本书行文中用今日报刊中通行的"期"来表述。

③ 以上三图均来源于全国报刊索引数据库。

图 3-3　《申报》（1896 年 8 月 9 日，第 1 版）

从以上三图，我们能够体会到两份刊物之间的差异。《时务报》为线装书，先是封面，翻开才是目录。目录格式颇像图书，是《时务报》"独具面目"的一大表现。《申报》则是接近于现代报刊的编排方式，有报头、报眼，每条新闻有标题。为了使两报的对比更加明晰，本书制作了表 3-2。

表 3-2　1896 年的《申报》与《时务报》对比

	《申报》	《时务报》
刊期	日报	旬刊
印刷方式	铅印	石印
形态	一大张，约 50 厘米×100 厘米，读者自行裁剪	书册式，小本尺寸，装订成册后发行
纸张	油光纸	连史纸
内容	上谕、论说、新闻、广告等	论说、译报、译书

　　1896 年，横空出世的《时务报》开启了全国上下对报刊的新认知。经过数次打磨，众人确定了《时务报》以旬刊、石印、译报形式问世。从刊载内容到外在形态，《申报》和《时务报》两者都几乎无可比性。《申报》更接近现代报刊的编排方式，以新闻和广告为主要内容。当日的《申报》共 14 版，前 8 版为正张，后 4 版全为广告，赠送的 2 版附张中有广告和京报汇编。《时务报》更偏向于传统书籍，主要内容包括译书、译报和论说。第 1 期的《时务报》没有广告。汪康年最初打算直接命名为《译报》，后来改名为《时务报》，还引得同人的不满。汪大燮认为当下"开风气，通彼此之情"才是"急务"，[①] 转而埋怨汪康年"何必改如此大而无当之名"，告诫汪康年要低调行事、小心谨慎。[②]《申报》或许并未将《时务报》当成潜在的竞争对手，所以似乎并不避讳为《时务报》的开张而呐喊。从另一侧面看，《时务报》也不惧怕与《申报》竞争，甚至还有同人提出不妨在开张之初依附此时正销售火热的同城报刊，"附申报馆或万国公报馆摆印代送"。[③]"广开学会非有报馆不可，报馆之议论既浸渍人心，则风气之成不远矣。"[④] 以报馆作为杠杆，撬动学会，继而激扬社会变革，一会一报成为主流的办报形式。《时务报》不但不惧怕《申报》《新闻报》之类的大报，甚至还敢于与其竞争。

　　维新时期的报刊，不仅促进了文人的思想解放，还对今后的中国社会起到深远影响。维新运动时期创建的学报，多半采取石印。[⑤] 学缘关系是联系清末学会的重要纽带，进而影响了维新派报人的办报实践。地缘关系是学缘关系的基础，维新派同人有强烈的省界意识。《时务报》第 1 期，不管是在译文还是在论说中，都采用"地名+人名"的署名方式，凸显行动者共同的"省界"意识。这种署名方式自《时务报》起，进而扩散到其他石印报刊。报人们将省界细分至二级区域，不笼统地以一级省域划分，以"撰""译"等标识将原创文章与译文区分开。如论说中的"新会梁启超撰""余杭章炳麟撰""钱塘汪康年撰"，以及译文中的"桐乡张坤德译""遵义黎汝谦旧译"等署

①　上海图书馆编《汪康年师友书札》(1)，上海书店出版社，2017，第 648 页。
②　上海图书馆编《汪康年师友书札》(1)，上海书店出版社，2017，第 670 页。
③　上海图书馆编《汪康年师友书札》(1)，上海书店出版社，2017，第 343 页。
④　上海图书馆编《汪康年师友书札》(2)，上海书店出版社，2017，第 1664 页。
⑤　韩琦、米盖拉编《中国和欧洲：印刷术与书籍史》，商务印书馆，2008，第 124 页。

名方式，都映射出省界在这群同人心中的位置。地缘因素成为近代中国集团力量形成的最初诱因。读书人经由"地缘"因素有了最初的聚集，随后超越地缘的"业界"意识又构成了聚集的基础。① 维新时期的学会与石印报刊就在这样的特征中聚集起来。《时务报》出版后，它的发行得到了官方的大力支持，这也说明了它为何可以成为一股重要的政治力量。

《时务报》掀起社会启蒙的浪潮后，一批维新派报刊接踵而至。行动者将石印报刊作为沟通中西学的桥梁。念农事乃立邦之根本，罗振玉与友人蒋伯斧一起，在时务报馆的支持下，创立《农学报》，专议农事，呈现的是一份专门性学术期刊的面貌。农事乃国家之根本，古代中国又以农业立国，农业在中国的地位也决定了《农学报》并不仅仅是一份学术期刊。《农学报》在发行上享受了和《时务报》同样的官销"待遇"。杭州、江宁、顺天、两湖等地的官府发文，要求全省各级机关、学校等用公款订阅《农学报》。② 《蒙学报》亦是如此，它被许多学堂作为教材使用，也被官方大为推广。

维新时期，行动者以《时务报》为轴心，结成了一个短暂的共同体。维新变法失败，办报空间的缩减也影响了同人之间的凝聚力。维新派分崩离析，汪、梁同事之间，康、梁师徒之间矛盾渐露。百日维新之后，维新派的报刊迅速陨落，只剩下《农学报》和《蒙学报》继续发行。

2. 清政府：清末官报的铺陈者

清末新政期间，清廷效仿日本正式建立了官报制度，同时移植日本的技术与人才，作用于官报的媒介实践。1901 年至 1906 年，全国各地创办的省级官报中亦不乏石印官报。在江西、内蒙古等地，石印官报甚至比铅印官报更早产生。在清政府的行动框架内，石印报刊处于王朝的传播体系中。

（1）推广新政的官方丛报

石印报刊成为清政府推广新政的媒介。江西和山东是新政期间最先拥有

---

① 章清：《省界、业界与阶级：近代中国集团力量的兴起及其难局》，《中国社会科学》2003 年第 2 期，第 190 页。

② 参见《杭州府林太守饬各属购阅农学报并分给各书院札》，《农学报》第 5 期，1898 年，第 4 页；《江宁府刘太守饬各属购阅时务报农学报并分给各书院札》，《农学报》第 5 期，1898 年，第 5 页；《顺天府胡府尹饬各属购阅农学报并饬考求农事札》，《农学报》第 7 期，1898 年，第 4 页；《两湖督院张咨会鄂抚通饬各属购阅湘学报农学报公牍》，《农学报》第 12 期，1898 年，第 3—4 页；等等。

石印官报的两个省份，丛报成为石印官报的主要形式。江西近代印刷事业起步较早，而且竹类植物富饶，是我国主要的产纸区，铅山的连史纸闻名遐迩。1903 年后，江西陆续诞生了 3 份石印官报，全都创办于省会南昌，分别为《江西官报》、《江西农报》和《江西学务官报》。

1903 年 8 月，江西省出版的《江西官报》是该省第一份近代报刊，由江西官书局负责印刷，江西巡抚柯逢时负责创办，半月刊，连史纸石印，楷体。报纸每册售价 120 文，书册式编排，单页 11 栏字，8 开大小，每册约 100 页，篇幅在 35000 字左右。《江西官报》出版的前一年，清末著名的地方新式官报《北洋官报》面世，《江西官报》就是仿照《北洋官报》而成。

从首期《江西官报》的栏目设计来看，"上谕"标注在显要位置，昭示其官报身份，次为"论述"，后依次为"奏牍""议说""函告""译书""选报"。两份报纸都是书册式形态，《北洋官报》为铅印，《江西官报》是石印。从具体的版式来看，双方也存在一定的差异。石印官报每页排列的字数少于铅印官报，由于石印官报页数较多，《江西官报》仍然要厚于铅印的《北洋官报》。是时，江西官书局已经成立，并添设了石印设备。《江西官报》遂顺理成章地由江西官书局出版，纸张优良。交由官报局印刷，与民间代印相比，无太大的成本顾虑，此种办报和印刷分离的模式使编辑人员可以专注于内容生产。《江西官报》负责内容生产的人员仅有 3 人，1 人任执笔，主报端论说和删定全报；1 人精择选，负责选摘上谕、奏牍、函等；1 人任译选，翻译外洋书报。[①] 该报以文字为主，间以图画。

江西官府为石印官报建立了一个三重的新闻信息传播网络，前两重网络依靠官方的力量，第三重网络借助群众的力量。第一重网络：各县设置了收发委员，负责将信息寄送省城官报，方便各地新闻随时传达。第二重网络：官报建立了一个现今所谓的"通讯员"系统，广集各地函报。设派报访事，依托官方力量，令周围州县按本城及东西南北五乡择人员，每乡大者择品端文达 2 人，小者择 1 人，每月两报见闻则酬以报函。第三重网络：发动民间阅报人士采集身边见闻，采入多者岁终酌酬新译之书。不仅如此，江西官方还通过官报为士绅们建立了一条上升通道，对官报有贡献者岁末统观其才，

---

① 《江西报例》，《江西官报》第 1 期，1903 年，第 1—4 页。

予以擢升。①

在以上三重传播网络中，第三重网络的作用甚微，鲜有阅报人"自由投稿"的新闻，而基于第一重和第二重网络的官方传播者仍是石印官报生产场域的主要行动者。办报次年，行动者偶尔在报上掺杂图片要素。从 1904 年第 2 期起，报上连载了《江西全省舆图》。此后《江西官报》改为旬刊，每册约 30 页，裁剪单册内容，缩短刊期以增加新闻时效性。1906 年，《江西官报》的发行量已渐增至 4000 余份，"销路不可谓不广矣"。可办报者并不满足于现状，决定对报纸进行大幅改良，特意增加了"新闻"和"图说"两个栏目。"力图于官报界放一大异彩，具煌煌之伟观，同竞立于廿世纪花团锦簇文明之新世界"，《江西官报》的雄心壮志足可见之。改良后的《江西官报》仍坚持石印，且版面更加美观，将原本通篇一律的"端楷"做了调整，"察其内容之广狭，以定其字体之大小"。② 该报一直发行至民国成立前，是清末江西发行时间最长的官报。

1907 年，江西农工商矿务总局下属农业试验场又出版了《江西农报》，此为江西的第一份专门性期刊。《江西农报》刊载"凡关于农界之学理学术"，以"发达全省农业为目的"，月出 2 编，每册 50 页左右，半月刊，分门汇集付诸石印出版。《江西农报》出版时，江西农工商矿务总局已经具备了石印生产的能力，不仅印报还可以刊印书籍，"本场编译农书除按期刊报外另将全书刷印成册由本场发行"。一如之前的《农学报》，《江西农报》也刊载了多幅农学图画，它们的制作同样利用了照相石印法，系"觅得底本，描摹摄影，付诸卷首，令阅者醉心焉"。③

1909 年面世，由江西学务公所主办的《江西学务官报》则可称得上是清末江西最具有现代性报刊理念的石印报刊。《江西学务官报》在版面风格上与早期的木刻报刊非常类似，有着浓郁的雕版印刷的美学气质。但实际上其采用的是耗时且"原始"的手工石印，单面印刷。④

清末江西官方出版的 3 份石印官报继承了《时务报》以来对石印术一贯

---

① 《署江西巡抚夏时遵办官报片》，《江西官报》第 12 期，1903 年，第 1 页。
② 《官报改良发刊辞》，《江西官报》第 6 期，1906 年，第 1—3 页。
③ 《江西农报叙例》，《江西农报》第 1 期，1907 年，第 1—2 页。
④ 常世英主编《江西省科学技术志》，中国科学技术出版社，1994，第 791 页。

的使用风格，文字为主，图片为辅，多数情况下仅是间以图画。该省官报质量精美，内容丰富，属于"丛报"类型的官报。译报的内容也常出现在官报中，用以启蒙民众。行动者的精雕细琢之心仍未被磨灭。然则，清政府在石印报刊场域中所生产的报刊质量并不如一，差异背后取决于行动者的不同使用动机。

（2）逆势而"下"的地方官报

清末的石印官报场域中，出现了近代史上第一份由铅印"逆"转为石印的报刊，名为《济南汇报》。《济南汇报》的出版路径很不寻常，它创办于1903 年，是山东最早的官报。初创时采用木刻，第 8 期开始用铅印，又在第35 期后改为石印。改为石印的原因在于，出版者认为，仅供官员阅读的《济南汇报》发行量是极其有限的，用铅印还不如用石印合算。① 石印的《济南汇报》远不如江西省域内的官报精致，甚至还显得很粗糙，与以往的官报风格也有些格格不入。

铅印与石印的《济南汇报》两者的印刷质量也有天壤之别。从清末的报刊出版业看，石印到铅印多代表报刊在印刷技术上的"进化"，可清政府官方为何要逆势而行？铅印的《济南汇报》文字清晰，石印期间的质量却大打折扣，很多文字模糊，还有重影，有些字迹难以辨认。铅印的字体多较规整，而石印的字体为手写楷体。这个楷体不是维新派报刊常用的精楷，多为普通楷体，整体写作亦较随意，写字人有可能并没有接受过专门的石印书写训练。甚至有的内容在初排版时被遗漏，后期办报者并未重新排版，而是利用石印平版印刷的特性，直接在原来文章的空白处添加。如第 37 期"专件"栏目中的一篇文章所示，后添加的字体十分突兀，字迹潦草，与同版面的其他字体也有区别。

与《济南汇报》相对应的，济南尚有一份由"辕门抄"改编的《简报》，每日出版，4 开对折。这份报纸也可以归为官方报刊，因为它的创办人具有官方身份，为工艺局坐办李士可。《简报》在内容上则更接近于现代报刊，有地方新闻、有转载各报的新闻，还有广告等。因发行量低，石印成为《简报》最为合适的出版方式。但从清末山东的石印报刊来看，无论是《济南汇报》，

---

① 宁树藩主编《中国地区比较新闻史》（中卷），复旦大学出版社，2018，第 778 页。

还是《简报》，似乎都与早期的质量上乘的石印报刊有所区别。石印被视为一种可节省成本的印刷方式，能满足地方新闻生产的基本需求，供给官员阅读。印刷的效果，则不是行动者所在意的部分。

同一时期，山东济南还有另一份官报，便是铅印的《济南报》，其面貌与同城的其他石印官报有别。它创办于 1904 年，隔日出版，与《济南汇报》《简报》形成互补之势。《济南报》面向市场发行，强调"关新闻者尤在一速字"，① 其在内容设置上仿照《北洋官报》，更接近现代化报刊的样态。这恰似说明，石印报刊在清末山东省内的官报体系中属于过渡性媒介。对此时此地的行动者而言，它不是能肩负现代化新闻传播功能的大众化媒介。

除了江西和山东外，地处偏远的甘肃的石印报刊也开始萌芽。根据学者考证，《甘肃官报》约在 1907 年初创立，由甘肃官书局负责出版。发行至 1910 年，因销量增加，石印无法负荷，《甘肃官报》改为了铅印。

民国成立，清政府领衔的官方石印报刊的媒介实践就此结束。民国成立前夕，当报刊发展到一定程度，发行量增加，从石印变为铅印成为正常的出版现象。清政府仅在场域中活跃了 8 年时间，所办报刊以省级官报为主，总共仅出版 15 份石印报刊。清政府依靠石印报刊，铺陈自身的省级官报网络，其所主办的石印报刊仅停留在省级区域，未出现向"下"蔓延的趋势。

3. 国民党：党报体系的补充者

辛亥革命前夕，革命党群体已进入报刊场域中。以于右任为代表的革命党人与晚清时期的书局和商业报馆一样，较多地涉足石印画报，但非以商业竞争为目的，而是为推翻帝制王朝进行舆论准备。民国时期，国民党逐渐获得全国主政权。国民政府先后实行了"训政""宪政"，掌控全国的新闻宣传系统。在国民党官方的办报群体中，石印报刊作为"补充成分"，补常规铅印报刊之不足。自此阶段起，政党主办的石印报刊跨出省域。

（1）革命党的石印办报行动

1909—1910 年，革命党人于右任创立"竖三民"报，乘着石印画报"复兴"之风，又接续创办了《民呼日报图画》《民吁日报图画》《民立画报》，以反清救亡为宗旨。

---

① 《济南报馆调查章程》，《济南报》第 10 期，1904 年，第 6 页。

辛亥革命前后，革命党的办报活动集中在上海。石印的图画附张《民呼日报图画》，4开大小，每天约有4幅图。《民呼日报图画》上刊载了大量的小说画、讽刺画、滑稽画，大肆抨击、讽刺清政府的无能。[1]《民吁日报图画》和《民立画报》也延续了《民呼日报图画》的风格，张扬而热烈。《民立画报》上的插图主要出自著名画师钱病鹤之手。钱病鹤于清末加入了革命党，他在《民立画报》中日绘一帧，绘图生动，加上其本身即为革命党内部人士，所绘图画反清情绪强烈。[2]

1912年，革命党人对在上海所办的《天铎报》进行大改良。为了配合这次改良，《天铎报》报人下足了成本，斥巨资租下一大栋洋楼并重新装修。报馆添置了新式的印报机器和铅字，改革报纸内容，增设翻译人员、通信人员，增加电报通信。报馆并未止步于此，它还特意添加了一份石印画报作为报纸附张，设置了专门的编辑人员，画报不取分文，随报附送。该画报以当时流行的滑稽画作为主要元素，"滑稽图画最能发人深省，本报当增加石印图画附张"。同时，报馆还热烈欢迎精于绘画者投稿。[3] 章太炎所主持的《大共和日报》也同样附送石印画报。其主事人专邀人在石印画报上作戏评文字，这类戏评文字笔锋犀利，联系时事，在当时很受欢迎，还有北京的报纸转载。[4]

革命党的石印报刊出版时间都较短，多为本党宣传造势所用。多数石印报刊以画报附张的形式赠送，流传下来的实物有限。

（2）民国时期的分散行动

民国中期，国民党取得中国的执政党地位，建立了以南京国民政府为首的"中央"政府，所办的官方石印报刊类型更多。政府、政党、军队都参与其中，办报的区域也开始跨出上海，走向基层地区。纵观国民党的办报行动，显现出较为分散的特点。

1929年，青海建省后接连出现了两份石印报刊，即《新青海》和《青海民国日报》，由青海省政府和国民党党部所办。两报分属于国民政府内部两个不同的宣传系统，前者为省政府机关报，后者为省党部机关报。青海正式建

---

①　韩丛耀主编《中华图像文化史·插图卷》（上），中国摄影出版社，2016，第288—289页。
②　苏筹成：《因民立报画报想到钱云鹤》，《立报》1947年1月28日，第2版。
③　《上海天铎报大改良》，《申报》1912年4月29日，第1版。
④　马二先生：《最近二十年来沪报的戏评》，《大公报》（上海版）1936年4月3日，第8版。

省时，全省无铅印设备，仅具备石印条件。《新青海》不仅是青海省最早的近代报刊，更是青海省最早的石印报刊。是年 2 月 10 日，青海省政府编印出版了《青海省政府公报》，以文件、公告为主，它并非真正意义上的新闻纸。同一天，青海省政府还创办了机关报《新青海》，该报为赛连纸石印，每日出版两张，这是青海省近代报刊的开端。① 两年后，国民党青海省党部又创立《青海民国日报》，作为全省党部唯一的报刊宣传窗口。是时，在近代遍布全国多个省份的国民党党部主办的"民国日报"中，《青海民国日报》是唯一的一份石印报刊，其他均为铅印。在铅印设备缺失的情况下，石印报刊在国民党党部体系中充当了补充者的角色，以辅助构建完善的国民党党内宣传体系。《青海民国日报》的版面设置与其他省的"民国日报"相似，该报的核心成员仅 5 人，李天民总负责，另设编辑 1 名，外勤记者 3 人。这份报纸一直石印出版至 1934 年，待青海有铅印业后改为铅印。

抗战期间，国民党军队成为石印报刊场域的主要行动者之一。报刊是军队主要的宣传工具，报刊生产力求简易，军队可随时根据战情移动，小型的印刷刊物更为适切军队的需要。我们可以从战区的一些文献中瞥见简易报刊的重要性。1939 年 9 月的一份统计显示，仅在国民党第二战区，军政民各机关团体依靠油印或石印出版的定期刊物就达到了 97 种。从发刊日期来看，大多为新近出版。刊物类型多样，有宣传抗战的报刊，如《抗战日报》《奋斗日报》《前线报》《情报》，也有表现军队生活的《战地报》《战地生活》《战线生活》等报。② 石印报刊对维持抗战期间的国民党军方宣传活动有重要的意义。

纵使出版者为国民党官方军队，在特殊年代想要维持石印刊物的稳定出版也实非易事。华北战地的办报实践可以帮助我们对同期国民党军队的石印报刊有更为确切的了解。

《督导旬报》为南京国民政府军委会华北战地督导民众服务团书记处编印的内部宣传刊物，1939 年 7 月出版，以"开拓事业，刷设石印，刊发新闻，

---

① 宁树藩主编《中国地区比较新闻史》（下卷），复旦大学出版社，2018，第 1167 页。
② 《本战区军政民各机关团体油印石印出版之各种定期刊物九月份统计表》，《政治工作》第 2 卷第 2 期，1939 年，第 87—89 页。

以资启迪民智，报道信息"为宗旨。① 该团特置办了一台石印机，并附设印刷室经理，陆续出版了《督导旬报》《政训月报》《新闻报》等三份刊物。出版者有意把这三份刊物分成两个独立的体系，前二者专事内部宣传，后者则向其他民众公开传播，从差异巨大的发行量中便知端倪。《督导旬报》月出 3 期，月发行量 300 册；《政训月报》月出 1 期，月发行量 220 册；《新闻报》则大有不同，隔日出版，1939 年 9 月共出版 16 期，每期发行 400 份，当月共发行 6400 份。②

政训处负责《督导旬报》的内容把关，缮制印版。制版完成后再交由工人印刷，整个印刷流程也十分简便，只需技师 1 人，技工 2 人，政训处特意要求，"务须遵期出版不得稍有延期"。③ 第 4 期至第 6 期的出版分别为 1939 年 8 月 1 日、1939 年 8 月 11 日、1939 年 8 月 21 日，由此看来，刊物应该是每隔 10 日按时出版。实际情况却非如此，报上所刊载的日期不是刊物的真实出版日期。由《督导旬报》第 7 期上载有的一条"谕示"可知："近查《督导旬报》一再延期，每误期至三五日以上，殊属不合，嗣后不得再有此种延期情事……预为准备多项印刷材料，即有困难之处，亦须先期陈明。"是年 12 月，华北战地督导民众服务团准备出发东进。出版 16 期后，《督导旬报》暂时停刊。部队到达晋城便着手办报事宜，其间添设石印机一台，《督导旬报》仍迟迟未能复刊。各方筹划后，《督导旬报》终于决定在次年 2 月 1 日重新出版。此时国内所用的石印机大部分为国产机，损耗大，因为机器损耗，加上纸张购买困难，《督导旬报》不得不延期复刊。此后的《督导旬报》面目也大为改观，它具有了现代期刊的封面、目录、栏目等元素，首次增添石印图画。第 18 期上还出现了一幅新闻画，"讨汪大会"的新闻配图虽简洁，但与新闻相得益彰，如此一来，也为新闻增色不少。在实际出版工作中，国民党军队还有许多难以克服的困难。有感于部队地处晋东南交通不便，"后方报纸到达此间，已成明日黄花失却时间性"，该部队还将原先的石印《新闻报》扩充，改为《北原战报》，隔日刊，于 1940 年 1 月 28 日发刊，分配给各单位订

---

① 《政训处工作报告》，《督导旬报》第 18 期，1940 年，第 9 页。
② 李芳：《本团政训处九月份工作报告表》，《督导旬报》第 12 期，1939 年，第 8 页。
③ 《本团石印机管理及使用规则》，《督导旬报》第 8 期，1939 年，第 2 页。

阅。① 《北原战报》创刊一月以来，共出刊 17956 份。印刷材料购备困难，工作繁杂，报刊的出版推进不易。新闻电稿非至午夜不能收译，为赶时间，工作人员来不及誊写，只能直接以手稿石印出版。②

国民党的石印报刊的布局是相对分散的。国民党在近代共主办了 243 份石印报刊，总数略低于中国共产党所办报刊的数量。国民党的石印报刊散布于各个省份，未在某个区域形成过集中性的办报行动。

国民党的石印办报实践活动从侧面勾绘出了石印报刊在国民党的报刊体系中的边缘性地位。国民党掌握了全国的新闻宣传资源，在报刊场域中拥有主动权。其主导的办报实践中，石印报刊仅出现在一些极为特殊的社会情境中，位于报刊场域的边缘，类型单一，为铅印报刊"镶边"，履行"补充者"的职责。

4. 中国共产党：基层地区的集中行动

中国共产党的石印报刊办报历史与中国共产党的历史基本一致。正式建党前，各党小组已经参与到石印办报活动中，开始了在基层地区的集中办报行动。1921 年创办于徐州的《赤潮旬刊》是目前可见的最早有中国共产党参与痕迹的石印报刊。是年春天，徐州马克思学说研究小组发起成立了赤潮社，后创办《赤潮旬刊》，4 开石印。这是徐州第一个公开宣传马克思主义的刊物。③ 20 世纪 20 年代末期起，中国共产党领导出版了大量的石印报刊。中共石印报刊汇集在农村地区，特别是苏维埃地区和敌后抗日根据地、解放区等地。中国共产党所领导出版的石印报刊的类型亦更为丰富，石印的画报再次"卷土重来"。

中国共产党所办的石印报刊大都面向基层，覆盖面积不如国民党所办的报刊广，但办报区域更为集中。中国共产党的石印报刊事业也与商人群体和维新派等大相径庭，缺少名画家、名报刊，绝大部分报刊略显平庸，且很少在省会城市办石印报刊。对于处于内外交困的境地、物资严重匮乏的中国共产党而言，石印报刊场域中的媒介实践体现了其在基层新闻事业中的坚守。

---

① 《本团发刊"北原战报"》，《督导旬报》第 17 期，1940 年，第 18 页。
② 《政训处工作报告（二月份）》，《督导旬报》第 21 期，1940 年，第 12 页。
③ 徐州市史志办公室编《徐州革命画史（1840—1949）》，中共党史出版社，2008，第 36—37 页。

江西苏区的报刊始于石印报刊。1929年9月，红军攻克万载后，湘鄂赣边革命委员会出版了《工农兵》，这是江西苏区最早的报刊。[①] 该刊物创刊时就确定了"不定期"的出版方式，第2期出版时已是当年10月，版面设计与第1期大致相同。该期的《工农兵》上特意设置了"画报"栏目，一群人拿着枪，随时准备反抗压迫。这份报刊的新闻价值实在有限，但它已经难能可贵。苏区新闻事业涌现了大量的石印报刊，报刊可通过民间石印社代印。《青年实话》是共青团中央的机关报，采用铅石混合的印刷方法，铅印文字，石印插图，图文并茂的《青年实话》很受苏区青年的喜爱，由毛铭新开办的印刷厂承印。同一时期，广西百色仅有一家较大的石印铺，名时中印书社，正是它负责印刷了邓小平领导创办的《右江日报》。[②]

1934年，《红色江西》创办，这是一份江西省一级机关报。该刊采用手写石印，字迹较为潦草，不过刊物排版清晰，重点突出。

《红色江西》创办时，中国共产党正处于国民党的"围剿"之中。为反对"围剿"，增强红军自身的实力，报上做了大量的宣传动员工作。《红色江西》同时负责苏区党内的工作沟通，党内的工作计划也常呈现在报上。

石印画报亦辅助了苏区的宣传工作。民国成立以来，石印画报渐趋淡出场域。严格来说，民国时期的《小说画报》《上海漫画》都不能算真正意义上的石印画报。前者只是使用石印插图，后者则是一半石印，一半铅印。国民党的石印报刊大都为文字报刊，集中于为政党和军队的内部宣传工作服务，较少用于群众性的宣传工作，也就鲜有重视画报的形式。中共苏区也在画报宣传上下了一番功夫。闽西永定中国工农红军总政治部宣传画报为石印的《红星画报》，诞生于1932年，是根据地红军创办的第一份全军性画报，获得广大军民喜爱。[③] 战争年代，中国共产党也牵头出版了部分石印画报，作为对民众进行宣传和启蒙的工具。这些画报规模较小，刊期并不固定，或是仅作为特刊的形式偶尔出版，影响力不如晚清时期的同类报刊。

若干游击区和抗日根据地的军政当局认识到报纸的重要性，开始用油印

---

① 宁树藩主编《中国地区比较新闻史》（中卷），复旦大学出版社，2018，第756页。
② 《左右江革命根据地的印刷出版情况》，上海市新四军历史研究会印刷印钞组等编印《印刷职工运动资料》第3辑，1986，第183页。
③ 《中央苏区文艺丛书》编委会编《中央苏区美术漫画集》，长江文艺出版社，2017，第214页。

或石印生产报刊。使用何种印刷方式与办报者的经济状况息息相关。正如中国共产党领导的晋察冀边区石印机特别多,晋东北便有几十台,所以该边区的报纸大多数为石印。

此处讨论了维新派、清政府、国民党、中国共产党四类行动者中的政治力量在媒介场域中的不同行动。从以上对政治力量行动者的讨论中可以看到,政党力量在场域中的势力迅速增长,维新派和清政府在短暂的行动后即退离场域,国民党和中国共产党两大办报群体从边缘走向中心舞台。

(三) 文化力量:散在的"闯入者"

其他中国文人群体成为行动者中的文化力量。他们所办的报刊数量虽也逾百份,但行动者内部是相对松散的,各自为政,互动较少。戊戌政变后,维新派以外的中国文人开始进入场域。民国期间,也有少数同类行动者参与。文化力量行动者在石印报刊场域的影响力难以与经济力量和政治力量行动者相提并论,他们成为场域中散在的"闯入者"。

1. 传统文人的零星参与

戊戌政变发生后,维新派离散,文人群体办报者被重击。中断了两年多后,1901 年,才又有两份中国文人所办的石印丛报问世,为《南洋七日报》和《普通学报》。文人行动者收敛光芒,再论分科知识。

1901 年 8 月初,孙鼎、陈国熙、赵连璧等文人联合在上海创办了《南洋七日报》。行动者依旧怀着"通民隐、达民情"的良好祈愿,力求开启自下而上的传播通道,"民有私困,报馆通达之,录是言之,录是行之,不为罪言焉"。他们把此次办报视为新政的一个组成部分,通过对民众的启蒙,参与新政,进而巩固皇权,"不佞草莽微臣,广陵下士,爰集同志,击楫渡江,力挽群生,拔剑砍地。伸同人之刍议,附诸公之末光"。相较于维新时期的石印报刊,《南洋七日报》的内容减少了很多。报馆对此有说明,"报纸石印,限于篇幅,诸公函稿一期不能全印者,下期补印"。①

1901 年,杜亚泉联合同人创办了《普通学报》。1873 年,杜亚泉出生于浙江绍兴,幼年即专攻数理、化学、博物。杜亚泉一生致力于科技思想的传

---

① 《本馆章程》,《南洋七日报》第 1 期,1901 年,第 1 页。

播，"不失为中国启业时期的一个典型学者"。① 1895 年岁试后，他转投实用之学，"由中法而西法"，又于 1900 年在上海创办亚泉学馆，并编辑《亚泉杂志》，该杂志为铅印，由商务印书馆印刷，这也是杜亚泉投身报界之始。1901年，杜亚泉在父亲的支持下设书肆，编译科学书及教科书，名曰普通学书室。② 书室购置了石印设备，伴随文明之进运，以出版事业为书业改进之嚆矢。同年，杜亚泉依托普通学书室，开办了石印刊物《普通学报》。《普通学报》依靠十余位文人雅士集资而成，集资的文人中包括多位在近代史上声名显赫的人物。他们当中有近代著名教育家蔡元培、著名文学家林琴南、精通天文算学的龚子英，还有后来被誉为中国邮学家的周美权等人。石印的《蒙学报》此时仍在出版，其主事人叶浩吾也位于《普通学报》的捐款同人之列。杜亚泉为主撰，同人们不仅出资相助，还常为报纸供稿。报上刊登的第一篇文章，即蔡元培所撰的《哲学总论》。《普通学报》出现于新政开始之后，为月刊，不专崇尚西学，而是以中西融合的视角，将实用之西学汇入中国传统的学术体系，以初学者为对象，划分了八大普通学科目：经学科、文学科、格物学科、外国语学科、史学科、算学科、博物科、学务杂志。③

《普通学报》创刊的同时，《申报》头版也发表了一篇鼓吹学堂设立普通学的文章。《申报》的论说未署名，但从这篇论说的主旨看，其与《普通学报》的办报宗旨有高度相似之处。该文主张中国学堂所授知识应该改弦更张，既要博古又要通今。中国欲与西欧各国争强，"不能不学彼之学，既欲学彼之学，则既不能不博通今古，尤不能不博通中外"。人之精力有限，为了防止习西学而误中学，顾此失彼，该文作者认为，学堂宜在童子入学识字后课以普通之学，学有专门，中西学并举，"我谓中国之弱在乎学问之不均，若仿普通之法则学问何患其不均，而人才又何患其弱于欧西哉"。④ 文中的中西学并行不悖的主张与《普通学报》的媒介实践路径相重合。《普通学报》发行时间很短暂，次年便消失，不过它的影响力仍在。1905 年，还有人仿其形式在北

---

① 《追悼杜亚泉先生》，《东方杂志》第 31 卷第 1 期，1934 年，第 303—304 页。
② 高平叔编《蔡元培论科学与技术》，河北科学技术出版社，1985，第 315 页。
③ 《章程揭要》，《普通学报》第 1 期，1901 年，第 81 页。
④ 《论中国设立学堂宜先定普通学章程》，《申报》1901 年 10 月 8 日，第 1 版。

京崇文门内出版了一种白话版的《普通学报》。①

1902 年还诞生了一份石印数学期刊《中外算报》，一些资料把它的创办者认定为杜亚泉。胡愈之、蔡元培等人均提及过，《中外算报》是由杜亚泉所办的同人报刊。其实这是一场误会，杜亚泉与《中外算报》无直接关联。有著作指出《中外算报》"为中国最早的一种数学期刊"② 一说也有误，中国最早的数学期刊为 1897 年的《算学报》。他们的共同点是皆为石印报刊。《中外算报》与《普通学报》的内容差异颇大。杜亚泉爱好科学知识，学问渊博，也涉猎了算学领域，但并不是以算学为专长。

本书翻检相关史料后发现，《中外算报》确系一份文人报刊，但他的创办者非杜亚泉，而是参与创办《南洋七日报》的文人之一：赵连璧。赵连璧精通数学知识，每期的《南洋七日报》上都刊载了大量的数学知识。第 3 期的《南洋七日报》上发布消息称，报馆拟开设算学社，顺带向同人征集稿件。③几个月后，《南洋七日报》上刊载了《中外算报》的"发刊叙言"，讲明该报为算学社的会报，主要编译算学教科书供学堂使用，是同人继《南洋七日报》而起。该部分声称，"兹者学堂林立，所需乎普通书者正多。鄙人仅就此数年来所得之于各大学堂者，并参以近作以为初等学校之助，就中所容，尚期诸大畸人极力维持。借是以为文明世界之一小点，至不自量力，贻笑大方，亦自知之不免也"，末尾处的署名为"江都赵连璧星衫甫叙"。由是可知，《中外算报》的主要创办者系赵连璧，不是杜亚泉。《中外算报》与《算学报》两份报刊也非毫无渊源，赵连璧就是仿黄庆澄的《算学报》之式，编译算学教科书的，其采用新闻纸体例，有文编、演说、译编、来稿、课艺等内容，每月 1 册，每册 2 角。它充分利用了石印术在传递图像上的优势，"白纸石印，校对清爽，图式详明"。④

此后，晚清的文化力量行动者退出石印报刊场域的争夺。《南洋七日报》1902 年便终止发行，《中外算报》的实际发行期数不明。因为《中外算报》

---

① 《纪白话普通学报》，《北洋官报》第 695 期，1905 年，第 3 页。
② 中国历史大辞典·科技史卷编纂委员会编《中国历史大辞典·科技史》，上海辞书出版社，2000，第 131 页。
③ 《告白》，《南洋七日报》第 3 期，1901 年，页码不详。
④ 《中外算报叙》，《南洋七日报》第 21 期，1902 年，页码不详。

是《南洋七日报》的附属报刊，在《南洋七日报》停刊后，《中外算报》很可能也面临同样的命运。

此阶段的文化力量行动者与维新派的石印报刊办报实践类同，集中谈论分科知识，都是"中体西用"的媒介实践。同类报刊几乎都是线装的石印丛报，将书叶沿版心的中线对折，折叶排序后再前后各加书衣，然后打孔穿线成册。① 中国文人将中国传统的知识体系缝合进西式的近代报刊外衣中，中学为体，西学为用，把新酒注入旧瓶，继续徜徉于古老国家的知识与权力体系中。

行动者以报刊为媒，目光凝视之处则是古老国家的权力中心。在石印报刊的内容生产选择中，本阶段的行动者继续偏向于新知而不是新闻。与维新派类似，报刊本身的新闻属性，与清末文化力量行动者的媒介实践关系不大。他们希望通过报刊媒介，发出自己的声音。即使他们不在朝野，他们也站在广场，凝视着权力中心，冀望于凭借报刊所造就的舆论影响得到权力中心的回应。

2. 新式知识分子的介入

民国时期，报刊石印程序的简化使得具有一定独立办报能力的文化力量也可以介入新闻业。其中便包括一批新式知识分子，他们的代表是学生。

1926 年，湖北省立第三师范附属小学的几个小学生，用自己省下来的早点费、纸笔费创办了一张四开石印的《少年友谊报》，每周一期。不过，该报仅出两期就因经费问题戛然而止。② 无独有偶，浙江桐庐一小学从杭州购入石印机一台，并在学生中成立了石印练习部，组织学生练习石印各种印刷品。③ 石印练习部的小学生们很快便能熟练操作，不久即印刷出版了一份《三小学报》。④

小型化的石印报刊层出不穷，更加多样化的文化力量介入报刊领域。石印报刊在民间的舆论场域中建构了一个新的空间，与官方并立。这在县域地区的新闻场域中表现得最为突出。大部分的县域中，主流的新闻媒体被国民

① 编辑出版学名词审定委员会审定《编辑与出版学名词》，科学出版社，2022，第 13 页。
② 中国人民政治协商会议湖北省宜昌市委员会文史资料委员会编印《宜昌市文史资料》第 12 辑，1991，第 161 页。
③ 《三小购石印机》，《质声旬刊》第 31 期，1928 年，第 2 页。
④ 《三小学报出版》，《质声旬刊》第 32 期，1928 年，第 2 页。

党所控制，民间办报者难以介入。铅印业仍需要较大投入，普通办报者无法支持。在国民党统治区，部分文化力量所办的石印报刊还曾以一种"叛道者"的形象出现。

民国成立后，基层地区的文人陆续自主创办少量石印报刊。宜昌的石印报刊正是产生在铅印设备缺失的时间裂缝中。1922 年春，宜昌最早的石印报刊《警报》发行，不过该报为不定期出版。是年秋，川军幕僚张遗珠前来宜昌，创办了《宜昌日报》，这是宜昌最早的日报，为对开四版。时人后来回忆起这份报纸，称其为"宜昌历史上最早的正规报纸"。川军并不具备印刷的条件，《宜昌日报》被委托给璞宝街会新石印馆代印。民国初期，宜昌的石印业有了很大的起色，有五六家较大的石印社。会新石印馆是其中最大的一家，于 1913 年创立，后又几次添置新的石印设备，为宜昌新闻事业初兴提供了必要的印刷辅助。在彼时彼刻的社会条件下，办报容易印刷难，代印的做法给了有此苦恼的办报人群一个很大的启发。很快，宜昌的石印报就兴盛起来了。

年轻的候叔轩就受到了石印报刊《宜昌日报》的影响。他和黄芝岩二人在宜昌地方自治讲习所担任讲师，时常给《宜昌日报》投稿。所写的街头见闻见诸报端，激发了他们日后进入新闻业的兴趣。次年 12 月，候、黄二人合办了另一份石印日报《宜昌新闻报》，候叔轩负责经理一切事务，黄芝岩为主笔。《宜昌新闻报》每日发行四版，第一、四版是社论、国内外新闻、省市新闻，第二、三版是广告，日发行量数百份。巧合的是，他们和《宜昌日报》是由同一家石印社印刷。该报的排版业务同样假手于人，报馆斥资雇用了一位缮写人，每天自行缮写好后交由会新石印馆承印。① 后来，候叔轩还参与自办石印业。他与当地的教育界人士共同集资，先是创办了一个互助书社，后来又购买了石印机，聘请了一位懂印刷术的师傅，开设了生生印刷所。同年，他们又自行出版了石印的《宜昌商报》。②

石印报刊作为一股重要的媒介力量介入基层地区舆论空间。1928 年，四川成都的王觉吾等人集合当地书画名宿创办了《蜀镜画报》。《蜀镜画报》从

① 候叔轩：《忆〈宜昌新闻报〉创办前后》，中国人民政治协商会议湖北省宜昌市委员会文史资料委员会编印《宜昌市文史资料》第 12 辑，1991，第 163—166 页。
② 中国人民政治协商会议湖北省宜昌市委员会文史资料委员会编印《宜昌市文史资料》第 12 辑，1991，第 153 页。

绘画技艺、编排内容、字体工整度来说，看似都与清末上海画报盛行期间差距不小。但在同人的努力下，至 1930 年，《蜀镜画报》断断续续发行到了第100 期。而成都自有画报以来，从未有超过 100 期者。①

此部分中国文人所办的石印报刊中，发行量超过一年的屈指可数，发行量超过两年的更是微乎其微。文化力量与商业力量密切关联，正是由于自身经济实力的不足，他们在场域中的活动常在与商人群体的互动中展开。特别是在清末阶段，文人群体与商人群体的互动频繁，许多报刊还依赖商业报刊的发行体系。近代石印报刊场域中有部分报刊由商人所代印或发行，这部分中国文人所办的报刊不等同于商人直接控制的商业报刊。在这些文人报刊中，商人群体仅起辅助作用，刊物的编辑、发行和所有权等都掌握在文人自己手中，它们实际上是由文人群体而非商人群体操控。

从长时段看，场域中 134 份同类型石印报刊的行动者呈现出分散的行动态势。正是因为其他中国文人群体是一个松散的结合体，因此他们所创办的石印报刊也呈现较强的"松散性"。在石印报刊深入全国各地的时期，散在的、多样化的文人行动者存在其中。文人们因时代而因缘际会，通过办报高喊出启蒙、救亡之声。他们所办的报刊成为时代的附属品，随时代的命运流动。在部分石印报刊中，文人群体带有一定的政治诉求。同样地，被时代裹挟的文人们也较难去平衡政治诉求、读者需求和大众媒体的新闻属性三者之间的关系。

本节通过经济力量、文化力量、政治力量三种不均衡的力量在场域中的行动，来探测各种行动者的特征。三类行动者参与了石印报刊的社会化再生产。根据社会学家韦伯的解释，人与人之间在素质、处境或行为上呈现的某种共同性，并不能表示共同体的存在。共同体的产生基于情感，它是一种社会关系，是参与者主观感受到的共同属于整体的一个感觉。共同体有相对一致的情感态度，只有大家都自觉地与第三者对立，才能为这个语言共同体的参与者造就同样的环境、共同体感觉和社会。② 先有商人群体，后有文人、政党进入石印报刊场域。在各个群体的行动者之间，他们是相似的办报者，但

---

① 《本报之过现未来》，《蜀镜画报》第 100 期，1930 年，第 1 版。
② 马克斯·韦伯：《社会学的基本概念》，胡景北译，上海人民出版社，2005，第 65—69 页。

不是共同体，他们缺乏情感的联结。维新派曾在场域中结成了一个短暂的共同体，且在小范围内运行。三类行动者之间，难以联合成为办报共同体。

商人群体最先进入场域，从中心走向边缘。政治力量则实现了由边缘向中心的位置转移。民国时期，国民党和中国共产党引领了石印办报活动。两个政党的行动区域集中于基层地区，也呈现出差别。在国民党的党报体系内，石印报刊充当了补充性的角色，类型较为单一；中国共产党面对的办报环境更为复杂，石印报刊在其报刊事业中所肩负的任务更加艰巨，所出版的石印报刊数量多，种类也更丰富。文化力量行动者创办的报刊亦不少，但他们的行动较为分散，难以整合。

第二节　中国近代石印报刊的发行与接受

本节的研究可以从另一侧面评估近代石印报刊的传播效果，也可对行动者有更深入的了解。

报刊的接受须通过发行来实现。发行（distribution）是将出版物供给消费者的出版活动，[①] 属于媒介经营范畴。石印报刊的接受对象，即为其读者，是阅读或购买书刊的社会群体。石印报刊在到达接受者手中前须经过发行，发行是阅读的前提。此处的讨论分为发行和接受两个环节。

一　石印报刊的发行方式

报刊发行方式（newspaper distrubution mode）是根据报刊的内容、对象和出版意图而确定的销售方式。[②] 报刊如何发行，须经由出版者来决定。由于近代报刊的特殊性，不是所有的报刊最终都会流入市场成为商品。不少石印报刊都曾采取过赠送的方式，这在政府和政党报刊中最为显著。本书所论述的发行方式还有另一层含义：特指报刊从生产者到消费者手中的过程，这个过程不一定通过销售来完成。发行方式与传播效果有着紧密的联系，而我国近代石印报刊是如何发行的？它主要采用哪些发行方式？

---

① 编辑出版学名词审定委员会审定《编辑与出版学名词》，科学出版社，2022，第87页。

② 编辑出版学名词审定委员会审定《编辑与出版学名词》，科学出版社，2022，第88页。

（一）有限的发行空间

报刊发行是一项具有较强商业属性的经营活动，近代石印报刊场域整体的商业化程度较低。两相矛盾之处，使石印报刊的发行往往局限在有限的空间内。此种现象在经济力量的行动者中尤为突出，在文化力量和政治力量所办的报刊中亦不鲜见。依常理言，发行是办报者获利的主要渠道。行动者有自身的义利观，他们当中很多人一直在社会效益和经济效益之间寻求平衡点，这也对石印报刊的发行空间产生影响。不论是都市中的石印报刊，还是基层地区的石印报刊，发行空间都并不大。

1. 都市报刊：有意与无意的限制

从都市中的石印报刊来看，其发行范围较为受限。晚清上海的绝大多数石印画报是由商人群体所出版，其中较多石印画报为附张形式，从属于主报。它们不取分文，随主报发行，多无广告。申报馆和新闻报馆的画报均属此列，最初发行时，前者的画报按旬赠送，后者的画报每日附送。从报纸经营的角度来说，画报发行得越多，报馆成本越高。对于自负盈亏的商业报馆而言，即使不完全看重经济利益，也不可能全然忽视报刊的生产成本，也就不得不在发行环节控制成本。印报本就耗费不少，在发行上控制成本也是理所当然的。在有意与无意的限制下，相较于同期铅印报刊，都市中石印报刊的发行空间并不大。

大型报馆的画报首发时大多是随报附送，之后再集结成册标价售卖。最初发行的免费画报到底送给了谁？结合史料分析后发现，石印画报附张最初的附送活动，可能仅在相当有限的范围内进行。新闻报馆的画报发行不到一年，因此对其阅读群体的考证因为史料的缺失而异常困难，同时同城多家商业报馆的石印报刊发行也较难追溯，不过考察存续多年的《点石斋画报》的发行相对较易。在现有的文献中，很难找到上海以外的受众阅读到"实时""免费"的《点石斋画报》的史料。19世纪80年代，《申报》到达云、贵等偏远地区尚需时日，在偏远省份一般只是发行给固定的订户。《点石斋画报》最初随报附送时，很大可能仅以上海本埠的订户和零售客户为主要的赠送对象。

在包天笑的回忆中，"我在十二三岁的时候，上海出有一种石印的《点石斋画报》，我最喜欢看了"。此时为1888—1889年，居住在苏州的包天笑的学业和生活圈中不乏《申报》的订户，但是包天笑未曾阅读过赠送的《点石斋画报》。他所读到的《点石斋画报》是自己花钱买的，"每逢出版，寄到苏州来，我宁可省下点心钱，必须去购买一册"。① 他买到的是日后积少成多、装订成册的《点石斋画报》。依照《申报》的发行效率，当日的《申报》可以在印刷完成后快速送到附近的苏州城中。虽是如此，申报馆似乎并没有考虑给"隔壁"的读者也附送一份画报，这恐怕是出于成本的考虑。

晚清文人吴趼人也提供了本埠零售的《申报》附送免费画报的佐证。《二十年目睹之怪现状》中描述了阅读《点石斋画报》的场景："只见我姊姊拿着一本书看，我走近看时，却画的是画，翻过书面一看，始知是《点石斋画报》。便问哪里来的。姊姊道：'刚才一个小孩子拿来卖的，还有两张报纸呢。'说罢，递了报纸给我。"② 吴趼人家彼时定居上海，其姐姐在报童手中购买了《申报》，随报附送了《点石斋画报》。其文中的"两张报纸"应指当日《申报》为两大张。由于印刷技术的提高和发行量的增加，《申报》扩大了内容容量，能够每天发行两大张。为了招揽本埠顾客，零售的《申报》中免费附送了石印画报。

《点石斋画报》发行期间及停刊后，点石斋书局多次将其合订本印刷出版。纵然如此，《点石斋画报》在民国的传播范围仍然有限。其首要的因素，应与价格相关。与《点石斋画报》相关的多则广告中，出版者都不忘刻意强调"不惜工本"。《点石斋画报》也因其长久的影响力，被多次重印发行。1893年，《点石斋画报》300册的合订版问世。1895年底，书局又决定重印全套400号画报合订本，"志在玉成是用，不惜工本"，装潢精雅，"定价洋二十元"。③ 同期《申报》的售价是10文，20元大概能够购买200份，即大半年的《申报》。④ 重印的这套画报数量达400号，还精工印制，想必成本应该不低。"不惜工本"的定价对于出版者来说并不算贵，但对于读者来说却不一定。

《点石斋画报》休刊 10 余年后，其商业价值的余温仍在。1910 年底，上海图书集成公司发行了一套《点石斋画报大全》，售价 44 元。[①] 随着画报的数量增多，比起 1895 年的合订本，这个版本就贵了不少。订阅全年的《申报》需 9 元 6 角，这本《点石斋画报大全》足足可购买约 4 年半的《申报》。但即使价格贵，书商也乐意为之，这表明《点石斋画报》仍具有相当的市场号召力。间断性地出版构成了《点石斋画报》持续传播的另一种方式。申报馆确实是不惜工本，但即便如此，这些"大部头"的经典之作也让普通读者难以承受。除了一些经济实力较强的都市读者外，很多基层地区读者连日常读报的钱都无法负担，部分偏远地区的民众甚至可能从未阅读过报刊，让读者一次掏出足以购买好几年《申报》的钱，着实有些不现实。整个民国时期，要买到一部合订的正版《点石斋画报》，也需具备一定财力。

诚然，《点石斋画报》作为石印报刊中的特例，具有一定的参考价值，但不具有普遍性。要推论整个石印报刊的发行与接受场域，还得观照其他类型和不同时间段出现的报刊。

北京石印画报的任务则要艰巨得多，广告稀缺，无大型经济资本做靠山，报费是它们最为重要的收入来源。出版者设法突破局限于京城的发行范围，通过各种途径将报刊销售到全国各地，为此将发行区域分为本埠和外地代派。

北京的石印报刊依靠报人之间的互助建立了一个发行网络。从 1909 年 3 月《正俗画报》头版公布的发行点来看，位于北京本埠的有各京报房后门、开通派报社、东安市场、鸿元福记彩票行、西四牌楼羊肉胡同、宝兴首饰局、王广福斜街广元照相馆、前门外集云茶楼、宾宴茶楼、第一茶楼；位于外埠的代派点是天津正化画报、府署东梁子亨先生、乡祠南李茂林先生、通州合记洋货店、保阳益闻报社、吉林双城堡阅报社、哈尔滨滨江日报馆、东三省振泰报局。《新铭画报》的发行网络，与《正俗画报》几乎完全一致。这也显示了报人之间互助的精神，同城报馆共享发行网络。从宣统三年（1911年）的画报看，《浅说画报》在本埠由北京各报房销售，在外地则远销至山西、天津、通州、吉林、盛京（沈阳）、南京、上海、湖北、河南、福建

---

① 《点石斋画报大全出书广告》，《申报》1910 年 11 月 30 日，第 1 版。

等地。

不过，北京的石印报刊是否真的如出版者所宣称的发行范围如此广泛，尚待更多的史料证明。本书对其宣布的广泛发行范围是存有疑虑的。晚清《京报》有一定的权威性，它与官方高度互动，是官方重要的信息传播通道。报房主人大多经济实力较为雄厚，对《京报》的发行区域有一定的规划。然而，《京报》到达地方的效率亦不算太高。在北京，通过送报人，阅者可即时看到《京报》。但仅就京城附近的保定来看，《京报》就已经显得滞后。保定省城五日一送，其余州县村镇则是十日一送，或每月一送。[①] 依照北京石印报刊办报者的经济实力，超越《京报》的发行效率难度颇大。

京城石印画报上经常展示各种各样的读者形象，但出现在报上的读者几乎都集中于本地。同期北京石印画报出版密集，有不少日刊。清末日报的发行依靠火车、轮船等新式交通工具，尚需报馆具备一定的资本方可成行。北京的石印画报似乎不具备支撑全国大范围内发行的能力。另有研究者提出，清末北方城市风气尚未大开，还处于相对保守的境地，这限制了画报的发行，北京的画报主要在本城及其周边城市销售，[②] 该观点也有一定的道理。

2. 基层地区报刊：出版地与发行地重合

石印报刊的小型化趋势使其可以蔓延到更基层的地区，广布乡间的同时也在一定程度上限制了它的传播范围。民国中后期的石印报刊的覆盖率显著低于清末民初的同类型报刊，发行与接受都局限在一定的社会场域内，难有石印报刊实现全国范围内的发行，多数石印报刊出版地与发行地重合。报刊大都是交换或者赠送，能够创造经济效益的少之又少。而且，石印报刊的产量难以适应大规模传播的现代新闻业的需求。民国后期，石印报刊的产量和发行量已经普遍大幅低于同类铅印报刊，出版地和发行地更加趋于一致。

国民党山东省政府机关报《山东公报》，石印期间的发行量为 2000 份，[③]在国民党的官方石印报刊中已属前列。国民党诸多县级石印报刊以三日刊为主，大都是单纯依靠政党的力量发行，发行区域只集中在县域本地，发行量

---

① 齐如山：《故都琐述》，《益世报》（天津版）1946 年 11 月 1 日，第 6 版。
② 陈平原：《左图右史与西学东渐：晚清画报研究》，生活·读书·新知三联书店，2018，第 429 页。
③ 叶再生：《中国近代现代出版通史》第 3 卷，华文出版社，2002，第 711 页。

超过 1000 份的寥寥无几。本书统计了 20 世纪三四十年代部分国民党石印县报的发行量，结果如表 3-3 所示。①

表 3-3　20 世纪三四十年代部分国民党石印县报的发行量

报刊名称	时间	地点	发行量（约）
《通讯月刊》	1942 年	贵州江口	300 份
《思南周报》	1946 年	贵州思南	100 份
《凤台话报》	1942 年	安徽凤台	700 份
《胜峰报》	1945 年	云南曲靖	500 份
《临夏日报》	1937 年	甘肃临夏	300 份
《归绥通俗日报》	1932 年	归绥县（今呼和浩特）	370 份
《固原三日刊》	1938 年	宁夏固原	100 份
《固原青年》	1947 年	宁夏固原	100 份
《永绥民报》	1940 年	湖南永绥	300 份

从表 3-3 可见，以上地区石印县报的发行量都低于 1000 份。国民党县报大多有固定的模式，四开两版，内容普遍单一，发行范围更是狭窄。《凤凰民报》是发行量较大的国民党县报，由国民党凤凰县党部与县政府联合创办，石印，四开两版，头版刊载国内外新闻，第二版登载县政府公报和本地消息，间或有文艺副刊。1945 年，该报与凤凰的《县政府公报》合并，一直发行至 1949 年 3 月。《新襄阳日报》也是两版，每版 3000 字左右，主要消息源自国民党中央社。第一版为国内战事和省内新闻，第二版是国际新闻，有时登少许广告。报社请了一位报童，每日去县政府电台收录消息。报社没有印刷厂，

① 参见《铜仁地区通志》编纂委员会编《铜仁地区通志·文化》，方志出版社，2015，第 3050 页；凤台县地方志编纂委员会编《凤台县志》，黄山书社，1998，第 337 页；曲靖市文化体育局编《曲靖文化志》，云南人民出版社，2014，第 286 页；临夏市地方志编纂委员会编《临夏市志》，甘肃人民出版社，1995，第 515 页；张丽萍《内蒙古民国报刊史研究》，内蒙古大学出版社，2014，第 66 页；固原市地方志编纂委员会办公室编《固原百科》，陕西人民出版社，2016，第 924 页；湖南省花垣县地方志编纂委员会编《花垣县志》，生活·读书·新知三联书店，1993，第 516 页；马本立主编《湘西文化大辞典》，岳麓书社，2000，第 764 页；安乡县志编纂委员会编《安乡县志》，新华出版社，1994，第 514 页；桐城县地方志编纂委员会编《桐城县志》，黄山书社，1995，第 632 页；兴文县志编纂委员会编《兴文县志》，四川辞书出版社，1994，第 589 页；中国人民政治协商会议湖北省襄樊市委员会文史资料委员会编印《襄樊文史资料》第 9 辑，1990，第 82—84 页；等等。

由新襄阳书店代印。整个报社只有四个人，编辑刘鸣岗是襄阳当地一位教师，另有一记者、一庶务，再加上报童。报纸每天印量在 700 份左右。襄阳商业凋敝，买得起报的老百姓少之又少。《新襄阳日报》每日发行的报纸中，大部分是用来交换或赠送的。微小的发行量也从侧面表明，县报的出版者或许并未打算将报刊扩散至周边，只是用于满足当地群众的基本信息需求。县报在内容上千篇一律，或许也无太多将其推广到上级地区的必要性。

（二）欠成熟的发行策略

从近代石印报刊的发行方式看，行动者普遍缺乏相应的发行策略。在发行空间上，也有部分石印报刊突破了出版地，将发行区域扩展至全国。维新时期的石印丛报便辐射了较大的发行区域，《时务报》依靠同人之谊将销售范围几乎拓展至全国，最盛时有近 150 处代派处。这同时引发了一个问题，发行空间上的拓展是否一定意味着发行策略上的成熟？从近代报业经营的角度来审视，两者不能完全对等。

不妨对比一下《时务报》在本埠和外埠的发行量。《时务报》在上海本埠一骑绝尘，订户数千，零售可达数万册。《时务报》在各处广布发行网络，非全为赚钱之计，更多则是出于宣传办报者思想的目的，依靠行政命令进行"官销"是《时务报》发行的重要渠道。外埠各地在报纸发行第二年不再零售，以订阅为唯一发行途径，整体发行量远逊于本埠。

除了上海、湖南、江苏、广东、安徽等少数几地，《时务报》的固定订户数量十分有限。《时务报》第 39 期和第 50 期中公布的售报处显示，其发行虽触及云南、贵州、广西、甘肃等偏远地区，但发行量委实不高，大多不足百份，其中还包括各地的书院、学堂等机构订户，有少许自发订阅者。在广西有 50 位订户，云南 20 位，贵州才 15 位，仅能发行到当地极少部分的知识精英读者中。发行区域广，征订用户少，反而不利于出版者控制成本。

晚清的文人负载着深切的启蒙责任，他们希望将报刊所载新知广泛传播，所办之报能被更多人阅读，因而特别注意报刊发行在空间上的拓展。可是这些报刊几乎都在上海印刷出版，再依靠各种方式分发出去，发行区域越广意味着成本越高。许多报刊虽标明了邮费，但在实际发行中并未向读者收取。报费收取本就困难，更何况邮费。《时务报》发行的区域分散，发行区域越广，并不代表发行策略越优，反而可能因为其实际到达的外埠读者范围广、散而增加报馆的经营压力。

北京、上海的石印报刊曾积极扩展发行网络，相互共享发行网络来扩大发行范围，这成为一个普遍的发行策略。北京出版石印画报的内容具有较强的同质性，有相似的读者群体。对于行动者来说，共享发行网络也相对省心省力。但对于上海的同类报刊而言，却要另当别论了。

上海的石印丛报在全国范围内共享发行网络的惯例早已有之，维新时期，各报围绕《时务报》形成了一个通用的发行体系。对《时务报》发行网络的研究，前人已有较多的成果。此处试图通过对《蒙学报》与《时务报》发行网络的比较，探讨石印报刊的发行策略问题。

两报派报处的对比情况见表3-4。

表3-4　《蒙学报》与《时务报》派报处对比

地点	名称	是否同为《蒙学报》《时务报》派报处
京城（北京）	西学堂、电报局、绳匠胡同杨宅	是
烟台	潮州会馆	是
湖南	矿务总局	是
芜湖	电报局	是
香港	文裕堂书坊、聚珍书楼	是
天津	官书局、文美斋、关道署内	是
湖北	时务报分馆	是
江西	灵应桥汪公馆内	是
广东	圣教书楼、知新书局	是
福州	闽海关科房、天泉钱庄	是
保定	西河沿傅公馆	是
汉口	黄陂街江左汉记书坊	是
安庆	藩经听署内吴宅、姚家巷口江宅	是
潮州	上东堤广聚栈、陈再兴纸行	否
温州	学计馆	否
温州	时务书局	是
台州	黄严县前柯泰丰号	是

续表

地点	名称	是否同为《蒙学报》《时务报》派报处
常州	龙城书院	是
苏州	护龙街墨林堂、观前文瑞楼	否
硖石（今浙江海宁）	萃古斋	是
镇江	盐店巷吴寓	是
宁波	诸衙街严宅	是
江阴	永恒义庄	是
常熟	醉尉街、内阁第张	是
绍兴	永澄桥墨润堂书坊	是
淮安	更楼东罗公馆	是
杭州	九曲巷楼宅	否
无锡	售申报处	是
嘉兴	砖桥陶宅、芝桥街谭宅	是
扬州	电报局	是
松江（上海）	苏兰桥陈寓	是

注：表中"是"代表同为《蒙学报》和《时务报》派报处，"否"代表仅为《蒙学报》派报处。

表3-4统计了《蒙学报》在30个城市（省份）的43个派报处。将之与《时务报》的派报处进行对比，可以发现两者高度重合。除了位于潮州的上东堤广聚栈、陈再兴纸行，温州的学计馆，苏州的护龙街墨林堂、观前文瑞楼，杭州的九曲巷楼宅6个派报处仅为《蒙学报》派报处，不属于《时务报》的发行网络，其他37个派报处同属于《蒙学报》和《时务报》的发行体系。

《蒙学报》虽由时务报馆牵头创办，但实际的负责人是汪钟霖。1899年，在《蒙学报续办略章》上，署名者亦为"原办人汪钟霖"。上述6处不属于《时务报》的派报处绝大多数位于苏杭地区。而汪钟霖恰好是苏州人，很有可能是依靠自己的人脉拓展了新的派报处。

《蒙学报》发行时，《时务报》已经创办一年，名声大振。有时务报馆的同人高度参与，与《时务报》共用一个发行网络是顺理成章的事情。它们不像后期出现的高度同质化的北京石印画报，《时务报》与《蒙学报》在刊物内容、读者群体上都有较大区别。进言之，将两份异质的报刊放入同一个发行网络中的举措实则并不十分明智。

《时务报》是一份政论报刊，勾连了甲午战败后文人群体的家国情怀与政治理想，建构了以译书、译报为主体的内容场域。它有明确的读者对象："士约百分之九，商约四五千分之一，农、工绝焉……其力足以购报，才足以阅报者。"① 时务报馆构建了一个以士人读者为中心的发行与阅读网络。《蒙学报》有精准细分的读者群体，不同的栏目面向不同年龄的读者，它针对的是泛在的儿童阅者群体，上至 12 岁，下至 5 岁。"启蒙之法"分两界，5 岁至 7 岁为一界，8 岁至 12 岁为一界；"文学类"辑中文识字法，5 岁至 7 岁用启蒙字书，8 岁至 12 岁用译西文札记学制，东文译本书 8 岁至 12 岁用……这就意味着，《时务报》与《蒙学报》的读者几乎完全不同。固然不排除有早慧之儿童能阅读《时务报》，但按常理推断应为极少数。同理，能够畅读《时务报》的读者应该也不需要再去补充《蒙学报》的知识。

被放在读者群体不匹配的发行网络中，也许会有碍《蒙学报》读者群的扩大。所以，汪钟霖等人在苏杭另觅发行处可能与此相关。对于现代性报馆来说，发行范围与发行策略两者不存在完全的正相关关系。出版者应根据不同的阅读群体采取具有差异的发行方式和策略，才有利于发行规模的扩大。

（三）遗缺的发行体系

发行空间和发行策略的局限也正提示了近代石印报刊发行体系的遗缺。石印报刊场域中专业发行体系的缺乏，限制了发行空间和发行策略的优化。

在场域内部的各类行动者中，普遍存在专业的发行体系遗缺的现象。政府和政党所办报刊的发行依赖官方权力，比之常规的铅印报刊，石印报刊广告少，获利不多；商人群体亦不重视发行体系的建设；文人群体重义轻利的现象甚是常见。

清政府主导的石印报刊仅存续不到十年，数量稀少，难谈发行体系的建立。办报者与发行者合一，办报者也为石印报刊的发行主体。《江西官报》的派报以官方赠送为主，在官方体系中派送，全靠行政力量推动，基本没有零售读者。《江西官报》的发行由"总办酌量省城各衙门局所各若干册、省外道府若干册、州县若干册，由各州县分给绅商士庶官吏，报值由总办……扣存"。②

---

① 上海图书馆编《汪康年师友书札》（3），上海书店出版社，2017，第 2405 页。
② 《江西报例》，《江西官报》第 1 期，1903 年，第 4 页。

发行过程中，该报由驿驰送递，然而迟误情况甚多。[①] 1906 年，改版后的《江西官报》增添了符合新式官报的内容，例如特意增加了"新闻"一类。然而，因经费不足未能大力推广，这也阻碍了官报对印刷方式的改良。不仅是发行迟滞的问题，石印的生产速度也影响了报纸的推广。次年，当地官员对此表达了强烈的不满，印刷的迟滞连带引来派送的延迟，派销各属每至累月经旬始能送到，报刊石印已经是"窒碍良多"，亟待改革。当地职员李之窠请洋务局拨款 2000 两设法改良，官商合办，使《江西官报》仿照《南洋日日官报》，改名《江西日日官报》，"以期出版便捷，裨益见闻"。[②] 1907 年，江西确实出现了一份《江西日日官报》，但并不是承袭《江西官报》，而是由九江的《江报》更名而来，后迁至省城南昌出版，其双面铅印的印刷方式已属先进。石印报刊渐渐退出江西的官报领域，《江西官报》后来也变更为铅印，发行上也更为快捷。

上海书业公所创办的《国民快览》属于年刊，1912 年开始发行。1923 年出版的《国民快览》自豪地宣称："本书销数之巨，无与其匹。上期初再两版，共印一十五万五千册，未至岁暮，如数售讫，足征国民进步之速。故本期之书，仍以上期之数为限。"[③] 这里面存在一个悖论，书业公所根本没有自己的发行部门，《国民快览》何来如此大规模的发行量？

其一，上海书业公所自称的发行量有"注水"之嫌。上海书业公所的档案显示，鸿宝斋书局是《国民快览》的印刷方。1922 年的印数为 48400 册，1923 年的印数与前一年基本持平。即使《国民快览》走俏市场，按照 1∶1 的比例再次增印，也与其宣称的 15 万 5000 册相去甚远。此外，发行收入与书业公所的总收入之间明显不对等。民国时期的《国民快览》平均印量在每年 4 万册，按每册 0.4 元计，仅此一项，书业公所一年的收入就可增加万余元。在 1911 年到 1914 年，书业公所四年间的总收入才 3259.652 元。之后，书业公所也没有出现任何"暴富"的景象。从上述史料可以看出，《国民快览》的发行量有"注水"之嫌。《国民快览》到底在多大程度上到达了读者

---

① 《告白》，《江西官报》第 7 期，1903 年，页码不详。
② 《江西》，《东方杂志》第 3 期，1907 年，第 64 页。
③ 《编辑缀言》，《国民快览》1923 年版，第 1 页。

手中，我们暂不得而知。《国民快览》为年刊，若把它的发行量平均到月刊或日报来看，发行量也并不算大。

其二，《国民快览》的发行依靠的是权力的逻辑，与发行体系无太大关联。书业公所未设发行部门，它们先将《国民快览》卖给各书局，再通过这些书局进行销售。各书局的购买量则代表其对书业公所的"忠心"程度，鸿宝斋书局每年都包销了一成左右的《国民快览》。其余的如商务印书馆这样的现代书局，还有传统书局文瑞楼等，都承担了主要的销售任务。各书局最终的销量如何，不在书业公所考虑的范围内。为此，书局内部也有不少反对者，在鸿宝斋书局内，有同业甚至为此事起了冲突。①《国民快览》的发行量与发行体系并无太大关联。推动其发行量的不是市场需求，而是书业公所的权威。

民国中后期，中国共产党创办的许多石印报刊在发行量上高于国民党县报，多份后方出版的报纸发行量达 1000 份以上。《鲁西日报》为中共鲁西区党委机关报，三日刊，发行量达 2000 份以上。鲁南的《新群众报》也为三日刊，发行量近 1000 份。但是，看上去较佳的数据也并不意味着中共石印报刊的发行体系具备了完整性。

《晋察冀日报》属于地方性报刊，在河北平山县印刷和出版，其也是抗战时期发行范围较广的中共石印报刊。该报在第 50 期的纪念文章中提及了它的发行范围：不仅畅行于四大铁路干线之间的军区的中心地带，而且深入平汉路东的游击区。在冀中平原上，其得到了大量的读者，而在军区中心县份，其读者也大大增加了。② 需要一提的是，这个发行空间区域的建立不是依靠现代化的发行体系，而是依靠办报者自身的力量。实际上，此时《晋察冀日报》的发行范围仍相当狭窄。加上石印出版量的限制，稳定的发行区域只有抗日根据地巩固区的三五个县。《晋察冀日报》发行五年后，它真正的发行区域也只能到达北岳区的 12 个县。

《晋察冀日报》没有建立单独的发行组织，只能依靠报社的力量自己发行。报纸印出后，交给政治部。政治部内部也只有一个收发人员，再沿村转送，利用军队与军邮，把报纸输送到读者手中。直到改为铅印，报纸才设置

---

① 许静波：《鸿宝斋书局与上海近代石印书籍出版》，《新闻大学》2012 年第 3 期，第 136—144 页。
② 《抗敌报五十期的回顾与展望》，《抗敌报》1938 年 6 月 27 日，第 2 版。

了营业发行的组织。石印的《晋察冀日报》在发行数量和发行范围上都无法
与铅印阶段比拟。表 3-5 记录的是《晋察冀日报》在 1937 年至 1938 年的发
行量，该报改铅印的时间为 1938 年 8 月 16 日。[①]

表 3-5　《晋察冀日报》发行量

单位：份

时间	发行量（约）	时间	发行量（约）
1937 年 11 月	1500	1938 年 6 月	2500
1937 年 12 月	1500	1938 年 7 月	3000
1938 年 1 月	1500	1938 年 8 月	3000
1938 年 2 月	1500	1938 年 9 月	1200
1938 年 3 月	2500	1938 年 10 月	1200
1938 年 4 月	2500	1938 年 11 月	1200
1938 年 5 月	2500	1938 年 12 月	6000

　　根据表 3-5，《晋察冀日报》在整个石印期间，每月最高发行量约为 3000
份。1938 年 2 月至 1938 年 8 月，发行数量比较稳定，从油印时期的 1500 份
稳步增长到 3000 份。1938 年 9 月，报纸的发行数量出现了一次急剧的下滑，
从 3000 份急跌至 1200 份，此时报社正经历曲折的印刷改革过程。造成发行
量下滑的原因或许不仅是印刷方式的变革，还可能是报社内部的经营方式和
发行理念的转换需要一个调适期。

　　石印，对于报社来说并不是长久之计，也与《晋察冀日报》在中共抗日
根据地的新闻事业中的重要性不相匹配。石印的印刷速度限制了报纸的推广，
编者们亦难以将一些现代化的经营理念融入其中。报社最多时也只拥有三台
石印机，1938 年 3 月，日军还炸掉了报社的一台石印机，[②] 这加大了报纸印
刷出版的难度。同年 4 月，报纸脱离晋察冀军区政治部，变为晋察冀省委的
机关报，改由邓拓带领一支由十几位青年人组成的队伍继续办报。成为省委
机关报的《晋察冀日报》责任更为重大，报刊的新闻容量增加。四个版皆报

---

① 邓拓：《晋察冀日报五年来发行工作的回顾》，《中国报刊发行史料》编写组编《中国报刊发
行史料》，光明日报出版社，1987，第 335 页。
② 贾呈祥：《〈晋察冀日报〉回忆片断》，河北省新闻出版局出版史志编辑部编《中国共产党晋
察冀边区出版史资料选编》，河北人民出版社，1991，第 32 页。

道国际和国内新闻，还增加了晋察冀军区范围内的"各地通讯"，自行采集报道的新闻数量也有所上升。报纸发扬群众办报的精神，屡次向读者发出征稿启事。报社制定了推销策略，亟须把报纸迅速传播到群众中去。前所提及的对石印版面随意修改的情况也已经大幅改观，版面整洁规范，还有连环漫画；报纸印刷难免出错，对于印刷有误之处，报上登出了郑重的"更正"启事，详细标明错误之处。此时，报纸已经俨然一份专业化程度颇高的现代报刊。

1938 年 6 月，《晋察冀日报》发布了一则《本报革新预告》："本报是为着晋察冀的成立、巩固发展而创办……本报为着更适应目前开展的形势，更能够深入到全边区的人民起见，特别从各方面努力，现在已经从冀中区找到铅印机，故此，自本报第五十期起，改用铅印出版，并且又改成二日刊。……内容将更充实，输送将更敏捷……成为全边区军政民各界的代言者。"① 50 期对报社来说具有重要意义，报社在炮火中兴起，又在炮火中重生，并将迈向一个新的阶段。报社经过努力终于备齐铅印机，并决定从第 50 期起进行印刷上的革新。与预期不符的是，印刷改革过程并不顺利。《晋察冀日报》没能如期更换为铅印，仅凭报社一己之力负担铅印难度不小。1938 年 5 月，参加铅印的第一批印刷工人已经抵达位于海会庵的抗敌报社。人员虽已就位，报社仍在经费、印刷材料等方面遇到不少现实难题。晋察冀边区提出设立一个商业性的群众的出版社，《晋察冀日报》加入该社，为其整个出版事业之一部门。② 之后，报纸的铅印之事才最终成行。

是年 8 月 16 日，《晋察冀日报》终变更为铅印。对于《晋察冀日报》来说，这不仅是印刷方式的变更，还是经营理念的升级。报社设置了全新的代销办法。③ 报纸刊期缩短，从三日刊改为双日刊，在次月又改为日刊。铅印提升了印刷效率，新的《晋察冀日报》的内容和版式设计与石印时期相比并无太大变化，最大的不同在于图片元素在铅印的报纸上消失了。此后的两个多月，报上难以见到图片。不过报社很快就解决了图片的问题，是年 11 月，报中开始出现铅印图片，包括地图、人物画像、栏目设计图等。1938 年底，报社总算建立了单独的发行系统，发行量升至 6000 份。次年 9 月，《晋察冀日

① 《本报革新预告》，《抗敌报》1938 年 6 月 3 日，第 4 版。
② 《抗敌报五十期的回顾与展望》，《抗敌报》1938 年 6 月 27 日，第 2 版。
③ 《本报营业部启事》，《抗敌报》1938 年 8 月 16 日，第 4 版。

报》的发行量已经过万，达 10400 份。在《晋察冀日报》出版的同时，晋察冀边区还有一份更大的报纸，即为《抗战报》。《抗战报》是晋察冀边区当时最大的报刊，创刊时间约在 1938 年 6 月，为四开纸大小的石印三日刊。是年底，它的发行量已经接近 2500 份。报社在城市和大的市镇设置了固定的派报处，报纸一出版就可以用最快的速度发出去，保证读者能最快看到报纸。有的发行区域虽是隔了几座大山，有三四百里路，但读者一般在三天以后就可以见到在五台山出版的《抗战报》。① 《抗战报》的发行尝试具有很大的意义，但在抗战期间的石印报刊中，类似的尝试寥若晨星。

抗战前后出现的石印报刊几乎都在国共两党的权力体系中运转。由于中共在抗战时期尚未取得执政党的地位，自身办报的经济实力和政治实力都还较为缺乏，石印报刊在中共的报刊体系中比它在国民党的报刊体系中更为重要。换言之，县级报刊在很大程度上对中共来说是必需品，但它在国民党基层新闻事业更倾向为一种补充剂。从发行量上也可以看出，同是在基层县域或乡镇出版，中共的石印报刊发行量总体上大于国民党的县级报刊。发行量的对比同样也不能掩盖发行体系的缺失。中共党报党刊发行量的正式扩大，见于新中国成立后专业性的发行网络建立之后。

二 石印报刊的接受空间

前部分考查了石印报刊的发行方式，此部分将转向石印报刊发行活动的对象：读者。在读者所构成的接受空间中，石印报刊的受众具有怎样的特征？与其他报刊场域的接受者相比，石印报刊场域的接受者是否表露出某些独特性？

（一）结构多样的受众

石印报刊的读者集中于哪些群体？在近代，石印报刊日渐将多样化的受众吸纳其中。

画报研究者指出，晚清画报的拟想读者与实际受众之间存在一定的差异。出版者希望画报能够启蒙社会，尤其是开通社会下层的妇孺儿童，然而这仅是一种理想的状态。《点石斋画报》中充满意境的图画、晦涩的文字都非一般

---

① 《模范抗日根据地的晋察冀边区（续十四）》，《新疆日报》1938 年 12 月 2 日，第 2 版。

的智识群体所能理解。《点石斋画报》的读者群体是具有相当教育程度并相对富裕的人群。① 虽然诸多报刊尤其画报的出版者一直在强调女性读者在场域中的作用，但在近代石印报刊的阅读者中，男性读者仍占有较大的比例。广州也是开风气之先的城市，《赏奇画报》中曾经多次绘出该画报读者的阅读场景，如图3-4所示。

图3-4 《赏奇画报》阅读场景

资料来源：《赏奇画报局》，《赏奇画报》第12期，1906年，第1页。

图3-4描绘了一个男性读者的阅读世界。报馆外面，售报、阅报都井然有序。一群人围在报馆内的售报处交谈，图中右下角应是一位报贩，他正扛着一摞报纸送往他处。图中的读者有衣着传统的老者，也有一副新式装扮的年轻人，隐约还有儿童。我们仔细观察就会发现，图中的人物，无论是报馆内部工作人员，还是读者，全部为男性。女性在画家的笔下"隐身"了。该图也从侧面说明，受中国传统社会对女性受教育机会的束缚，女性读者在画报读者中并不为人所特别重视。

随着晚清石印术的发展，画报开始贴合广大受众，这也使石印报刊的读

---

① 吴果中：《左图右史与画中有话：中国近现代画报研究（1874—1949）》，北京大学出版社，2017，第83页。

者群体由上至下开始拓展，各式各样的读者也常常出现在报刊文本中。

清末石印丛报的出版者和读者大多为男性读书人，但石印画报则更喜欢利用本地特殊的女性读者群体来彰显它们的传播效果。办报者认为，报刊媒介连通着文明，连青楼女子都知道看报，那足以证明报刊在社会中地位的提高。北京的画师塑造了多样态的本地青楼"报迷"女子的形象。北京陕西巷喜凤班的妓女蕙芬颇能识字，"每日必看"《正俗画报》及各种报纸，连念带讲，很有好学不倦的意思，"蕙芬总算要强呕"。① 1911 年，上海的石印画报同样使用了女性读者形象，并把这种女性读者的空间延伸到了外埠地区。在一幅《女士欢迎报纸》的图画中，北京一位女学生正拿着《民立报》向一位男子咨询订报事宜。在上海的《民立画报》中出现的这位女性读者，不是本地人，而是北京的女学生。比起北京画报中的青楼女子有详细的住址、姓名等信息，《民立画报》中这位女学生的信息就少多了，也更笼统，仅写明"北京有某校生张女士"。② 这些阅报女性到底是否确有其人，那只有办报者自己知晓了。此处不排除办报者另有意图的可能性，以各类阅报女性群体来映射报刊的发行之广、感召力之强。

当然，画报也并没有遗忘占比更多的男性读者。西单牌楼红庙有位男报迷，天天买些画报贴在自家门口，招得许多路人围观。报纸出版者对此举大为赞赏：报迷贴报，为的是开通民智。③ 乞丐也成为读报者之一，充分表现出石印报刊读者群体向下的扩展趋势。在《北京白话画图日报》的画师笔下，韩家潭拐角处有位乞丐手里拿着好几份报纸在看，旁边围着许多人都直笑他。"那些笑他的人，还没有个叫花子开通哪，可笑。"④

清末的石印报刊在京城传播，报上的新闻人物也阅读到了报刊，并与报刊展开互动，这些人物中不乏处于传统认知中的上层人士。北京画报的发行对象更多地指向社会下层民众，当它的读者群体结构开始有所变化时，即使这部分"异类"读者数量很少，也从侧面证明了其社会影响上的突破。1909年 3 月，《正俗画报》刊登了一则巡警执法的图画新闻。陕西巷某小班有三人

---

① 《妓女好学》，《正俗画报》第 47 期，1909 年，第 4 版。
② 《女士欢迎报纸》，《民立画报》1911 年 5 月合集，页码不详。
③ 《报迷贴报》，《北京白话画图日报》第 222 期，1909 年，第 2 版。
④ 《花子看报》，《北京白话画图日报》第 220 期，1909 年，第 7 版。

施放洋枪，幸好被巡警擒获，才阻止了一场惨剧。不料，这则表扬巡警工作负责的新闻却"惨遭"当事人亲自打假。新闻中的巡警急忙出来澄清，陕西巷并无此放洋枪之事，登入图画未免骇人听闻，还要求报社及时更正。①

清末的皇城根下，北京的石印画报已经被清政府的高官阅读到。辛亥革命前夕，《浅说画报》还刊登了一则曹汝霖阅读该报的图片新闻，标题《曹汝霖也会生气了》中渗透着办报者的讽刺意味。图片中的曹汝霖身着官服，手持着一份经折式形态的《浅说画报》正在阅读，神情严峻。曹汝霖履新外务部副大臣，刚上任就在外交中屡屡碰壁，引起群众极大的愤怒。新闻中的文字部分写明："曹汝霖办外交之失败，各报均载，举国皆知。日前，曹汝霖之至亲某甲，见本报形容，私告曹汝霖。曹见报，顿足大骂。既曹汝霖知道有气，知道骂，还算是有点儿人味。"画报作者没有透露新闻来源，不过看作者言之凿凿的样子，可能也并非道听途说。该报曾经也因新闻失实在报上登过致歉声明，且对方又是朝廷高官，作者应该有相关的规范意识。作为新闻当事人的曹汝霖通过各种渠道，辗转阅读到了画报。

《浅说画报》一直从晚清发行到民国时期，另一个案例也说明了它的影响力，它已受到清末社会"上层"人物的重视。1912年初，坊间传出袁世凯之子袁克定在开封被刺受伤的消息。袁克定通过《浅说画报》澄清，自己是因为骑马开枪打猎，马受惊而跌伤，并非刺伤，现已渐痊愈。为此，画师还专门绘制了一幅图画，医生、妇女等一群人围在袁克定的病榻前。② 通过画报自身对读者群体的描述，我们看到了多样化的受众徜徉其间。

（二）深度下沉的受众

民国成立后，石印报刊不再局限在大城市，开始散见于各个省份。民国后期，石印报刊深入乡村，给乡村读者带来了巨大的影响。围绕石印报刊，形成了一个以基层地区群众为中心的读者群，它的受众群体深度下沉。

读报小组的建立对农村地区石印报刊的阅读有重要的意义。时人认为，读报应该被看作"功课"，而不是"消遣"。③ 在冀中地区，读报的活动深入

① 《来函更正》，《正俗画报》第49期，1909年，第3版。
② 《袁公子无恙》，《浅说画报》第1212期，1912年，第2版。
③ 阿同：《"报"与"读"》，《新疆日报》1941年8月31日，第4版。

群众的日常生活实践中。任丘等村庄中，人们利用群众经常聚集的场所，建立群众性的读报小组。一种读报小组由宣教干部领导，有特定的读报程序；另一种读报小组是群众自发形成的，比如吃完晚饭后，大家坐在炕上拉家常，有人则拿出一份报纸，给大家念。对这种自然形成的读报小组，村级的宣传部门非常重视。他们抓住其中的骨干分子对其进行领导帮助，使民众的读报组织能够更好地发展。①

中共西北中央局宣传部编写的一本小册子《活跃在农村的读报组》，生动记录了1944年中共领导和组织陕甘宁边区读报小组的情况。小册子记载的为读报小组的阅读内容，未对所读报刊的印刷方式作解释。考虑到战时边区印刷业的落后状况和石印报刊在基层地区的覆盖率，其所读的报纸中应不乏石印报刊。中共的相关宣传人员进驻村里，按部就班地组织小范围的读报活动，"读的都是农村群众最需要的东西"。有的读报小组不拘形式，有空便读，与农业生产相结合，提高了群众的政治文化水平，也提高了农民的识字率。②

《太岳日报》一共石印出版了369期，在改为铅印前，已经达近4000份的发行量。围绕《太岳日报》组织的读报活动对群众产生了重要的影响，也促进了《太岳日报》自身影响力的扩大。报刊对村民的古老信仰造成了冲击，改变了太岳山区的一些读者的阅读习惯。原来，有位读者居住在太岳山区的村里，信息不通，只能依靠《太岳日报》获取敌人"扫荡"的信息。正是报上传达的信息，让这位读者成功躲过了敌人的枪弹。可同村的一位王老太却吃了亏，她从不看报，却跑去庙里求神，最后惨遭杀害。这位读者不禁感叹：求神不如求报。读者能够阅读到《太岳日报》从而成功躲避了日寇，乃是因为她是村里的读报小组的成员。她参加了读报活动，了解到最新的信息才侥幸逃过一劫。③

《太岳日报》发行未及一年，当地已经有中学生围绕这份报刊组织了颇为系统的阅读活动。学生组成了9个读报小组来阅读报刊，八九个人为一组，分组阅读，有的读国际版，有的读国内版。每组设定一个组长，报告自己的

---

① 《利用自然场合　建立读报小组》，《冀中导报》1948年12月31日，第3版。
② 中共西北中央局宣传部编《活跃在农村的读报组》，新华书店晋察冀分店，1946，第1—17页。
③ 《我的好朋友》，《太岳日报》1941年6月6日，第3版。

阅读情况，各组之间再交换意见。①

　　除了有组织性的读报小组外，少数读者也开始了自主阅读，多样化的阅读群体介入场域中。中共的石印报刊发行困难，发行区域有限，办报者就格外注重发行的有效性，把报刊送到"理想"的读者手中。依靠发行范围的扩张，燕京大学及北平城内的部分学校与《挺进报》展开了互动。《挺进报》创办于 1939 年 9 月 1 日，初为石印四开小报，两年后改为两大版，断续出版了六年。它以创办地为主要发行区域，起初的发行地主要是平西抗日根据地，后发行到冀东平北。较为特别的是，《挺进报》的编辑人员还依靠各种社会关系向北平秘密发行。通过这种特殊方式发行的读者对象都较为具有针对性，《挺进报》将读者瞄准了北平的学生群体。《挺进报》先后出版了四年，发行范围日渐扩大，不但平北解放区都能见到，而且张家口和北平近郊也可以经常见到《挺进报》。北平一位医生通过《挺进报》了解到解放区的情形后，立即写了一篇介绍北平敌伪统治情形的文章，转而托人捎到报社，要求做《挺进报》的通讯员。《解放日报》的记者笔下记录了颇让人深思的张家口的一群《挺进报》的特殊读者。有一次，报社人员去张家口近郊的一个敌占区工作，一天深夜，他们看见当地六七个老伯围在一起开会。老伯们发现有人后，赶紧将桌上的纸张收了起来。后来发现这群外来者是八路军后，老伯们才把刚才的纸张拿出来。令人意外的是，老伯拿出的竟然是一张《挺进报》。老伯们说："白天我们不敢看，怕鬼子来。我们都愿意看看八路军的报，里面句句都是老百姓心里的话。"② 这些例子说明，抗战时期，部分石印报刊已经深入基层地区的群众生活中。

　　此外，石印报刊的读者还下沉至中国的边境地区。噶伦堡（现归印度）位于中印边界，约有 2 万人，大部分为商民，多穷苦，文化程度不高，新闻纸稀缺。直到 1943 年，全市只有一家藏文报纸，出版周期很长，为月刊，采用石印。这份报纸发行量只有 300 份，它的读者多数在西藏的边境地区，有少数读者分布在尼泊尔、不丹等小国。③

---

① 《我们怎样读太岳日报》，《太岳日报》1941 年 6 月 6 日，第 3 版。
② 沈青：《坚持抗战宣传的平郊〈挺进报〉》，《解放日报》1946 年 9 月 1 日，第 3 版。
③ 《印藏边境（下）》，《申报》1943 年 1 月 13 日，第 7 版。

借助学校、阅报栏、民众教育馆等公开传播渠道，小型的石印报刊也有可能获得大规模的读者群。1947 年下半年，在内蒙古阿拉善旗（现被划入阿拉善盟），整个地区仅有一份报刊，为石印日报，是国民党中央直属党部办的《阿旗简报》，报纸上的内容为每日抄收自国民党中央广播电台的简明新闻。该报以蒙汉两文刊行，日发行量只 300 份。有资料显示，《阿旗简报》的实际读者远远超过 300 人，"除供六千人口之定远营民众阅读外，并分送旗境内各重要地点"，供应其他区域的读者。①

可以看到，从晚清至民国，石印报刊的读者从社会精英读者转向普通群众。抗战后期，跟随石印报刊扩散的步伐，石印报刊的读者深度下沉至基层地区。在与石印报刊的接触中，读者对其也表现出不尽一致的阅读观感。

（三）"无奈"的受众

石印报刊的读者大规模下沉，位于新闻"贫瘠"地区的读者通过石印报刊首次接触到了新闻业。在媒介场域中，却又存在一群"无奈"的受众。他们或多或少地表现出对于石印报刊的被动性接触，有人不愿读，有人没兴趣读，还有人不得不读。

1. 不愿读

有部分读者表现出对石印报刊的拒斥。被排拒的石印报刊，很多是由于内容无吸引读者之处。还有一部分石印报刊因为技术落后，印刷质量差，无法吸引读者。

1913 年，绥远始有本省的报纸出现，为石印的《绥远日报》。直到 1928 年，仍是只有一家报纸。最初用石印，后用铅印，只能印 16 开报纸。国内外重要新闻，只是剪于平津各大报而已，"主笔即主剪"。新闻记者常被轻视，一般人都以为新闻记者无好人，而好人绝对也不做新闻记者。1931 年以后，报纸数量增加到 7 家，其中有 2 个大报，1 个石印报，其余都是小报。为避免麻烦，各报内容都差不多，多用国民党中央通讯社的稿件，登载中央通讯社广播的国内外新闻。发行采用派报的形式，报馆把若干报纸拿给县政府，再由县政府把报纸分给各商家住户。提倡读报本来是有价值的教育工作，但这

---

① 《内蒙阿拉善旗 荒漠的绿洲 物产丰富国防地位重要》，《申报》1947 年 9 月 8 日，第 1 版。

样一来，对人民竟成了一种"苛政"。机关补贴办报经费，报馆有恃无恐。[1]
1923 年，绥远还出现过一份个人所办的《绥远日报》。主办者为李宝斋，内
容很平常，数月后即停刊。包头在 1924 年之后出现了多种私人办的石印小
报，有《民国日报》《新民日报》等，其主事者为"不通之流氓"，大登妓女
广告，造成严重的不良社会影响。而包头社会人士，对报纸及新闻记者之鄙
视，以此时为最甚，大家都对新闻业拒而远之。[2] 诚然，"不通之流氓"所办
的石印报刊在近代只是极少数。民国中后期，石印报刊的印刷质量下降却是
一个较普遍的现象。中国民众的受教育程度本就较低，印刷质量极差的石印
报刊更是难以激发读者的阅读兴趣。

　　民国时期的济南也曾出版过一份与清末同城的石印官报同名的报刊：《简
报》。两份报纸仅同名而已，除此之外没有任何关联。民国时的石印日报《简
报》办报者不详，日出一小张，采用落后的"旧法石印"，纸张窄小，内容全
靠抄袭，"抄袭亦不完全"。本省人士对其观感极差，从内容到形式，《简报》
"既混淆又极恶劣，更何论记载之价值哉"。[3]

　　因为有的小型石印报刊的内容缺乏吸引力，读者们宁愿舍近求远，也不
愿迁就阅读本地报刊。直到 1939 年底，西康省门户雅安市还没有电灯、洋车
和铅印报纸。整个雅安只有一家石印报纸，内容很是一般，当地人更喜欢看
成都的报纸。[4] 陕西汉中石印报刊的阅读情况则更为严峻。20 世纪 30 年代中
期，陕西汉中所出版的五份刊物俱系石印，包括一份报纸《汉中博报》，另外
还出版了《南郑民众三日刊》《抗日周刊》《卫生周刊》《宁羌之醒民周刊》
等四份报刊。按常理而言，这五份刊物的同质性不强，从刊名看各有特色，
在陕南小城汉中，应能满足一定的读者的需求。当地的阅读对象主要是机关
人员，可他们几乎不看本地出版的报纸。这些读者所需要的新闻报纸，均系
津沪和本省大报。此地销路最广的是《申报》、《大公报》和陕西最大的报纸
《西京日报》，每份报纸可以销 70 份至 100 份。因路途阻塞、转运不便，这些
大报经常迟至半月以上，新闻价值失之净尽。外县阅报者，常去信汉中负责

---

①　《绥远报纸的过去和现在》，《燕京新闻》1937 年 5 月 8 日，第 3 版。
②　《绥远新闻事业二十年来之惨淡略史》，《大公报》（天津版）1931 年 7 月 27 日，第 5 版。
③　王伯言：《济南各报内容调查记》，《大公报》（天津版）1927 年 11 月 1 日，第 8 版。
④　曾昭抡：《西康日记》，《大公报》（香港版）1939 年 12 月 19 日，第 5 版。

报纸发行的民教馆质问，日必数起，令民教馆应接不暇。纵使如此，汉中本地人依然不愿意看本地的石印报刊，宁愿苦等半月看外地的日报。为何本地人不读本地报呢？汉中当地的报纸内容有限，除了《汉中博报》是双面印刷外，其余的都为单面印刷。《抗日周刊》《卫生周刊》因经费关系，不能按时出版；而《南郑民众三日刊》的编者们缺乏专业性训练，按当地人的解释，"对新闻之认识极差"。① 多种因素交织，使部分基层的石印报刊与读者群体疏离，无法吸引读者，也就更难保持刊物的寿命。

2. 没兴趣读

而对有些读者来说，他们本身就无阅读报刊的兴趣，更遑论地处"边缘"的石印报刊了。全面抗战爆发前夕，《大公报》一记者在赣南地区采访，发现在县城有大量的石印报纸。对于当地的报刊阅读情况，这位记者是这样记载的："这一带的文化程度都不很高，除了大城如赣州以外，县内报纸都是用的石印。外埠的报纸除了在机关和学校外，是难得有机会来和民众见面的。好在本地人需要新闻纸的心情并不积极，也没有养成这种兴趣，所以并不感到苦闷。"② 发行的问题阻碍了受众与石印报刊的接触，造成了有报却无法读的尴尬局面。

在安徽省的县域中，石印报刊是新闻事业中的排头兵，但总体的发行和阅读情况都不理想。安徽县级报纸《颍上日报》定价甚低，仍缺乏读者。这份报纸内容平和，没有违反当局宣传旨意，依常规来看它应该可以建立一个正常的发行渠道。可这份日报却很奇怪，它似乎只在极为有限的熟人场域中发行。如果一个陌生人到颍上去，没有当地熟人介绍，是无法看到《颍上日报》的。街头巷尾的阅报栏里没有，各商家住户也没有，城乡各保各甲也没有，究竟它都推销到哪里去了呢？"这确是一个有趣的而又可悲的问题。"③

一些石印报刊的内容脱离群众，脱离了地方性原则，这也是群众无阅读兴趣的原因之一。战时部分石印报刊仓促出版，多谈"外事"而少谈"内事"，"几乎可称为地方问题的不到十分之二"。避开了地方事件，问题不讨

---

① 《汉中新闻界　成立记者公会》，《西京日报》1934年8月20日，第6版。
② 徐盈：《赣南杂写（四）：旧"匪区"的新印象》，《大公报》（上海版）1937年4月24日，第3版。
③ 眉公：《踏入管仲的故乡》，《申报》1946年11月8日，第9版。

论、不记载，也使得这部分石印报刊脱离了群众，群众自然也不愿意看。"这些东西变为不着实际，等于滥费纸张。"①

经济、社会、文化发展极度不平衡的近代社会，基层地区特别是农村的群众识字率低，生活贫困，连基本的生活都无法保障，又谈何读报呢？

3. 被迫读

民国中期以后，石印报刊本身质量下滑，缺乏新闻专业性，内容平淡难以激发读者的阅读兴趣。然而，在新闻报刊匮乏的现实面前，有的石印报刊变成了唯一选择。特殊的社会情境中，偶尔也会有例外的个案，这些个案也在一定程度上反映读者无可奈何的接受心态。读者愿意接受，是因为现实状况导致他们不得不接受。

新疆虽早已有报纸，但在民众中传播有限，报刊出版发行受到国民党新疆省政府的严格审查，报纸的传播空间被约束，新疆的新闻事业发展严重滞后。渴望新闻的新疆人遇到进疆者，无论认识与否，专门向其索要报纸，以饱眼福。抗战前夕，新疆政局风起云涌。盛世才掌权后，除省政府有报阅外，一律禁止普通市民阅报。偌大的新疆，普通市民能读到的只有《天山日报》，它是一份小型石印报。《天山日报》受欢迎与它的内容并无太大关联，在一些读者看来，它"简陋可知"，有时因政局动荡，还常停刊。如此报纸，尚受市民热烈欢迎，"真乃缺之为贵也"。②

哈密远离新疆的中心城市，1946年5月，哈密终于办起了一份石印报纸，名为《哈密日报》，用土纸单面印刷，这是同时期哈密唯一的报纸。《哈密日报》由"塞上印刷社"印刷，该社仅有一台印刷机，报社就设在印刷社内。报上的新闻很少，且来源单一。它的新闻主要收自印度新德里的广播，没有社论也没有副刊，"仅供给简单的新闻而已"。该报每日销量约500份，当地居民就靠它来略知一点时事动态。③ 为了获取必要的消息，读者被迫去读一些质量低下的报刊。

地方民众尚存对新闻信息的热情，石印报刊下沉至基层新闻事业中，印

---

① 中国青年记者学会编《战时新闻工作入门》，生活书店，1939，第190页。
② 《新疆无文化可言　报纸石印仅有一份》，《西北文化日报》1934年3月16日，第5版。
③ 《新疆教育虽落后，民选县长却占了先　全省在十月里已开始了选举》，《大公报》（上海版）1946年11月5日，第9版。

刷质量不佳，内容也较为单一。对于这些有信息需求的群众来说，如果不读又能作何呢？

清末民初的读者尚会去主动选择石印报刊，并乐于从中发现它们的独到之处。

伴随石印报刊的扩散，有黏性的民间读者日渐流失。在近代石印报刊发展的末期，场域中呈现出一幅幅"无奈"的受众图景。在民间，不愿读、没兴趣读、被迫读的读者频频出现在场域中。石印报刊的大幅扩散，使其得以深入基层地区。但民众对其的接受度，似乎没有与石印报刊的传播度成正比。

民国成立前夕，行动者和接受者尚能有少许的互动，场域中存在小部分积极的受众。但在民国中后期，行动者和接受者已经很少在场域中展开互动。不只是接受者对场域逐步淡漠，行动者也在谋划尽快离场。接受者在场域中的力量微弱，他们的活动亦很少形成一股强而有力的力量反作用于行动者。

晚清的石印画报渐趋深入普通读者中，吸引了结构多样化的读者。民国时期，石印报刊深入基层，同时产生了一批不愿读、没兴趣读、被迫读的"冷漠"读者。随着历史进程的推进，行动者和接受者双向的退场意图都越发明显。

第四章　中国近代石印报刊生产场域的行动准则

中国的石印报刊发轫于鸦片战争之前，历经抗战时期的时代巨变，石印报刊没有从媒介场域中消失，反而在 20 世纪 40 年代数量激增。与数量激增并行的，是石印报刊影响力的式微。石印报刊场域，是行动者实践的场所和空间。行动者的媒介实践，以行动者在场域中的位置为出发点。经济力量、文化力量和政治力量凭借不同的资本，在场域中争夺自己的位置。本章将会勾连行动者的行动与社会情境之间的关系，核心问题是：中国近代石印报刊生产场域中各类行动者是如何行动的？他们遵守何种行动准则？

准则，基于一定的原则而建立，是一种法式、标准。① 惯习、资本在场域中的活动共同引发了媒介实践。剖析行动者的行动准则，必须解释在场域内部惯习与资本是如何在经济力量、文化力量和政治力量三类行动者中发挥作用的。本章的讨论亦折射了各类行动者的集体行动对媒介场域的反作用。

本章分为两部分。第一节将论述惯习在场域中的具体表现。惯习离不开场域，它受制于场域，又转而对场域施以影响。场域是惯习产生的空间，它形塑着惯习。在惯习的作用下，行动者形成了不同的品位（tastefull），进而将秉性系统嵌入场域，在媒介实践中有意去寻求区别。出版活动是群体活动，嵌入中国近代石印报刊场域中的秉性系统大多也是群体性的。本书提炼了场域中的三种惯习：行业规范、文化传统和经营态度。第二节将重点关注资本是如何在场域中运作的。携带资本的行动者中的经济力量、文化力量和政治力量是如何行动的？与此同时，经济资本、社会资本、技术资本和文化资本是如何在场域中运作的？行动者的集体行动是否会对场域既有的格局产生影

---

① 上海辞书出版社编《辞海》（第七版网络版）"准则"条，https://www.cihai.com.cn/detail?docId=5757639&docLibld=1107&spell=zhǔn%20zé&q=准则。

响？若答案是肯定的，那么，以上三大行动者力量是如何影响场域的？

第一节　群体惯习：各类行动者的性情倾向

对于许多行动者来说，在这个特定的场域中存在、行事，归根到底就是要创造差异、与众不同。① 行动者在做出选择时会遵从一种差异性逻辑，他们追求的是"超凡脱俗"，当 A 做出一个选择时，是因为 B 不会这么选。对于受惯习影响的行动者而言，石印报刊成为一种独辟蹊径的办报选择。行动者惯习的形成既来自场域内部的影响，又与场域外部的社会条件和经济条件不可分离。人类对某些社会系统的参与和人类在社会系统界限内的行为，通常依赖于他们对一个特定知识系统的参与，惯习相似的行动者往往具有风格一致的行动准则，行动者会在潜意识中将行动准则注入场域。各类行动者的惯习与石印报刊场域的互动主要体现在以下三个方面：行业规范、文化传统和经营态度。

文人论政是我国近代报刊场域中的一个特色，文人群体与近代石印报刊深度交织，知识分子的思想倾向表露于报刊的文本之中。文化力量处于石印报刊场域行动者中的边缘，但这不意味着文人群体在场域中是边缘性的存在。相反，晚清民初的文人在石印报刊场域中占据一席之地。除开其他中国文人群体自身所办的报刊，晚清的石印报刊中，不管是商人，还是维新派，抑或是清政府的石印报刊，都在一定程度上依靠传统科举考试体系下培养的文人办理。只是在商人报刊和清政府报刊中，文人不具备报刊的所有权。民国时期，中国共产党和国民党的石印报刊内部，也聚集了一批新式文人。

惯习主要通过参与办报的文人表达，当然也会通过其他办报群体体现。在石印报刊场域中，惯习在经济力量、文化力量、政治力量三类行动者所办的报刊中均有所体现。

一　行业规范：连接"清誉"与报刊

行业规范（norm），是指群体在石印报刊出版活动中相对一致的行为准

---

① 皮埃尔·布迪厄、华康德：《实践与反思——反思社会学导引》，李猛、李康译，中央编译出版社，1998，第 138 页。

则。19 世纪末 20 世纪初诞生的石印报刊普遍为商人报刊和文人报刊。20 世纪初画报复兴之前，石印报刊以丛报为主流，出版周期较长。原本石印速度就已经很快，石印报刊偏长的出版周期可以让行动者在内容上做更充足的准备。晚清石印报刊，不管从属于何种群体，其内容编创者多为中国传统文人。他们出生于衰败的王朝，成长于欧风东渐的社会背景中，但仍接受孔孟之道所熏染的行为规范和价值观。行动者为了区别自身与其他报刊，将"清誉"与报刊相联结，主张制定与其他类型报刊不同的新闻业务准则，试图建立一套群体间共享的行为规范。

部分行动者制定行为规范的出发点不是商业利益，而是自身固有的道德认知。在他们的道德认知中，"君子之儒，忠君爱国"占据首位。从报刊的内容安排上可以看到，谕旨、上谕等内容通常都是前置的。文人对自身"清誉"的重视也反映在出版活动中。报刊一经出版便留下白纸黑字，稍有差池，便妨碍声名。因此，他们制定了符合自身道德认知的新闻业务操作行为规范，涵盖了编辑与出版两方面：在内容编辑环节，明示信源出处和制定新闻写作规范；在印刷出版环节，精印装订和严查盗版。

（一）内容编辑：明示信源出处和制定新闻写作规范

晚清石印报刊在内容编辑上有两处较为突出的表现，首先是明示信源出处，其次是主张向读者交代完整的新闻信息要素，并制定了相应的新闻写作规范。

1. 明示信源出处

在 19 世纪末期的晚清报刊业的新闻业务实践中，实际缺乏统一的行业规范。各报之间随意转载内容，文章、论说等不署名是一种较为常见的现象。因此石印报刊的行动者曾提出，要明确标识消息或论说的出处。

甲午战败后，报刊出版进入一个新的阶段，传统读书人开始尝试新的救国路径。一些所谓的科举考试失意者，"被迫"跨入场域，又不愿意与商人"同流合污"。梁启超本人对《申报》《新闻报》等商业大报观感不佳，即使是在多年后也仍未改变态度。当梁氏有机会涉足场域时，自然要追求与众不同。布迪厄指出，存在于一个特定的场内，就意味着存在于差异性之中，就意味着区别于他物，就意味着必须维护其差异性。[1] 在《时务报》中，梁启

---

① 包亚明主编《文化资本与社会炼金术：布尔迪厄访谈录》，上海人民出版社，1997，第 145 页。

超等人终于等到了在报界大展拳脚的机会。

《时务报》在创刊之初就表现出一定的差异性，有意强调自己的"读书人"身份。报中正文虽未有署名，但目录处清楚标注了文章作者，这与同期的日报署名风格大有不同。《申报》曾登载了《圣学会后序》，该序本为康有为书写，却被误认为岑大理所作。此举系时务报馆在拟稿时的失误，非申报馆之失误。谭嗣同大怒，指责时务报馆"嫁名诬人"，要求《时务报》立即登报更正，言辞激愤，"今既为人挑剔，何不于贵报上自行更正，发明缘由，庶比于自首减等之例"。此事对于读书人来说非同小可，署名有误对"体面声名大有妨碍"。[①] 在论说的写作中，办报同人更要忌"杜撰"、"剿说"和"无谓之议论"。[②] 同样，以采集各报之长为旨趣的《集成报》，它所辑录的无论中西各报的新闻都有明确的来源，信源标识清晰。

石印报刊的行动者提出要明确地标出信源出处。对于所翻译的外来报刊，也要指出消息源。此处之所以用的是"消息"而非"新闻"，是因为晚清石印报刊上能称得上新闻的内容并不多，用消息去指称概括性更强。晚清石印丛报的"消息"多与译报相关。译报是丛报内容的重要组成部分，对于译报署名，石印报刊出版者也有自己的规则，要求译报必须注明来源。《申报》的译报栏目一般都是直接刊载翻译后的内容，省略译报来源和译者名字。但同时期多数的石印丛报不仅注明译报来源，还署上译者姓名，如"桐乡张坤德译""译伦敦东方报西六月初五日"，与日报的同类栏目区分显著。通过明确标识消息或论说出处，石印报刊的行动者建立了一套区别于商业日报的行为准则。这些准则根植于行动者的惯习，又体现出惯习对场域的影响。

2. 制定新闻写作规范

除了维新派外，清政府也试图在报刊内容编辑实践中与上海各报进行区分。清政府的石印报刊依靠文人办理，他们的主张更为具体，具有一定的先进性：通过新闻五要素来把握新闻事实的完整性，经由背景材料对新闻事实进行多元化的呈现，提出要制定新闻写作规范。

《江西官报》并不满足于只做一份"宣上德通下情"的地方官报，它有

---

① 《谭嗣同集》，岳麓书社，2012，第551页。
② 上海图书馆编《汪康年师友书札》（1），上海书店出版社，2017，第460—461页。

自身对新闻内容选择上的鲜明立场，"一切谬说谣传悉置不录"。① 在"广搜罗""严论说""慎择选""谨删订"的宗旨下，无论官民均不得空言塞责。《江西官报》提出了较明确的报刊新闻写作规范："首行书某县某事四字标题，次必详书某乡堡、某都堡、某地某人，随事直书。末行官则载明衔职差缺姓名而详书某月某报；士民则书某县某乡堡、某都堡街名，月日如之。采者即照原开地方街名入报。""译书则称译某书，注某国某人著，下书某人译；译报如之，而注某月；选报则注选某月日某报。"② 此要求与西方新闻业中对新闻写作的 5W1H 的要求相似，使读者可知更为确切的消息。在该报的稿件署名中，常可以看到有"知县""刑部主事""补用知县""翰林编修""拔贡知县"等官衔的供稿人，内有供稿人的具体姓名和籍贯。不过就具体的稿件写作而言，要每篇稿件都做到如此规范和细致，仍有一定的难度。

为了践行以上新闻写作规范，石印报刊行动者还制定了制度化的监督机制。比之《江西官报》，《江西学务官报》在报刊组织设置方面更胜一筹。行动者设计了一套严密的现代性报刊组织编校体系，以规范报刊的内容生产。该报隶属于江西教育总机关，但行动者的视野并不局限于教育一类，其他各业的重要新闻同样收录，目的在于"扩见闻""资实学"。《江西学务官报》是一份综合性报刊，它要"促教育普及之进步"，"养成国家立宪国民之人格"。③ 该报"司总撰述一员，分纂八员，誊清校勘书记三人，每册编定后总务科呈稿，图书科发行"，④ 这在清末的江西省乃至全国的官报系统中都较为先进。相关人员各司其职，位于制度链条上的人员有 12 人，总撰述、分纂、誊清校勘书记都可以对内容进行层层把关。此外，还有总务科、图书科进行后续审查。

总体观之，《江西学务官报》仍未跳出传统官报的范畴，因为其编校组织体系仅是表面严密，实则带有较强的理想化色彩，在具体运作中难以有效执行。关键的问题就出在人员配置上，编校无法分离，作者同时也是审查者。各岗位安排的人员职责交叉重合，降低了制度的运行效能，最终演变成编辑

① 《署江西巡抚夏时遵办官报片》，《江西官报》第 12 期，1903 年。
② 《江西报例》，《江西官报》第 1 期，1903 年，第 2—4 页。
③ 《创办江西学务官报发刊词》，《江西学务官报》第 1 期，1909 年，第 4 页。
④ 《江西学务官报开办简章》，《江西学务官报》第 1 期，1909 年，第 5—6 页。

人员自行审查、发行的办报实践。总撰述刘凤起为翰林院编修；分撰述 8 人中，徐敬熙为江西高等学堂教务长，另有 4 人均在负责审查的总务科和专事发行的图书科担任要职，黄煊、李麟分别为总务科科长、副科长，易顺豫、李凤高分别为图书科科长、副科长。① 此举将编辑、审查、发行三者融合成一体，各项工作相互交叉。纵然地方办报者存有一个美好的愿景，但距离专业的现代化报刊新闻操作规范的形成尚有一定的距离。

惯习引导行动者的行动路线，行动者在实践中又会重塑惯习。石印报刊在对内容编辑的要求中，体现文人清誉为至要，要明确标识消息或论说出处，其次是要遵循新闻写作规范。这些主张体现出一定的理想主义色彩，难以真正落地。但石印报刊的行动者能明确提出相应措施并付诸实践，表明他们彼时在场域中占据了一定的主动性，这同样也是他们求精的例证之一。

（二）印刷出版：精印装订和严查盗版

除了追求内容编辑和写作上的准确性，出版上精印装订和严查盗版的行动准则也体现在石印报刊行动者身上。行动者在出版环节下足了功夫，并希望在同类群体中推行相似的行为规范。

1. 精印装订

维新时期的精印装订之风起于《时务报》，它可谓晚清报刊美学上的最高峰，体现出惯习对场域的深刻影响。连史纸石印、书册式的《时务报》取得了出乎意料的反响，似报又非报，似书又非书，其不仅在内容上不落俗套，还在形态上悦阅者耳目。

《时务报》甫一出版，时人便对它赞不绝口。当然，本书之前曾提到过，《述报》和《点石斋画报》在出版过程中也表露出追求精雕细琢的心态。前者发行偏安于广州，发行时间短，影响力限于发行地；后者有多个版本，其出版者属商人，难以做到每个版本都精益求精。《时务报》本可以只负责编辑内容，将印刷、发行等环节交由书局完成。但为了实现精印的效果，减少文字错误，时务报馆严格把关印刷环节，报馆自行聘请了一位写字人，用宋体字抄写报刊，每日写 2500 字以上，"月费八元"，② 内容编辑全部完成后再交

---

① 《学务公所各科员绅一览表》，《江西学务官报》第 1 期，1909 年，第 1—3 页。

② 上海图书馆编《汪康年师友书札》（3），上海书店出版社，2017，第 2133 页。

付书局石印。宋体字是最常用的印刷字体，专门聘请写字人有利于报馆对刊物内容的把关，最大限度地减少文字错误，并保证前后字体统一、美观。邹代钧大赞《时务报》"采择之精，雕印之雅，犹为余事，足洗吾华历来各报馆之陋习"。"雕印之雅"实是误读，换个视角，倒不如视为赞赏。《时务报》使用宋体字，但系手工抄写后付诸石印，褪去了铅字印刷的生硬，多了一丝柔和。它一问世便以不寻常的精美面貌示人，阅者当然对它有更高的期待。"此报名贵已极，读书人无不喜阅"，为此，邹代钧特意强调，办报者须"精益求精，幸勿稍懈"。①

在此影响下，同类行动者表现出类似的行动准则。集成报馆同样聘请了一位抄写人，还曾多次在报上招请"精于楷法者"。②《集成报》排版清晰，质量上佳。论印刷精美程度，朱克柔主持的《萃报》在《时务报》面前也不逊色。比刊物的新闻性更重要的是印刷质量，同人不惜牺牲"时间"也要竭力换取刊物的美观。《萃报》为周刊，是维新时期在出版时间上最为密集的石印丛报。"周"是西方社会的时间标准，然则《萃报》办报者仿若不愿意接受"周刊"一说，认为自己是"七日一册"，绝口不提周刊一词，这可能与维新时期中国本土的话语体系中尚未有"周刊"的概念有关。《萃报》同人为此绞尽脑汁，出版一期刊物只是精订环节就需要七天，以致创刊初期的《萃报》都是延迟出版。第1期《萃报》标注的日期是光绪二十三年（1897年）七月十八日，实际出版日期是七月二十五日。③之后每期的《萃报》均比报上所标注的日期晚七天。《萃报》第2期的封面上直接标明，"七月二十五日定稿，八月初二日出报"。时效性是现代报刊的一大追求，一份报纸存在两个出版时间，在同时期报刊上还是较为罕见的。可能办报同人也意识到现代期刊的时效性问题，几期之后，《萃报》取消了上述标注两种出版时间的做法，仅标注一个出版时间。

晚清民初阶段的石印报刊的精心装订之风维持颇久，从《述报》到《点石斋画报》《时务报》《萃报》等，都能看到精雕细琢的痕迹。民国前期，部分石印报刊仍然维持着精印装订之风，但诸如《儿童画报》《小说画报》《上

---

① 上海图书馆编《汪康年师友书札》（3），上海书店出版社，2017，第2435页。
② 弗洛里安·兹纳涅茨基：《知识人的社会角色》，郑斌祥译，译林出版社，2012，第6页。
③ 《萃报馆简明章程》，《萃报》第1期，1897年，第2页。

海漫画》这类印刷精致的石印刊物少之又少。

2. **严查盗版，维护知识的统一性**

石印报刊的行动者还曾在近代报刊从业者中较先提出严查盗版、维护知识统一性的主张。晚清时期的石印出版业非常发达，上海各石印书商之间竞争激烈，其余家刻、坊刻市场亦不落后。当一份刊物走俏市场，便易出现"盗版"。目前 CADAL（大学数字图书馆国际合作计划）数据库中多家单位都收录了《时务报》，但仔细比较后可发现，《时务报》的底本多种多样。各版本之间不完全统一，有的版本中还出现了错别字。由于缺乏相关史料，无法判定出现错误的报刊一定为盗版翻印。但可以明确的一点是，维新时期，石印报刊的行动者曾要求清政府严厉打击盗版。

晚清石印报刊行动者是打击盗版的主要群体。他们打击盗版重在保证知识的统一性，最主要的目的并不是维护自身的经济利益，而是痛惜盗版给知识世界造成了混乱，这也深深体现了文人的传统道德观念在石印报刊场域中的作用。《实学报》创刊时投入了 4000 元巨资，办报者对其有一系列计划，报章风行后便要刊印中外要书。《实学报》正式出刊前特意禀请官方出谕禁止翻印。出版者此番打击盗版的行为不仅是因为自己在筹办过程中投入经费浩繁，更是由于"深恐翻印者不加详校，误舛迭出，致误学者"。对于报馆而言，经济利益受到侵犯事小，各省书肆乱加翻印，"以致无益，是为至要"。[1]

行动者在石印报刊的编辑和印刷出版环节嵌入自身的秉性系统，按照惯习建立了一套特有的行动准则。遵循这套行动准则，石印报刊场域具有了区别于其他报刊场域的特质。

二 文化传统：维护阅读传统和阅读偏好

在中国近代石印报刊的场域中，亦有中国文化传统的深刻嵌入。行动者在与中国文化的互动中形成了惯习，通过办报实践影响场域。"文化"一词包罗万象，本书对于文化传统惯习的理解参照了民国时期国人的标准。著名学人张岱年在 1933 年提出，文化是通过集体劳动而改造自然并改变人们自身的

---

① 《本馆告白》，《实学报》第 1 期，1897 年，第 1 页。

总成果。文化的内容即思想、学术、艺术、制度、礼俗等。① 文化传统亦构成惯习的一部分，具体到石印报刊场域，表现为阅读传统和阅读偏好。

（一） 对"左图右史"的承继与突破

中国图书类古籍编排中，早有插图的表现形式，古人称之"左图右史"。《述报》在办报过程中仍然坚守左图右史的编排惯习，但未颠覆以文字为主体的传统图书编排方式。《点石斋画报》突破了传统中国图书编排的范式，不过它实不全然如美查所言那般取自泰西。《点石斋画报》应该是中西合璧的产物，它对传统既有承继，又有突破。

《点石斋画报》中的时事新闻画，承继了中国木版画的特色。木版画在中国有悠久的历史，北宋即已诞生，在康乾盛世时发展到高峰。木版画的基调原是浪漫的，但晚清时局已不再容许木版画仅停留在"歌舞升平"的局面。鸦片战争后，木版画与新闻结合，触及时事，向民众展示时局的变化。② 苏州的桃花坞年画、天津的杨柳青年画都曾盛极一时。不仅有赏玩风景的木版画走俏市场，中法战争期间，也频频有战争图画问世。清军在越南大捷的消息传到上海，人们在茶馆酒楼聚首畅谈，莫不眉飞色舞。好事者绘图描摹官兵获胜、法人败绩之状，"一礼拜之内，见者争买、闻者传观，数千张分之立罄，几于洛阳纸贵"。③ 世人皆盼胜利的心态，使战争捷图更为畅销。此时，申报馆亦在代售《北宁大捷图》。④ 木版画生产周期长、内容偏少，当它传播到读者手中时，木版画中新闻的时效性早已丧失，吸引读者的是新闻事件的持续影响力及版画的艺术表现力。于商人而言，将石印与新闻即时结合，是一个不可错过的商机。晚清的石印画报不仅吸取了西洋画法中写实的精髓，还以中国木版画为雏形，是中西文化交汇的结果。

美查在《点石斋画报缘起》中的这句话应该被重点解读：近以法越构衅，中朝决意用兵，敌忾之忱，薄海同具，好事者绘为战捷之图，市井购观，恣为谈助。"战捷之图"肯定是出现在《点石斋画报》诞生之前，正因它们在

---

① 《张岱年全集》第 1 卷，河北人民出版社，1996，第 152 页。
② 薄松年：《中国绘画史》，上海人民美术出版社，2013，第 460 页。
③ 《论中国宜坚拒法人赔费之请》，《申报》1884 年 4 月 11 日，第 1 版。
④ 《出售大捷图》，《申报》1884 年 4 月 10 日，第 5 版。

市井间的畅销，让敏锐的商人美查捕捉到浓郁的商业气息。刘永福率黑旗军援越抗法期间，越南岌岌不自安，中法之交有决裂之势。有一幅木版画《刘提督镇守北宁图》不得不提，因为它能进一步证明，石印画报的兴起不仅归结于西方画报的影响，还有中国传统木版画的移植。《述报》中就收录了这幅图画。画中描述了刘永福在越南北宁的作战场景，作者署名为"梅州隐士"。这幅画属于桃花坞年画，原图是木刻画，不是石印，它在《述报》创刊前两个月即已出现。① 蒋廷黻所著《中国近代史》一书中也收录了该图。② 此图流传广泛，桃花坞毗邻上海，便于年画的传播。《申报》曾言刘永福率军抗法期间，战况利于我方，"妇孺亦欣欣喜跃，好事者绘图叫卖，日罄数千纸"。③ 我们有理由相信，申报馆的相关人士目睹过木版画销行数千的盛况后，自然会对图像新闻事业有所企图。城中的突发新闻，也可能会有好事者即时绘出，贴遍全城。④ 上述种种，都让美查看到了商机。

晚清的石印画报内嵌了对左图右史惯习的突破和延展。以文缀图的《点石斋画报》的出现，是中国文化传统与石印报刊场域的首次深度融合。《点石斋画报》不完全是美查"唯利是图"的产物，它也是美查将报刊与中国传统惯习相互调适的成果。美查深谙为商之道，又精通中文，并对中国文化有很深的了解，可谓一位"中国通"。晚清画家徐家礼曾提及美查与中国书画的深厚渊源。据徐氏所描述："余友点石斋主人癖嗜书画，犹长于鉴别，尝以石印法印行各种画谱，莫不精妙入神。"⑤ 可见，美查其实是一位懂画爱画之人。美查在中国文化传统中左图右史的基础上向前推进了一步，改变了既往的文中插图、以图缀文的呈现方式，赋予了图画在画报出版中的主体地位。

行动者的惯习植入石印报刊场域，拓展了图画在报刊中的应用空间。同时，左图右史的传统也在媒介场域中得到了新的诠释。此后，石印画报成为晚清报刊场域中的典型媒介。

① 鲁道夫·瓦格纳：《进入全球想象图景：上海的〈点石斋画报〉》，刘东主编《艺术与跨界：〈中国学术〉十年精选》，商务印书馆，2014，第406页。
② 蒋廷黻：《中国近代史》，天津人民出版社，2016，第71页。
③ 《论中国不可一战》，《申报》1884年7月16日，第1版。
④ 《行客被害》，《申报》1883年9月17日，第3版。
⑤ 转引自童庆炳、李春青主编《文化与诗学》2015年第1辑，生活·读书·新知三联书店，2017，第62页。

（二）"书册式"的出版偏好

长年接受经史子集的熏染，使许多文人认为，办报就应如同著书。最先参与到石印报刊场域的行动者所表现出的行动逻辑不全是办报的逻辑，而是偏向于著书的逻辑。为了满足读者的阅读偏好，行动者也形成了一定的出版偏好。书册式，即册页式，源于雕版印刷下的刻本，专指刻本生产制作的工艺流程方面的制度，主要包括书籍的版式、行款、字体、装帧等内容。[1] 晚清的石印报刊大部分为书册式，具体表现为：在形态上，以"书"为"报"；在内容上，集"报"成"书"。

1. 形态上：以"书"为"报"

行动者以书册式的形态继续对石印报刊进行规训，他们可能刻意没有为近代报刊注入新的形态，使之仍局限在中国古籍主宰的知识空间内。与书册式报纸形态相对的，是现今的大张散页式的报纸。有学者将此两种编排模式称为"上海版"和"香港版"。"上海版"为"线装书"式的直排式，由《察世俗每月统记传》开创，后被中国近代报刊广泛继承；"香港版"则采用西方报纸的分栏直排法。[2]

西方社会的近代报刊普遍为散页式，相反，中国社会的固有惯习强大到似乎让外国办报者措手不及。19 世纪下半叶，遵循报刊的书册式形态已然在场域中成为惯习。上海最早的中文报纸《上海新报》没有迎合中国人的传统惯习，而是引入了现代化的报刊装帧方式。1861 年，《上海新报》创刊，采用散页式形态。该报由林乐知负责内容编辑，白报纸铅印，售价 30 文。《上海新报》一日四版，分栏直排，版式清晰。该时期的上海报坛缺乏竞争，即使销量一般且价格昂贵，但依托字林洋行强大的财力，《上海新报》亦能勉强维持。而 11 年后，它最大的竞争对手《申报》出现了，售价仅 8 文。察觉到危机的《上海新报》决定下调价格，从 30 文减为 8 文，[3] 弃用进口纸，仍旧为分栏直排，未改变原有的散页式形态。《上海新报》终未能扭转败局，在《申报》创刊的首年底，便以停刊告终。

---

① 编辑出版学名词审定委员会审定《编辑与出版学名词》，科学出版社，2022，第 13 页。
② 萧永宏：《〈循环日报〉之版面设置及其演变探微——附及近代早期港、沪华文报纸间的影响》，《新闻大学》2011 年第 1 期，第 19—26 页。
③ 《上海新报改式减价》，《上海新报》1872 年 6 月 27 日，第 1 版。

　　部分研究者将《申报》的胜因归结于价格,认为《申报》能短时间内打败《上海新报》,在于其低廉的价格使《上海新报》终因不胜赔累而宣告停刊。[1] 本书则认为,价格可能并非《申报》获胜的最主要原因。一些关键的史料或许可以驳倒《申报》以价格获胜说。《上海新报》发行的末期,早已经改为与《申报》同价,都为8文。两报同价的情况下,《上海新报》仍然败给了《申报》,可见并不能将《申报》获胜的理由简单地归为价格。《申报》能够迅速战胜《上海新报》,与美查对中国人惯习的尊重不无关系。"中国通"美查了解中国人的阅读惯习,同初涉近代报刊的传教士一样,他并没有打算引入一种现代报刊的形态。但美查与传教士不同,他必须同时考虑规模化的报刊生产,从而在报业印刷效率与读者阅读习性中找到一个平衡点,既兼顾铅印的高效又贴合中国人的阅读惯习。《申报》被设计成独特的一大张报纸,大小约50厘米×100厘米,它单面印刷,分割为均等的8个版面,中缝颇像中国木版书的残叶,看上去古色古香,可让读者"发思古的幽情"。[2]《申报》表面上是散页式的,好处在于能够适用于现代化的铅印机器和进口卷筒纸张,大幅提高印刷效率。然而实际上,《申报》却是书册式的。阅者拿到报纸后一般都是先剪裁后阅读,将《申报》裁剪对折,形成齐整的书页,累积多日的报纸后,再自行装订成册。《申报》的获胜,更大程度上说明了19世纪下半叶的中国社会并没有准备好迎接西方意义上的近代报刊。《申报》隐形的书册式形态持续了多年,直到20世纪初才被打破。而且在《申报》的正刊弃用书册式后,其赠送的附张仍采用书册式。

　　晚清民初时期的许多石印报刊都采用书册式装订。"开卷有益"一词中,蕴含了中国书籍的经典形态——卷轴式。晚清石印丛报再次强化了书册式的惯习,继续以"书"为"报",维护书籍在知识传播中的垄断地位。丛报线装装订,以叶为计量单位,一版两页,天头、版框、书衣、书签、版心、鱼尾等元素几乎都能在上面找到。此种近代报刊,与中国古籍在形态上高度重合。而之所以如此,应是行动者刻意为之。他们将自己长久以来所接受的古籍的阅读规训投射到报刊上,将书、刊、报三者杂糅在一起。传统读书人,

―――――――――

[1] 丁淦林等:《中国新闻事业史新编》,四川人民出版社,1998,第49页。
[2] 《本报原始》,《申报》1947年9月20日,第17版。

以旧眼读新书；传统办报人，则以旧眼办新报。中国上千年的经典阅读惯习，使书册式的形态对中国的近代报刊影响深远。中国传统社会铸就的以图书为主导的知识生产的秩序格局，难以轻易撼动。

2. 内容上：集"报"成"书"

从内容上看，行动者又表现出集"报"成"书"的出版意图。

阅读惯习的形成缘自行动者与接受者的双重作用。晚清石印丛报使用书册式装订并不足为奇。《申报》《新闻报》《字林沪报》等日报都是使用书册式编排，非我们今天所熟悉的大张单页式报纸，报刊与中国传统的书籍形式上趋同。报刊并没有建立起一个属于自己的知识构型，它们仍被笼罩在传统书籍的知识构型中。石印丛报的行动者将报纸分门别类，集"报"成"书"，他们的集体行动又进一步固化了报刊的书册式形态。

书册式报刊遵循本土的传统出版惯习，报刊的归途是图书。《南洋七日报》在第 1 期的告白中便表示"惜无册页"，在设置内容时分门别类，方便读者集报成书。《江西官报》将所载内容分为 13 门，"以便阅报人自订"。全报没有统一的页码，编者仅按各个类目的内容设置页码。为方便读者根据自己的喜好灵活拆分装订，更多的石印丛报一般都编排两种页码，一为整本连续性页码，二为根据内容差异而分门别类编排的页码。

行动者的惯习相互影响，《集成报》出版之初就有明确的集报成书的规划。其有感于我国报业之现状而"节其所长，去其所短，取其所是，阙其所非，类聚群分，都为一册。录报之外，复拟采访新政，考核旧章，名臣奏牍，通文论说，以补各报所未备。兼译西书，附刊栏尾，将见集众粟以成墉栉……期于不失便利国家之本意，而益以餍阅报诸君无穷之愿望焉"。[①] 以上不难看出《集成报》报人的决心，即博采众长，以期有益于国事，有益于民。该报的印刷同样体现了强大的惯习对于清末文人办报群体的规训。《集成报》抛弃石印报刊惯用的宋体字，比同期的报刊更具有手写"韵味"，它用精楷石印装订成册，每十日刊布一次，每册数十页，不刊登广告。该报杂录各方文章，特为门类繁多、次第错杂的内容向读者做出版式承诺：以后按类辑录以归简易。自第 3 期起，《集成报》还每期多刊印两页附订报尾，另编页数以便他日

———————

① 《叙》，《集成报》第 1 期，1897 年，第 1 页。

分订，颇具副刊之风。同时，石印丛报乐于"分篇成册，固甚妙"。① 《新民丛报》虽是铅印，却仍承继此种编排方式，"本报每类皆各自为业，各自为次，阅满全年后分拆而装潢之可得数十种绝妙佳书"。②

《时务报》的大获成功使行动者认识到现代报刊媒介的力量，也使他们有了打破既有惯习的动力。要深入报刊场域，就必须符合现代报刊的行动规则和逻辑。维新变法期间，汪康年投身铅印日报场域，大力改革，他牵头创立的极具现代化报刊风格的《时务日报》表明了行动者自身对惯习的突破。然而，有读者看罢《时务日报》却表示，"唯首尾眉目嫌未分明，所区门类亦苦猝矣"，③ 其足可证明破除惯习的艰难和书册式阅读偏好对国人的深厚影响。

三 经营态度：轻利的价值取向

石印报刊媒介场域，行动者的经营态度都表现出较为普遍的轻利的价值取向，这使近代石印报刊鲜有在商业上获得成功的案例。

（一）两大利益之间的平衡：社会效益与商业利益

维新派人士和绝大部分文化力量行动者所创办的石印报刊，在场域中旋起旋灭，一直难以在社会效益与商业利益之间找到平衡点。最初，行动者舍商业利益去维护社会效益。然而，他们也无法完全回避报刊的生存问题。他们接受中国传统道德的规训，将道义感植入办报过程，坚持重义轻利的义利观。晚清石印报刊场域就不乏弃廉就贵的出版者，《时务报》《农学报》等皆属此列。

各类石印报刊行动者合力建构了一个商业化程度偏低的媒介场域。《述报》和《点石斋画报》甫一出版，就纷纷强调自己绝不是为"利"而办报。《时务报》强调的"仅收纸料钱"，不仅变成了同类型石印报刊的普遍经营口号，也成为同期场域中的一种常态。诸多石印报刊风光一时，却难逃经营之困。除了《点石斋画报》，石印报刊中鲜有社会效益与商业利益双收的案例。发行量曾达万余份的《时务报》，收获了极大的社会效益，却受困于经营损失。

---

① 上海图书馆编《汪康年师友书札》（1），上海书店出版社，2017，第661页。
② 《本报之特色》，《新民丛报》第1期，1902年，第4页。
③ 上海图书馆编《汪康年师友书札》（3），上海书店出版社，2017，第2026页。

下文笔者将审视《时务报》的经营状况。首先，《时务报》是近代石印报刊场域中最具有代表性的报刊之一，它不仅是维新派报刊的代表，也是文人办报的缩影。其次，关于《时务报》的经营状况问题，曾引发过不小的争论，相关问题还有进一步探讨的空间。最后，本书试图通过《时务报》这一个案去探究石印报刊行动者在媒介场域中的生存困局。

1. 《时务报》究竟有无"亏空"?

《时务报》在两年的经营过程中虽是风头无两，实则困境重重。《时务报》曾发行逾万份，达到晚清石印报刊发行量的最高峰。但很难想象，这一发行量如此之高的石印报刊也曾被众人指责"亏空"。

《时务报》改为官报后，关于汪康年"亏空"的说法一时甚嚣尘上。康门师徒对汪氏的控诉不绝于耳，"亏空八千金情事"亦充斥着坊间舆论场。康有为直指汪康年"办理不善，经费不继"。[1] 曾亲历报事的梁启超更是痛彻心扉，"捐款万余金，销报万余份，而去年年底，犹几于不能度岁，致使《万国公报》从旁讪笑"。[2] 他对《时务报》经营问题的担忧早已有所表露，"报馆如此支绌，殊为可虑"。[3] 康门的指责十分激烈，但他们中没有人拿出实实在在的收支数额证据，更像是隔空打"口水仗"。正是这虚晃一枪，给了汪康年反击的机会。在《昌言报》第 2 期和第 3 期上，汪康年分别公布了《时务报馆丙申七月至戊戌六月收支简明账目》和《谨将戊戌正月至六月收支实数开呈》两个账目表（以下将两个账目合并简称为《收支简明账目》），向众人声明至戊戌六月，报馆尚存银"四百两又一千八百余元"，[4] 以自证清白。坊间舆论暂时得到平息。

后来的研究者大多接受了这个说辞，认为《时务报》"亏空"一说站不住脚，理由有二：第一，梁启超开始提出"报章销至四千份即可维持"，《时务报》销售至万余份，"也不至亏损"；第二，从《收支简明账目》中可见，

---

① 茅海建：《戊戌变法史事考初集》，生活·读书·新知三联书店，2018，第 263 页。
② 《梁卓如孝廉述创办时务报源委》，《知新报》第 66 期，1898 年，第 3—6 页。
③ 上海图书馆编《汪康年师友书札》（2），上海书店出版社，2017，第 1682 页。
④ 《时务报馆丙申七月至戊戌六月收支简明账目》，《昌言报》第 2 期，1898 年，第 1—4 页；《谨将戊戌正月至六月收支实数开呈》，《昌言报》第 3 期，1898 年，第 1 页。

《时务报》有结余是事实存在的。[①] 发行量和有结余是否就能证明《时务报》没有亏空？本书在爬梳各方史料后认为，此事就此定论为时过早，仍值得商榷。《时务报》生长于中国近代特殊的时空环境中，办报者也具有特殊性，现代报刊的盈利判断标准恐怕不能充分适用于这份报刊。销量大小和是否有结余，都与其是否亏空不存在绝对意义上的相关性。

本书借助《时务报》第 17、18、31、39、52、59 期等的账目数据和《昌言报》第 2、3 期的账目、[②] 同人之间的书信往来等史料，对该问题再次进行详细考证。

《收支简明账目》是汪康年证明《时务报》有结余和进行自我辩解的关键史料。但是，《收支简明账目》存有不同的解读方式，它实际提供了两套不同的算法。第一种是时务报馆两年的总体收支明细。在此项中报馆收银 74401.128 元、2805.482 两，付银 72537.52 元、2405.48 两，正是报馆实际结余"存银四百两又一千八百余元"的由来；第二种是《时务报》本身的收支明细。在收支清表后的辩白中，汪氏称"暨出版后诸同志陆续捐助，计共收银一万一千余元，又二千六百余两，报费五万八千余元"，计共用 72000 余元又 200 两。结合前种数据可知，此处第二种数据仅保留了报费、捐款两项收入，去除了代售书籍、借款等其他收入，同时也将钱庄存银 2200 余两收支相抵后余 200 两，集中反映了《时务报》本身的收支情况。按照此种算法，《时务报》的收入为 73300.24 元，支出为 72817.52 元，盈余为 482.72 元（本书中的一两统一计 1.4 元）。以上两种算法，皆能证明报馆确有盈余。但要了解《时务报》的运营情况，还得进一步分析其收支情况。在"丁酉下半年缩印报费"的付款项中，有两个小字"未清"，注明"尚欠 1000 元"。问

---

① 参见汤志钧《戊戌时期的学会和报刊》（台北：台湾商务印书馆，1983）和闾小波《中国早期现代化中的传播媒介》（生活·读书·新知三联书店，1995）等著作中的相关论述。

② 《时务报》多期的告白中都标有售价和派报处。下文统计的与《时务报》收支相关的销量、售价、邮费、印费、捐款、派报处等数据主要来源于：《本馆告白》，《时务报》第 17 期，1897 年，第 1—2 页；《本馆申明章程》，《时务报》第 18 期，1897 年，第 2 页；《各处派报处所》，《时务报》第 18 期，1897 年，第 1 页；《本馆重定章程》，《时务报》第 31 期，1897 年，第 1—2 页；《本馆寄报收款清表》，《时务报》第 39 期，1897 年，第 1—2 页；《谨将丁酉年七月至十二月收支实数开呈》，《时务报》第 52 期，1898 年，第 1—2 页；《今将丁酉下半年实收到之捐款开列于后》，《时务报》第 52 期，1898 年，第 1 页；《本馆自印书报价格》，《时务报》第 69 期，1898 年，第 1 页；等等。文章在此做统一注释。

题在于，此 1000 元未计入印报费支出总额 42723.975 元中。若把这 1000 元纳入支出，则《时务报》的收益反而变成了 -517.28 元。

《时务报》一直施行"先付报资"的发行规则，上述结余中很可能含有读者已经预付的报款，这可能是《时务报》存在"亏空"的证据。[①] 后来《昌言报》接管了原《时务报》的订阅读者，第 1 期的告白即言明"从前曾定《时务报》全年者兹即接派《昌言报》"。《时务报》转官报之际已经进行了账务交接，按常理来推断，《昌言报》应不会再对欠费的客户继续派报，其接派的理论上应为已缴纳报费者。此时《时务报》的销量已有所下跌，以 8000 份的销量计，且估算只有五成的客户缴齐报费，半年报费为 2 元。仅此一项，《时务报》就应有 8000 元结余（实际上并无）。加上前面亏空的 517.28 元，《时务报》恰好亏空了 8000 余元。即便扣除第一项整个报馆的结余，《时务报》仍亏空颇多。由此看来，康门的指责也应是事出有因。

这虽不能完全证明《时务报》"亏空"一说，却能证明《时务报》有"亏空"的可能性。汪氏还提供了一个"理论"结余，包含了 5000 余元的存新旧报，600 余元的书籍，还有 8000 元的未缴报款。若把这些结余全部"变现"，《时务报》应能保本。本书称其为"理论"结余是因为全部变现的难度颇大。汪康年在后面的自我辩白中也未提及这部分结余。百日维新失败后，晚清的舆论空间再次被挤压，也压缩了政论报刊的生存空间。《时务报》后期已经出现了销量下滑，余下的新旧报能否全部销出尚待检验。改弦更张后，拖欠的报费还能否全数收齐也是一个未知数。

综上，本书倾向于认为，《时务报》在改官报时存在亏本的可能性。正是因为其实行的是预收报费制度，表面的盈余不能充分证明《时务报》没有亏本。但其具体亏空了多少，是否达到 8000 元，尚不能断言。即使在最理想的情况下，如果整个报馆滞销的书报全部售出，报费全数收齐，收支相抵后的结余也不会太多。《时务报》即便没有亏本，经营状况也是不佳的。

《时务报》的经营规则在清末人情社会中被击得粉碎，这是造成其经营困难的最关键的因素。报费收入是报刊持续发展的重要支撑，时务报馆设置了

---

① 从 1897 年正月开始，《时务报》声明不再接受半年订阅的读者，读者需按年订阅，年报费为 4 元。

最长 5 年的订阅期,表达了报人长期办报的美好祈愿。要维持长期运营,报费收入显然比同人捐款更为重要。

幸得《时务报》在第 39 期和第 59 期两期中记载了发行一年半时间后各派报处的收费明细,这一年半刚好是《时务报》的石印时期。笔者将两表进行了详细比对,最后的计算结果与《收支简明账目》的总数略有出入(见表4-1)。

表 4-1 《时务报》第 39 期和第 59 期报费收缴情况统计

单位:元,处,%

期数	应收报款	实收报款	报款回收率	派报处总数	清迄的派报处	派报处收清报费的比例
第 39 期	47495.1	24954	52.5	141	19	13.5
第 59 期	26502.58	16323.8	61.6	115	7	6.1
合计	73997.68	41277.8	55.8			

《时务报》的报费收取情况不容乐观。[1] 在发行一年半的时间中,《时务报》的报费回收率仅有 55.8%,能收清报费的派报处极少。如无捐款维持,亏本将无法避免。

在人情社会中,正常的商业规则难以运行。作为"士夫之报",[2]《时务报》"大抵只销官士两途"。[3] 借助于遍在的士林,《时务报》才得以稳定地跨出口岸、深入内陆。[4] 其虽数次强调"先付报资"的规则,但或是碍于情面,又或是体谅士人的清贫,先阅报后付款的情况屡见不鲜,甚至成为发行中的常态。从报款回收情况看,本埠反倒较外埠为佳。第 39 期中清迄的派报处有 5 处在本埠,这可能与本埠派报处位于商业气息浓郁的上海,较少受人情桎梏

---

① 表 4-1 的计算依据如下。1. 两表中注明丙年或丁年的按半年订阅价计算,标注全年的按全年订阅价计算,单期或按季分散订阅的另计。计算价格为每份全年 4 元,半年 2 元,单期 0.15元。2. 根据《时务报》第 31 期章程中的价目,第 39 期清表中的旧年报合订本取值 2.5 元,单期零售取值 0.18 元;根据《时务报》第 69 期的价表,第 59 期清表中的旧计 3 元,缩报计 2.5 元。3. 根据《昌言报》第 2 期中的说明对两表予以增减,例如第 59 期的长沙矿务局派报处收款应从"0 元"改为"3352 元",对"重开"的派报处,减去前册之数后再计算实数。
② 上海图书馆编《汪康年师友书札》(1),上海书店出版社,2017,第 466 页。
③ 上海图书馆编《汪康年师友书札》(4),上海书店出版社,2017,第 3388 页。
④ 朱至刚:《跨出口岸:基于"士林"的〈时务报〉全国覆盖》,《新闻与传播研究》2017 年第10 期,第 98 页。

有关。而位于士人网络中的派报处，自也不讳言报费难收齐是"意中事"。①远在温州的陈虬代售了 75 份《时务报》，按理说应收得报费 300 元，实际却仅得 47 元，"不及十分之二"。② 寄到湖南的 100 份报纸业已散去，"但未收还钱耳"。③ 汪康年向湖北派报处的翟性深索要报款，对方直言"无款可筹"。④

2. "仅收纸料钱"：《时务报》折射的困境

在同期石印报刊场域中，"仅收纸料钱""不取分文"等经营态度充斥其间。

行动者还坚守一些甚为奇怪的发行规则。《时务报》规定，从发行的第二年起，除上海本埠外，其余各地都不再开展零售业务，要求"各外埠代派处勿再将报零售，本馆亦不再另行寄出"。零售是增加销量的渠道之一，时务报馆为何要自断财路呢？报馆的解释也很有意思，理由一是"彼此易于核算"，二是"免余存各报有参差不齐之病"。这般经营思路，实在是令人哭笑不得。外地不零售，甚至成为维新时期石印丛报普遍遵守的一条发行准则。

《时务报》的遭遇也反映了文人办报普遍面临的窘境。《实学报》创刊时投入了 4000 元巨资，计划报章风行后便刊印中外要书，最后却仅出 14 期便夭折，不知是否收回成本。《集成报》倒是发行了一年多，报馆实在不堪重负终以停刊收场。开办半年后，《集成报》也在报上催缴报费："本报自开办以来，已逾半载，各处报费，未能一律收齐，务望各处派报诸君子即将报费收齐寄交本馆，并祈阅报诸公照章清付，以免经手人为难。"⑤ 一个月后，报馆再次发出了催收告白。在第 34 期上，《集成报》同人又一次发出了无奈的声音，"请代派处从速清结汇缴以免赔累，否则下期停派报册，该款仍当如数清结，不能再缓"。报人苦口婆心地劝说，"盖先付资后阅报者本各旬报之通例，如本馆上届通融办理实为开风气起见，故不惜垫应工本以广饷遗，若日复一日，虽有大力难乎为继"。⑥ 不幸而言中，该期竟成为《集成报》的"绝唱"。

① 上海图书馆编《汪康年师友书札》（4），上海书店出版社，2017，第 3371 页。
② 上海图书馆编《汪康年师友书札》（2），上海书店出版社，2017，第 1827 页。
③ 上海图书馆编《汪康年师友书札》（3），上海书店出版社，2017，第 2436 页。
④ 上海图书馆编《汪康年师友书札》（4），上海书店出版社，2017，第 3334 页。
⑤ 《本馆告白》，《集成报》第 22 期，1897 年，第 5 页。
⑥ 《本馆告白》，《集成报》第 34 期，1898 年，第 1 页。

戊戌变法后，《农学报》本打算就此闭馆散会。然而，是时《农学报》非但没有任何收益，反倒欠下巨额印书费，暂不可闭。后来《农学报》改为官报，上海道拨款 2000 元。蒋伯斧拿到钱后，立即归还了印费，"不存一钱"。① 以周刊发行的《南洋七日报》发行不到两个月便因报费问题叫苦不迭，"诸君之苦衷敝馆知之，敝馆之苦衷诸君独不谅之"。报馆要求读者"务将已定之报款惠下"，以后当月报款当月结清，"俾免彼此亏累"。②

部分石印报刊行动者的社会使命感使他们身陷经营困境。维新变法失败后，张美翊提醒汪康年"慎言慎事"，"保吾身以待时"，在告诫其远离出位之谋、明哲保身之际，仍让他莫忘开通民智之事，"处此时势，惟须尽我可为之事，如劝学明农，奖掖后进，开通民智，则教一人得一人之益，教一乡得一乡之益"。③ 虽遭受重创，文人启蒙社会的初心依旧未改。一如梁启超在1892 年所言："足下诚能日以为言，今日不行，则他日言之，今月不行，则他月又言之。言之既久，吾知其未有不行者也。"④ 梁启超后来又创办了《新民丛报》《清议报》等报刊，继续着以言论兴社会之路。这几份报刊在内容、版式设置上和《时务报》如出一辙，只不过它们都是铅印。恐怕梁氏心里也清楚，成本颇高的石印已不再符合现代报业的发展需求。

（二）迷失的商业诉求

维新派和纯文人、学生等群体虽忽视商业利益，但在办报遭遇挫折后有所调整。商人群体的办报者有盈利的任务，在场域中更多表现为隐藏自己的盈利诉求不外露。清政府、中国共产党、国民党三方所构建的石印报刊场域中，商业诉求更为隐匿。

对于商人群体来说，创办报刊本是一种生意，通过办报赚钱无可厚非。可是当他们在石印报刊场域活动时，行动者却一直设法隐藏自己的企图，反而纷纷强调自己的无谋利之心，这不同于商人群体在铅印报刊生产场域所表现出的较为直白的商业态度。

石印报刊场域是商人群体的另类战场。单就印刷成本来看，大部分商人

---

① 《雪堂自传（二）》，《古今》第 2 期，1941 年，第 14 页。
② 《本馆告白》，《南洋七日报》第 7 期，1901 年，第 2 页。
③ 上海图书馆编《汪康年师友书札》（2），上海书店出版社，2017，第 1597 页。
④ 上海图书馆编《汪康年师友书札》（2），上海书店出版社，2017，第 1660 页。

群体所出版的石印报刊会亏本无疑。上海各报刊的石印附张属于赠品，它们不取分文，随主报发行，且无广告。申报馆和新闻报馆的画报均属此列，前者的画报按旬赠送，后者的每日附送，两份画报都无广告收入。多则与《点石斋画报》相关的广告中，都不忘刻意强调该报"不惜工本"。后来的《图画日报》也是异曲同工，开篇便强调无谋利之心。办报所涉及的不只是纸张和印刷的成本，赠送画报还会增加邮费的支出。与其他同类型报刊相比，《图画日报》是清末广告较多的石印画报，其由大型书局操持，几乎每期都有四五条广告。但《图画日报》中的广告位置非常特别，它们几乎都处于边框之外，被放置在页面顶端。从位置设计上看，它们远离了版面的中心和读者的中心视觉区域。《图画日报》的版面中心都被正文所占据，从这个细节处理上也可以看出行动者的商业态度。

商人群体并非如自己所宣称的毫无谋利之心。《新闻报馆画报》在绘画风格、选材、版式等方面都与《点石斋画报》高度重合，看得出来双方试图在此领域一决高下。可是，新闻报馆的画报却戛然而止，前后仅发行不到9个月。甲午战争开战仅10天后，《新闻报馆画报》就宣布停刊，给出的理由是战争以来报务繁多，无暇顾及。[①] 上述停刊理由或许仅是一种表面上的托词。《新闻报》及时切割掉画报的业务，恐怕更多是因为在市场竞争中其处于下风，此举只是顺应市场形势罢了。战争正是画报发展的一个机遇，它刺激了民众对新闻信息的需求，《述报》和《点石斋画报》都兴起于战争时期。甲午战争期间，《点石斋画报》同样刊登了大量战争新闻画，销量上佳。因战争而停刊，《新闻报馆画报》实在难以自圆其说。画报的核心在图而不在文，没有强大的画师团队则难以支撑，《述报》就是一前车之鉴。从多个维度看，《新闻报馆画报》都难以与《点石斋画报》相比。新闻报馆发行的画报并不占据明显的优势，前文提及的关于金玉均被刺的同题报道只是其中一例而已。在诸多绘图中，包括时事画、风俗画等，《新闻报馆画报》都处于下风。《新闻报馆画报》的影响力有限，停刊后少有人提及它，目前流传下来的仅有3册。《点石斋画报》发行14年，多达数百册，却能够如数保留。《点石斋画报》常常出现在一些民国时期的铅印摄影画报中，至今仍被屡屡提及。1943

---

① 《暂停画报启》，《新闻报》1893年8月3日，第1版。

年,《太平》画报还专门开辟了一个"旧闻搜奇"栏目,内中的奇闻逸事均选自《点石斋画报》。[①] 这样的影响力,是《新闻报馆画报》难以企及的。

清政府体系内的石印官报数量本就稀少,更是鲜有制定出有效的营销策略的,即使有策略,也让人有点匪夷所思。《江西农报》改为月刊后,每册200文,全年订阅价仅为原价的五折。改版前订阅全年者,报资仍以半年计算,1200文。新订阅半年者,报资1200文。订阅全年与订阅半年的价格竟然是相同的,这种经营思路颇有些让人看不懂。虽说报馆此举是为了在改版之际争取新读者,但未免显得过于随意。新订阅者没有任何优惠,订阅价与零售价相同,反而有碍争取新读者。

民国中后期绝大多数的石印报刊都为中国共产党或国民党官方创办,盈利的想法也不多,石印报刊常被作为一种"无偿"的宣传品使用。《晋察冀日报》在改为石印的第1期就发表了"征求定户启事"。该报在前期油印期间一直为免费发行,改石印后成本上涨,"为适应大众的需求并维持本报经费起见。自十三期起,实行征求定户,除抗日部队仍旧赠送外,其他各机关团体私人一律停止赠送"。收费标准为"零售本城每份二分,外埠三分,定阅:本城每月二角,二月四角,四月七角",外埠的订阅费用略高于此。为尽快收齐订费,报社限阜平县内五天,其余各县十天内,将订单和报费一同寄送报社,逾期将不送报。[②] 要求虽如此,然而基本无法落实。读者中普遍存在"看报不出钱"的想法,报社也缺乏应对机制,回收的报费微乎其微,甚至有人故意不给。整个石印期间,《晋察冀日报》的发行"完全是无代价的分发,没有营业方针的,只是服务于宣传"。[③]

当石印报刊成为宣传必备品后,其市场功能就被淡化,出版经费几乎完全依靠官方扶助。《太岳日报》创办于1940年6月,担负宣传抗日根据地的重要使命,其内容以新闻、言论为主,没有广告,可见发行收入应为其唯一的收入来源。作为机关报,《太岳日报》主要靠订阅维持发行,但拖欠报费的问题仍存在。且抗战时期经历了多次纸价飞涨,报纸经营困难。1941年4月3日,《太岳日报》第一次在报头旁边的位置刊出启事,却是条涨价启事,

---

① 《旧闻搜奇》,《太平》第6期,1943年,第29页。
② 《本报征求定户启事》,《抗敌报》1938年1月23日,第2版。
③ 《中国报刊发行史料》编写组编《中国报刊发行史料》,光明日报出版社,1987,第333页。

"日来纸价高涨不已"，报社特别强调，"为减低亏损，自四月起报资每月增至六角，实非得已"。这次价格涨幅并不小，此前每月报资仅为 4 角。"减低亏损"从侧面说明，许久不涨价的《太岳日报》可能长期处于亏损状态。随后，《太岳日报》在短时间内多次涨价，但实际发行收入成谜。

　　惯习通过行业规范、文化传统和经营态度影响了场域，最终场域又重塑了惯习。行动者根据自身道德理想的行动准则，制定新闻采写和编辑中的操作规范，遵守严密的出版程序，严厉打击盗版。"左图右史"的文化传统在场域中得到了延伸，同时，行动者也特别考虑到读者既有的阅读偏好。从众多石印报刊艰难的社会命运中我们大致可以看到，与新闻记者的伦理规范最一致的新闻实践往往是不能盈利的。[①] 行动者希望获取象征资本，而象征资本的累积，却需要牺牲掉一定的经济资本。

第二节　资本运作：各类行动者的集体行动

　　本节将通过四种资本，即经济资本、社会资本、技术资本、文化资本在场域中的运作，讨论各类行动者力量对场域的影响。经济力量、文化力量和政治力量三类行动者的集体行动，形成了对场域的规制。行动者是资本的承载者，各类力量的集体行动，也集中体现了资本对场域的影响。经济力量和文化力量的行动者不约而同地选择了主动离开场域。民国初期，经济力量便已远离场域，文化力量虽未完全退出，但也与媒介场域日渐疏离。从报刊数量上看，政治力量的行动者对媒介场域形成了"垄断"之势。

一　遵循经济规律：经济力量远离场域

　　经济力量实力强劲，最早与媒介场域结盟，亦很快便从中心走向边缘。经济力量的退守，缘于行动者的主动选择。场域一直处于不断的变动中，在报刊媒介中，一直有一个主流的铅印报刊场域。全面抗战爆发前，石印报刊和铅印报刊争夺场域中的位置，其在铅印报刊场域的边缘寻求自身的立足之

---

　　① 　罗德尼·本森、艾瑞克·内维尔主编《布尔迪厄与新闻场域》，张斌译，浙江大学出版社，2017，第 52 页。

地。直至民国前期，石印报刊与铅印报刊两个场域一直并行发展。多数情况下，石印报刊场域最后汇入铅印报刊的场域中，石印报刊的行动者没有改变报刊场域以铅印报刊为主导的格局。铅印报刊场域占据绝对优势，这个场域才是商人群体的主战场。

（一） 民国初年后撤离

民国初年，在经济资本的规制下，商人群体已经基本退出石印报刊场域。晚清时期，书局和商业报馆在深思熟虑之后涉足石印报刊场域，活动自如，较少受到束缚。当场域内外发生变化时，它们可以及时调整自己的行动。根据本书的统计，中国近代一共出现了 82 份商人群体所办的石印报刊。[①] 以民国的创立为时间节点进行考察，商人群体根据市场反应来调节办报行动，其在 1912 年前后的参与度大不相同，如表 4-2 所示。

表 4-2　中国近代商人群体所办石印报刊的时间分布

单位：份，%

时间	数量	占比
民国成立前	51	62.2
民国成立后	31	37.8

引发商人群体主动离场的直接原因是经营难题。民国成立以前，一共有 51 份商业类型的石印报刊出现，主要分布于上海，集中出现在 1884 年至 1911 年。在第二次石印报刊发展高潮中，同类型石印报刊经营已然十分困难。北京石印报刊上的广告屈指可数，仅依靠发行获得收入，这给报馆造成了很大的经济压力。

石印报刊经营者希望通过办报活动赢得社会资本，却忽略了经济资本的重要性。北京的石印画报采用照相石印法缩印画师手绘图画，在内容生产上与上海许多画报类似，文与图相分离，采用白话文。画师多仅负责画图，报刊需另聘人作文。广告稀少，办报经费甚为紧张，导致北京石印画报的经营难度比起上海商人群体所操持的同类报刊增大不少。《北京白话画图日报》以

---

① 实际出版的数量应大于此数，因为附送石印画成为民国成立前商业报馆的常态，但因其通过附张赠送，以致保存不佳，使得本书亦难以追溯。

"维持社会、开通妇孺"为宗旨，发行人杨竞夫总结了组织画报的三难。"第一难是画图著说不出一手。意见稍有参差，便生隔膜毛病；第二难是著白话说本费笔墨，画幅地窄限于尺寸，倘措词微不合式，不是敷衍，就是简略，阅者或不称心；第三难是逐日出版，不能间断，而选稿、画图、著书、缮写、校对、印刷诸般工艺，周而复始，必得一日告成。精神稍不贯注，难免贻笑大方。"[①]　办报如此多艰，杨竞夫仍坚称"不敢把这个宗旨放松一步，今天在报界上只落得个中等名誉，或者还是这点死心眼的功劳"。[②]　居于中等，是不能让这些报人满意的。"便求向上"才是办报者一直追求的目标。一边要累积社会资本，另一边又受制于经济资本，经营者难在两大资本间找到平衡点。

民国成立后诞生的同类型报刊分散在全国，影响力远弱于晚清，参与者多为小商人。安徽蚌埠的第一份报纸，是由几位商人创办的石印《皖淮报》，系日报。1923 年，蚌埠仍无铅印设备，办报者于是选择了石印。蚌埠具备一定的商业基础，本地人士与外埠商人往来频繁，爱赶时髦，有强烈的信息需要。从该报发行后的情况看，办报者的决策应属成功。对于《皖淮报》，当地的商人十分支持，开始在报上大登广告。《皖淮报》在编排上模仿大型日报，社论、新闻、广告等栏目俱全，内容也较为丰富，每日可以出三四张。可是蚌埠地方本不大，阅报者也有限，即使不缺广告还是难以支撑石印报刊长期生存。对于小商人来说，赔本是难免的。《皖淮报》每日销量约 200 份，"收入不多却开支巨大"，不到一年即告停刊。[③]　各地出现的商人群体所办的石印报刊大多处境相似，在报刊场域中难以获利。民国中后期，商人群体已经远离场域。

（二）无意返场的商人群体

商人群体握有一定的经济资本，希望借此获取社会资本。然而，经济资本向社会资本转化是需要条件的。对于民国时期的石印报刊界来说，商人若想通过报刊获得更大的影响力，还要兼顾报刊的印刷质量，因此需要升级印刷技术，争取到技术资本。在技术资本的转化过程中，少有商人群体付诸实

①　《覆规正画报》，《北京白话画图日报》第 220 期，1909 年，第 1 版。
②　《覆规正画报（续前）》，《北京白话画图日报》第 221 期，1909 年，第 1 版。
③　秦奋：《解放前蚌埠文化事业鸟瞰》，蚌埠市政协文史资料研究委员会编印《文史资料选辑》总第 13 辑，出版年不详，第 50—51 页。

践。民国时期，已经离场的商人大多无意重返场域。

20 世纪初，仅有少数实力雄厚的书局更新了五彩石印术，全国各地的多数从业者仍在使用旧式石印术。20 世纪 20 年代后，书局渐渐对石印报刊场域失去兴趣，它们更热衷于石印连环画的出版。连环画最初是什么时候兴起的已较难考证，时人说石印连环画兴起于 1916 年，最初销路很差，之后才渐渐得到市场的认可。民国末期，上海仍有 40 家左右的书局在生产石印连环画。不过，上海印刷业已经普遍使用玻璃版，一部画稿完成后，交给书局，将原稿照相后做成玻璃版，然后再开始石印。[①] 相较于石印市场的疲软，连环画能为书局赢得更多的利润。民国中后期，也有一些小型的石印作坊、石印社等参与到石印报刊场域中，但多数仅是协助代印报刊。

不管是在经济资本上，还是在社会资本上，商人群体的办报理想都较难实现。首先，这个场域的媒介特性使要盈利本身就非常艰难。石印报刊场域的盈利空间并不大，要生产出精良的图文并茂的石印报刊必须有实力强劲的画师，还需要上佳的印刷条件。19 世纪末期，石印报刊的生产成本居高不下。其次，还有读者的因素。石印报刊的读者群体定位偏"下"，与日报的读者群体有一定的区别，妇女儿童常被视为拟想读者。这部分群体的经济实力不足，购买力有限。同时，许多商人群体也缺乏相应的技术资本和文化资本。

归根到底，石印画报只是大型商业报馆的附属品，它们不是报馆之间竞争的主战场。一旦收益显著低于成本，报馆便会另寻他路，报馆所赠送的石印附张旋起旋灭的原因也在于此。1909 年底，申报馆创办了第二份石印画报《申报图画》，赠送给读者，发行后很受欢迎，却在一个月后便草草作罢，原因就在于成本。《申报图画》发行后，邮政局便因添加纸张分量过重，要求申报馆增付邮费。报馆认为邮费太多，因而拒绝增付邮费，同时停止分发石印附张。1910 年初，附张停止发放，报馆另将图画缩小用于小说，并将新闻画插入报纸的第二大张。[②] 商人群体试图凭借石印报刊自身来实现盈利，十分不易，但把它作为一个连接母报与读者的中介，却又未尝不可。由于难再增添其他类型的资本，自身所掌握的经济资本的比例也日渐降低，商人群体退场

---

① 《上海的连环画》，《大公报》（上海版）1947 年 6 月 29 日，第 8 版。
② 《本报特别广告》，《申报》1910 年 1 月 16 日，第 2 版。

后也无心返场。

二　理想难以落地：文化力量疏离场域

文化力量在近代共创办了上百份石印报刊，数量不算少。在文人聚集的场域中，也会浸染些许办报者的政治理想。难以落地的办报理想，让文化力量与石印报刊场域日渐疏离。

（一）势单力薄的文化力量

文化力量掌握了大量的文化资本，却难以将其转化为其他资本，在媒介场域中的行动也显得势单力薄。抗战时期，学生群体创办了一定数量的石印报刊。在进步青年学生运动中，小型石印报刊作为宣传工具代替学生发声。20 世纪 40 年代，四川省富顺县发生"邓案"，学生成立了"邓案后援会"，持续与敌对势力斗争。后援会创办了一份石印小报《援声》作为宣传喉舌，不定期出版，由三位以前常为报社投稿的学生任编辑。由于缺乏印刷设备，《援声》由位于小南门福音堂的一家小型石印铺承印。学生们通过石印小报揭露地方恶势力与国民党反动派的阴谋。《援声》在城内各处散发，反响热烈，令国民党县党部大为光火。镇压学生不成后，当局转而针对印刷方。承印《援声》的石印铺受到警告，不许再印。[1] 文化力量行动者依靠石印报刊进行抗争，与当权者形成拉锯之势。但抗争只能在较小的范围和较短的时间段内进行，一旦对统治者形成威胁，便会被极力制止。

文化力量所办的石印报刊一开始就具有很强的不确定性，他们不得不向社会资本的拥有者寻求庇护。四川省邛崃市拥有丰富的造纸业资源，印刷业历来发达。1933 年，邛崃当地人士从成都买回一台 4 开石印机，这是邛崃有石印业之始。而后几年，该地陆续兴起了 17 家石印社。抗战时期，石印社承印了大量地方精英主办的报刊。1947 年，邛崃出版了一份代表地方民意的报纸《自力周刊》，16 开 4 版，先后由当地的文元斋和大昌石印社承印。《自力周刊》具有典型的文人报刊特征，是邛崃的一群青年公教人员利用业余时间

---

[1]　刘海生：《1947 年富顺学生运动回顾——兼记"富顺学生邓案后援会"》，中国人民政治协商会议四川省富顺县委员会学习文史委员会编印《富顺文史资料选辑》第 9 辑，1995，第 129—140 页。

创办的。同人组建了一个 20 人左右的编辑和发行团队，涵盖编辑、绘画、誊写、送报等环节，人员配置齐全。全体工作人员都是义务劳动，没有稿费。创刊号上写明了发行宗旨："为人民喉，不偏不倚，无党无派，自力更生，移风易俗。"为民请命的《自力周刊》也受到肯定，它的发行量一度达 4000 余份，销量可观。① 为了避免国民党当局的骚扰，报社特意设置了一位名誉董事长方瀛西。方氏在当地颇有威望，时任"邛崃县参议会"副议长，还担任过县长。然而，这些都只能给予《自力周刊》暂时的保护。

（二）难以落地的办报理想

较有影响力的同类石印报刊大多集中在晚清时期，如《南洋七日报》《普通学报》《醒俗画报》等。民国时期，文化力量所办的报刊寿命短暂，影响力很低。文化力量虽占有文化资本，但他们在经济资本和技术资本两处均居劣势。他们既缺乏雄厚的经济支持，也很难跟上印刷术更新的步伐。在文化资本之外，这部分行动者最易接近的资本便是社会资本。难以落地的办报理想，也给文化力量在寻求社会资本的道路上蒙上了一层阴影。

文人希望参与社会事务，谋取一定的社会资本，参政议政，立言救国，承担启蒙与救亡的时代使命。因而，他们所办的报刊也寄托了自身的某些社会理想。

抗战时期，文化力量突破国民党的封锁办报，在战火纷飞的后方积极发声。但是，在现实情况的制约下，文人群体的办报力量分散，未形成共同体。中国近代社会经济落后，文人群体办报本就艰难。近代后期，文人群体所办的石印报刊大都无疾而终。

分散的办报模式也制约了文化力量所办报刊的影响力。他们所办的报刊地理位置分散，持续时间短暂，少有具有全国性或者是超地方性影响力的报刊。文人带着一定的理想入场，受到各种资本的制约，理想抱负难在石印报刊场域中实现。民国时期，文化力量行动者与媒介场域日渐疏离，仅在个别地区出现过这部分行动者所办的石印报刊。同经济力量一样，文化力量也选择了主动退场。

---

① 胡承治：《民国时期邛崃的〈自力周刊〉和〈自力报〉》，邛崃市政协文史资料研究委员会编印《邛崃文史资料》第 10 辑，1996，第 176—182 页。

三　服务宣传需要：政治力量"垄断"场域

近代石印报刊与政治力量的距离，根据行动者所掌握的资本的变化，经历了由远及近的过程。清末，维新派与清政府先后入场，成为场域行动者中的政治力量。前者在场域中仅活动了一两年，后者所办的报刊以较为分散的地方官报的形式出现。政治力量对媒介场域具有一定的影响力，但影响力有限。维新时期的石印报刊影响力较大，所引发的社会影响大于它们对媒介场域本身的影响。维新派分裂后，书册式的报刊类型也几乎在场域中消失。民国时期国共两党成为近代石印报刊场域中最主要的行动者，所办报刊数量占当时全国石印报刊总数的近七成。民国时期总共诞生了 668 份石印报刊，国共两党所办报刊合计有 496 份。

民国时期，国共两党负载了大量的社会资本，社会资本转而以政治权力的形式发挥作用。与此同时，两个政党也取得了一定的经济资本、文化资本和技术资本。早期的石印报刊与政治力量行动者关系疏远，19 世纪末 20 世纪初，石印报刊与政治力量逐步接近。20 世纪三四十年代，各类资本叠加产生综合效应，政治力量大规模向场域渗透，最终形成"垄断"。

（一）从偏移到接近政治力量

整个 19 世纪，石印报刊场域与政治力量的关系是较为疏离的，社会资本在其间的作用并不显著。直至 19 世纪末期，场域中都以商人报刊占据主流。石印报刊与政治权力场域的疏离表现在两个方面。第一，石印报刊慎言政治，偏重于日常生活。言说同样的社会新闻时，石印画报与商业日报表现出不同的态度。即使是灾难性新闻，行动者也试图淡化灾难新闻的负面影响，将新闻接入读者的日常生活领域。在晚清石印文字报刊鼎盛之时，我们也不难发现，维新时期的办报者亦处于相当矛盾的状态。他们既"敢言"又"不敢言"，他们既称报纸有益于国事，又对清政府的软弱腐朽讳莫如深。他们倡导变法，另辟蹊径，大谈西学新知，将西式报刊之"用"附着于中式报刊之"体"上。然而，如康有为走上了保皇之路，维新派对于清政府的态度始终难逃封建伦理的束缚。第二，官方权力未直接涉足场域。整个 19 世纪，无一份官办石印报刊出现。维新派试图通过办报活动接近政权中心，但仍难以被权力核心所吸纳。戊戌政变发生后，维新派报刊四分五裂。清政府的权力中心——北京的石印报刊在清末新政时期才出现，目前已知北京最早的石印报刊要追溯到1906年。这也释放出政治权力场域对石印报刊场域的某种信号。

这种疏离的状态在20世纪初期有所扭转，石印报刊与政治权力场域的接近表现为对以上两点桎梏的逐步突破，社会资本的作用也开始显现。1903年，清政府利用江西、山东两省的官书局，直接介入石印报刊的出版。1906年之后，石印报刊开始大规模涉足政治议题，最后更是直接倡导革命。20世纪的第一个十年，北京新办的石印报刊数量迅猛增长，与上海并驾齐驱。它们虽冠之以文人报刊或商人报刊的名目，却与政权核心互动频繁。

（二）政治力量的大举介入

民国中后期，政党领衔的石印报刊占据了石印报刊场域的中心位置，获得了场域中的绝对主动权。社会的变迁对于石印报刊与政治权力的距离有重要影响。早期的石印报刊远离政治权力，清政府在石印报刊场域中的掌控力微弱。民国时期，中国共产党和国民党两股政治力量在场域中异常活跃，大举介入场域。战争时期，石印报刊更向相对拥有办报实力的政党倾斜。除了自身所掌握的社会资本外，经济资本、技术资本和文化资本也在向国共两党倾斜。两大党在自身所辖地区掌握经济主动权，较易获得现有的石印设备，接近有限的办报资源，党内也有适于办报的文字工作者。

在第三次石印报刊发展高潮中，新办的报刊九成以上由国共两党主办。国民党和中国共产党两方大力介入场域，对场域形成了"垄断"之势。双方均为场域注入了人力、物力和财力，但在程度上有所不同。国共两党在社会现实的驱动下，都有意去抢占场域。两者进入场域的方式、目的有别，办报的重点也不相同。在政治力量行动者的大力介入下，石印报刊场域走向了"畸形"的繁荣，并逐步被他律化。

1. 中国共产党：有计划有组织地发展石印报刊

中国共产党在场域中的参与，着重表现为对场域进行了有计划有组织的领导，并且有意识地让石印画报重返场域。

1927年，国民大革命失败后，中国共产党就对石印报刊场域进行了特别部署。中国共产党的组报形式受到近代政治出版传统与列宁办报建党理念的双重影响。中国共产党在早期建党过程中汲取了列宁主义"办报—建党"的成功经验，近代的媒介化社会是中国共产党成立的重要前提。[①] 正因如此，中国共产党在建党之初就非常重视宣传事业，先是制定了在特殊形势下以报刊为主体的宣传方针，进而又指出在报刊印刷困难的前提下，石印报刊可作为一种替代品。

国民大革命失败后，党中央制定了新的以报刊为主体的宣传方针，并预估了在报刊印刷方面可能存在的困难。党中央认为，忽视对全党的宣传和鼓动是国民大革命失败的重要原因。1927 年 8 月 7 日，党中央在汉口紧急召开了著名的八七会议，确立了加强政治宣传和鼓动的方针。是年 8 月 21 日，中共中央发布了关于宣传鼓动工作的通告。该通告明确了两大报刊宣传体系：对内的刊物和对外的刊物。在两大体系内，又按照"中央""省委""省委以下"三个层次制定了机关报的具体出版策略。对内的刊物仅以内参的形式在党内作为工作材料流通，不公开发行，印刷上可更为灵活，全为油印出版。对外的刊物要对民众进行宣传鼓动，则要将出版效率、印刷效果等因素考虑其中。为了应对印刷难题，党中央提出了在"对外的刊物"出版中采取缩减篇幅、推行石印等办法。中央机关报《向导》周报恢复出版，但篇幅减少一半；每个省委需筹备一种机关报，大小如上海大张日报的 1/4；省级以下各级党部应在能力所及之内筹备机关报。对于印刷问题，党中央指出：各地机关报最好是铅印。党中央预估了印刷的困难，制定了相应的对策，不能铅印则用石印，如不能石印则油印亦可，只要能够出版。[②]

20 世纪 30 年代前期，中国共产党多次提出在铅印缺席的情况下，支持报刊采用石印的策略，认可石印报刊作为铅印报刊的有力替代品。除了《向导》周报外，连位于第二层次的省委机关报都无法完全保证全部使用铅印，多份省委机关报因印刷问题迟迟未出。江西和福建是苏区的主要所在地，两省还有一个共同点，它们都是中国重要的纸张产地。虽有纸张采购方面的优势，但两地的报刊出版仍然十分困难，其他地区则可想而知。江西省党报《红旗》

---

①　龙伟、张辉甜：《办报以建党：五四进步报刊与中国共产党的成立》，《新闻与传播研究》2021年第 10 期，第 5 页。

②　柯华主编《中央苏区宣传工作史料选编》，中国发展出版社，2018，第 3 页。

筹备多时，因印刷问题迟迟不能出版。① 1929 年，江西省万载县率先出版了石印的《工农兵》。《工农兵》仅见两期，发行范围小，出版时间不固定，但仍是江西苏区所办的最早的报刊。中共福建省委也为发展省级以下机关报做出了多种尝试，并把出版石印报刊作为一种主要的应对办法。中共福建省委计划先从厦门开始出版小报，要将其转变为上海的小型日报，日后再扩展至漳州、福州等地。为实现该计划，中共福建省委准备开办一家石印馆。② 闽西连通苏维埃的中心区域江西瑞金，是苏区的交通要塞。次年，福建省第二次代表大会提出，省委、市委、县委都应有工农小报经常发行。"闽西各县更应立即发行排印或石印日报，此项小报须力求其成为工人农民自己的报纸，内容要丰富而简单，在叙述新闻中尽宣传的作用。"③ "目前因材料及工具关系，我们可先用石印出版，每日出一小张也好，只要经常出版。"④ 虽然部分省委有了较为明晰的计划，但解决报刊出版问题仍需时日。

直到 20 世纪 30 年代初期，苏区的主要区域才初步解决了印刷的难题，利用石印出版小型报刊。江西苏区及周边出现了大量的中国共产党的石印机关报，尤以 1931 年为最多。中共福建省委的报刊出版问题也在该时期初步得到解决。闽西地区的石印报刊，以《红报》和《福建红旗》最为典型。《红报》是闽西苏维埃政府的机关报，1930 年 4 月创办。它不仅是一份报纸，更是代表政府说话的言论机关，"《红报》上发表的言论，是等于政府通告一样重要"。正因如此，石印的速度与《红报》的重要性不能完全匹配。闽西苏维埃政府将《红报》改为铅印。即使勉强用上了铅印，《红报》的印刷也很困难。报社本计划使用铅印后将三日刊的《红报》改为日刊，不过因为铅字缺损太多，报纸不能按时出版，最多能以双日刊出现。⑤ 《福建红旗》亦由闽西苏维埃政府创办，初为油印，一日两版。1931 年底，《福建红旗》改为石印，

① 柯华主编《中央苏区宣传工作史料选编》，中国发展出版社，2018，第 34 页。
② 《中共福建省委给中央的报告》，中央档案馆、福建档案馆编印《福建革命历史文件汇集（省委文件）一九二九年》（下），1984，第 99 页。
③ 柯华主编《中央苏区宣传工作史料选编》，中国发展出版社，2018，第 81 页。
④ 洪荣华主编《红色号角——中央苏区新闻出版印刷发行工作》，福建人民出版社，1993，第 69 页。
⑤ 福建省地方志编纂委员会编《福建省志·新闻志》，方志出版社，2002，第 61 页。

八开单面，栏目比油印时期增多，版面内容更为丰富。[①] 在江西瑞金的苏维埃地区，一般的宣传品用油印，后来又用石印，最后才发展到用铅印来印刷。[②]

中国共产党的办报策略是石印画报重返场域的最重要的原因。在紧迫的现实面前，图像报刊需让位于文字报刊。因此，中国共产党早期领导的石印报刊以文字报刊为主。1929 年 6 月，中共中央决定编印画报画册及通俗小册子。[③] 党中央还曾发文指出：画报是一种很好的宣传工具，尤其适合于向一般不识字的农村妇女进行宣传。[④] 石印画报在 20 世纪 30 年代再次取得了数量上的突破，此时间段的画报主办者几乎都为中国共产党的相关机构。《红星画报》《春耕运动画报》《选举运动画报》等石印画报相继出现，立足农村，为苏区群众提供了新的观看新闻的方式。1941 年，中共中央在对各抗日根据地报纸杂志的指示中也特意强调了印刷环节。为了保障根据地报刊的发行，中共中央要求，中央局、中央分局及独立工作的区委，需争取有铅印厂，其他区委和地委亦需争取有石印厂。各边区要加紧出版"作为社会教育工具"的通俗报纸，作为鼓动群众的画报可以附在这种通俗小报内。[⑤] 总体观之，民国中后期的石印画报影响力非常有限。

2. 国民党："党化"新闻的"及时雨"

在国民党一方，石印报刊也日渐与政治权力靠近。1927 年以后，国民党政府在形式上掌握全国政权，开始实行严格的新闻管控。1928 年 6 月 21 日，国民党中央第 148 次常务会议通过了《设置党报条例》[⑥]《指导党报条例》[⑦]，以强化国民党党报的建设。这两个重要的条例没有对报刊的印刷方式做出特别限定。国民党的石印县报在 1927 年宁汉合流以前就有迹可循。江西黎川县的《黎川三日刊》1926 年由国民党黎川临时县党部主办，"四一二"政变后，

---

① 福建省地方志编纂委员会编《福建省志·新闻志》，方志出版社，2002，第 57 页。
② 范慕韩主编《中国印刷近代史》，印刷工业出版社，1995，第 335 页。
③ 柯华主编《中央苏区宣传工作史料选编》，中国发展出版社，2018，第 44 页。
④ 《中共福建省委给永定县委并转特委前委信——对闽西工作的指示》，中央档案馆、福建省档案馆编印《福建革命历史文件汇集（省委文件）一九二九年》（下），1984，第 92 页。
⑤ 《中共中央宣传部关于各抗日根据地报纸杂志的指示（1941·7·4）》，北京广播学院新闻系编印《中国报刊广播文集》（一），1980，第 35—38 页。
⑥ 《设置党报条例》，《中央党务月刊》第 3 期，1928 年，第 8 页。
⑦ 《指导党报条例》，《中央党务月刊》第 3 期，1928 年，第 8—10 页。

由石印改为铅印。① 1927 年之后，国民党所办的石印报刊数量大幅增加，主要集中在非中心城市的县域基层地区。

在物资设备不足的地方，石印报刊充当了及时的补充剂。1934 年，国民党望江县党部创办《望江新闻》，该报刊是望江县最早的报刊，为石印三日刊。② 20 世纪 30 年代，归绥、包头、萨拉齐、集宁（今乌兰察布市集宁区）等地都办有县级党报，这些党报是绥远地方国民党党报体系的组成部分。党报编辑部往往设在县党部内，多为小型的石印周报，人员只有两三人，报纸多为赠阅。③ 1937 年 2 月，甘肃临夏县（今临夏回族自治州）党部创办了《临夏日报》，为六开石印小报。县党部书记长为报社社长，另设置了经理、总编、编辑、记者、收银员、录事等职位。《临夏日报》发行至 1937 年底，共发行了 200 多期，因收音机损坏而停刊。④ 1938 年，宁夏固原县（现为固原市）党部创办《固原三日刊》，由县党部书记长兼任编辑部主任，为单面石印，宁夏之有县报由此开端。⑤ 石印报刊给国民党的"党化"新闻事业提供了极大的便利。国民政府要求，各地都必须开展党报事业，有条件要上，没有条件创造条件也要上。抗战时期中国的经济遭受极大打击，更多的地方则是处于"没有条件"的境遇。20 世纪三四十年代国民党的县报多半是石印或油印，铅印的比较少见，县报和军队报刊是国民党官方报刊的主要类型。

在国民党的报刊体系中，少有城市中的报刊使用石印，《山东民国日报》是一个例外。作为国民党山东省党部的机关报，《山东民国日报》曾石印出版，不过其石印时期的出版地不是省会济南，而是在山东农村地区。各地的"民国日报"从属于国民党省级党部机关报体系，普遍都为铅印出版，《山东民国日报》却是从铅印场域"倒退"回石印场域。1929 年，《山东民国日报》在济南创立。全面抗战爆发后，《山东民国日报》被迫停办。1939 年 1 月，沈鸿烈就任山东省政府主席，将山东省政府迁往鲁南沂水县城的东里店村，随即主持筹办《山东民国日报》的复刊工作，"因为民国日报是中国国民党的

---

① 江西省黎川县志编纂委员会编纂《黎川县志》，黄山书社，1993，第 526 页。
② 望江县地方志编纂委员会编纂《望江县志》，黄山书社，1995，第 539 页。
③ 张丽萍：《内蒙古民国报刊史研究》，内蒙古大学出版社，2014，第 62 页。
④ 临夏市地方志编纂委员会编纂《临夏市志》，甘肃人民出版社，1995，第 515 页。
⑤ 宁树藩主编《中国地区比较新闻史》（下卷），复旦大学出版社，2018，第 1183 页。

号筒，是民众的喉舌，故应急于筹办"。筹办组将报址定于一偏僻山村，先购到了 5 个真空管收音机。山村不具备铅印条件，《山东民国日报》只能选择石印出版，可在山村里的山东省政府没有任何石印设备。最后，报社在沂水县城内的泰和石印局购买了一台石印机，又另派人去诸城买了几块石印石头，才解决了印刷问题。1939 年 4 月 4 日，《山东民国日报》正式复刊，石印出版。报社只分为编辑、印刷、营业、书记四部，比之前铅印时期机构精简了许多，"编辑材料和消息不甚充实，版样不大艺术"。① 石印出版的过程也异常艰难，报社几度遭受日军轰炸。是年 6 月 7 日，日军再次轰炸东里店，报社七人被炸身亡。出版了仅两个月，《山东民国日报》再次中断。② 遗憾的是，《山东民国日报》石印期间的原件未被保存。1939 年底，该报重新复办，此时已经变更为铅印。

政治力量的强势介入，使基层地区石印报刊迅速成形。《滇西日报》出现前，大理漫长的历史中一直缺乏日报。在国民党官方力量的介入下，《滇西日报》仅用时七天便问世。1942 年 8 月 6 日，国民党指派的参与办报人士陆续抵达大理，开始筹备办报事宜，约聘电务人员、印刷技工、通信誊写员、校对人员等，还安排发行等事宜。8 月 13 日，《滇西日报》正式发行。《滇西日报》的出版过程异常曲折，但政党的权力对它的持续出版进行了有力保障。办报中途，报社的石印机器多次损坏不能使用。官方临时托本城石印局赶工印刷，运送时托滇缅公路下关修车厂陈、赵两厂长帮忙。至 1944 年 3 月改版前，《滇西日报》总共出版 560 余日，未尝一日中断。③《滇西日报》前后共发行五年有余，曾两次由石印改为铅印。在印刷方式的变革中，国民党政府提供了大力支持。抗战结束后，国共相争，国民党迫切需要舆论支持，场域中仍不乏新生的石印报刊。

从国共两党在媒介场域中的集体行动中，我们可以看到各类资本在其中的不断运作。两党掌握了此阶段中国社会核心的社会资本。以此为基础，两党又拓展了自己的资本来源。他们带领民众从事生产劳动，掌握了自身管理区域内的经济资本。借助经济资本，两党又获取了一定的技术资本。同时，

---

① 《本报鲁南奋斗小史》，《山东民国日报》1945 年 11 月 21 日，第 3 版。
② 《本报鲁南奋斗小史》，《山东民国日报》1945 年 11 月 22 日，第 3 版。
③ 《敬告读者》，《滇西日报》1944 年 3 月 1 日，第 1 版。

两党内部也有较多的可以从事新闻工作的人力资源。因此，我国近代的石印报刊最后向政治力量行动者聚合。

在资本运作的过程中，各类行动者与媒介场域的关系发生变化。经济力量和文化力量主动与石印报刊场域切割，经济力量在民国成立之后远离媒介场域，文化力量与媒介场域日渐疏离。20世纪前中期，特别是抗战爆发后，石印报刊场域中的"繁荣"景象是依靠外力推动的，这股外力就是政治力量。场域畸形繁荣的另一面，是媒介场域日益被他律化。

惯习是一种长期积累的稳定的系统性结构，它影响实践，并作用于人们的认知、态度和行为。各类行动者通过惯习中的行业规范、文化传统和经济态度，与石印报刊场域进行互动，这也铸就了具有自身特色的报刊场域。

行动者的办报行动，反映了经济资本、社会资本、技术资本、文化资本在场域中的运行轨迹。从媒介场域与行动者之间的关系看，近代石印报刊场域先向经济力量靠拢，后又与文化力量结盟，最终被聚合在政治力量中。民国时期，经济力量和文化力量主动退场，政治力量"垄断"场域，这也解释了为何近代后期的石印报刊的内容一边倒地偏向政治宣传。

时代变迁造就了中国近代石印报刊特殊的社会生命力。为何行动者会采取如此行动准则？具体有何内外因素在起作用？惯习与资本在场域中是如何变化的？它们又将如何影响场域？以上问题将在下一章深入探讨。

第五章　中国近代石印报刊生产场域的
发展动因

　　前几章探讨了中国近代石印报刊生产场域的流变和文本特征，进而分析了场域中行动者的概况、特征和行动准则。本章的核心问题是：有何内外因素促发了行动者的行动？中国近代石印报刊生产场域因何而成？

　　本章将继续结合外部的政治场、经济场、文化场的状况，围绕三种惯习、四种资本在场域中的变化，探讨中国近代石印报刊生产场域的发展动因。惯习与资本作用于行动者的媒介实践，重塑了媒介场。第一节，先就行动者的惯习在媒介场域中的契合与调适，探析惯习是如何对媒介场域进行再生产的；第二节，将分析重点转向资本，在经济、社会、技术、文化四种资本与石印报刊场域的互动中，审视资本是如何对媒介场域进行再建构的；第三节，再回到石印报刊场域的内部，论述变化了的媒介场域的客观关系结构。

第一节　惯习对媒介场域的再生产

　　行动者的惯习对媒介场域进行了再生产，重构了中国近代石印报刊的样态。行动者的行动取决于他们在场域中的位置，也体现了他们的主观立场。

　　惯习并不是一成不变的，行业规范、文化传统、经营态度在与媒介场域的互动过程中被改造与重塑。惯习对场域的作用力发生转变，最终实现了对媒介场域的再生产。

一　惯习与媒介场域适配共生

　　当行动者的惯习与媒介场域适配共生、惯习契合场域时，通常会对媒介场域起到正向的引领作用。19 世纪八九十年代，正是行动者惯习与石印报刊场域之间的一个较为"完美"的适配期。在此阶段，涌现了一批具有代表性的石印报刊。特别是产生于这一时期的《点石斋画报》和《时务报》，成了石印报刊场域"后来者"难以逾越的两座高峰。

（一）屡获赞誉的石印报刊

第一次石印报刊发展高潮出现于维新时期，从相关社会群体对出现于该阶段的石印报刊的一元性评价与对石印本的多元性评价中，不难发现石印报刊的独特之处。维新时期是石印报刊与石印本共同的发展高峰期，但时人对两者的评价却常常是相异的。石印本在晚清出版市场中有重要位置，它和石印报刊通常采用照相石印术。虽是使用同样的印刷技术，且处于一致的社会经济环境下，但人们对石印报刊几乎一边倒的赞赏与对石印本的褒贬不一的态度，构成了两种舆论生态。

第一次办报高潮中出现的石印报刊屡获赞赏。彼时国人对石印报刊的评价大都偏向于正面，这缘于石印报刊丰富的内容与良好的印刷质量的相互成就。《点石斋画报》的影响力延续至今，它对新闻行业与近代社会都有突出的贡献。生于中法战争时期的《点石斋画报》紧贴时事，介入宏大的时代话语，结合照相石印术与报刊媒介之所长，刊载数千幅图画，推动了中国近代图画新闻事业的发展，起到了启悟、引领国民的作用。民国时期，《点石斋画报》仍频频被提起。2001 年，上海画报出版社又组织翻印了一版《点石斋画报》（大可堂版）。余秋雨先生在该版的序言中留下了如下话语：尽管当代传媒对于人们"先睹为快"要求的满足早已突飞猛进到前人无法想象的地步，《点石斋画报》在今天看来仍然具有较高的历史文化价值。

另外，不得不提的就是维新时期新办的石印报刊集群。从内容上看，维新时期的石印报刊开了诸多先河，它们在近代社会的制度启蒙和西学新知的传播中发挥了桥梁性作用。特别是报上所传递的多样化的分科知识，推动了近代社会知识形态的变迁和学科体系的建设。《农学报》《集成报》《蒙学报》《算学报》等都在我国专门性期刊发展历程中有开创性的地位。就印刷而言，这批石印报刊多精订装印，外观优美，给了读者上佳的阅读体验。文人对《时务报》赞不绝口，称其"冠绝中国"，[①] "足洗吾华历来各报馆之陋习，三

---

① 上海图书馆编《汪康年师友书札》（2），上海书店出版社，2017，第 1602 页。

代以下赖有此举，为吾党幸，为天下幸"。① 张之洞在通饬各属订阅报刊公牍中提及，《农学报》"教人务农养民之法，于土性物质种植畜牧培养宜忌……考核精详，确有实用。其一有裨士林，其一有关民生，均为方今切要，学术治术，自宜广为传布"。②

　　但时人对石印本的态度却往往褒贬不一。照相石印术便捷、价廉，频频被书局用来生产石印本，以满足晚清中国社会的图书出版需求。点石斋书局自创办起，通过翻印古籍，在科举考试领域获利不少。朱自清先生还曾把晚清石印本的走俏喻为"旧书的危机的开始"。其间通行的石印本，可按读者需求缩印，携带便利，价格公道，给雕版图书市场造成了很大的冲击。③ 但以上评价尚不能掩盖石印本所带来的争议。首先，科举考试场域对石印本态度不一。一方面，石印本在科举考试中的作用得到了社会的肯定；另一方面，应试士子的不当使用也使石印本饱受批评。照相石印术在缩印上的便捷引来了科举考试中的夹带之风。此风愈演愈烈，1893 年 6 月，《字林沪报》专门在头版刊载了一篇论说，规劝石印书局勿印文场夹带资料，切莫利欲熏心。石印本风靡前，已有一些士子不惜重金，想方设法夹带小抄，并带入考场，"全凭钞录，掠为己作"。官方屡次严申不准应试士子携带片纸只字，但无论乡试、府试、殿试等大小考试皆有人违反规定。照相石印术兴起后，作弊的成本更低，"寻常士子寒素家风所不易购，自有石印之法可缩大字为小字"，图利之人便"专取时文之佳者照印成书，纸则以寸，字则如毫，精细之极，取携之便，实属无可比拟"。长此以往，国家取士无真才，"各省地方之百姓将受害于无穷"。文末，作者郑重地规劝此类石印商人"速改弦易辙，退于急流，切勿因其获利之大而且捷也而锐意以为之，其功德并不在赈济山西饥民之下"。④ 其次，印刷质量低劣的石印本也招致了读者的责备。他们抱怨质量低下的石印本对人体健康的损害，特别是对眼睛的伤害。用油光纸石印的小字书价格虽廉，但反光强烈，加上字小如蚁，极易导致近视。"那种缩小的石

---

① 上海图书馆编《汪康年师友书札》（3），上海书店出版社，2017，第 2435 页。
② 《两湖督院张咨会鄂抚通饬各属购阅湘学报农学报公牍》，《农学报》第 12 期，1898 年，第 3—4 页。
③ 朱自清：《文物，旧书，毛笔》，《大公报》（天津版）1948 年 3 月 31 日，第 3 版。
④ 《劝石印书局勿印文场夹带说》，《字林沪报》1893 年 6 月 18 日，第 1 版。

印书，最是损人眼睛。"一大半的近视眼，都是由此造成。① 民国期间，有出版商专门出版大字版小说来规避此问题。以上种种抱怨，基本未在同期的石印报刊身上发生过。

究其原因，如晚清人士所言，书博古，报通今，而在"通今"的石印报刊身上，也就具有了一定的先进性，符合时代的发展方向。石印本依靠新式石印照相术，降低了图书售价，迎合了科举市场的阅读需求。但归根到底，石印本是服务于正在衰落的科举考试体系的，没有与现代化的阅读市场接轨。石印本多是翻印中国古籍，由此带来的经济利润驱动着出版商。翻印的石印本价格比原版便宜，出版商获利良多，也就很少为石印本的文本增添新的内容。因此，石印本在内容原创性和贴近时代性两方面都不如石印报刊。石印报刊颠覆了传统古籍的内容，勾连中学与西学，翻译西书、西报，主张开启民智，带民众走向一个新的知识领域。在社会鼎革之际，石印报刊所传递的内容具有一定的时代进步性。此外，由于使用的是缩印技术，石印报刊中本就自带软化硬新闻的"特效"。第一，它可以传播图片，让新闻更加生动；第二，它可以还原楷体的灵活性，少了铅活字的生硬感，版式设计也可更加灵活。这些特点，使石印报刊能够比石印本贴近更多阶层的受众。

石印报刊屡获赞誉离不开此时行动者惯习和场域的高度契合。行动者能够较好地将自身所认可的行业规范、文化传统、经营理念植入场域，而该时期的媒介场域又能很好地吸纳这些惯习。惯习与场域相互融合，相得益彰，使得 19 世纪末期的石印报刊收获了良好的社会反响。

（二）"合情合理"的行动

石印报刊在晚清兴起、繁荣与国人的惯习联系紧密。惯习的效应和场域的效应是彼此重合的，适配共生。社会行动者的行动不一定是遵循理性的，但总是合情合理的，这正是社会学得以成立之处。② 维新时期石印报刊的行动者在场域中的行动，虽然有时看似并不完全理性，但加以仔细分析，又发现是"合情合理"的。在不完全理性与合情合理之间发挥作用的，是行动者的

---

① 包天笑：《钏影楼回忆录》，刘幼生点校，山西古籍出版社、山西教育出版社，1999，第 33 页。
② 皮埃尔·布迪厄、华康德：《实践与反思——反思社会学导引》，李猛、李康译，中央编译出版社，1998，第 175 页。

惯习。

不能完全用理性来解释的行动，可以通过惯习去找寻答案。文人办报者们携手互助，携带自有惯习入场，在办报群体中相互影响。罗振玉在筹办《农学报》时遇到若干难题，他向汪康年请求经费支持，并请对方帮忙物色翻译人员。① 《农学报》还有意舍廉求贵，去铅印而就石印，这一点看似很不理性。《农学报》草创时本计划采用铅印，其印刷成本低于石印，预计每册售价1角3分。彼时石印丛报普遍售价在每册1角5分，《农学报》的定价低了2分，也就具有了价格优势。但《农学报》出版时变更了印刷方式。因"石印成本较重"，售价提高至每册1角5分，② 此售价与《时务报》持平。《农学报》为何在创刊时去廉求贵，选择价格更高的石印？这或许与《时务报》所引领的办报风潮密切相关。《农学报》的筹办有时务报馆相关人士的高度参与。从罗振玉与汪康年的书信往来中可以看到，时务报馆在资金、人员等方面都给予了《农学报》诸多支持。石印的《时务报》印刷精美，突破常规，报馆收获了意外之喜。广大士人对《时务报》争相效仿。对石印的尽力维护和紧随其后的士人创办石印报刊风潮，都在一定程度上体现了清末的文人办报共同体对于《时务报》的有意效仿。

第一次办报高潮中的行动者积极适应场域中的变化，甚至不惜成本。石印报刊在创办初期大都采用书局代印，上海书局林立，代印业务发达。可长期依靠书局代印，使石印报刊行动者感到在刊物印刷与内容编排上皆受制于人。书局代印的报刊质量参差不齐，在内容安排上也与报馆的意向不相匹配。因为石印书局的失误，《集成报》第13期中的译论有两页漏印。报馆拟于发行当年七月补印第1期和第2期重新发售，但因书局无暇代印迟迟未出。③ 创刊当年的年底，集成报馆不惜追加成本投入，购买设备自行印刷，"以书局代印报章未能一律精良，兹拟购办精美机器专印报章"。④ 仅一个月左右，集成报馆的石印设备便已置办规整。自行印刷给报馆带来了很大的灵活度，自第26期起《集成报》特意增加了连载小说附张《横塘梦传奇》，内容更为丰富。

---

① 包天笑：《钏影楼回忆录》，刘幼生点校，山西古籍出版社、山西教育出版社，1999，第2885页。
② 《本馆告白》，《农学报》第1期，1897年，第1页。
③ 《本馆告白》，《集成报》第14期，1897年，第1页。
④ 《本馆告白》，《集成报》第23期，1897年，第1页。

可自行印刷未及 10 期，《集成报》便宣告终刊。

对同一本书，同期上海的许多书商通常会发行不同的版本，并根据纸张优劣定价，这也是后人对石印本的评价毁誉参半的原因之一。维新时期的办报者一般会优先选择质优价高的连史纸石印，暂时将办报成本置于身后。他们将阅者的体验感置于商业利益之上，一边强调"仅收纸墨钱"的非营利态度，一边追求报刊美学的最大化呈现，纵然代价高昂。行动者们怀揣着"报馆有益于国事"的宏愿进入场域，以文人为主体的办报者不满足于做一个报人。他们以西学新知启蒙社会，也希望得到权力核心的回应。办报，是手段而不是目的。他们希望将自身的喜好和行为规范注入场域，出版符合自身价值观的石印报刊。

可是，由于外界环境的不断变化，行动者所坚守的行业规范、文化传统和经营态度也在发生转变。行动者很快意识到，需要付出高昂的代价才能使一些惯习继续在场域中发挥作用。社会时机的迅速变动，已不允许他们完全坚守以往的惯习。

二 场域迟滞下的石印报刊之变

惯习自身处于一种持续的变动之中，惯习与场域相互影响，它们并不总是互相适配。当惯习与场域不再匹配时，便会引发场域迟滞的现象。迟滞是惯习与场域相生相克所导致的必然结果。① 惯习与场域一旦产生错位，行动者则须做出相应变革。

从 1884 年的《述报》兴起至 1897 年中，石印报刊场域与行动者惯习基本能够适配。当场域与惯习相匹配的时候，双方能够相辅相成。1897 年下半年开始，市场环境、印刷技术的变革共同推动了场域的变化。石印报刊所惯用的连史纸价格大幅上涨，报刊的铅印技术一步步向前迈进，对已有的报刊印刷格局造成挑战。办报成本增加，最终使石印难以维持。

当外部场域发生变化时，行动者的惯习也会有所调适。石印的高昂成本让《时务报》再难承受，1898 年中，《时务报》从石印变更为铅印。改革后的报刊让读者很不适应，夏曾佑为此专门写信给汪康年，要求"仍需石印，

---

① 迈克尔·格伦菲尔编《布迪厄：关键概念》，林云柯译，重庆大学出版社，2018，第 159 页。

不可用铅字"。① 20世纪初，在石印画报的场域中，油光纸替代了连史纸，石印画报渐次被铜版摄影画报所取代。民国时期，各类群体都很少再出版石印画报。前期石印报刊行动者所坚守的行业规范和文化传统已很难再对场域起到积极作用，石印报刊经营越发困难，行动者在被动地维持经营惯习。

　　在惯习与场域不匹配的媒介场域中，行动者如果不及时做出调适，可能会造成文化上和经济上的双重迟滞。从文化方面看，石印报刊不再如19世纪晚期那般受到文人群体的欢迎。石印《文艺杂志》的出版与扫叶山房负责人的兴趣爱好和学识修养极有关联。民初掌管扫叶山房出版业务的，系光绪年间的举人雷瑨。他曾在《申报》任笔政十余年，爱好文学。②《文艺杂志》是一份小众刊物，刊登海内外名流或前人未刊之遗著。但对于大多数阅者来说，它的内容过于冷僻，不利于进行大众化的传播。刊物突然改为石印，办刊者未对此作过多解释，雷瑨只是在告白处轻描淡写道："从本期起，更增加篇幅，扩充容积。"对比前后的版面，石印的《文艺杂志》字迹、排版都没有之前铅印版的清晰，刊物印刷、排版的质量下滑，这样的石印报刊已经很难与晚清文人群体所表现出的求精之心相符了。民国时期，甚少出现文人群体自办的有影响力的石印报刊。从经济上看，石印出版所具有的经济优势也较难再在报刊场域发挥作用。《小说画报》发行时，上海石印业已非常成熟，与铅印报刊相比，石印反而具有一定的成本优势。包天笑称，《小说画报》精装石印，价格上却"反较铅印为廉"。但是这种优势未能转化为影响力。面对石印，近代大都市中报刊场域的多数办报者和读者已无太多新鲜感，此时的上海报刊已被铅印报刊所垄断。场域发生迟滞，在印刷上比铅印还廉的《小说画报》也只是过眼云烟。《小说画报》创办时正是民国最初的几年，部分晚清的遗老遗少还对过往念念不忘，从而向"复古"的《小说画报》投去一些目光。采用与众不同的印刷方式，与铅印报刊巧妙地区分开来也给予了报刊阅读者一种"陈旧"的新鲜感。然而，纵使石印的成本反较铅印为廉，《小说画报》仍难以为继。读者的好奇心一旦获得满足，便大多兴趣衰减，又顾而之

① 上海图书馆编《汪康年师友书札》（2），上海书店出版社，2017，第1199页。
② 杨丽莹：《扫叶山房史研究》，复旦大学出版社，2013，第188页。

他了。最后，连包天笑自己都说这类石印刊物"是个反时代性质"的产物。① 《小说画报》的办报理想渐渐变成了出版者的一厢情愿，难以持续引发阅者的共振。"复古"、标新立异的《小说画报》被同行视为两头不讨好的"前车之鉴"，既不讨好"俗人"，又被"文人"所弃，更无法经受市场的检验。② 20世纪20年代，摄影图片开始流行。摄影画报有比石印画报更强的实时性和视觉冲击力，可更为便捷高效地复制图画，很快便取代了石印画报的地位。

当群体惯习与场域不再匹配时，行动者率先走出场域，接受者却显得有些后知后觉。《时务报》从石印到铅印的过程历经诸多曲折，也体现了报人的无奈。行动者必须根据变化的场域调整行动策略。为了降低成本，报馆寄望于用机器纸铅印。报界普遍用的机器纸是日本机器产的油光纸，其远不如国产手工连史纸精美。报人们也知道，如果突然完全将报纸的印刷方式和纸张改掉，读者恐无法接受。在第40期时，《时务报》试着将封面改用油光纸，内页仍用连史纸石印。仅仅是更换了封面纸张，便引来了阅者的"无情"斥责。该封面纸掉色，还会污染内页的连史纸。阅者对它极为反感，称"此纸极恶劣，一经潮湿，即易腐朽"，"污秽之说"才可用此纸，而"高贵"如《时务报》断不可用。这位阅者还担心的是《时务报》稍有动静，他馆必从而效之，拟请时务报馆以后将此纸永远摒弃勿用。"他馆如有用此印报，或作面页者，尚望其随时婉劝，一体勿用。""今见贵报面页改用此纸，异日必有即以印报，此则鄙人所大憾也"。③ 阅者的愿望虽如此，但在当时的形势下，时务报馆的印刷改革已经无法逆转。再拿夏曾佑和严复等人来说，他们要求《时务报》仍旧维持石印，似乎未曾考虑过时务报馆的财力已不足以再支撑高规格的石印问题，同期由严复本人在天津所办的《国闻报》也是铅印。场域的变迁往往会带来新的契机。对上海的报刊媒介场域而言，此消彼长，石印报刊沉寂，铅印报刊成为主角。

在抗日战争的影响下，社会中对新闻的需求剧增，石印报刊行动者再次返回到场域中。不可回避的是，行动者的惯习与场域之间的裂缝越来越大。

① 包天笑：《钏影楼回忆录》，刘幼生点校，山西古籍出版社、山西教育出版社，1999，第278页。
② 《本报改良商榷之商榷》，《小说新报》第7期，1919年，第3—4页。
③ 上海图书馆编《汪康年师友书札》（4），上海书店出版社，2017，第3385页。

外在经济条件的改变，会影响行动者的惯习。当性情倾向和行动者的位置不再相互适应时，行动者要在新的经济状况下做出一定的调适，谁都不能逆时代潮流而行。民国中后期，一股强大的社会需求推动了石印报刊的生产。在政治力量行动者的介入下，石印报刊媒介场域持续扩张。近代后期，惯习难再起作用，场域基本由社会需求和政治权力来推动。对于已经变革了的场域来说，就需要新的与之相适应的行动准则。

惯习对场域进行了再生产，石印术的衰落和时代的变化已经不足以支持石印报刊维持晚清丛报和画报时期的样态，石印报刊演化出了全新的样态。在时代潮流面前，许多文人不得不抽离场域。维新变法后，汪康年、梁启超等人都未再涉足石印报刊场域。他们之后所办的报刊，不论是《昌言报》还是《清议报》《新民丛报》等，都是铅印报刊。"替身"的身份是石印报刊在抗战时期所扮演的主要角色。

第二节　资本对媒介场域的再建构

资本是权力的代言者，廓清活跃在中国近代石印报刊场域中的资本十分重要，它为分析媒介场域与权力场域的互动奠定了基础。

各类资本对媒介场域的影响并不是孤立的，它们相互缠绕且内部结构复杂多变。考虑到论述的逻辑性，此处将分别讨论经济资本、社会资本、技术资本、文化资本与媒介场域的关系。石印报刊场域外部一直环绕并仅仅依附着两个权力场域：一个是经济权力场域，另一个是政治权力场域。它们分别代表了影响石印报刊媒介场域的两种资本：经济资本和社会资本。经济的问题不是单一的。中国近代社会本就是一个复杂的场域，各种问题聚集其间，经济因素的背后往往隐含着复杂的社会基因。中国近代政坛风云变幻，媒介在整合社会和启蒙民众中的功能越来越受到社会团体、政党和政府的重视。中国近代石印报刊，特别是民国中后期的石印报刊，不断接受政治权力的熏染，凝聚了较为浓厚的政治色彩。在这之外，我们也必须重视技术对传播媒介所施加的影响。西式石印术在中国近代社会被重新建构，又转而建构了一个与众不同的媒介场域。同时，文化资本的作用力也是不可忽视的一环。在不同阶段，四种资本内部的构成会有差异，它们在场域中发挥的效能有所区别。

场域是偏向结构性的。布迪厄虽赋予了行动者很强的能动性，但他不认为行动者是完全自主和独立的。行动者只是表面上的行动主体，他们是内在化了的外在，"行动的真正主体是结构"。① 围绕资本对场域的影响，本节探求的是影响场域的结构性因素。

一 经济资本：重塑报刊出版的等级秩序

近代所有的报刊场域，都受到经济资本的冲击，石印报刊场域当然也不例外。经济资本对石印报刊场域的多元影响尤其值得注意，它们重塑了报刊出版的等级秩序，也影响着石印报刊在整个报刊场域中的位置关系。关于中国石印报刊的兴起，有学者提出，经济因素应为其中的一个关键因素。石印术的引进，使书刊制作成本大大降低。② 诚然，这是晚清石印报刊兴起的重要原因。经济因素的影响在晚清至民国不同的社会阶段，在石印报刊场域自身发展的各个阶段的表现均不同，我们更应该看到经济资本对媒介场域的多重影响。经济资本不总是发挥一致的正向作用，它对媒介场域所产生的正面效应并非一以贯之。

（一）经济资本的正向作用

在 1884 年至 1911 年石印报刊的繁荣阶段，经济资本在媒介场域基本发挥了正向作用。19 世纪末期是近代上海石印商的黄金时代，其为石印报刊的发展提供了依托。庚子之变后，中国经济陷入困境，但前一时期积累的石印业的优势并未立刻消失，该时期中国社会的经济状况仍可以为石印报刊的发展提供一定的支持。随着技术的进步，20 世纪初期，北京、天津、广州等城市都拥有了较为成熟的石印业。

1884 年后，石印报刊在中国真正兴起。石印成本降低是一大原因，另一大原因则是社会的需求。以上两点，都与社会的整体经济水平不可分割。

石印成本的下降为石印报刊的兴起开辟了道路。19 世纪 80 年代以前诞生

---

① 布尔迪厄：《国家精英——名牌大学与群体精神》，杨亚平译，商务印书馆，2018，第 52 页。
② 陈平原：《左图右史与西学东渐：晚清画报研究》，生活·读书·新知三联书店，2018，第154 页。

的报刊，以铅印报刊和木刻报刊为主。早期的石印报刊陷入了两难境地，论印刷效率，它不及铅印报刊；论价廉，它又比不上木刻报刊。以上两点窒碍了石印报刊在近代社会的推广。点石斋书局创办六年后，《点石斋画报》才开始发行。点石斋书局早期出版物以石印本为大宗，余下便是图画、碑帖、楹联等，这些出版物恰好可利用照相石印术的优势。为何《点石斋画报》在1884年出现？此处可参照点石斋书局的产品价格。1879年点石斋书局的生意已经十分红火，它的广告常出现在《申报》上。从是年10月的一则广告中可以看出，点石斋书局的产品多样，价格悬殊，最低者5分，最高者6角。[①] 价钱最低的5分看似不高，但将其与《申报》售价对比，则发现5分的售价也不低。5分钱大概能兑换50文，可买10份《申报》。不过在19世纪80年代初，随着印刷技术的成熟，石印出版物的价格已经大幅下降。

恰是由于石印成本的降低，《点石斋画报》发行前，上海报馆就已经多次通过赠阅图画的经营策略"试探"市场的反应。1883年，申报馆开始售卖石印地图。是年中，点石斋书局不惜花重金，觅得善本，先行照印了一幅越南地图，以资指南。不过此图价值不菲，每幅需"洋三角，正着色者，外加二角"，[②] 具体销量不明。1883年底，借中法战争之机，美查适时调整经营战略，通过《申报》赠送石印地图。1884年2月，美查就推出了一幅石印越南地图，免费附送，不取分文。该图用洁白外国纸刷印，"虽细如牛毛而朗若列眉，置之座右不但便于批阅，而且足供清玩"，[③] 此应是《申报》附送石印图画之始。两个月后，美查再次附送了一幅与战事相关的东京（一说为越南北部地区，另一说指河内）地图。"法人用兵越南，注意专在东京，现在渐次深入内地。其中山川村落一切地名往往皆于未能详知，而西人所称又与越南土音各别。……熟悉地理，为用兵第一要义。"于是，申报馆遍寻各处，终在一西友处获得东京全图一幅。该图全系手绘，其中城乡道路莫不了如指掌。报馆遂将其译成中文，"用石印照相法，以外国洁白纸张印就，颇极精工"，随报附送，不取分文。[④]

---

① 《点石斋印售书籍图画碑帖楹联价目》，《申报》1879年10月28日，第1版。
② 《越南地图出售》，《申报》1883年6月14日，第1版。
③ 《奉送越南地图》，《申报》1884年2月10日，第1版。
④ 《奉送东京地图》，《申报》1884年4月27日，第1版。

同治中兴后，中国社会经历了一段相对稳定的时期，石印画报的出现，根植于一定的社会需求，也离不开报刊前期对读者的培养。自创刊后，《申报》一直在试图培养读者。读报本就需要一定的知识储备，在识字率颇低的清末中国，《申报》首先将读者重点瞄准了"上层"人士。用办报者自己的话讲，面向"士商君子"。早在 1874 年，《申报》就广劝乡民阅报，希望穷乡僻壤地区的不识字之人也能读报，认为通过读报才能勿因贪小利而受大害。《申报》"希望士商君子能够每见识字之人，以此传观；每见不识字之人，以此细讲"。① 这个想法显然过于"奢侈"。当时《申报》并未在中国站稳脚跟，读者群本就有限。同一时间，《申报》还在为京师无读者而苦恼不已，报馆开设已有四年，各省均销路渐多，唯京师较少，或许"京师王公大臣庶僚百尔皆乃心王事未暇阅"，或因文人学士专供实学"不屑阅"，又或者是工商各色人等事不干己"不愿阅"，也可能是报文不精彩且事多琐屑"不堪一阅"。② 几年后，此番情况才有所改观。

"上层"读者的培养告一段落，美查的眼光开始向"下"，转向妇孺群体。国家要事、社会剧变不应该只在士商君子中传播，还要妇孺咸知。借助中法战争的契机，美查不仅看到了画报的商机，还看到了画报与妇孺勾连的可能性。《点石斋画报》创刊次月，《申报》便发表了一篇意味深长的论说《阅画报书后》。③ 作者观察到中国的小说常于篇首冠以图像，大概读小说者多为妇孺，图画可达文字所不达之意。正因如此，常有人将街市近闻、放榜名录等绘图贴说予以售卖，有敷衍了事者，有伪造其事者，更有绘图恶劣不堪入目者。《点石斋画报》改变了这种状况，发行月余来，购者纷纷。

庚子国变之前，清政府尚未再增加高额赔款，晚清的工业尚能为出版业提供必要的支撑。此时的石印报刊多用国产连史纸，这也因为维新时期我国的手工造纸业仍处于较高水平。经济资本在晚清时期基本发挥了正向作用，为石印报刊在 1884 年至 1911 年的繁荣奠定了基础。

（二）经济资本的限制

外部经济环境的变动深刻影响着石印报刊场域，经济资本在场域中的优

---

① 《恳请阅报》，《申报》1874 年 3 月 4 日，第 1 版。
② 《延友赴京以广申报说》，《申报》1875 年 3 月 9 日，第 1 版。
③ 《阅画报书后》，《申报》1884 年 6 月 19 日，第 1 版。

势被瓦解，媒介场域随社会经济环境"潮起潮落"。经济资本对石印报刊场域的限制表现为：第一，它形塑了铅印、石印、油印的等级秩序；第二，它将石印报刊的类型多局限在小型报上；第三，它影响了石印术的向上更迭。

1. 铅印、石印、油印的等级秩序建立

民国成立前后，石印报刊主要与铅印报刊争夺场域。20 世纪 20 年代以来，油印报刊又介入报刊场域，最终形成了铅印、石印、油印的等级秩序。抗战期间，铅印报刊、油印报刊、石印报刊三个场域高度交汇。众多的石印和油印报刊产生于民国中后期，铅印报刊场域的力量被大幅削弱。一个场域的力量被削弱，另外两个场域的力量则会相应地增强。石印报刊和油印报刊两个场域力量增强，共同改变了既有的场域结构。铅印第一，石印第二，油印第三，是行动者普遍认可的报刊出版等级秩序。

铅印、石印、油印的等级秩序是在经济资本的变局中被建构的。行动者的行动准则依此展开，他们不轻易去改变场域中的印刷秩序。在民国初期中国城市的新闻出版业中，铅印已然是报刊出版的最佳选择。石印作为一种替代品，难以与铅印竞争。但铅印的高成本投入却让基层地区的许多出版者难以承受，民国中后期，受局势的综合影响，油印亦开始大范围介入场域。报刊出版的铅印、石印两者之争演变为铅印、石印、油印三者间的选择。

经济资本限制了出版者对报刊印刷方式的选择，就成本投入来说，铅印最高，石印次之，油印最低。20 世纪 30 年代，报刊出版者基本达成了共识：铅印当然为最佳，当受条件所限无铅印时就使用石印；铅印与石印两者都遇到困难，再考虑油印。抗战初期，就有学者提出，报刊出版是沦陷区工作的重点，希望国民党当局能通盘筹划整个沦陷区的新闻工作。每区设一个新闻堡垒。每区最好有一份铅印报纸，兼出一份期刊。至少想办法创办一份石印报纸。如有可能，再发展若干小型油印报。从每区的物资准备看，最好每一区至少有一台铅印机或石印机，若干台油印机。[①]此建议也是遵照铅印、石印、油印的印刷等级秩序而言的。

日本的侵略使中国原本就脆弱的经济雪上加霜。铅印对设备、资金要求都较高，后方很多报社一开始都不具备铅印的条件，对此也是心有余而力不

---

①　中国青年记者学会编《战时新闻工作入门》，生活书店，1939，第 24 页。

足。他们不能用铅印，便改用石印；不能用石印，就改用油印。抗战爆发后，冀南地区曾油印、石印并用，出版了数十种刊物。后来办刊的环境越发恶劣，想铅印买不到铅印机，想石印又找不到石版，所以许多刊物和报纸只能油印了。到 1942 年，当地仅存三份报刊还在持续出版。两种为油印，一种为石印。石印的《大道月刊》由教育部鲁西战区教育工作队出版，六开纸装订本。后方办刊面临的首要困难，便是物质条件充分。各项人才缺乏，环境变化太大，经费不能独立等因素也让人们在战时办报举步维艰。①

2. 经费限制下的石印小型报热潮

种种限制下，石印报刊走向小型化。石印报刊的发展受到经济资本的规制，经济资本又受到社会环境的限制。受抗日战争的影响，中国经济衰败不堪，整个印刷行业倒退。对于报刊出版者来说，铅印始终是一种负担较重的技术。晋察冀抗日根据地成立后一直没有铅印设备。1941 年底，晋察冀军区政治部筹办《晋察冀画报》，却苦于机器缺乏。唐县的工厂特意为《晋察冀画报》的出版制造了一台铅印机。几位同志为了把机器运到平山，用十来匹骡子，在隆冬时节走了 200 多公里，还在途中度过了春节，"这部机器又笨又重，还得用人力摇动"。②

战时报刊的出版不但要考虑经济因素，还要考虑出版环境的需要。在流动办报的环境中，人们对于印刷设备的便携性提出了更高的要求。抗战期间诞生的军队小型报中，油印报刊和石印报刊在数量上不相上下。在战争中办报，军队对印刷设备的可移动性有很高的要求。20 世纪 40 年代初，山西 150 多家报纸中，70% 是油印报。浙江的 185 家报纸中，1/3 是油印报。在华中华南，油印报亦占多数。1940 年，重庆某战区报社同人向《学习生活》杂志咨询到底是石印好还是油印好。《学习生活》杂志的回答是，在战地办报，"最合适的是油印"，油印比石印占优，理由有如下三点。第一，油印器材比石印器材轻便，而且零件容易购买，油印机上重要的零件在较大的城市都可以买到。石印则不同，它的主要零件如石版等都不容易买到，"搬移笨重，宜固定而不宜流动"。第二，油印报比石印报美观，油印字迹清晰，石印粗笨。第

① 《冀南文化战线》，《中央日报》（贵阳版）1942 年 6 月 24 日，第 3 版。
② 粟裕、陈雷等：《星火燎原》第 17 卷，解放军出版社，2009，第 507 页。

三，油印出版快，每分钟"熟练者可出三十份以上，石印每分钟只能出二三张"。"油印每张蜡纸能印二千至三千份……而石印印至五百份以上，即起局部模糊。"①

就以上回答而言，油印报纸价格便宜，操作简单，比起石印，相关物料更容易购买，印刷速度更快，随军使用更便利。这同时也带来了一个疑问：为什么仍有许多报刊选择石印？有办报者认为，油印器材比石印的轻便，这一点较符合抗战时期的社会实际。然而，油印是不是一定比石印美观，且比石印出版快？《晋察冀日报》最初就是油印，变为石印后，报纸更为美观，印刷速度也提高了不少。《学习生活》中提到的"石印每分钟只能出二三张"，恐怕未必。操作者的熟练程度和机器的性能都会影响石印的速度。《晋察冀日报》刚使用石印时的发行量为1500份左右，对开四版，其印刷速度显然不止每分钟两三张。

当时，有人提出：石印总体上优于油印。油印最受诟病的是篇幅的限制，美观度和速度也不如石印，"坏处是文字的容量太少，印刷的份数和时间，较铅印和石印不如远甚"。② 油印机所使用的蜡纸规格分为2号（16开，250毫米×270毫米）和4号（8开，442毫米×270毫米）两种。③ 篇幅的限制，使油印报纸不能像铅印报纸那样编排内容。油印报纸一般使用通栏排列，字体变化不大，不能灵活处理版式的问题，遇到特殊的稿件才"破栏"。至于有的铅印报刊的梯形排列法，在油印报纸中是较难实现的。油印报纸使用的油墨若不佳，擦后易模糊，印出后不能短时间内送到读者手中，使发行受到很大的影响。而且，油墨质量若不佳，报刊便不能久存，现阶段留存的油印报刊不多就是一例证。另外，在复刻图像上，油印不如石印有优势。这样一来，还是石印比油印的优势更大。石印报刊场域就变成了在铅印与油印之间的一个场域，它被经济资本所制衡。

在战时的报刊印刷中，石印更能弥补铅印的缺憾。要模仿铅印报纸多样化的编排方式，更多时候需要用石印来完成。我们所看到的20世纪三四十年

---

① 《怎样办战地油印报纸——答××报社的五个问题》，《学习生活》第1期，1940年，第23—24页。
② 立青：《怎样编印油印报纸》，《新闻导报》第17期，1947年，第5页。
③ 刘仁庆、黄秀珠编著《纸张指南》，中国轻工业出版社，2004，第229页。

代模仿铅印日报版面的报纸多采用石印，《晋察冀日报》《太岳日报》《工农兵》等与铅印日报版面趋同的报刊都是石印。不过，究竟选择何种印刷方式，还得看出版者自身的经济条件。就如范长江所言，战时报业印刷出版已经发生了质的变化。抗战时期的报纸是流动性的，以人为主体，靠人的精神来补救物质的不足。"有了一架收音机和一具油印器，就可出版精彩百出的报纸。"① 油印被视为报业印刷中最"底层"的技术，它被大规模用于小型报刊的出版。石印，则是居于油印之上的技术。

油印虽便捷，但总体效果不如石印，两者之间，若经济条件允许，行动者更倾向于选择石印。1941 年秋，河北平西的挺进报报社成为日寇扫荡的目标。在扫荡时，日军还对报社的器物进行破坏。报社主任将印刷设备藏起来，后被捕，经日军严刑拷打仍守口如瓶，最后这位主任壮烈牺牲了。待敌寇走后，《挺进报》马上恢复出版。由于敌人穷追不舍，1942 年 2 月，《挺进报》迁入平北出版，报社的工作人员驮着油印机和电台到处游击办报。他们好比一支游击队，常常是夜里行军，一到营地就开始架起电台收发新闻。平北的大村被敌伪控制了，他们也不敢去住，露营是常有的事，还常常一二十个人挤在一个屋子里睡觉。1942 年 8 月，报社又转移到延庆的一个村庄，突然被敌人包围了，大家沉住气夺路而出，才保住了办报的设备。1943 年秋，《挺进报》重新开始筹备石印，他们通过商人，终于从北平买到了一台石印机。1944 年 1 月，报纸恢复石印出版。敌人的偷袭仍在继续，报社人员把石印机安放在一个山洞里，三天一期，坚持出版。《挺进报》践行着群众办报的原则，除了自己的记者外，还组织了一批通讯员。通讯员中有县区干部，也有不识字者。这些不识字者可以提供材料，请人代为执笔。由于誊写人业务熟练，《挺进报》维持了较高的石印出版水准，甚至比张家口敌伪出版的一些铅印报刊还好，也不褪色。② 此类艰难的出版状况，是大多数战时石印小型报出版的缩影。

3. 制约了石印术的向上更迭

在整个国家孱弱的工业背景下，全社会的经济资本不足以推进印刷技术

---

① 《战时报业之质的变化》，《申报》（香港版）1939 年 4 月 30 日，第 2 版。
② 《坚持抗战宣传的平郊〈挺进报〉》，《解放日报》1946 年 9 月 1 日，第 3 版。

的发展，制约了石印术的向上更迭。民国初年，石印术向中国大规模扩散，我国却没有一个与技术发展相匹配的社会经济环境。石印业参与者多为私人，缺乏充分的经济资本投入运营和更新机器设备。石印业组织规模小，家庭作坊层出不穷，且缺乏统一的行业组织。从业者各自为政，难以形成规模效应。国家、社会组织等缺乏对行业的有效管理和指导，行业自身只能在复杂的社会环境中野蛮生长。

受制于经济落后，石印术所需的原材料依赖进口的问题始终没有得到解决。石印过程中需要以下四种核心原材料：石印石（石版）、石印机、油墨、纸张。直到近代结束，国内石印业所用的诸多原材料依然不能自给。

略知这四项材料的特性与获取途径，有助于我们理解石印术在中国推广的艰难。石印石的主要成分为碳酸钙，普通石头不能用于石印。据 1840 年一位外国学者对某石印石的成分分析，一块石印石碳酸钙占 97.22%，硅酸占 1.9%，矾土占 0.28%，氧化铁占 0.46%，其他成分占 0.14%，大理石、石灰石、方解石等都是这类石头。[①] 一来，石印对石头的要求极高，最适合石印的石版来自石印发明者的故乡巴伐利亚。中国的石头不适用，需依靠进口。一直到民国时期，中国仍在向德国进口石印石。二来，中国落后的经济状况制约了近代机器业的发展。石印所需要的机器，无论是木质石印机，还是铁质石印机，中国均不能自产，需仰仗他国。三来，近代中国能产水墨、烟墨，却基本不产油墨。水墨遇水即化的媒介特性使它难以与新闻出版业兼容，近代报业所用的墨更多是烟墨。上海开埠以来，印刷油墨主要依靠进口。清末民初，从德日进口，一战之后，从美国进口。至于纸张一项，是中国唯一可以自产的。芮哲非在研究上海石印业时也曾注意到中国的连史纸被石印商普遍使用，不同于石印所需的其他材料。[②] 纸张直接显现石印效果。中国纸种类丰富，毛边纸、毛太纸、赛连纸、连史纸等都可以用作石印印刷纸，国产纸张也广为我国近代报业采用。纸张或许算得上是石印术与中国印刷业相结合的一个意外的惊喜。石印对纸张有很高的要求，要均匀、柔软、吸墨，上等的连史纸则是纸中佳品，与石印最为契合。中国纸张给石印业的发展提供了

---

① 周弘甫：《询石印的原理》，《学生之友》第 3 期，1942 年，第 53—54 页。
② 芮哲非：《谷腾堡在上海——中国印刷资本业的发展（1876—1937）》，张志强等译，商务印书馆，2014，第 136 页。

很大便利，可以适应多样化的印刷场景。然而，只有纸张显然不足以支撑中国石印业的规模化生产。

国人屡屡尝试寻找能代替进口印石的石头和自行发明石印石，以摆脱对外国的依赖，但效果不佳。1898 年，《知新报》发表了一篇文章《论铝质可代石印》，介绍了美国纽约"柯吉公司"用铝代石，得名"士忒架法"，用此法印刷"甚速而省油墨之料"，"印无穷次数，而底不伤"。反之，"石板体质重大，难于举动收藏"。该文的作者笃信，此新法"将必化石印于无用"，提醒世人"以石印为业，而不愿退居人后者，请留心变计，试用新法"。① 但对于中国大多数地区的石印业来说，石版仍然具有不可替代性。早期在中国并没有发现可用于石印的石版，以至于需要依靠进口。直到近代末期，从德国进口的石印石都还在被使用。

报业的大规模生产必然需要机器工业的支撑，落后的近代机器制造业使我国石印业的发展背离了常规路线，低成本低效率的石印业在基层地区不断扩张，超过了铅印业，却反而无益于行业的持续发展。

经济条件相对较好的省份的基层地区，石印业多处于边缘地位。以铅印业为主导，是近代正常的报刊发行方向。现代印刷工业的趋向，系以短小精悍的超速小型机，代替巨型而迟缓的印刷机。1935 年，浙江省金华县（现归属金华市金东区及婺城区）普查过全县的印刷业情况。全县仅有一家石印机构，营业资本 100 元，全年贸易总额 240 元；全县有两家铅印机构，营业资本 11000 元，全年贸易总额 5500 元。② 铅印一般和滚筒印刷机配合使用，因为滚筒印刷机最为快捷。20 世纪 40 年代末期，与石印相匹配的效率最高的滚筒印刷机印速可达每小时 1 万张。可是，滚筒印刷机虽系现代印刷工业中的最主要的机械，但不能成为石印业的"最后答案"。第一，它的初期投资巨大，每台机器的价格在 14000 元以上。如果买最为普通的手摇石印机，价格仅在百元左右。第二，滚筒印刷机系固定的机器，"不能变更，更是不便搬运"。③

当时，四川宜宾一地只有 2 家铅印机构，而有 16 家石印机构，整个石印行业被私人垄断。除了一家石印社有 4 台石印机外，其余 15 家石印社每家只

---

① 《论铝质可代石印》，《知新报》第 61 期，1898 年，第 28 页。
② 金华县商会编制《金华县经济调查》，1935，第 17 页。
③ 《滚筒印刷机在石印工业中的地位》，《印刷会刊》第 5 期，1949 年，第 3—5 页。

有一两台石印机。最少的几家每家只有 3 名工人，规模最大的一家也才不过 16 人。从投入的经济资本来看，石印社多购买手摇石印机。从业绩上看，不少石印社仅通过一年的经营便可收回初期投入的成本，投资回报比颇高，详情如表 5-1 所示。

表 5-1　20 世纪 30 年代宜宾石印业概况

	名称	所有权	机器、资本	工人	业绩
1	铁石斋	独资	石印机 4 台，资本约 1000 元	16 人	每年营业额达 2000 余元
2	义和	独资	石印机 1 台，资本约 400 元	15 人	每年营业额达 800 余元
3	锡福斋	独资	石印机 1 台，资本 300 元	3 人	每年营业额达 500 余元
4	从新	独资	石印机 2 台（租赁），资本 100 余元	5 人	每年营业额达 300 余元
5	竹珠	独资	石印机 1 台，资本约 300 元	3 人	每年营业额达 400 余元
6	鸿昌	独资	石印机 2 台，资本 500 元	8 人	每年营业额达 500 余元
7	宝文	独资	石印机 2 台，资本五六百元	7 人	每年营业额达千余元
8	鸿文	独资	石印机 2 台，资本 500 元	6 人	每年营业额达 2400 元
9	吉星昌	独资	石印机 1 台，资本 200 元	4 人	每年营业额达 600 余元
10	文廷	独资	石印机 1 台，资本 100 余元	3 人	不详
11	仓颉印字馆	独资	石印机 1 台，资本 300 元	3 人	每年营业额达 600 余元
12	瀚文	独资	石印机 2 台，资本 1000 元	4 人	每年营业额达千余元
13	永兴	独资	不详	不详	全年营业额能达百余元
14	兰香斋	独资	石印机 2 台，资本 500 元	4 人	全年营业额能达 1600 余元
15	正文	独资	石印机 2 台，资本 500 元	3 人	全年营业额能达 500 余元
16	益生源	独资	石印机 1 台，资本千余元	3 人	全年营业额能达千余元

资料来源：《宜宾铅石工业概况》，《四川月报》第 3 期，1934 年，第 71—74 页。

但是这并不意味着行业的兴盛，新中国成立后当经济发展的步伐一旦跟上，我国的石印业迅速被淘汰。石印行业之所以兴盛，是因为它成为铅印行业的替代品，正如石印报刊也在此时充当着铅印报刊的替身一样。民国社会经济的凋敝更是一步步蚕食着石印业，进而剥夺专业人员的就业机会，使整个石印行业与专业化的高效机器生产渐行渐远。1936 年初，重庆《新蜀报》接连刊登了戴从周和李继庚两位青年的求职信。他们二位都接受过长时间的石印训练，却空有技能而无用武之地。经济凋敝，专业人士无工可做，业余人士"把持"石印业，石印术再难向上更迭。

（三）经济资本背后的深层原因

有的影响场域的表面上是经济因素，背后可能含有更为深层次的原因。经济资本对石印报刊的影响不能一概而论，需要就具体报刊具体分析。

经济因素影响了时务报馆发行初期对印刷方式的选择。对创刊初期的《时务报》来说，石印术或许是价廉物美的选择。《时务报》选择石印有一定的意外成分。汪康年起初也计划购买铅印设备来印《时务报》，不过遭到梁启超的反对。梁启超向汪康年建议，买设备一事应暂缓考虑，因当时经费支绌，又非买机器之时，"或先作罢何如？"[1] 铅印机器价格昂贵，代印难寻。同人在筹办初期便预计《时务报》每期发行量在 4000 份以上方可保本，一期刊物就达数十页，木刻印刷效率太低，难以胜任这样巨大的印量。加之《时务报》为旬刊，十天才出版一期，在印刷时间上有一定的缓冲期。一来二去，唯石印合用。

然而，我们不能据此得出一个结论：石印术对石印报刊始终是价廉物美的。行动者在经营过程中也体现出诸多矛盾。一方面，《时务报》石印发行过程中，印刷质量每况愈下；另一方面，《时务报》迟迟不愿更换印刷方式，万般无奈之下才从石印变更为铅印。矛盾交织中有何难言之隐？

因印刷成本一直较高，《时务报》饱受经营之苦。《时务报》的经理人汪康年出身于士人阶层，他并不是一位专业的报界经营者，他的管理能力也受到同人的质疑。不过，《时务报》经营困难不能仅归咎于汪康年一人。前面提到，清末石印报刊多标榜自己"仅收纸料钱"，此言是否可信？一份年订阅价 4 元的《时务报》成本几何？本书结合《时务报》第 18 期所公布的收支情况和印量进行了测算。经测算，外埠订阅一年的成本价为 3.87 元。如此，成本竟占售价九成多。《时务报》的订阅者多在外埠，偏远地区的邮资还高于每册 2 分。本埠不需邮资，但有相应的配送工钱支出。平均来看，《时务报》的成本可能会在售价的八成以上，其所称的仅收纸料费应不是虚言。也正是由于石印成本过高，给报人增加了诸多桎梏。

纵使石印成本居高不下，时务报馆却一直在想方设法维持石印。在第 18 期以前，《时务报》的印刷单价为 0.055 元，第 18 期之后报馆将代印商更换

---

① 上海图书馆编《汪康年师友书札》（2），上海书店出版社，2017，第 1671 页。

为鸿文书局，印刷单价降为 0.046 元。① 报纸印刷价格降低本是一件好事，可《时务报》印刷单价下降却很违常理。是时纸价飞涨，出版商叫苦不迭。1897 年 8 月，《新闻报》决定从 8 文涨到 10 文，原因是实在不堪纸料上涨。连一向广告来源颇多的商业报刊都顶不住市场压力而上浮售价，为何《时务报》不仅没有上浮售价，反而还降低了印刷成本？鸿文书局并没有延续《时务报》一贯的精印风格，印刷质量大幅下降，在纸张、油墨等方面都与之前差距甚大，这是印刷成本降低的最为重要的原因。

《时务报》改由鸿文书局印刷后，纸墨水准骤降。对于鸿文所印之报刊，梁启超大失所望，"纸太坏，式又骤小如许多，实不成话"。② 远在京师的黄遵宪对这批报刊也很不满意，认为其墨色枯淡，纸质亦不匀称。听到京师阅者抱怨的黄遵宪很是焦急，他命汪康年立即着手两件事：一是与鸿文妥商，令其照旧印刷；二是与其他代印商商谈。总之，"宁可加价，断不可因惜费而误事也"。黄遵宪的两个要求汪康年暂时都无法办到。汪康年与鸿文签订的印刷合同中只约定了价格，对其余方面并无约定。这份合同使报馆丧失了对《时务报》的排版、印刷、纸张选择等方面的话语权。"不拟定式但谓价减，遂与定二年之约，此属疏误。"黄遵宪自知令鸿文使用原墨原纸行不通，无奈之下替书局想起了办法："纸价较昂，不能如旧墨色，能否更加光润，此事当可行。弟又思如将边线增肥，将中间小行削瘦，则黑白分明，必较为好看。匡廓不必如初印之肥，然尚可加增，已将行间之线改小，用墨较省，书局必乐为之。"③ 可是，《时务报》的印刷质量仍是每况愈下。

清末报界纷纷向铅印过渡，为何《时务报》的报人和读者都固守石印？这里面有惯习的作用，也与石印报刊在社会转型期所承载的启蒙使命有关。这再次说明，表面所反映的经济因素背后往往有深刻的社会根源。《强学报》是维新派报人的办报起点。《强学报》依靠《京报》木刻印刷，发行还得"沿街丐阅"。在张之洞看来，报纸之益处，"知病"为上，"博闻"为次。④

---

① 光绪丙申（1896 年）七月至十二月印报总数 160000 份，印报总额 8759.4 元；丁酉（1897 年）全年印报总数 444700 份，印报总额 20360.21 元。
② 上海图书馆编《汪康年师友书札》（2），上海书店出版社，2017，第 1685 页。
③ 上海图书馆编《汪康年师友书札》（3），上海书店出版社，2017，第 2153—2156 页。
④ 张之洞：《劝学篇》，上海书店出版社，2002，第 47 页。

1895 年前的报纸，尚不完全具备"知病"之功能。士大夫通经致用，往往知古而不知今。要先"知病"，再谈如何治中国之病。《强学报》猝然停刊后，以《时务报》为代表的维新派报刊扛起"知病"的重任，以西学新知启蒙大众。时人的赞誉对办报者来说是一把"双刃剑"。办报者不以营利为主要目的，意在突出自身的不同。《时务报》风靡以来，黄遵宪试图避免"华人卖货畅销以后，货色必低，恐一二年后愈弄愈坏"的情况出现。但《时务报》终究难以抗住石印的高成本压力，最终迈向铅印。根据《昌言报》上的账目，改铅印前半年《时务报》的印费为 11411.21 元，铅印半年期间的印费为 8692.425 元，印费一项就减少了 2000 余元。可以看出，在铅印术日趋成熟的市场环境下，对大批量的印刷物而言，铅印更为合算。第 56 期后，《时务报》完全放弃了石印。从它的整个办报过程来看，表面击垮《时务报》的是经济资本，更深层的原因却是非经济因素。《时务报》是特殊历史时期的产物。参与其中的士人不甘于一直做皇权以外的"局外人"，比起办报理想，他们的政治理想居于首位。一旦内部人士政见有别，或者社会局势发生变化，都可能对《时务报》的内容生产和办报者的行为产生影响。

经济资本对石印报刊场域的影响是复杂多变的。晚清时期，经济资本曾在场域中发挥了一定的正向作用，推动了精品石印报刊的出版。随着中国社会的变迁，经济资本在场域中的作用发生改变。经济资本的作用力不是单一的，它背后隐藏着社会资本的作用。为此，下文将集中讨论社会资本对媒介场域的影响。

二 社会资本：政治权力与媒介场域的共生

我国近代石印报刊场域中的社会资本与政治权力高度缠绕，石印报刊场域中的政治权力通过承载一定数量的社会资本的行动者来体现。近代大部分的石印报刊，被"垄断"在政治力量行动者一端。维新派虽然也是政治力量的一个组成部分，但他们实则未触及政权核心。清政府、国民党、中国共产党三者的办报行动，则与政治权力高度关联。清政府和国民党都曾在近代中国掌握国家政权，是官方力量的代表。中国共产党虽未获取政权，但在集中创办石印报刊的 20 世纪 30 年代，中国共产党在抗日根据地、苏区等地已经成长为一股可以与国民党相抗衡的政治力量。故此，下文所指代的"官方"

涵盖了清政府、国民党、中国共产党三个群体。

首先，此处要通过回答有关《点石斋画报》的两个未尽的谜题，来映射媒介场域与政治权力的总体关系。其次，还将分别阐述促使石印报刊数量剧增的两个"极端"的关键社会时机：社会相对平稳，官方权力偏移，社会控制松懈之时；社会剧烈动荡，官方权力聚合，社会控制严格之时。政治权力与媒介场域共生，在政治权力的进退之间，负载大量社会资本的政治权力最终吸附了媒介场域。

（一）　两个未尽的疑问

维新时期，有一会即有一报，会与报相互依托，出现了第一次石印报刊办报高潮。但在整个研究过程中，本书一直有两个关键问题迟迟未寻求到答案。这两个问题与《点石斋画报》有关，也是近代石印报刊留下的未解之谜。

第一，既然维新时期迎来了石印报刊历史上的第一次办报高潮，为何《点石斋画报》偏偏在此时戛然而止？第二，主打新闻画的《点石斋画报》曾经在全国的媒介场域收获了较大的影响力，为何在其消失后的多年间鲜有"追随者"？目前，关于《点石斋画报》和晚清画报的研究均未能充分回答以上两个问题。本书以为，以上两个问题的答案都涉及媒介场域与政治权力场域的关系问题。晚清石印画报的媒介场域格局，同时也映照出了晚清社会政治权力场域的倒影。

先讨论第一个问题，为何《点石斋画报》在维新时期戛然而止？

维新时期第一次石印办报高潮中的文字报刊的兴衰与政治权力有莫大的关联，戊戌政变后，维新派的石印报刊多寿终正寝。然而，《点石斋画报》与这些文字报刊看似并无交集，双方坚守不同的出版风格，为何《点石斋画报》同样止于此时？

相关的史料显示，甲午战争改变了信息传播的格局，清政府以不准泄露军情为由，加强了对文字新闻场域和图画新闻场域的双重控制，这或许是导致《点石斋画报》终结的重要社会因素。

甲午战争期间，图画传播的行动空间大幅缩减。明明清政府打了败仗，《点石斋画报》却刊登了大量让人难以置信的"战捷"图画。这些战捷图画与时人的心态有关。开战以来，《申报》中凡是有记清军获胜的消息，"则人

皆争购，顷刻尽数万纸之多"。当败耗传来登报，"则阅者必愁眉双锁太息长
吁"。报馆亦认为，读书识字之人尚如此，妇孺阶层更不喜阅战败之闻。民间
百姓无人喜败，最为畅销的，都是战胜之图。① 此处要进一步说明的是，战捷
图画同时也是晚清政府官方对图画传播场域加强控制的结果，《点石斋画报》
的停刊与此不无关系。

如同十年前的中法战争一样，甲午战争期间，社会中同样出现了广泛的
图画传播需求。两次战争中，清政府对新闻场域的态度却是不同的。中法战
争和甲午战争战况、战果都有别，当权者对于两次战争中的图画新闻传播的
态度也有区别。中法战争总体结局尚可，《点石斋画报》经此一役崛起，而且
此时近代报刊才刚刚兴起，散发出来的力量有限，官方对石印报刊场域持相
对放任的态度。甲午战争期间，清政府对画报的态度发生了改变。非但如此，
中日两国都表现出对图画传播的重视。日本方面曾专门从东京明治技艺会遴
选画匠，并派遣这些画匠前往朝鲜，将牙山战事绘成图画，广为传播。② 中国
国内出版的战争图画，也再次激发了普通民众强烈的阅读愿望。上海有书局
将《牙山再捷图》《海军击倭图》《牙山斩倭图》《倭踞韩京图》等"喜报"
付诸石印，市场反响热烈。③ 另外，还有一张《牙山得胜图》格外受到追捧，
有人拿此图沿街叫卖，"自朝至晚，购者如林"。④ 画报高谈胜利，但事实是
清政府兵败如山倒，抵抗了不到一年便迅速败北。其间，清政府对石印报刊
场域的态度大变。

早在甲午战争爆发初期，清政府对战事相关的新闻就已经开始多加限制，
如此控制力度也是中法战争时未曾出现过的。在文字新闻方面，清政府通过
禁发电报限制与战争相关的新闻传递。中日开战，事关军国重情，人皆先睹
为快，申报馆不惜花费重金嘱咐访事前去探听消息，让访事一有战务便立刻
传电上海，以从速列入报章。让申报馆始料未及的是，战争爆发后不久，清
政府就纷纷向各地方电报局下达传电禁令："凡事之涉于争战者，一概不得为

---

① 《忠君爱国说》，《申报》1894 年 10 月 26 日，第 1 版。
② 《全不知羞》，《申报》1884 年 9 月 9 日，第 2 版。
③ 《水陆大军剿倭得胜图说》，《申报》1894 年 9 月 15 日，第 8 版。
④ 《忠君爱国说》，《申报》1894 年 10 月 26 日，第 1 版。

人传达，以免泄露军情。"① 此举打得国内报馆措手不及，连报馆一方也不知战况究竟如何。按照清廷对战争消息的严格控制程度，申报馆一来无法及时获得战事消息，二来不敢报"忧"。但是很快，报"喜"亦同样受到限制。

　　石印报刊场域中图画新闻广泛的传播力，让当权者感受到了威胁。忌惮之下，清政府更是大力限制图画新闻的传播。对清政府而言，较之文字报刊，对图画新闻的限制恐怕更为费力。因为通过控制电报这一重要媒介，便可以在很大程度上限制报馆的文字新闻传播。可是图画新闻的出版者不仅有报馆，还有书局、书坊等各种机构，想要一一控制并不容易。图画出版前，官方对于图画的内容难以即时审核，通常只能事后找机会查禁，而大城市中的图画新闻传播空间遭到了晚清政府和租界势力的夹击。清军发出指令，"自中倭用兵以来，好事者将各处战事绘成图画，携回市廛求售"，此举足以"摇惑人心"，官府要求"不准售卖，如有违抗，立拿究惩"。② 前面提到的销量畅旺的《牙山得胜图》，则成了上海法租界人士的"眼中钉"。1894 年 8 月间，法国巡捕房多次发出消息，要求查究《牙山得胜图》，原因仅是该图的船名中出现了法文。③ 禁令下达后，民间叫卖仍未停止，法国巡捕还命令上海县黄大令亲自督办。④ 此时，政治权力对图画新闻的传播已经表现出一种非常微妙且略带恐惧的态度。

　　图画传播的空间一旦缩小，《点石斋画报》或许难以再有立足之地。加上已经发行多年，《点石斋画报》的内容生产和市场空间持续走低，最终被申报馆放弃。《点石斋画报》后期已易主。不晚于 1897 年 3 月，申报馆将整个点石斋书局卖给了《华报》。⑤ 新东家的经营也不算顺利。1898 年 1 月，华报馆已歇主笔等几人联合向华报馆主人索要拖欠的工资共计 600 余元，称众人多次讨薪不得，报馆不付薪水已达五次之多。⑥ 同年，《点石斋画报》停刊。百日维新期间，清廷的舆论控制有所松懈，可惜彼时《点石斋画报》早就"气

---

①　《实事求是》，《申报》1894 年 8 月 28 日，第 2 版。

②　《禁售画报》，《申报》1894 年 12 月 3 日，第 3 版。

③　《售图提究》，《申报》1894 年 8 月 14 日，第 4 版

④　《饬差查究》，《申报》1894 年 8 月 17 日，第 4 版。

⑤　《华报馆经理点石斋画报》，《申报》1897 年 3 月 24 日，第 4 版。

⑥　《申明》，《申报》1898 年 1 月 6 日，第 4 版。

数已尽"。

再议第二个问题，为何《点石斋画报》休刊后鲜有"追随者"？

这也是在研究过程中让笔者百思不得其解的一点。关于此问题，需要先做出一定的说明。本书第二章讨论了近代石印报刊文本的三种形式：独立、依附和既独立又依附，并将《点石斋画报》归为第三类。《点石斋画报》形式灵活，既可以作为画报附张，又可以独立发行。此处讨论的是以独立形式发行的《点石斋画报》。

《点石斋画报》终刊后，上海的石印报刊场域沉寂许久。《点石斋画报》在消失后留下了一段很长时间的"空档期"，虽然上海有少量石印画报出现，但它们大多作为日报的附张发行。1906 年后，北京、天津等地接连出现了类似的石印画报集群，如《北京画报》《开通画报》《人镜画报》等。直到 1909年环球社创办的《图画日报》出现，才称得上是在《点石斋画报》停刊后，上海媒介场域对其的一次完整意义上的复刻。

当中原因何在？20 世纪 30 年代，提起《点石斋画报》，包天笑感慨道："倘今日如有此种石印之《点石斋画报》，仍可令人欢迎。此刊物若出，足可夺小说摊上小人书之席。"① 直到现在，《点石斋画报》仍旧被津津乐道。19世纪末 20 世纪初，《点石斋画报》停刊后出现的"空档期"与政治权力场域不无关系。

20 世纪初，图画新闻生产的社会空间仍然较为紧张。每在国家动荡之际，政治权力场域常对民间图画新闻场域采取控制措施。义和团运动期间，天津的华界和租界联合起来，严禁民间售卖战事图画。清政府还派兵四处巡查，碰见有人张贴相关的图画即行撕掉，并勒令不准购阅，违者重惩。② 1902 年，彭翼仲在北京所办的当地最早的《启蒙画报》也是以软新闻为主，重在启蒙幼童。政治权力场域的限制，使新闻画的出版空间被压减，这种局面在 1906年后才慢慢得到扭转。1908 年初，仍有史料显示，清政府对于图画传播有诸多限制。其干涉的范围不只是中国，还有邻国日本。有留学生在东京发行画报，专门讽刺中国大官僚，并设法把画报运回国内发行。图画的传播威力引

---

① 《点石斋画报》，《晶报》（上海版）1938 年 12 月 17 日，第 2 版。
② 《伤究售图》，《申报》1900 年 9 月 7 日，第 3 版。

起了清政府的恐慌，清政府以"有害感情"为由，专程照会日本公使，让其严禁该画报发行。① 禁画报风潮一波未平一波又起，清政府疲于奔命。这边刚提出禁留学生办的某画报，那边又有某东京画报"专事描画中国政府及官员种种之丑态，并在满洲北京发行"。清政府诘责日本政府，任由该画报为所欲为有违万国公理，有损中日睦谊。②

清朝的最后两三年，清政府的控制力已经大幅削弱，慈禧、光绪两位重要政治人物的去世，导致清政府内部政治权力场域震动。石印报刊场域出现了转机，图画新闻传播再次活跃。在 1906—1911 年出现的第二次石印报刊的发展高峰中，画报成为一股重要的力量，占据了场域的中心位置。

（二）官方权力偏移，媒介场域主动进发

维新变法时期和新政时期，石印报刊场域出现了两次办报高潮，其中以文字报刊《时务报》和画报《图画日报》为代表。上述两个时期，社会环境相对宽松，官方舆论控制松懈，给了石印报刊自身发展的时机。上述两个时间节点中，媒介场域曾占据过一定的主动性。

维新时期，报馆林立，石印报刊的发展获得了机会，行动者主动进发，抢占媒介场域。他们将石印报刊作为联通中学和西学的媒介，以之为救亡图存的文化武器。该时期的石印报刊数量虽少，精品报刊却层出不穷。

新政期间，报律逐步放松，报馆记者的地位得到提升，两者相辅相成，给石印报刊的发展提供了条件。在宣统年间的石印报刊上，出现了大量关涉政治的内容。其中，石印画报的表现甚是活跃。画报利用石印术的优势，借助讽刺画、漫画，展示了晚清社会变迁和政局变动的生动图景。

1905 年，《东方杂志》撰文指出，中国书报不发达的原因，不在乎民智不开铁轨未通，其病因"半在社会半在主持书报者"。③ 次年，北京的石印报刊开始出现。1906 年前后，石印报刊与政治权力场域疏离状态的改变，应与以下三点高度相关：官方舆论控制的逐步松懈；行动者与政治权力场域的距离缩短；清政府的侧面助推。

---

① 《严禁东京画报》，《大同报》（上海版）第 9 期，1908 年，第 31 页。
② 《外务部请禁东京画报》，《时报》1908 年 4 月 14 日，第 2 版。
③ 鹤谷：《论中国书报不能发达之故》，《东方杂志》第 1 期，1905 年，第 7 页。

第一，官方舆论控制的逐步松懈。

本书第二章论证了晚清石印报刊的文本内容经历了从不敢妄议朝政到激言革命的变化。改变的背后，隐含着官方对石印报刊场域舆论控制渐趋松懈的历史原因。石印报刊在内容生产中比铅印报刊更具有灵活性，更容易借助图文并茂的形式，表达自身的观点。官方舆论控制的松懈，给石印报刊内容生产创造了更大的空间。从表面上看，这与清政府统治后期内忧外患、统治力大幅削弱的大环境相关。不过，我们仍可以从新闻业与政治权力场域的互动中去寻找更深层次的原因。

新政期间，清政府的舆论控制逐步松懈。宣布预备立宪初期，清廷通过报律对报刊舆论场域施以约束，石印报刊讳言政治。20世纪初期，出版者在一定程度上突破了既往报律的限制。1906年是北京的石印报刊起步之年，也正是预备立宪宣布之年，清廷制定了一系列法律，其中就包括《大清印刷物专律》。该专律最终搁浅，未得朱批。是年10月，清政府组织巡警部颁发了《报章应守规则》，对报刊业提出了九条限制，前两条便是"不得诋毁宫廷"和"不得妄议朝政"。该规则一经公布，便遭到沪报的强烈抨击，特别是针对第二条"不得妄议朝政"。沪报批其荒谬，"犹是专制国大臣之态度，而不知报馆事业与政治有至大之关系"。① 上海大报多身处租界，自带保护伞。帝都之下的石印报刊，不得不忌惮该规则的威力。

《报章应守规则》颁布后，因言获罪的案例在石印报刊场域悉数上演。1907年，温世霖等创办《人镜画报》，特意将报址选在了天津日租界内。温世霖为严复之徒，深受其师启蒙思想的影响，对封建制度具有强烈的批判精神。《人镜画报》创办的前一年，温世霖就已经迈入了石印报刊场域，他先是在学部侍郎严修所办的《醒俗画报》中任总编辑。《醒俗画报》是天津最早的画报，采用石印，内容丰富。在温世霖的主持下，该报态度鲜明，直指官场腐败。积累了一定的办报经验后，次年，温世霖又投身《人镜画报》。借助洋旗报的名义，《人镜画报》的言论更为大胆，它揭露慈禧太后宠臣载振的受贿丑闻，还曝光了直隶工艺局实习场管理殴打徒工的罪行。报纸的举动直接惹怒了清政府，租界亦不能给予它足够的庇护。《人镜画报》被迫停刊，前后

---

① 《论警部颁发应禁报律》，《申报》1906年10月14日，第2版。

仅发行三个月。① 广东汕头的《双日画报》仿《点石斋画报》而成，创办人为曾杏村。1908 年末，光绪帝和慈禧太后驾崩，《双日画报》在当地率先披露此事，后报社被查封，主办人曾杏村被捕入狱，粤省官员给出的逮捕理由是未经通知擅自登报。② 连远离帝都的汕头的言论空间都如此紧张，帝都报刊所面临的舆论监管力度就可想而知了。而且此前不久，北京还发生了《京话日报》《中华报》被封事件。此种情形下，处于帝都的石印报刊不得不收敛光芒。

压制新闻业的情形在宣统年间得到改观，报刊从业者有意合力去打破此种限制。1908 年，清政府又参照日本法律，颁布了《大清报律》，对于报馆的言论空间进行了一系列限制。1910 年，北京报界公会成立，随之开始了与现行报律的抗争。是年 9 月，报界公会要求政府在"损害他人名誉"和"一切公文书电报关系秘密未经公布者报纸不得登载"两条相关法规处放开限制。报界人士提出，不能以日本之情形来制定中国之报律。"摘奸发伏乃报纸监督社会应享之权利"，政府应保护有道德之人的名誉信用。对于不道德的人与事，新闻界有权进行报道和监督。而所谓的不得登载秘密文件只能"禁纯粹中国之报不登，不能禁外国及国中挂洋旗之报……坐使本国之报馆丧失新闻纸之效用，而不能与外国报界竞争"。③ 清政府统治的最后时刻，已无暇他顾，报律限制有所松动，给因应现实的石印报刊的发展创造了条件。

第二，行动者与政治权力场域的距离缩短。

在另一端，行动者与政治权力核心的距离亦在缩短，并逐步向权力中心靠近。清末维新派的石印报刊终未能抵达京城，保持着与政权核心的距离。《时务报》后虽改为官报，但彼时已经使用铅印。20 世纪初期，位于京城的石印报刊，则正在靠近权力中心。《北京画报》有一个特别之处在于它的印刷方，《北京画报》是由官方代印的，它的印刷方为"官书局"。

---

① 薄良弼：《温世霖事略》，中国人民政治协商会议天津市北郊区委员会文史资料研究委员会编印《北郊文史资料》第 2 辑，1989，第 20—21 页。

② 《双日画报被封》，《申报》1908 年 12 月 11 日，第 12 版。关于《双日画报》被封的原因还有另一种说法：《双日画报》系因刊载慈禧太后鸩杀光绪帝而被封。参见中国历史大辞典·清史卷编纂委员会编《中国历史大辞典·清史卷》（下），上海辞书出版社，1992，第 160 页。

③ 《北京报界公会上资政院陈请书》，《申报》1910 年 10 月 28 日，第 26 版。

官方代印民间报刊，在近代石印报刊整体的历史中并不多见。除此之外，北京的《开通画报》也由官书局代印。除了新政期间的北京外，很少看到官书局代印石印报刊。

《北京画报》的发行人张展云、绘图者刘炳堂二人，可能皆与政府的关系非同寻常。想当初《时务报》在筹备时求北京官书局资助都落了空，[①] 能让官书局代印，那《北京画报》的主办者想必应和官场颇为熟络。张展云和刘炳堂二人均交友非常广泛。1902年《大公报》的一则报道中，提到一位名叫"张展云"的人，就职于北京工艺局，[②] 不知此张展云是否为后来创办画报的张展云。但《北京画报》的张展云确是新政期间在北京开通风气的志士。[③] 他注重宣传女学，和京剧名伶田际云（响九霄）一同创办妇女匡学会，通过演说、戏剧表演开通民众。[④] 张展云还曾与京城报界名人彭翼仲、王子真等人一起公开向民众演说。[⑤] 除了印刷方外，目前的史料暂时无法证明是否有清朝官员直接参与到《北京画报》的办报活动中。不管怎样，《北京画报》可能确实与清朝中央政府有着非同一般的关系。《北京画报》刚出版，即有新闻报道称，该画报新闻图说精绝，"已有某书店批购五千分（份）之多"。[⑥] 一次性批量购买5000份画报，非一般的小书店可以做到，且画报刚出第1期，市场前景不明，营利性的书店应不会冒风险去囤货。由此推断，购买者极有可能是官方机构。

《北京画报》的画师刘炳堂亦非等闲之辈。对其人，目前所知的信息甚少，只知道他早年曾为《启蒙画报》绘图。笔者翻阅了一些史料，发现刘炳堂很可能具有官方画家的身份。早在1903年，刘炳堂便因擅长绘画，"以中法之气韵，而参以西人之理化"得到慈禧太后的赏识。刘炳堂应召进宫作画，保定行宫的屏幅窗之画悉出其手。是年底，慈禧太后任命刘炳堂为如意馆供

---

① 马光仁主编《上海新闻史（1850—1949）》，复旦大学出版社，1996，第114页。
② 《时事要闻》，《大公报》（天津版）1902年10月14日，第2版。
③ 张展云为男性。李润波的《北京白话报与阅报社》一文（参见黄瑚主编《新闻春秋（第9辑）——第三次地方新闻史志研讨会论文集》，复旦大学出版社，2009，第95页）将张展云记为女性，为一误记。
④ 《记妇女匡学会》，《大公报》（天津版）1906年3月24日，第5版。
⑤ 《演说创举》，《大公报》（天津版）1906年5月30日，第4版。
⑥ 《美哉画报》，《大公报》（天津版）1906年5月21日，第2版。

奉。① 刘是否任供奉，史料暂缺，但任供奉的可能性较大。一方面，皇命难违；另一方面，能够进入清朝最高等级的画院，得到权力中心的赞赏，是不少画家一生的理想。而且紧接着的 1904 年初，北京琉璃厂工艺商局筹备参加在美国圣路易斯举办的世博会，当中便有刘氏所绘的屏幅挂镜等作为展品。② 从张、刘二人的人际交往圈子看，《北京画报》能够得到官方势力的支持也在情理之中。

宣统年间的《浅说画报》成为石印报刊与权力中心距离拉近的又一个典型案例。前文论及，太后与皇帝的动向，曹汝霖的私宅秘事等，《浅说画报》都知无不言、言无不绘。这些新闻中所涉及的人物和事件，都绝非一句"道听途说"能够解释。刊载这些新闻时，《浅说画报》的主绘师是李菊侪。画师是画报出版中的核心人物，而李菊侪称得上宣统年间京城最为著名的画师之一。目前的研究对李菊侪的身份勾勒相对单调，只知其是京城名画师。然而，一个画师何以能够获得如此多的宫廷内幕消息？

这同样应与办报者的社会交往网络有关。1911 年 3 月，京剧名伶田际云被捕，以"编演新戏，诋毁朝廷"罪被拘百日。③ 这起宣统年间的要案先后株连近百人，牵连到的人物有贻谷、廷杰、那桐等要人。关于此事件的起因，有一个流传甚广的说法：妇女李范氏指证贻谷向廷杰行贿，被贻谷之子钟岳告上法庭。李范氏与田际云交往密切，被取保后，她差其子去和田际云一起运作此事。这起社会案件为何会和宣统年间的石印报刊扯上关系？因为在这起大案中与田际云一起奔走，与清末各方势力周旋的李范氏之子不是别人，正是宣统年间京城最为著名的画师之一李菊侪。《申报》的一篇新闻中，提及了李范氏与李菊侪的关系。④

田际云本人及其同层次的社交圈子里的人都非泛泛之辈，维新时期，他和康有为等人交往密切，还能通过名伶的身份直通宫廷。从这层关系上，或许能够解释《浅说画报》为何能够获取大量的宫廷秘闻。

---

① 《供奉拟稿》，《大公报》（天津版）1903 年 12 月 3 日，第 2 版。
② 《制造完备》，《大公报》（天津版）1904 年 1 月 20 日，第 2 版。
③ 中国历史大辞典·清史卷编纂委员会编《中国历史大辞典·清史卷》（下），上海辞书出版社，1992，第 187 页。
④ 《京师大狱续纪》，《申报》1911 年 4 月 28 日，第 5 版。

此案发生后一周，李菊侪离开《浅说画报》，他的名字在绘画人一栏中消失。两件事情先后发生，应该有直接关联。李菊侪要为案件奔走，无暇办报。再回到石印报刊界，李菊侪的绘图内容发生了很大的改变。此后，李菊侪为《黄钟日报》作画，又自己创办了《菊侪绘图女报》，多绘无关痛痒的封建迷信和满足读者猎奇心的内容。民国成立以后，李菊侪几乎没有再在石印报刊场域中出现。

第三，清政府的侧面助推。

北京石印画报的兴起不仅仅是由于新政后北京石印业获得发展，更与政治权力场域的态度有莫大的关系，官方的态度将该时期民间新办的报刊侧面推向了石印一端。在清政府看来：铅印是官报的专属权力。当权者将印刷权力转换为政治权力，赋予官报独享铅印的权力。当然，官方行使官报的铅印专属权必须得有一个前提，便是官方拥有官报。1901—1907 年这一时间段，清政府并未设置官报，掌控此项权力便是空谈。在这段空档期内，清政府可能将铅印权力默许给了《京报》。清政府与《京报》之间的关系一直复杂且微妙。齐如山认为，《京报》出版与发行皆是通过山东人经营的报房进行，"完全是商业性质"。本书不完全同意此判断，《京报》不只是一份"商业性质"的报纸那般简单。在官报缺失期间，清政府赋予了《京报》以及负责出版《京报》的报房特殊的职能。清政府直接掌控了《京报》的内容生产。这些内容都由京城官员"逐件检阅"，选取"非事关慎密"的内容即交发报房一体刊行，日出一编，月成一册。"传观既速，最易流通。则现行政要，外间均可周知。"以此法"开通民智，至为便捷"。[1] 清政府如此谨慎，也说明其已充分意识到报刊媒介的力量不容小觑。同时，京报房不仅负责传播政府消息，它自身亦是清政府获取消息的主要媒介。京师大学堂所订阅的各种报刊，均是由聚兴报房负责派送。[2]

清政府的官报事业正式开启以前，它对《京报》具有较强的依赖性，因此也就默许其一定的权力，其中也包括印刷的权力。在一定程度上，维持《京报》的高效出版也是官方信息渠道畅通的一大保证。报房和《京报》，都

---

① 《光绪二十八年十一月三十日京报全录》，《申报》1903 年 1 月 15 日，第 12 版。

② 《送报竞争》，《顺天时报》1903 年 5 月 28 日，第 2 版。

是清政府构建官方信息通道的工具。在齐如山的回忆中，京城报房的印刷技术是极度落后的，报房也不愿在此下功夫，用的是老旧的胶泥活字，字体很粗，且歪斜不正。① 但正是因为《京报》在信息传递中的重要作用，并且能产生一定的经济效益，经营者开始尝试升级印刷设备。1907 年 7 月，聚兴报房的主人王绍棠连续多日发布告示，"向来黄皮《京报》皆用木字墨印，既不便利，且不醒目"。他从上海购买了机器铅字，已在当年农历六月起将《京报》改为铅印出版。② 可以看到，此时清政府对于《京报》使用铅印并未多加干涉。

1907 年 10 月 7 日，《政治官报》创办，它是中国历史上最早由中央政府直接公开发行的机关报。③ 终于有了官报的清政府急于削弱《京报》的权力，此举也从侧面助推了当地石印报刊的发展。《政治官报》创办后，清政府随即下令将《京报》的铅印权收回，"刻值《政治官报》出版，饬令该报房等毋得再用铅印，仍照旧制改用木板准其照常出报"。清政府此举不仅是因为铅印不敷使用，更有深层次的原因。权力中心认为必须将铅印之权赋予官报专属，"官报有独用铅印之版权，他人岂得滥用"。④

慑于清政府的威权，非官报体系中的报刊无权"享用"铅印。1907 年前后正是北京画报发展的一个高峰，此时的办报者多选择了石印。彭翼仲在办《启蒙画报》的末期就拟改石印，新办的画报自无必要再重蹈覆辙采用木刻。铅印被官报所垄断，京城的民众又亟待浅显易懂的画报进行启蒙，石印成了新办报刊者顺理成章的选择。

在以上种种因素的刺激下，1906 年后，石印报刊日益突破权力场域的限制。此后两年间，不仅是北京，天津的石印画报业也开始兴起。京津两处，石印画报大有超过当地铅印日报之势，"报纸勃兴、五花八门，目不暇给。而画报一种，工本既省，售价亦廉，便于妇孺，引人入胜，故消（销）行亦最广"。⑤ 石印报刊一跃成为京津地区报刊场域中的一股核心力量。

---

① 《齐如山文集》第 10 卷，河北教育出版社、开明出版社，2010，第 75 页。

② 《京报改良特别广告》，《大公报》（天津版）1907 年 7 月 24 日，第 1 版。

③ 叶再生：《中国近代现代出版通史》第 1 卷，华文出版社，2002，第 878 页。

④ 《报界调查》，《大公报》（天津版）1907 年 11 月 6 日，第 2 版。

⑤ 《论画报》，《大公报》（天津版）1909 年 2 月 16 日，第 2 版。

辛亥革命前夕，在全国风起云涌的立宪声中，部分地区的报馆记者俨然已经获得了西方新闻世界中"第四等级"的殊荣，这也刺激了石印报刊的发展。经过了晚清最后几年的洗礼，报馆记者在与官方权力的斗争中也敢于表现出不卑不亢的态度。不仅社会对新闻业的认识在发生变化，新闻界自身对于职业的认同感也在逐渐增强。政潮涌动，朝野上下皆言立宪，李鸿章的幕僚、晚清官员于式枚却提出了种种暂缓立宪的主张，其观点被《申报》发文抨击。有些与于式枚站在同一阵线的人士对《申报》的批判大为不满，谓其不过"不士不农不工不商之流"。《申报》闻罢，直接向对方叫板，让对方直接称自己为"报馆记者"，"更何必费词曲说而曰不士不农不工不商之流"。"报纸者代表舆论者也"，报纸已有一定的与官场相抗衡的地位："官场之视报纸，如毒蝎，如芒刺，如眼中钉，无非以报纸据事直书，罔知忌讳，贤则褒，否则贬，故有报纸而后官场之举动不敢肆。"① 从中不难看出，此时记者对自身的社会地位已有了一定的自信，报馆不再仅仅是没落文人的居所，它还生成了新的社会职业，许多文人在新的社会职业中找到了容身之处。

1909 年下半年，江苏、浙江、山东、安徽等省纷纷设立谘议局，并为记者设立了旁听席。江苏谘议局的旁听席分四类：官员席、外宾席、公众席、报馆记者席。浙江谘议局在师范礼堂设新闻记者席，与公众旁听席相接，并设定记者接待室……② 模仿西式政体的尝试，也使报馆记者仿若"无冕之王"。《图画日报》所载的新闻画《报馆记者之夜来忙》中，一群报馆记者正在"挑灯夜战"。③ 这表明清末我国大城市中的新闻业已经发展到一个较为成熟的阶段，"今则报界更形发达"，各处访稿常在半夜而至，报馆记者亦能分工合作，从容处理，以保第二天见报。

在此社会背景下，报馆更敢于面对现实、批判现实。常被认为"只谈风月"的石印画报重回场域，利用石印所长，以文缀图，开始大量涉及社会现实议题。清朝统治的最后两年，是清末石印报刊最为盛行的一个时段，也是

① 《论于式枚奏陈立宪方略》，《申报》1908 年 6 月 24 日，第 3 版。
② 《江苏谘议局旁听规则》，《申报》1909 年 10 月 14 日，第 2 版；《浙江谘议局近事》，《申报》1909 年 10 月 20 日，第 3 版；《鲁省谘议局开幕纪事》，《申报》1909 年 10 月 22 日，第 5 版；《安徽怀宁县城自治公所议会规约（续）》，《申报》1910 年 8 月 15 日，第 2 版。
③ 《报馆记者之夜来忙》，《图画日报》第 23 期，1909 年，第 7 页。

继《点石斋画报》停刊后石印画报在近代最为鼎盛的一个时期。但是，政治权力场域与媒介场域的关系处于持续的变化中。《时务报》因其不断上升的影响力越发受到权力场域的关注，后变成铅印报刊，又被"收编"为官报。清末的媒介场域在与权力场域的对抗中，也只是赢得了一段较为短暂的发展时间。民国初期，石印报刊的数量急速回落。民国中后期，石印报刊再度大规模涌现，此时媒介场域与政治权力场域的关系已经发生了根本性变化。

（三）官方权力聚合，媒介场域被动吸附

石印报刊下沉到中国基层地区的过程，也是它与政治权力渐次靠拢的过程，媒介场域最终被吸附进政治权力场域。当这个场域由商人群体和传统文人群体占据主流地位时，它偏向自主的一面；当政治权力逐步渗入其中时，它又趋向于他律的逻辑。最终，在战争的影响下，石印报刊倒向政府和政党权力的一端。

1931 年之后诞生的石印报刊，除了极少数的商业报刊和文人报刊外，基本从属于国民党和中国共产党两大权力阵营，成为国共双方的宣传工具。当一个媒介场域高度接近政治权力场域时，也就意味着自身的自主性可能日渐丧失。抗战刚进入相持阶段，著名记者范长江就洞见到此问题。在他看来，抗战已经让中国的报业发生了质的变化，"报纸是政治的工具"，[1] 报业中的社会资本取代了经济资本，政治权力在场域中占据上风：

> 建立在商业上的报纸，即靠广告发行以资维持之报纸，势将被迫动摇而渐趋消沉。除沪港两个特区外，商业性的报纸难立足，广告和发行的收入激减了，报纸和油墨的来源困难了，发行网和读者群一天天的缩小了，于是地方政府与驻扎军部，为满足军民的精神食粮，不得不各于所在地，出版小型的甚至石印的油印的报纸。报业的政治资本，遂代商业资本而兴。故我们预测即将到来的报业，工作固很艰困，形式亦很特殊。[2]

---

[1] 《范长江新闻文集》（下），新华出版社，2001，第 822 页。
[2] 《战时报业之质的变化》，《申报》（香港版）1939 年 4 月 20 日，第 2 版。

抗战以来，石印报刊集中在国共两党手中，政治力量垄断石印报刊的出版，经济力量和文化力量近乎完全退出场域，石印报刊一边倒地偏向社会资本的阵营。但是石印报刊又在国共两党内部的报刊体系中处于较为边缘的位置。这一点在国民党县级党报系统中尤为突出。石印报刊是在基层铅印报刊缺失的情况下，用来完备国民党"党化"新闻事业的工具性媒介，它们在很多时候只需要"在场"即可。于是，国民党石印县报在内容上大多千篇一律，发行数量也极少，办报者也无意于提高发行量。因为处于执政党的地位，国民党的办报条件相对较好。国统区许多县级党部都设置了石印机，石印机缺乏的地方也较为容易找到代印的石印社。

而在中国共产党一方，石印可帮助办报者实现"游击办报"。在敌后抗日根据地，有办报者把石印机藏在地窖里。遇到敌人"扫荡"，把窖口一堵，伪装好，印刷工人就转移了。敌人走后，工人们又立即回来继续印报。石印报刊也在充当过渡品的角色，当条件变坏时，它转向油印场域；当条件变好时，它又快速被铅印报刊所替代。

在中国近代的社会语境中，石印报刊场域中的他律性总体上强于其他报刊场域。石印报刊的媒介特性使它不得不接近他律的一极。它位于铅印报刊和油印报刊的中间场域，在印刷效率上无法与铅印报刊相抗衡，而其所需的经济资本，一般又高于油印报刊。国共两党多因经济资本受限而选择石印，或者某些时候双方可能会有一定的经济资本，但因难以买到合适的铅印设备而只能暂时选择石印。一旦高度偏移他律极，被政治权力场域所吸纳，媒介场域自身的活性也会渐次消失。早期的媒介场域有表现突出的代表性报刊，它们进行着有自身特色的话语生产。而在近代石印报刊发展的后期，代表性报刊是缺失的。纵然《边区群众报》《晋察冀日报》《太岳日报》等都在中国报业史上有重要的影响，但产生影响的原因更多要归结于刊物的内容与主办者的身份，与印刷技术的关联性并不大。这些刊物都是由于铅印设备缺失而选择石印，刊物走向小型化，经常可见 32 开的刊物，它们常在铅印、石印、油印之间来回转换。行动者在新闻生产中很少强调其作为石印报刊的特色，早期存在于《述报》《点石斋画报》等报刊中的出版者对石印术的啧啧称奇的现象早已不复存在。在新启蒙运动中，石印报刊的内容也与铅印报刊趋同。而《边区群众报》《晋察冀日报》《太岳日报》三份报刊无一例外，后来全部变为铅印。承担陕甘宁边区重要宣传任务的《边区群众报》石印出版仅 10 期便急速改为铅印，当条件成熟，行动者毅然转身。

我国近代石印报刊场域与政治权力共生。一个场域越具有自主性，就越能加强它自身特有的逻辑。媒介场域越接近政治权力的端口，就越容易被他律化，媒介场域也难以在自身的逻辑内运转。

三　技术资本：从"奇技"到"落后的手工业"的石印术

媒介技术本身不应被报刊史研究者"悬置"。报刊石印术是石印报刊发展的基石，其发展和变迁影响着石印报刊的生产。石印术在中国，经历了从"奇技"到"落后的手工业"的变化。讨论"技术"之前，必须将其与"技艺"区别对待。技术（technology）的意涵可以追溯至古希腊时期，其时的技术（techne）拥有比现在更为广阔的含义，它不单指艺术（art）或技艺（craft），也囊括了机器活动。而我们现在所指的媒介技术则仅保留了后一项含义，它代表了信息技术时代的特定装置，如电脑、互联网、手机等。19 世纪后期，技术一词被普遍使用，还与席卷美国社会的大型技术系统（large technology system）联系在一起。在人类历史上，技艺（technique）一词囊括了所有的技能活动。本书是在现代语境中理解技术与技艺的区别的：前者通常指与大工业技术、科学的应用相关的"现代技术"，后者则指一般意义上的技巧、技艺、技能，[1] 与工业革命息息相关的石印术也就归属于"技术"的范畴了。

石印术在中国从"奇技"走向"落后的手工业"，技术资本领域的变化深刻地改变了石印报刊的常规走向。

（一）东渡而来的"奇技"

泰西有吃墨石，以水墨书字于纸，贴石上，少顷，墨字即透入石中，复以水甲（墨）刷之，则有字处沾墨，无字处不沾，印之与刊板无异也。又，西人能为极细字，在分寸间可写千言。以显微镜窥之，笔笔精到，宛如大字。其法初亦用显微镜，扩小为大，写成底本。又用照画法，缩

---

① 吴国盛：《科学史笔记》，广东人民出版社，2019，第 199—200 页。

大为小，影而下之，故能穷尽豪发。兹因吃墨石而类记及此，亦一奇云。①

以上文字摘自清人毛祥麟的《墨余录》，其被视为中国民间最早介绍石印术的文字。石印术主要有手写石印术和照相石印术之分。照相石印术超越了手写石印术，这一西式"奇技"，与晚清中国不期而遇，一场印刷革命正在酝酿中。行动者中的经济力量最先与这项先进新式技术结盟，书局和报馆对此表现出不同的态度。

1. 正在酝酿的印刷革命

吃墨石"与刊板无异"，"能穷尽豪发"，令人啧啧称"奇"，可谓一项"奇技"。《墨余录》在1870年刊刻问世，而六年后上海才有文中描述的"照画法"，即照相石印术。写作《墨余录》时，毛祥麟应不可能在中国见过照相石印术。

或许正是因为毛祥麟以中国之先验存在来畅想西方的奇巧之技，将石印与"刊板"等而观之，以至于他在描述这项技术时犯了一个常识性错误。文中两次提到了水墨，"以水墨书字于纸"，"复以水甲（墨）刷之"。水墨是中国雕版印刷中常用墨，安徽所出徽墨即为当中最为有名的一种。或许基于此，毛祥麟便没对石印之墨多作他想，自然以为都是水墨。石印属化学印刷，它利用的是水油不相溶的原理，必须使用油墨。油墨是西式印刷的必备物料，石印、铅印、油印都要依靠油墨。现代之印刷，除凹版印刷之某特种情形外，无论如何版式，均非油性印刷墨不可。②《墨余录》出版时，使用油墨的印刷品少之又少。新式印刷术初入中国，国人对此一知半解，毛祥麟的记载错误是可以被谅解的。

19世纪50年代，照相石印术发明，很快传入了中国。早在1876年，土山湾印书馆就已经引进了照相石印术，并同时引进了一台石印机。土山湾印书馆进口的这台石印机，是木质石印机，重达三吨。③ 木质石印机是最早的石

---

① 转引自杨丽莹《扫叶山房史研究》，复旦大学出版社，2013，第159—160页。
② 陆鼎藩编《印刷墨》，商务印书馆，1938，第1页。
③ 贺圣鼐、赖彦于：《近代印刷术》，商务印书馆，1947，第22页。

印机，1805 年便在欧洲问世，那时还是手写石印时代。在它进入中国时，欧洲的石印界已经完成了从木质石印机到铁制石印机的转变。土山湾印书馆虽然带来了先进的印刷理念，却没有同样程度的印刷设备相匹配。印刷者必须用人力和畜力攀转木质石印机，十分困难。在一项新的媒介技术的推广中，技术设备与理念齐头并进才能彰显效果。至光绪中期，石印业开始改用"自来火引擎"以代人力，上海近代石印业的发展才乘上了晚清洋务运动的东风。之后，蒸汽能源进入石印业，逐步取代了人力。19 世纪 80 年代末，上海印刷出版场域中所使用的石印术机械化程度已经颇高。

对于这项西式"奇技"，19 世纪 80 年代的图书出版界和报界却有不同的看法。图书出版界多迅速拥抱西方石印术，以出版为业的书商们大肆褒扬石印术。短时间内，点石斋书局依靠翻印《康熙字典》获利无数。见获利之巨且易，一些宁波人就设立了拜石山房，粤人则组建了同文书局，三家鼎足，垄断一时。① 之后的一二十年间，上海的石印书商大量涌现，石版印刷业成为 19 世纪八九十年代中国工业的奇观。②

相对于石印本来说，石印报刊在 19 世纪末的这场工业奇观中可谓不值一提。照相石印术虽然在发明后不久即传入中国，但中国报界并未立刻接纳这项技术。直到《点石斋画报》问世，中国近代石印画报的风潮才开始涌现，石印术最精妙之处终与中国近代报刊相遇。可是在整个 19 世纪 80 年代，也只有寥寥几份新办的石印报刊出现。对于报界来说，其对石印术的情感显得复杂了许多，报界最初并未对石印术表现出特别的兴趣。首先，新闻刊物的生命周期一般比图书短暂，石印报刊也仅能满足较小众的市场需求。其次，与图书不同，报刊出版者很难通过反复翻印石印报刊获利。因此，报界对石印术的接纳也就谨慎得多。

正是在这个时期，作为一项新式印刷技术，石印术开始以上海为中心，向周边地区扩散。

2. 技术扩散中的官方博弈

19 世纪 80 年代末期，石印术开始了在中国第一次从上海向其他省份的传

---

① 姚公鹤：《上海闲话》，吴德铎标点，上海古籍出版社，1989，第 12 页。
② 张仲礼主编《城市进步、企业发展和中国现代化（1840—1949）》，上海社会科学院出版社，1994，第 107 页。

播，地方政府成为吸纳新技术的主角。各地所吸纳的，多为照相石印术。

石印术在向中国广大内陆地区传播的过程中遵循两条路径，第一条是直接扩散路径，由各地直接向石印机产地日本采购新式石印机，山东、贵州等省份都通过向日本购买进口的石印机，开启了当地的石印业。浙江虽毗邻上海，然而，彼时浙江官纸局的石印机器不是从上海购买的，而是直接向日本商人购买。① 第二条是间接扩散路径，以上海为中介点向日本进口石印机器，各省份转而向上海采购机器，甘肃、西藏、内蒙古等地循此路径引入了石印机器。新式石印机器抵达后，多个省份的石印业开始发端。

石印术向内陆扩散的初期，成本较高，私人难以负担。技术扩散由官方机构主导，清朝地方政府是石印术扩散的主要媒介。各地的石印部门从属于新式官书局，或另立石印书局。石印报刊的生产也一改在上海的私营体系，在内陆许多地区变成为清政府的官营行为。这些内陆地区，多以仰望和学习的姿态迎接石印术。本书目力范围内，山西可能是除江苏、广东两省外，第三个有石印业的省份。1882 年，山西祁县商民创办了"文和斋"，仅设一台石印机，为山西最早的近代印刷厂。②

清末的新政之风与石印术一同到达地方。预备立宪之际，石印术已经渗透到甘肃、西藏等较为偏远的地区，当地的石印报刊由是出现。甘肃省在1906 年从上海购入进口石印机，次年诞生的《甘肃官报》就是使用这台石印机生产的。以下几则甘肃石印书局的史料可以帮助我们大致勾勒出《甘肃官报》石印期间的机器、人员设置等情况。清末新政期间，彭英甲在甘肃大兴实业，还助力甘肃引进了石印术：

> 查职局仅有铅字印书机器大小四架，而无石印机器。现值立宪时代，百度维新。各学堂、局、所图表日益繁赜，最关紧要。每当排印之时，必须雕刻木板。非特不能精细，尤难克期而成。兼之，甘肃纂修通志、舆地及礼乐器等图甚多，更非铅字所能藏事。是以前办统捐局署兰州道孙道庭寿会同职局，详蒙前宪台升（允）批准，由统捐项下先行筹拨库

① 《日商乐善堂来函（为承办浙江官纸局石印机器事）》，《申报》1909 年 7 月 30 日，第 1 版。
② 衡翼汤编《山西轻工业志》（上册），山西省地方志编纂委员会办公室印，1984，第 130 页。

平银九千七百两，因鲁守尔斌赴南洋考查军政之便，由上海购办机器料品，并订雇照相、胶纸、落石、铺纸、机器各项教习五名，于二年正月间，机器及各教习陆续抵甘。[1]

　　甘肃石印书局成立的直接目的并不是生产报刊，而是为了呼应清末新政，改变各学堂、局、所图表日益繁夥的现状。甘肃石印书局成立之前，该省已经有了官书局，专事铅印，生产了书籍、报章等出版物。但当地官员仍然认为，石印必不可少，因需要印刷图片的地方甚多，他们希望在发展新闻事业的同时实现石印业与铅印业并举。后来出版的《甘肃官报》虽是定期报刊，但未使用铅印，而是通过这台从上海购置的日产石印机器生产。将《甘肃官报》用石印出版，应是甘肃官员进行报刊生产成本核算的结果。我国地方近代新闻事业的兴起初期，石印比之铅印，未必处于劣势地位。早期《甘肃官报》的发行量较小，用石印已能基本满足传播需求。研究《甘肃官报》的印刷体系会发现，在报刊起步阶段，石印术为报刊出版提供了极大的便利。甘肃石印书局的机器和人员配置如下：

　　　　一、机器房：新式石印机器一架
　　　　　　　　　　石印机器匠一名（四十五两九钱四分八厘）
　　　　　　　　　　铺纸匠一名（三十两六钱三分八厘）
　　　　二、落石房：落石打样小机器一架，二号印石十五块
　　　　　　　　　　落石匠二名（五十四两二钱九分八厘）
　　　　三、照相房：照相机器一架
　　　　　　　　　　照相匠一名（三十八两二钱九分八厘）
　　　　四、胶纸房：晒相洗片机器一副
　　　　　　　　　　胶纸匠一名（三十四两四钱四分八厘）[2]

　　甘肃方面下拨了平银近 15250 两，后又拨了 5750 两，主要用于购置机器、

[1]　张蕊兰主编《甘肃近代工业珍档录》，甘肃文化出版社，2013，第 310 页。
[2]　张蕊兰主编《甘肃近代工业珍档录》，甘肃文化出版社，2013，第 321—322 页。引文根据原文内容改写。

聘用教习、修缮房屋等。新式石印机的使用提高了生产效率，甘肃石印书局的配置较为简易，一架新式石印机器可配 15 块二号印石一起使用。核心工人仅需 6 人就可以完成整个印刷环节，可谓省钱又省力。另有 15 名工作人员，包括学徒 9 人、搅机器小工 4 人、磨石销工 2 人，只需提供伙食，不用支付工钱。除了印刷报刊外，甘肃石印书局还生产书籍、古今碑帖、大小图表，每年约获红利银 3000 两，正常情况下 5 年左右可以收回成本。[①] 清末新政时期，社会变动频仍，对石印产品的需求量更大。如此一来，甘肃石印书局可能会提前收回成本。

西藏的情况与甘肃类似，该地第一台石印机是由驻藏官员张荫棠从上海带去的。张荫棠是驻藏大臣联豫的副手，他在光绪三十二年（1906 年）10 月请辞。据此可以推测不晚于 1906 年 10 月，西藏已经有了石印机。西藏虽地处边疆，也感受到了新政之风和报章之力量，驻藏大臣联豫已经在外地接触过白话报，遂欲在西藏创办一份白话报，"因思渐开民智，莫善于白话报，与其开导以唇舌，实难家谕而户晓，不如启发以俗话，自可默化于无形"。1907年，《西藏白话报》创办，石印出版。《西藏白话报》创办后，反响良好，当地官员还准备添购机器，"将来文明渐进，购阅自多"。[②]

石印术的推广并不是在所有的省份都一帆风顺。正如前面所述，在技术向内陆扩散的过程中，技术人员也会起到关键作用。杭州官方在引进石印术时就遭遇了缺乏"技术专家"的难题，影响了石印术的推广和使用者对它的评价。1910 年，杭州官报局也欲引进石印业，官方派人赴上海中西药局购办了照相器具、石印材料等。杭州官报局雇了一名照相伙计，可是该伙计印书仅谙铜版法式，却不懂照相石印之事。杭州官报局又转聘了一名印刷局工人，可这位工人与上一位恰好相反，仅能照相不能照书。后来，该局以"前次所办机器既不适用，须置又乏经费"为由，将石印暂停。[③] 浙江虽是产纸大省，但由于石印术在推广中面临其他障碍，当地官方对新式石印术并无太大渴求。

各地在推广石印术中的不一致态度在很大程度上缘于石印术的技术特性，同时也关涉晚清地方政府与新式媒介技术之间的博弈。石印术对进口材料的

---

① 张蕊兰主编《甘肃近代工业珍档录》，甘肃文化出版社，2013，第 321—322 页。

② 吴丰培主编《联豫驻藏奏稿》，西藏人民出版社，1979，第 36 页。

③ 《官报局停办石印之原因》，《时报》1910 年 8 月 19 日，第 3 版。

依赖，技术操作难度颇高也对各地的适应能力提出了更高的要求。西藏、甘肃等地举全域之财力、物力、人力才能与此项新技术相匹配，在另一些省份，石印术的落地并不太顺利。总体看来，在晚清石印术的第一次扩散中，石印术以"奇技"的姿态去往地方，相关社会群体在"仰视"技术的过程中引发了对技术的多元化阐释，石印术在"地方"正酝酿着印刷革命。

（二）日渐消逝的"奇技"

民国成立以来，石印术经历了第二轮大规模的扩散。此轮技术扩散中，石印术以各地中心城市为中心，去向基层地区，促成了石印术在中国的广泛传播。照相石印术日渐隐匿，手写石印术被重拾。石印术到达中国更深的基层腹地，刺激了石印报刊的大量出现。同一时间，石印术倒退，作为奇巧之技的石印术日渐消失。西式石印术的异域身份迷失在场域中，"变成纯中国人的东西"。[1]

上海的中心地位隐身，石印术的使用主体发生了转变。清末各地推广石印术多为官方行为，而在民国时期，私营商人大范围介入石印术的应用领域。

这一时期，石印物料的获取相对容易，且成本降低。石印石、石印机的进口都比以前更容易。与此同时，油墨在中国已经使用较广，有了较为稳定的进口渠道。在上海一地，石印业已经趋近成熟，石印书局是主要的生产组织。甲午战争后，沪上石印业的发展愈盛。1894年至民国成立前，上海出现了200多家石印书局。民国时期，上海的大型出版商更新了五彩石印、锌版等技术。但放眼整个民国时期，报刊石印的"进化"仅出现于少数大城市。

从技术的传播路径来看，石印术的扩张不再仅仅是由"上"至"下"，而是既有中心城市向基层地区扩散，也有基层地区之间的横向扩散。石印术在中国更为普及，石印业以私营为主，初始成本却降低了不少。虽都是私营的石印术投资者，各基层地区的石印商与清末上海的同类商人在财力上有着天壤之别。参与石印术扩散的基层地区私营者大多不是实力雄厚的投资者，他们主要是小规模的个体经营者，普遍缺乏经济资本。从业商人往往只要有一台石印机，就可以经营石印业。现实生活中，大量的小型石印作坊充斥基

---

① 张仲礼主编《城市进步、企业发展和中国现代化（1840—1949）》，上海社会科学院出版社，1994，第95页。

层地区。

在此过程中，各地所用的石印机器也有所改变。

头号大石印机被出版者采用，价格高昂。民国初期，我国已经能够自制铁质石印机器。北洋铁工厂生产的大号石印机可通过人力摇或机器带动，适用于广泛的印刷场景。头号大石印机除了可印各种书报，还能套印五彩月份牌及商标和洋装翻版书籍，较之别种机器尤为精妙。该机器价格高昂，每架需银980两，用人力每小时可印800余张，用火力每小时可印1000余张（和美查时期的产量并无太大差别）。

当然，北洋铁工厂还生产了价格相对低廉的脚踏铅印石印机，每日最多可印1万张，可印长38.1厘米、宽25.4厘米之纸。该机器定价400元，虽说它的价格比头号大石印机便宜很多，不过对于基层石印经营者来说同样价格不菲。

关注到社会上的办报需求，北洋铁工厂还制造了手摇二号石印机。这台石印机的广告写着："近来报馆印字馆林立，最重石印，取其快速又不模糊。此项石印机用一人摇之，熟手每点钟能印刷二百余张，凹版凸版均可，印版尺寸长二十六英寸阔二十一英寸。"手摇二号石印机的价格就便宜不少，仅需54元。

手摇二号石印机价格最为低廉，从机器的印量来看，基本可以胜任一般报纸的需求。若是日报，每日印5个小时，也能印刷1000张。民国期间，在基层地区，能达到日发行量1000张的报刊并不多。若用来印刷刊期更长的杂志，则印量可以更大。而且，手摇二号石印机的尺寸正好适合小型报纸。自制机器降低了石印业的投资成本，更有利于技术的扩散。

1916年，北京人郎荣在张家口开设了一个石印小作坊，成为当地石印业的开端。[1] 民国初年，山东安丘就有四五家石印局。张可立曾经在石印局当学徒，1931年，他自己也开了一家家庭作坊型的"维新石印局"，开业时只有一台石印机，切纸靠持刀操作，石印版需用毛笔逐字誊写，制版工序烦琐。[2]

---

[1] 张家口地方志编纂委员会编《张家口市志》（上卷），中国对外翻译出版公司，1998，第512页。

[2] 张立德：《维新石印局的变迁》，中国人民政治协商会议山东省安丘市委员会学宣文史委员会编印《安丘文史资料》第17辑，2001，第241—242页。

1923 年，四川省蓬安县第一家石印社创办，名为文集斋石印社。该石印社的创办人为杨兆临，他在相邻的顺庆县（现为南充市顺庆区）习得石印术，积攒了 100 多银元后，他便购入石印机一台，自行开设了一家石印社。囿于成本，他所用的石印机为老式的木机，用于印刷书报、信笺等，最多时雇请人员 8 人，生意红火。落后的木质机耗时耗力，次年，杨兆临与他人合伙购买了一台铁质石印机，实现了设备的升级。①

在部分基层地区，石印业实现了从石印作坊向石印局的跨越，但总体规模仍较小。山西省中阳县在 20 世纪 20 年代便有了石印业，无字号，都是些小规模的石印作坊，它们在很短时间内便因技术不过关而倒闭。1930 年，中阳县才有了该县印刷史上的唯一有字号的石印局：慎修石印局。创办人王慎修早年在汾阳学习石印术，后从汾阳买回一台机器开办了这家石印局。② 从规模较小的印刷作坊，到规模较大的印刷所，抗战爆发前，石印业已在我国基层地区遍地开花。

在一些地区，石印业获得了相对的优势地位。1934 年，在南昌市的印刷业中，石印业已经具有了压倒性的优势。全市共有印刷厂 70 家，其中石印 54 家，占近八成，石印兼铅印有 9 家，纯铅印的印刷厂仅有 7 家。③ 抗战爆发前，内陆县城的石印业已经较为普及，石印业因为初始投入低而受到欢迎。1923 年至 1931 年，陕西西安一地就开设了 42 家石印作坊。这些作坊规模都不大，每户从业人员仅二三人。④ 1926 年，湖北汉口拥有各类石印机共 209 台。同一时期，湖北大部分城市，如宜都、荆门、沙市、黄石、鄂州等地都购进了石印机，以发展当地的印刷业。⑤ 民国时期，甘肃全省 112 家印刷厂的设备中，最多的就是石印机，一共有 176 台，铅印机总共仅有 49 台。不过，

---

① 周永祥：《蓬安第一家石印商店——文集斋》，中国人民政治协商会议四川省蓬安县文史资料委员会编印《蓬安县文史资料》第 6 辑，1990，第 29—32 页。

② 王慎修口述，马金元整理《"慎修石印局"的建立和发展》，中国人民政治协商会议中阳县委员会文史资料委员会编印《中阳文史资料》第 1 辑，1995，第 207—208 页。

③ 《江西省轻工业志》编纂委员会编《江西省轻工业志》，方志出版社，1999，第 42 页。

④ 陕西省地方志编纂委员会编《陕西省志·轻工业志》，三秦出版社，1999，第 312 页。

⑤ 湖北地方志编纂委员会编纂《湖北省志·工业志稿·一轻工业》，中国轻工业出版社，1994，第 430 页。

该省的设备在使用方面，主要依靠人力。① 毗邻成都的邛崃县盛产竹类，造纸业发达，印刷业随之兴旺，在唐宋时期便已初具规模。1933 年，邛崃当地人士汤锡武从成都买回一台四号石印机，开设"文会山房"，这是邛崃第一家石印社。② "文会山房"生意兴隆，引起一批人效仿，后邛崃又陆续开设了 17 家石印社。② 同一时期，因成本相对高昂，且对机器与技术工人的专业程度都有较高的要求，照相石印术日益隐退，到达许多基层地区的实则是手写石印术。相对前期，各地石印业的规模大幅缩小。

在向基层扩散的过程中，石印术的"奇技"色彩消褪，此项技术被本土化。技术不再被垄断在技术专家手中，转而从"专业"走向"业余"。民国初期，对地方的私营印刷业来说，铅印设备投入巨大，木刻太耗时，石印正好获得了喘息之机。石印术的发展以满足现实需求为导向，所以被欧洲社会淘汰多年的木质石印机频频出现在中国基层地区的技术应用场景中。

（三）印刷事业中的"手工业"

民国中后期，石印术在中国各地的发展并不能掩盖这项技术整体的没落。后来者在回忆民国时期的石印术时称，石印是"印刷事业中的手工业，当前县级的机械印刷（指铅印）代替了它"。③ 当石印术深入中国基层时，它的"机器"烙印已几乎被消磨殆尽。"手工业"石印术在特殊时期被作为"机器业"铅印术的替代品而使用。"手工业"耗时耗力，当条件一好转，人们必然会寻求更佳的替代方案。

清末，黑白照相石印术已相当成熟。这里有一个关键问题，即早已在上海发展成熟的石印书局的组织模式和高度机械化的生产模式，未同时移植至基层地区。除了少数大城市外，中国绝大部分地区并无蒸汽和电力等新式能源。当石印术开始从城市向基层地区扩散时，就已经开始走下坡路，这在传统大城市中同样如此。

---

① 马国华：《清末民国时期的甘肃印刷工业》，政协甘肃、陕西、宁夏、青海、新疆五省（区）暨西安市政协文史资料委员会编《西北近代工业》，甘肃人民出版社，1989，第 551 页。

② 兰华荣：《邛崃印刷史话》，邛崃县政协文史资料研究委员会编印《邛崃文史资料》第 4 辑，1990，第 139 页。

③ 李春和：《西乡石印行业始末》，中国人民政治协商会议陕西省西乡县委员会文史资料委员会编印《西乡县文史资料》第 6 辑，1995，第 225 页。

用途广泛的石印术脱离了机器色彩，同时它的专业化程度也在降低。石印术在中国具有了较高的普及度，成为 20 世纪三四十年代大量石印小型报刊出版的重要技术支持。1934 年，《科学画报》特意刊发了一篇文章，介绍了一种业余石印术：

> 稿样用油墨描在纯洁的石上，墨为略具吸收性的石面吸住。描毕，用海绵蘸着溶在水中的亚剌伯树胶拂拭……简括的说墨先上石的地方，胶不能浸入，胶先上石的地方，墨不能留……用含水的海绵把剩余的树胶拭去，石面上任它湿润……然后用一根有墨的滚筒，在这潮湿的石面上滚过，结果石上有油墨笔迹的部份加上一层墨，而湿润的部份不染油墨迹。再用一张纸放在石上，加以压力，稿样就印在纸上了……刷印的普通方法是用石印机，但是印机倘遇不方便时，下列的临时办法也可以得到满意结果。取一根光洁钢轴，直径约四分之三寸，长较石面的阔加十寸。石面加印墨以后，扇干，纸即放在石面。纸背上再加几张吸墨纸，然后用钢轴如卷筒一样在纸背上滚过，不过压力要较大……①

手写稿样，树胶拂拭，滚筒压印，临时的印刷办法也可以得到较为满意的结果。"业余石印术"不需要印刷机的参与，已经完全退回至手工业时代。中国之旅已逾百年，石印术在中国脱离了机器痕迹，背离了技术发明者所采用的机器印刷逻辑。《业余石印术》介绍的是最为原始的手写石印术，且是不需要机器配合的手写石印术，文章未提及照相石印术。业余石印术的操作原理与我国传统的拓印十分类似，手写后复制生产。这种石印术的操作、用料都极简便，一人便可以完成所有的印刷程序。许多小型的家庭石印作坊仅有一台石印机，情况紧急时可采用此种"业余石印术"。即使在基层地区一些拥有石印机的生产者中，驱动石印机工作的也不是"机器原理"，而是人力。石印术在中国社会发生了变异，它所内置的"机器原理"被解构了。

有些蹊跷的是，1934 年，河南一刊物却毫不讳言地大力称赞石印："吾国现时石印事业特别发达，盖各处学校之课本，各界之刊物，以及宣传表册，

---

① 《业余石印术》，《科学画报》第 2 期，1934 年，第 57—58 页。

莫不利用石印，取其价廉印刷易也。"① 作者判定"发达"的标准是什么？是行业规模？或是机械化程度？还是产品的覆盖面？我们不得而知。但民国期间中国各界的课本、刊物、表册明显不都是石印，这篇报道有以偏概全之嫌。前文中的"价廉印刷易"，也值得我们注意。价廉、印刷便捷两者，不足以用来判断一项印刷术的优劣。中国早有的拓印、木版印刷，甚至后来被大型报馆所普及的铅印都具有这两个特征。石印的印刷效果到底怎样，作者却避而不谈。根据从业者的描述，我们会发现，石印效果与从业者的技艺有很大的关联。照相石印术并没有被基层地区广泛采用，大部分从业者采用的是手写石印法，要经过绘石或转写，这对石印工人的能力提出了很高的要求。

石印作坊、石印所等专业组织，也并不十分认可石印术的"专业性"。抗战前后，石印业是一项"落后的手工业"，渐已成为相关社会群体共同的看法。贵州省黎平县的石印业始于 1930 年，当地人李子威从事该行 20 余年。抗战爆发后，李子威开设了自己的石印工厂，之后又继续从事石印业多年，曾印刷过《黎平县报》。他采用的石印程序很能说明民国后期石印术在基层地区的运作模式。石印，"是一项繁琐的印刷技术"，要经过"备料"和"制版印刷"。李子威使用的是转写石印法，先用灰面、红藕、百合粉、糯糊等材料调制药纸，后将印刷内容写在药纸上，托上石印板，利用滚筒与油墨将石印板与字迹充分贴合。最难的是印刷环节，他要通过手摇石印机压印，每印一张都要抹一次墨，边印边检查质量，"此种业务是体脑并用最突出的工程，比起现代化的印刷术，隔如天壤之别"。② 新中国成立后，黎平县有了铅印设备，石印旋即成为历史。

中国社会重新建构了西式石印术的应用景观，使它演变为一项中式技艺，也使石印术从机器技术变成了手工技艺。曾经的"奇技"已被近代社会的风雨吹散，许多基层地区的石印业退回至手工业生产时代。

在石印业的扩散过程中，早期风靡的照相石印术已难觅踪迹，反倒以最初的手写石印术最为常见。经过了 100 多年的辗转腾挪，西式石印术在中国

① "石印石"，《河南矿业报告》第 3 期，1934 年，第 158 页。

② 李子威：《黎平石印及发展纪略》，中国人民政治协商会议贵州省黎平县委员会文史资料委员会编印《黎平文史资料》第 8 辑，1995，第 22—25 页。

被重塑。从石印术在近代中国的变迁来看，它与通常的媒介技术的线性进化逻辑是相悖的。中国的石印术不仅长期停滞，而且不断退步，以致失去了它的机器身份，从国人眼中的"奇技"演变为被从业者所摒弃的落后技艺，蜕化为奇特的中国式石印术。石印术的这种演变在其他国家几乎未曾出现过。但囿于现实状况，石印术在中国近代社会的基层地区获得了一定的生存空间，并促发了石印报刊数量的繁盛。

四　文化资本：再难复现辉煌

文人行动者的行动在一定程度上代表了文化资本对场域的作用。近代石印报刊虽然仅有少部分直接归属于文化力量行动者，但由于文人论政是我国近代报刊场域的一个传统，经济力量、政治力量所发行的报刊中，也凝聚着一定数量的文人行动者的办报活动，表征着文化资本在其中的影响。文人行动者曾经在场域中光芒乍现，遗憾的是，民国以来，文化资本对场域的作用力日渐减弱，文人行动者处境艰难。一方面，维新派及其他中国文人悉数撤离场域；另一方面，文人在媒介场域中所创造的辉煌难以复现。

（一）文人行动者的艰难境遇

文人行动者在场域中遭遇了一种艰难处境，使他们日渐远离场域。甚至有一类文人行动者，一开始就表现出与场域的疏离。出于某些现实原因，他们并不愿意跨入石印报刊场域。

提及近代报刊场域中的承载文化资本的行动者，不能将外国传教士避而不谈。虽然传教士多接受母国官方经济资助，携带一定的政治使命，但他们在很多时候掌握过所办报刊的所有权。他们既传递西方教义，也为中国社会输入西学新知。从这个意义上看，传教士与我国近代石印报刊场域中的中国文人行动者有一定的相似之处。

本书在研究过程中暂未发现一份明确证实由外国传教士主办的石印报刊。不论是木刻报刊场域，还是铅印报刊场域，我国近代报刊兴起之初，传教士都在以上两个报刊场域中占据一席之地。此情此景，与传教士在石印报刊场域的活跃度形成了一个鲜明的对比。木刻与石印成为传教士最乐于选用的印刷方式。1815 年，马礼逊和米怜在马六甲创办了第一份中文近代报刊《察世俗每月统记传》，采用木刻印刷。在 1833 年的广州，郭士立已经接触到石印出版品，出版《东西洋考每月统记传》时，他仍然选择了木刻。18 世纪中期所办的传教士报刊，又大多选择了铅印。为何传教士报刊直接略过了石印，从木刻报刊过渡到铅印报刊？

木刻虽是纯手工印刷，但因早期的传教士报刊发行量小，木刻的生产效率足以应对。此外，依靠木刻可高度还原中国古籍的面目，使自己所办报刊更易于通过清政府设置的重重关卡。米怜就认为，比之石印，尽管有刻字、印刷、装订等工序，木刻印刷仍更为灵活方便。木刻的效率也是很高的，一人一天可以印 2000 张，"这种形式固定的印版能够满足所有的需求"。对于月出一期的报刊而言，这个印刷效率已足矣。更为关键的是，传教士的报刊大都秘密发行，他们要将外报变成一份纯中国式的出版物，避免"异邦印象"。《察世俗每月统记传》是近代的第一份中文报刊，没有相应的本土报刊可对照，它在本土的参考对象就是书籍，要想在纸张装订、排印、墨水上与中国传统书籍没有任何差别，"必须具备中国书的外表"。① 即使是在马六甲出版，传教士使用的也是纯中国的物料。刊物所用的印刷纸，是马礼逊由广州运去的竹纸。② 在发行量较小的情况下，木刻印刷高效且可高度还原中国书本的形态，既能应付海关的检查，又能接近传统的中国读者。对早期的近代办报者而言，木刻是更为经济和实用的选择。

对传教士而言，铅印术比石印术更容易掌握。在具备铅活字的情况下，铅印的程序大多可以由机器完成，高效且便捷。铅印与石印几乎同时期被传教士传入中国，在传教士的办报领域，铅印报刊成为石印报刊的有力竞争者。19 世纪中期，中国社会仍只有手写石印术，它对操作者的知识水平和技能都有较高的要求。照相石印术传入中国之时，传教士在中国的铅印事业已经取得较大的进展。传教士寄望于为中国人投放"精神"药方，不得不依靠出版活动，图书在其中更为主流。麦都思于 1823 年至 1836 年在巴达维亚传教，持续约 14 年，总共出版了 30 种中文出版物，其中绝大部分是非定期出版的

---

① 米怜：《新教在华传教前十年回顾》，北京外国语大学中国海外汉学研究中心翻译组译，大象出版社，2008，第 120 页。

② 苏精：《近代第一种中文杂志：察世俗每月统记传》，《中国书目季刊》第 29 卷第 1 期，1995 年，第 6 页。

图书。从书名看，它们几乎都是西方宗教"经典"。麦都思在上海创办的墨海书馆，以活字印刷为主，木刻和铸版为辅，也主要出版图书。这是由于一来传教士出版兴趣不在新闻刊物上，二来早期的手写石印术相当复杂。早期的传教士为了达到短时间内"改造"中国人的目的，以文字为主要载体，在刊物中运用图画的机会相对较少。被视为中国近代最早儿童画报的《小孩月报》，直到1875年才出现。从以上可以看出，传教士在近代创办石印报刊的必要性和可行性都较低。

另一类文人行动者，他们曾经在场域中独占鳌头，但在经历短暂的活跃期后便毅然退出场域。

晚清政权鼎革之际，参与到石印报刊场域中的文人行动者虽然各自的社会身份有别，但大都在科举废除前的旧式学术体系中接受过传统中国典籍的熏陶，饱读四书五经，拥有相似的文化资本。这些文人行动者所办的石印报刊也呈现出一个共性：报刊内容丰富，初创时曾获得过一定的影响力，报刊寿命却甚是短暂。

维新派及参与办报的其他中国文人，普遍将个人或群体的政治诉求置于首位，报刊是传达信息的重要载体。当信息被传递至受众，政治诉求被表达出来时，报刊的重要性随之降低，携带政治使命的文人行动者悉数退场。跟随复杂的社会交往网络，行动者也会游荡于各种报刊之间，互相扶持。正如维新派报刊，其办报者多由文人行动者构成。在特殊的时代背景下，维新派报刊自身有一层特别的属性。维新派报刊与纯粹的政党报刊有所区别，表现在其不接受来自官方名义的津贴，多在同人之间自筹资金办报。《时务报》和《农学报》等报不乏清朝官员的捐款，但其捐款多是以个人的名义注入。因此，文人群体拥有报刊所有权。然而，当文化资本与社会资本发生碰撞时，社会资本终是挤压了文化资本。

近代文人所创办的石印报刊易"合"又易"分"，报刊寿命短暂，这主要缘于内外两个因素。

从内部看，行动者内部的矛盾、政见不一极易导致同人间的分崩离析。《时务报》创办后一年即出现了杭粤派系之争，梁启超愤然离去，与自己曾浸入心血的报刊毅然决裂。他甚至将自己与出资者张之洞的关系定位为"雇佣者与资本家"。殊不知，他曾无比鄙夷的《申报》，却正是资本家的雇佣者所办。数年后，当梁启超再次谈起这份报纸时，也仅是寥寥几句，称"今日检阅其旧论，辄欲作呕，覆勘其体例，未尝不汗流浃背也"。①

从外部看，更是多种因素交织其中，影响着行动者的媒介实践。

首先，时代和社会的每一次变迁，都牵引着石印报刊媒介场域的变化。在时代面前，行动者自己的身心也经受着多重裂变。孔昭晋出生于江苏吴县（现被划入苏州市吴中区和相城区），一直奔赴在科举考试之路上，参与《集成报》的办报活动或许只是权宜之计。与某些在进入报界后便与科举考试挥别的文人有别，《集成报》停刊后，孔昭晋仍在考场中寻求自己的人生目标。1903 年，他参加会试，考取进士，任礼部主事。② 民国时期，基层地区的文人报刊多为小型石印报刊，它们生于乱世，旋起旋灭。技术落后，报刊质量差，同时缺乏财力的支撑，发行收入微薄，使得这部分石印报刊想要长期生存可能仅是幻想。

其次，行动者对办报实践的困难预估不足。《南洋七日报》创办之初由书局代印，绘图多次出现错误，报馆曾解释说执事皆系馆中所聘之人，因人员未全部来到上海才致图片出现谬误，待人员到齐后将会有所改进。③ 恰逢新政后科场书籍大兴，书局业务繁多，常因为延期印刷有碍报纸销路。1902 年初，报馆不得不购置两部石印机自行印刷《南洋七日报》和《中外算报》，以期能按时送到读者手中。④ 不知道此举是否加重了报馆的经济负担，购买石印设备后的次月，《南洋七日报》便停刊了。近代多数文人力量所办石印报刊都是默默消失，发行时间短暂，众多基层地区的同类石印报刊也是昙花一现。

最后，受经济资本的影响，文人行动者难以独立办报。石印报刊成为铅印报刊与油印报刊中间的一个场域，上承铅印报刊，下接油印报刊。民国时期参与办报的文化力量多为学生、纯文人等，他们大多囊中羞涩，生活艰难。出于成本因素的考量，油印报刊为最优选择，故民国中后期出现了许多文化力量所办的油印报刊。更多的文人行动者，服务于商人报刊或是政党报刊，

---

① 《梁启超全集》（1），北京出版社，1999，第 477 页。
② 贾琳：《清末民初士人的一种生存模式——以〈癸卯汴试日记〉作者为个案的考察》，《北京师范大学学报》（社会科学版）2015 年第 3 期，第 118 页。
③ 《本馆广告》，《南洋七日报》第 9 期，1901 年，第 1—2 页。
④ 《本馆广告》，《南洋七日报》第 24 期，1902 年，第 1 页。

难以独立驰骋舆论界。《蒙学报》和《农学报》成为少数的发行超过两年的石印报刊。戊戌政变后，清廷禁学会、封报馆，海上志士一时云散，少涉政治的《蒙学报》和《农学报》得以延续。《蒙学报》仍然坚持同人集资办报，石印出版，两次中断后又续起，最终在 1901 年彻底休刊。《农学报》则一直发行至 1906 年，总共发行了 300 余期。然而，百日维新失败后，《农学报》内部实现了权力转移，它不再是一份纯粹的文人报刊。罗振玉请求将报馆改由官办，《农学报》才得以继续维持。[①]《农学报》后期也已不是石印报刊，变更成铅印。

晚清的石印报刊场域涌现出一批文化名人，绘图者以吴友如为代表，文字则以梁启超为典型。以上盛况也难以在民国时期复现。民国时期，石印报刊场域中少有名画家与名记者出现。不管是刘炳堂还是李菊侪，或是清末常在北京石印画报上出现的潘小山、赵仁甫等画师，他们都似"一时的画师"。本书尝试去追寻晚清参与办报的北京画师们在民国期间的人生轨迹，却发现他们几乎都在媒介场域中销声匿迹了。民国成立后，刘炳堂就职于北洋政府财政部印刷局，[②]似再没有为报界作画。李菊侪淡出报界，他后来应是选择了定居上海。1929 年，李菊侪当选为河北旅沪同乡会执行委员。[③]反观上海的画师，如钱病鹤、丁悚等人在民国期间仍在场域中活跃了一段时间。辛亥革命后，钱病鹤经由于右任、叶楚伧等人介绍步入政界。但是钱病鹤对官场生活很不适应，很快便重返画界。[④]《小说画报》上就有多幅钱氏的画作，然而他的绘画影响力终不及当年。丁悚，则更是"与时俱进"，成功"转型"为一位摄影师。京沪两地画师人生轨迹反差甚大，其具体原因也只有他们自己才能道清了。不管怎样，行动者的个人选择总是与时代和社会纠缠在一起。

（二）求精之心远离场域

石印报刊场域中，在文化资本的介入下，许多报刊也曾体现出行动者的求精之心。不管是早期的《述报》《点石斋画报》，还是后来的维新时期的石印报刊，抑或是民国期间的《小说画报》《上海漫画》等刊物，都凝聚了行

---

① 《雪堂自传（二）》，《古今》第 2 期，1942 年，第 14 页。
② 北京市政协文史资料委员会选编《文苑撷英》，北京出版社，2000，第 353 页。
③ 《各同乡会消息》，《申报》1929 年 2 月 27 日，第 16 版。
④ 孙筹成：《因民立报画报想到钱云鹤》，《立报》1947 年 1 月 28 日，第 2 版。

动者的精雕细刻的办报态度。但在现实影响下，求精之心逐渐远离了场域。

能成为"精品"的石印报刊，纸张是不容忽视的因素。前文中几处都提及晚清石印报刊的文人喜用连史纸。马光仁在《上海新闻史（1850—1949）》中指出，《强学报》因为有张之洞做靠山，一出手就"规模恢张"。《时务报》则用当时较便宜的连史纸石印，不如《强学报》用竹纸铅字印刷那么"恢张"。① 此说系一误读。《强学报》依托《京报》印刷发行，采用木刻，印刷质量较为一般，所用的纸张也不佳，多使用川连纸。《时务报》所用纸张与《强学报》相比并不低劣。它所用的连史纸不是"当时较便宜的"，而是同类竹纸中价格居高的一种。《时务报》行动者在经费有限的前提下，最大限度地保证了印刷质量，从中不难看出办报者对报刊质量的追求。

社会经济状况发生改变，行动者们不得不屈从于现实状况，降低印刷质量。新政期间的石印报刊与前阶段石印报刊有一个较明显的差异：石印报刊大多不再使用连史纸，而是改用油光纸。北京、上海等地的画报大都采用油光纸。油光纸，也称洋连史纸，源于日本造纸界对中国连史纸的模仿。油光纸为机器造纸，所以产量大。早期输入中国的油光纸价虽廉，质却不佳。1898年前后，日本改进了造纸技术，进而向中国倾销廉价油光纸，蚕食了国产优质连史纸的市场。油光纸表面光滑，并不十分吸墨，难以表现出图画之神韵，但价格十分低廉。维新变法后，不管是在上海，还是在其他省份，石印报刊几乎都采用油光纸印刷。1906年出现在济南的《官话日报》倒是采用了竹纸，不过用的是粉连纸，比起连史纸，价格略低。这已经算得上是近代石印报刊场域所用的上佳纸张，但比之《点石斋画报》和《时务报》曾使用的精美连史纸，仍有一定差距。

自1906年起，石印报刊场域走向了第二次发展高峰。在清末政局飘摇的背景下，1909年至1911年，石印报刊的数量达到了晚清最高峰。此阶段石印画报所采用的基本为黑白照相石印术，油光纸印刷。石印报刊虽增多，但再次陷入旋起旋灭的怪圈。民国成立后，石印报刊的质量更为急速地走向下坡路。

民国时期，虽有行动者试图坚持求精之心，但困难重重。20世纪20年

---

① 马光仁主编《上海新闻史（1850—1949）》，复旦大学出版社，1996，第115页。

代，上海还出版过一份特殊的报刊：《上海漫画》。这是民国时期少有的在上海出版的石印报刊，它由张光宇、张正宇两兄弟，加上叶浅予、黄文农等文人和画家一起创办。《上海漫画》筹创时准备在形式上有所创新，精心绘图，全部采用彩色石印术印制，最后却变成了一份铅石混印的报纸。用彩色石印只能单面印刷，所以每版的背面都是空白。正式发行前，大家将单面彩色石印的报纸拿去望平街找报贩销售，被拒之门外。报贩看到只有半面有内容，说这哪像一张报，"没法上市"。"彩色石印能吸引人，可是单面不经看，报贩子的目的在图利，岂能白白为你发行不值钱的画报？"名画家张光宇这才想到，将彩色石印报纸的另一面用铅印印上摄影照片和文字，"仿小报内容去吸引读者"。四版石印，四版铅印，张光宇的点子给《上海漫画》带来了生机。然而，《上海漫画》创作团队最后的分崩离析也是由于铅石混印。是时，《上海漫画》面临摄影画报《良友》的强劲挑战。中华书店提出将《上海漫画》的铅印部分和石印部分拆开，把铅印部分混入新办的《时代》画报，双雄合并成一剑，以对抗《良友》画报。该要求遭到了负责石印的同人的反对，张正宇却经不起利诱答应了合并。就这样，《上海漫画》一拍两散。[①] 单纯的石印报刊已不合于上海的出版市场，剩下的同人也无力再办一份纯石印的刊物。随着这份半石印半铅印的《上海漫画》的消逝，上海的媒介场域中再未出现过石印报刊。

抗战时期，整个新闻业都遭遇了用纸困难，纸荒频发，进口的新闻纸成为全社会的奢侈品，石印报刊大多用土纸印刷。石印术倒退至手工阶段，纸张质量堪忧。在这样的技术背景下，石印报刊的内容也日渐趋于平庸，图画在石印报刊中的优势被埋没。石印报刊与铅印报刊的内容趋同，能够彰显石印术特色的报刊内容越来越少，媒介场域的巅峰难以再现。受外部经济、社会变化的多重影响，文人的求精之心远离场域。由此，文化资本对场域的影响更为减弱。

综上，本节讨论了经济资本、社会资本、技术资本、文化资本与媒介场域的关系。单一资本对于场域的影响不是孤立的，表面上是一种资本的作用，实际上其他三种资本的作用力同样潜藏其中。最终，四种资本合力建构了一

---

① 《叶浅予自传：细叙沧桑记流年》，中国社会科学出版社，2006，第62—69页。

个本土化的媒介场域。

第三节　本土化的场域：石印报刊的另类归途

经历了百年风雨，石印报刊扎根中国。惯习与资本不断对场域施加影响，中国的石印报刊具有了在地特色，它们与全球石印报刊的常规形态相异，最终，中国近代石印报刊场域成为一个本土化的场域。

一　与全球石印报刊常规形态相异

鸦片战争后，国门被打开，人们或被动或主动地接受着域外影响。石印术本是欧风东渐的产物，而基于西式石印术生产的石印报刊也是近代中国与西方社会接轨的结果。要理解中国近代石印报刊，不能仅将研究视野局限于中国，只有在与"他者"的对比中才能更好地理解"我们"。1890年，有感于同期上海发达的石印产业，《益闻录》刊登了一篇文章《论石印书籍》。这篇文章的作者显然对西方发明的石印术在上海受到追捧感到意外。该文作者很可能是一位外国人，他对西方石印书籍的状况也有所了解，上海石印书局林立，专以此法印书出售，"若在泰西则偶一为之"。西方对石印术的利用与中国不同，其偶尔用石印术"以代抄写之劳或传写名人书画真影"。"其专以石板印成各等书籍出售者曾无闻焉"，作者推测，大抵因"刻板粗笨，成书不易，而刻工佳者殊鲜"。① 这位作者对中国国情缺乏了解，并没有看到石印本与中国科举考试市场的高度关联性，因此将中国的石印书籍视为另类的产物。几年后出现的风靡中国的以《时务报》为代表的石印文字报刊，更是世界石印报刊场域中的一个"异类"。

（一）作为"异类"的中国式石印报刊

石印术与文字报刊结盟，使石印报刊在中国走出了一条不同寻常的媒介之路。石印报刊在晚清中国从画报走向文字报刊并获得广泛影响的同时，便已偏离它在西方国家的常规发展路径。西方国家很少将石印术应用到文字报刊领域，通常是将石印图画与报刊相结合，出版画报，《点石斋画报》就集中

---

① 《论石印书籍》，《益闻录》第1007期，1890年，第475—476页。

反映了西方石印报刊的特征。石印术在西方报刊场域中的运用，一直和图画传播相生相伴。石印图画作为一种艺术商品受到欧美社会的欢迎，欧洲也诞生了一批著名画家，如戈雅和杜米埃等人。他们的作品类型丰富多样，不局限于新闻画。[①] 19 世纪 20 年代，石印术传入美国。18 世纪中期，Currier & Ives 公司生产的与墨西哥战争、淘金热及一些人为和自然灾害等相关的石印图画广受美国中产家庭的欢迎，风靡一时。美国的石印术很快从黑白石印过渡到彩色石印。在 Currier & Ives 公司的发展历史中，一共生产了 7000 余种石印画。经由零售店、小贩、邮局等渠道销往世界各地，"这些图画成为世界上最廉价的装饰品"。[②] 英国最早的石印画报出现在 1825 年至 1826 年，采用图像为主、以文缀图的形式，这种设计对后来的《点石斋画报》产生了深远影响。[③] 在书刊出版中，石印术在东方比在西方运用得更广。[④] 从媒介技术的层面观之，此时的西方国家所使用的石印术与晚清石印报刊出版者所使用的照相石印术是大致相同的，但中外的石印报刊各有侧重点。

19 世纪中期，西方国家报业间争夺受众的竞争，对报刊印刷效率提出了极高的要求。西方报界对石印术的运用相当有限，在西方新闻世界中，我们几乎寻觅不到与《时务报》同类型的石印报刊。这不仅体现了技术与经济对场域的建构作用，更体现了中国社会语境对媒介场域的再生产。对行动者产生影响的外在因素不会直接作用在行动者身上，而是通过特有的中介环节，预先经历一次重新形塑的过程，才能对行动者产生影响。技术和经济被中国社会再造后对行动者产生影响，石印报刊展示了独特的中国式色彩。中国行动者的行动充分证明，石印术不仅适合画报传播，在以文字为主体的报刊中，石印术同样有用武之地。放眼世界新闻界，少有国家将石印术用于生产纯文字报刊。

经济力量行动者在中国近代石印报刊场域中的力量总体不如政治力量，

---

① "The Centenary of Lithography: Goya and Daumier," *New York Times*, 1934-11-25, p. X9.

② "Currier & Ives, Popular Masters of 19th-Century Lithography," *New York Times*, 1998-06-01, p. CT19.

③ 芮哲非：《谷腾堡在上海——中国印刷资本业的发展（1876—1937）》，张志强等译，商务印书馆，2014，第 115 页。

④ M. Twyman, *Early Lithographed Books: A Study of the Design and Production of Improper Books in the Age of the Hand Press*, London: Farrand Press & Private Libraries Association, 1990, p. 144.

这也是中西石印报刊相区别的主要表征。商人群体所办的石印报刊中，以石印画报最为典型。虽然场域中不乏一些知名画报，只是除《点石斋画报》以外，其他石印画报大都发行时间较短。民国以来，商人群体基本退出石印报刊场域。民国时期社会局势变幻，商人群体在石印报刊场域基本无话语权。

中国近代石印报刊最后偏向于政治力量一端，这也是它"异类"的一大表现。在代表政治力量的维新派、清政府、国民党、中国共产党群体内部，行动者之间的关系错综复杂。从数量和影响力来看，它们在场域中的活动也表现出差异性。就数量与影响力而言，清政府与其他三类群体皆难以放在同一维度下比较。清政府在场域中活动的时间不足10年，创办的报刊数量不足20份。清末少数省级官报发行时间较长，然而难言全国性和持续性的影响力。反观维新派，其在场域中活动的时间虽然也只有短短几年，所办报刊数量亦较少，但有《时务报》《农学报》《蒙学报》等代表性刊物。基于以上原因，此处将对比维新派、国民党、中国共产党三类政治力量的行动，还将重点对比分析两组办报者：国民党与中国共产党；维新派与中国共产党。

第一，国民党和中国共产党所办报刊在数量上相差无几，影响力却差别甚大。

从数量上看，中国共产党主办的石印报刊共253份，仅比国民党群体的同类报刊多10份。就办报区域看，中国共产党主办的石印报刊更为集中于解放区、根据地，深入基层地区，到达广大的农村。国民党的石印报刊分布却较为分散，大多数的国民党报刊抵达县域层面即止。其所办的县级石印报刊，较少再下沉至县以下的乡镇地区。为何国共双方在争夺场域的过程中会显现出这样的差异？

首先，缘于双方在经济实力上的差异。

国民党取得执政党地位，掌握着全国的经济命脉，可以给对手施以经济压力，并对中国共产党展开"围剿"。在全国的核心城市中，国民党掌握经济主动权，垄断宣传资源。国民党曾下令让江西各书局全部停售石印设备，以免被中国共产党所用。① 国民党自身更容易获得技术资本，添置铅印设备。在城市的国民党报刊体系内部，甚少有石印报刊的身影。

---

① 《令县局转饬各书局停售石印免供"匪"用》，《江西省政府公报》第70期，1933年，第74页。

经济实力上的差异对中国共产党而言是一把"双刃剑"。1927 年之后，中国共产党的城市组织被破坏殆尽，党的工作被迫转移到农村。国民党对中国共产党进行的经济封锁，也影响了中共的宣传工作。游击区和抗日根据地的军政当局注意到报刊的重要性，开始用油印或石印生产报刊。晋察冀边区内的石印机特别多，晋东北便有几十架，所以该边区的报刊大多数用石印。[①]国民党的"围剿"和"左"倾路线对中国共产党造成很大影响，"把白区搞掉几乎百分之百，根据地和红军搞掉百分之九十"。[②] 一方面，由于经济实力处于下风，中国共产党在很多时候只能把采用石印作为权宜之计，把办石印报刊作为组织党内工作和突破国民党舆论封锁的一种方法；另一方面，在经济困难的形势下，中国共产党迅速适应了农村工作，为石印报刊的发展创造了条件。1931 年是中国共产党苏区政权建设方面取得重要进展的一年，也是中国共产党的石印报刊取得进展的关键一年。经过三次反"围剿"后，仅江西中央苏区就形成了以瑞金为中心，包括 4 个县区，拥有数十万人口和近 5 万主力红军的相对稳定的农村根据地。[③] 抗战时期，中国共产党的工作更加深入基层，其更能灵活地运用各种条件办报。中国共产党一方几乎未将石印报刊延伸至国统区，因为在国统区，人们对传播媒介的传播效率、内容、印刷质量等要求更高，承担此项重任的党的机关报《解放日报》使用的就是铅印。

其次，缘于国民党对基层地区宣传事业的重视程度不足。这并不意味着国民党不重视宣传工作。国民党治理的中心区域在城市，在城市中，国民政府掌握资源，建立了一套较为完整的宣传体系。而对于基层地区的新闻事业，国民党不如中国共产党重视。从石印报刊一类看，国民党在基层地区（非军事区）的官方报刊大多到县政府机关报、县党部机关报的层面就停止发展，基本未深入更为基层的乡镇。

南京国民政府奉行攘外必先安内的政策，工业发展服务于"围剿"红军的计划，意不在发展和争夺媒介场域，而是要通过媒介场域争夺政治权力。1933 年 7 月，蒋介石亲自坐镇南昌，调集百万兵力，发动了对中央革命根据地的第五次"围剿"。在"围剿"红军的过程中，南昌的石印业曾一度繁荣。

---

① 《模范抗日根据地的晋察冀边区（续十四）》，《新疆日报》1938 年 12 月 2 日，第 2 版。
② 《毛泽东文集》第 8 卷，人民出版社，1999，第 79 页。
③ 杨奎松：《国民党的"联共"与"反共"》，社会科学文献出版社，2008，第 288 页。

南昌石印业主要为国民党生产军事用途的印刷品，其中亦包含石印报刊。第五次"围剿"之初，南昌石印业压制了铅印业。1933 年至 1934 年，为继续配合国民党的"围剿"政策，南昌的石印业仍在持续发展，石印所总数达 200 家，是近代南昌石印业最为繁盛的阶段。其间，南昌当地的石印业机械化程度很高，用大印机并以电力引擎推动的石印所增加至将近 20 家。使用手工石印机的小石印所更是如雨后春笋般涌现，有 100 多家。这些石印机构不是为了服务于石印出版，而是服务于国民党的"围剿"计划。第五次"围剿"结束后，国民党大军撤离南昌，当地的石印业盛极而衰。至 1935 年冬，南昌的大小石印所皆已门可罗雀。大的石印所，闭店者有 5 家，余下的也是运营艰难，有的甚至已将工友全部辞退。至于小石印所，则关闭者相继，难胜枚举。① 石印业凋敝后，石印报刊的发展自然再也无从谈起。当国民党争夺政权的目的实现后，石印报刊场域迅速被抛弃。国民党在基层地区的石印党报也只是浅尝辄止，当局者未有深入发展报刊业的打算。

第二，维新派和中国共产党所办报刊在数量上悬殊，却都在石印报刊历史上书写了各自的时代。

维新派和中国共产党活跃在不同的历史时期，其办报活动却显现出一定的相似性。

其一，两者都体现了鲜明的政治倾向。维新派的报刊在宣传西学、改良社会中发挥了重要作用。在中体西用的观念下，维新派的办报实践体现了中国文人对皇权的维护。中国共产党的石印报刊扎根基层，在夹缝中生存，向民众宣传马克思列宁主义，它们成为中国共产党在基层的宣传工具。

其二，两者都有宏大的时代精神诉求，融合了启蒙与救亡两大核心时代命题。维新派的报刊力图通过开启民智，挽救国家于危亡。维新派是晚清中国社会的精英阶层，其通过办报进行权力博弈，并惊醒了不少"梦中人"。中国共产党的报刊在内忧外患的办报环境中紧跟时代步伐，体现了新兴和正在成长的政治力量渴望去开启一个近代历史中的新时代的愿景。

其三，两者在政治上和思想上都具有一定的前卫性。维新派的石印丛报通过译介新知，倡导制度启蒙，扩大了报刊的社会影响力。其在报刊中建造

---

① 《本市石印业可谓盛极而衰》，《江西民报》1936 年 1 月 30 日，第 8 版。

"知识仓库",对晚清读者进行了一场"百科全书式"的启蒙。石印丛报中的新知与如今所谓的新闻高度重叠,石印丛报成为国民接触西学的一座桥梁。抗战时期,知识分子重回"庙堂",中国共产党领导的《晋察冀日报》《太岳日报》等报刊发出了响亮的救亡之声。1943年,南京国民政府下属江苏省政府的一份内部报告中还特别赞扬了中共主办的石印报刊,"能综合地报道国际、国内、本区的新闻……副刊里的图文,都带着强烈的斗争性,版面也很生动、灵巧和美观"。① 能得到政治对手的肯定,也从侧面说明了中共的石印报刊在政治上和思想上的前卫性。

(二)报刊数量与石印术的悖逆

石印术是报刊发展的基础,按常理言,报刊数量与媒介技术应为一种正相关关系。近代中国,石印报刊数量与技术之间的关系却有所不同。技术与经济均处于衰退之时,石印报刊数量反而呈现了近代最大幅度的上扬。数量上涨的背后,是石印术的倒退。报刊数量与石印术之间,呈现出一种吊诡的矛盾关系。

20世纪20年代以来,石印术衰退的进程已不可逆转。抗战时期,其早已被重新建构为一项落后的手工业。在部分地区的报刊出版中,手写石印术重新被派上用场。抗战时,中国经济遭受重创,国共两党均面临经济难题。而在此番景象中,石印报刊在数量上出现了逆转。部分基层地区,石印报刊甚至成为最主要的报刊类型,在数量上超过了铅印报刊。

中国各地区经济发展极度不平衡,这也导致了印刷业在各省份的分布不均衡。抗战时期,各地间经济差距反而有所缩小,因为各省份经济均遭受打击。大部分城市和农村,印刷业都呈现出衰落局面。在《中国报学史》中,戈公振描述了各种印刷技术的演进,本着"工欲善其事,必先利其器"的原则,他的最终落脚点是新式印刷技术对报业的影响。戈氏着眼于铜膜、铅字、新式铸字机、欧美印画报机在报业中的应用,绘制了一个先进的报业铅印场景,传递出报纸应铅印的态度:"印刷愈迟,消息愈速,然非备有最高速度印

① 苏北清乡地区政治工作团编《江苏省苏北清乡地区政治工作团工作报告》,苏北清乡地区政治工作团,1943,第42页。

机不为功。"① 这其实本没有问题，铅印是近代大众报业的最佳印刷方式，这已成为此阶段世界新闻传媒业的共识。② 可是，在幅员辽阔的中国，晚清民国时期只有极小部分的报刊能够负担起如此先进的印刷设备。即使在商业发达的长江流域重镇汉口，也是直到民国初年才拥有滚轮印刷机。

从近代三次办报高潮的走向不难看出，石印报刊数量上的增长与石印术的发展退步是相悖的。石印报刊场域出现了一个奇怪的现象：技术含量持续下降的过程，反而刺激了石印报刊数量的增长。石印报刊数量最多的时候是20世纪三四十年代，这也是近代石印术至为落后的一个阶段。从出版时间上看，此时石印报刊的出版周期越来越短，还时常有不定期的石印报刊发行，多数同类报刊无疾而终。

二　石印报刊自身特色迷失于场域

中国各地发展的不平衡阻碍了新式石印术的扩散，石印术的本土化也在一定程度上改变了近代石印报刊的面貌和格局。石印报刊的内容生产场域不断与铅印报刊接近，也使自身特色日渐迷失。

石印报刊兴起的初期具有鲜明的自身特色。无论是以《点石斋画报》为代表的石印画报，还是以《时务报》为代表的石印文字报刊，它们在内容和形式上都与同期铅印报刊存在一定的差异，有着专属于自身的身份标识。然而，这种差异很快便被抹平。

维新时期的石印书册式丛报后继乏人。倒是罗振玉、王国维等人于1911年创办的文人刊物《国学丛刊》，在形式和内容上都与维新时期的石印书册式丛报颇为接近。《国学丛刊》从排版到印刷都远不如当年维新时期的丛报精致，楷书写就后直接印刷，刊物采用书册式，甚少有现代刊物的版式设计的痕迹。该刊的出版源于国学大师们的自娱自乐，办报者并不打算接受市场的检验。缺少了发行方面的约束，刊物的持续发行也成为难题，《国学丛刊》最终只发行了三期便休刊。

---

① 戈公振：《中国报学史》，生活·读书·新知三联书店，1955，第237页。
② H. A. Innis, "The Newspaper in Economic Development," *The Journal of Economic History* 12 (1942): 5.

　　有学者曾经评价第二次办报高潮中的代表性报刊《图画日报》"图画拙劣"，艺术水平远不及《点石斋画报》和《飞影阁画报》。① "拙劣"之处，可能与印刷质量有关，油光纸印刷的画报不及上好的连史纸精美。萨空了在《五十年来中国画报之三个时期及其批评》一文中也提过：此时期之画报，终以纸劣画恶，不为人所爱惜，而散失殆尽。② 但从画师的绘图水平来说，《图画日报》已经算得上新政期间石印画报中的佼佼者了。同期的北京石印画报大多为日报，经济资本也不强大，比《图画日报》在绘画水平上拙劣不少。该时期的石印报刊数量虽多，但再次陷入旋起旋灭的怪圈。从艺术性的角度来说，石印报刊已经走向下坡路。

　　据著名的工笔画画家刘凌沧回忆，从清末至 1919 年，上海、北京两地，石印画报大兴。当中有许多画报作为主报的附张发行，容易散佚，民国初期的商业报纸附送石印画报是常态，大部分石印画报甚至连名称都未留下。这些画报常用国画的手法来描述时事，"漫画于是发端"。刘凌沧对这些漫画评价不高，他认为漫画作者本想对现状加以讽刺，可惜见闻不广，思想简单，而且受到了传统国画手法的限制，表现力不足，形成一种"似是而非"的漫画，人们在嘲笑之外并不视其为艺术。③

　　同时，我们也不能忽视外国势力对石印报刊场域的影响。民国时期，国共两党的新闻宣传工作都受到了苏联的影响，报刊不仅是宣传工具，更是组织动员的纽带。相较于国民党，中国共产党的新闻事业更为深刻地受到了苏联新闻思想的影响。早在 1901 年，列宁便提出了"报纸不仅是集体的宣传员和集体的鼓动员，而且是集体的组织者"的重要论断。④ 斯大林时期，这种观点得到进一步巩固："使报纸成为党和苏维埃政权的集体组织者，使报纸成为联系我国劳动群众并把他们团结在党和苏维埃政权周围的工具。"⑤ 报刊的特性使它可以成为联系党和群众的固定纽带，此时报刊在政治宣传中的作用被进一步强调，石印报刊也正好在民国中后期承担了政治传播功能。

① 张铁弦：《略谈晚清时期的石印画报》，《文物》1959 年第 3 期。
② 萨空了：《五十年来中国画报之三个时期及其批评》，燕京大学新闻学系编《新闻学研究》，燕京大学新闻学系，1932，第 2 页。
③ 《中国漫画谈》（上），《大公报》（天津版）1935 年 1 月 13 日，第 15 版。
④ 《列宁全集》第 5 卷，人民出版社，2013，第 8 页。
⑤ 李清芳编《斯大林论报刊》，新华出版社，1985，第 197—198 页。

石印报刊生产场域的形成受到三种惯习、四种资本的影响，也不断受到外部的政治场、经济场、文化场的多元影响。

惯习与场域适配时，行动者的惯习与场域相合相生，近代石印报刊获得相对充足的发展空间。当社会环境发生变化，惯习与场域之间出现错位时，会出现场域迟滞的现象。行动者的行动准则发生变化，三种惯习对场域进行再生产。或者说，行动者也难以在场域中继续坚持一些可体现自身独特性的惯习。

资本形塑权力，资本的变化反映了媒介场域与权力场域的变动关系。经济资本、社会资本、技术资本、文化资本相互联结，重新建构了场域。经济资本对媒介场域产生了多重影响，重塑了报刊出版的等级秩序。社会资本通过政治权力来体现，政治权力与媒介场域共生，最终吸附了媒介场域。技术资本塑造了媒介场域的多样化形态，石印术从西式"奇技"倒退至"手工业"，使石印报刊走向小型化与地方化。文化资本对场域的作用力下降，文人行动者最终远离场域。四种资本共同形塑了中国近代石印报刊场域的格局。

最终，石印报刊场域完成了它的中国式生成，被惯习与资本所共同重塑。石印报刊与它在世界范围内的常规路径日渐偏离，生成了中国特殊的本土化样态。这看似离奇，却也正常。

结　语

1840年，鸦片战争叩开中国国门。自此之后，中国进入近代社会转型期，社会迫切需要新的思想资源与媒介资源。新式的报刊媒介承载了新的思想资源，参与到中国社会的近代化进程中。在报刊媒介场域中，石印报刊场域成为其中的一个亚场域。

石印报刊在中国近代社会特殊的语境下形成了自己的发展路径。本书将场域理论与中国在地的媒介实践相结合，在惯习、资本与场域的互动中来检审中国近代石印报刊的独特样态。

再次回到绪论中提出的问题。

第一，石印报刊整体上在近代中国是延续的，一直延续到新中国成立，但在延续之中又有停滞、变化，石印报刊的功能从单一走向多元。与西方发达国家相比，中国的石印报刊呈现一定的"断裂"之处，中西石印报刊难以整合在一起。

石印报刊在中国经历了怎样的流变？中国近代石印报刊有哪些特殊性？这些特殊性如何不同于欧美？

从时间上看，石印报刊在近代中国从1838年一直延续至1949年。从空间上看，它从上海、北京、天津等都市进入基层地区，我国各省份均出现过石印报刊。时空交错中，石印报刊呈现不同的发展阶段。可以用"竹节"来比喻这个过程：竹子不断延续生长，可是又有"节"来区分竹竿的各个部分。[1]

因应中国近代社会转型期中的启蒙与救亡两大核心时代命题，石印报刊在近代新闻业扮演的角色和承担的功能都处于不断变化中。1884年后，画报成为石印报刊中的主要类型，扮演了报刊中的补充者角色，补铅印报刊之所

---

[1]　王汎森：《启蒙是连续的吗——从晚清到五四》，《近代史研究》2019年第5期，第20页。

缺，言铅印报刊所不便言，兼有新闻传播和娱乐功能。相较于日报，石印画报的娱乐功能显得更为突出。维新时期则开启了石印文字报刊的时代，在救亡图存的时代背景下，石印报刊在中国近代新闻业中不再仅仅是铅印报刊的补充品，功能从单一走向多元。以《时务报》为代表的石印文字报刊开始抢占报刊场域，也拓展了石印报刊的功能。西学知识作为报刊最主要的内容，弥合了中学与西学的缝隙，广开民智。民国成立后，石印报刊的内容渐与铅印报刊合流。石印报刊的娱乐功能日渐隐匿，政治宣传功能成为其最显著的功能。

中西石印报刊在报刊类型和报刊性质上存在较为显著的区别。从报刊类型来看，中国的石印报刊整体以文字报刊为主，这使它们有别于西方的同类型报刊。德、法、英、美等国石印报刊以画报为绝对主流。从报刊性质来看，上述欧美国家的石印报刊更多掌握在以商人群体为核心的经济力量手中。反观中国，放眼整个近代，由商人主办的石印报刊仅占总数的较小部分。中国的石印报刊呈现被政治力量把持的态势。从石印术的引入与应用来看，中西方也存在差异。在石印术的引进中，西方国家主要是受到商业因素的驱动。因此，这些国家的石印报刊也与商人群体和商业活动紧密交织。当新的印刷技术出现并有助于提高生产效率时，石印术也就顺势被淘汰了。《时务报》兴起之际，已很难再在西方国家的报刊场域中寻找到石印报刊的身影。传教士是中国引入石印术的先行者，他们希望通过新技术的采用为传教活动提供方便。传教士东渡的目的本就不单为办报，为中国引入石印术只是其中的一种传教手段。早期的石印术耗时耗力，物料进口困难。传教士仅用石印术出版了极少量的图书，虽然他们在《中国丛报》中曾经使用了一些石印元素，但目前暂未见传教士创办过任何一份完整的石印报刊。以上体现出中国石印报刊与欧美等国的差异。

不仅与欧美国家有别，中国近代的石印报刊与邻近的日本也不同。明治维新之后，日本接触到西式石印术。19 世纪 80 年代，日本才开始采用石印术，比中国晚数十年。日本的石印报刊留下了许多欧美印记，以画报为主，模仿欧美画报的手法，聘请名家绘制政治漫画。[①] 办报者通过石印画报这种形

---

① H. Harder, B. Mittler, eds., *Asian Punches: A Transcultural Affair*, Berlin: Springer, 2013, p.63.

式，表达政治意图。不过石印画报在日本的报刊界仅是凤毛麟角，19世纪末期，铅印报刊在日本全国范围内已具有较高的普及度。20世纪初期，日本的印刷技术已经在亚洲处于绝对领先的地位，铜版影印、铅印等技术都达到世界一流水平，黑白石印术在日本基本被淘汰。至20世纪30年代，日本共有2988个印刷所，雇用印刷工人超过5万人，印刷事业异常发达。[①] 此时，日本反而向中国输入价格低廉的石印原料以及先进的五彩石印术和技艺高超的印刷人才。

中国从传统走向近代的过程曲折而漫长，近代中国社会无法给予石印报刊充足的养分，这使中国石印报刊呈现与域外发达国家迥异的面貌。

第二，近代石印报刊生产场域的形成，既有主观因素，又有客观因素，是包括行业规范、文化传统、经营态度在内的三种惯习以及经济、社会、技术、文化四种资本互动下的产物。

中国近代为何会出现独特的石印报刊景观？中国近代石印报刊的流变及成因正好体现了惯习、资本与场域三者之间的交互作用。

行动者的惯习既建构了场域，又改变了场域。晚清的行动者将惯习带入场域，他们坚持高标准的行业规范，恪守文化传统，对经济效益持较为淡漠的态度。此时出现了石印文字报刊，以《时务报》《农学报》等为代表的石印书册式丛报曾盛极一时，若我们以今世之眼光来审视，会发现行动者将一些相互矛盾、冲突的因素嵌入了报刊出版实践中。石印在速度上的劣势，使它在印刷效率上无法与铅印轮转机相抗衡。将报纸"返璞"成图书，同样会影响信息的传播速度，亦非现代报人的追求。行动者把明显矛盾的思想叠合、镶嵌、"焊接"，甚至并置在一个结构中，视其为逻辑连贯的有机体，"缩合成一个在行动者看来自成逻辑的框架结构之中"，表征出一种"复合性思维"。[②] 在复合性思维的指引下，行动者并不认为石印和书册式与报刊出版相冲突。相反，他们以此来创造差异和区别。

晚清石印报刊出版中的复合性思维何以可能？这要归结于惯习对行动者的影响。惯习影响了场域中行动者的集体行动，驱使办报群体将业已形成的

---

① 《日本的印刷业》，《工读周刊》第8期，1936年，第141页。
② 王汎森：《中国近代思想与学术的系谱》，上海三联书店，2018，第566页。

道德观、价值观移入报刊新媒介场域。通过行动者在场域中的表现，我们又发现了惯习的不可靠性，它并非始终如一，而是处于不断变动中。促发惯习变动的，是"势"。具体而言，是变动的社会情势。石印报刊因势而生，随势而变。19世纪末期的石印报刊大多以精品的面目呈现，体现了惯习与场域的交相辉映。坚持惯习与打破惯习的往往是同一群体。文人坚持将惯习植入石印报刊场域，但率先破除惯习的也是他们。汪康年在维新期间办了一份铅印的《时务日报》，打破既有的中国版式，分栏直排，与西方报刊接轨。只是，这个尝试不能算太成功。坚持惯习与打破惯习的两股力量不相上下，相互拉扯。当惯习与场域不再适配时，行动者中的经济力量、文化力量渐次撤离场域，石印报刊的媒介景观发生了巨大的变化。

经济资本、社会资本、技术资本、文化资本重新建构了场域。石印报刊的生产场域首先构成了一个客观的空间，并产生了自身的规则。绪论部分提及，姚福申将石印报刊在中国兴起的原因归结为三点：技术、经济和内容。第一，石印术在鸦片战争后传入中国。第二，铅印术复杂而昂贵，一时无法普及。石印术比较简便，容易普及，且印刷效率较高。第三，石印报刊的内容具有一定的吸引力。诚然，以上三点是建构石印报刊场域的重要因素，但姚氏的观点仍然有进一步拓展的空间。因为他只观照了一个较短的时间段，即石印报刊场域在19世纪末所面对的客观状况，因而也未充分捕捉到经济资本、社会资本、技术资本、文化资本与场域的互动及互动过程中出现的变化。

前文已经论述过，石印报刊在各个阶段的内容侧重点有别，对受众的吸引力亦有差异。从近代三次石印报刊发展高潮可以看到，被中国近代社会所形塑的技术与经济各有相异的表征，其在场域中发挥的作用也不相同。技术、经济、内容在不同时间段建构了风格迥异的媒介场域图景。由于前文已经讨论过内容，下文主要就技术与经济在不同时间段的变化进行综合讨论。

场域中的三次办报高潮，分别对应了近代中国技术与经济的高峰期、停滞期、衰退期。维新时期出现了第一次办报高潮，集中在上海。商人群体所办的画报式微，维新派领衔的文字报刊在场域中占得中心地位，报刊总数少。上海的石印业达到晚清时期的鼎盛，石印书局林立，这些为石印报刊的出版创造了优质的后备资源。第一次办报高潮形成于庚子事件爆发之前，是时清政府尚未新增高额赔款，晚清的工业也能为出版业提供必要的支撑。而晚清文人志士以维护清朝统治为目的掀起的启蒙运动，亦能让清政府获得一丝喘息之机。从报刊类型看，此时石印报刊与前一阶段出现了断裂。《述报》开始将图画引入石印报刊场域，但囿于各种条件，仍坚持在文本中插入图画的传统编排模式。《点石斋画报》则颠覆图文关系，并融合西方写实绘画和中国木版画的双重特色，将时事新闻入画，用图画说明新闻，中国画报也从此进入石印时代。1896年《时务报》出版时，《点石斋画报》仍在发行，同处一个时间段，同样使用石印。除此之外，两者之间几乎毫无交集。都是使用石印术生产报刊，维新派报人并未模仿以往的石印报刊的常规样式，反而另辟蹊径，开辟了石印报刊的一个新阶段。就艺术水准而言，石印报刊此时处于一个较高的阶段。第二次办报高潮出现于1906年至1911年，以上海、北京、天津等地出现的石印画报集群为代表。参与其中的行动者也与前一阶段有别，报刊数量比前一阶段大幅增加。此次办报高潮实则已经暗藏隐忧，技术与经济双双进入停滞期。就技术而言，社会中的石印术相对19世纪末期未见较大改进。石印术从黑白石印到五彩石印是技术上的升级，但我国仅有少数书局在民国期间发展了五彩石印业，上海许多使用黑白石印术的书局甚至未撑到民国成立便已倒闭。就经济而言，帝国主义掀起瓜分中国的狂潮，晚清的社会经济遭受了毁灭性打击。孱弱的社会经济无法为印刷术的升级提供支持，也难以支撑石印报刊的正常发展和扩张。然而，在清末政局飘摇的背景下，石印画报的数量达到了晚清最高峰。第三次办报高潮出现于全面抗战时期，此时技术与经济双双大幅衰退，石印报刊数量反而呈现了大幅度的上扬。社会经济每况愈下，石印术从机器业退回至手工业，手写石印术重新被派上用场。抗战时期中国经济遭受重创，国共两党均面临经济难题，石印报刊在数量上反而出现了逆袭。部分基层地区，石印报刊甚至成了最主要的报刊类型，在数量上超过了铅印报刊。

　　不管是内容、技术还是经济，它们对媒介场域的影响都并非表面上的这般单一。近代后期，我国出现了大量的小型化和地方性石印报刊。这与经济因素有关，同时也离不开技术的规训、政治权力的影响和行动者自身的原因。近代社会转型期的特殊使命，将行动者与资本结合在一起，每一个因素背后，都掺杂着各种资本的复杂运作。中国近代石印报刊的发展动因，交织着主观和客观因素，也体现着惯习、资本与场域的相互形塑作用。

第三，中国近代石印报刊的发展历程提示我们要打破新媒介与旧媒介的二元对立，技术影响但不决定行动者的媒介实践，传播媒介的形成来自技术与社会的双向建构。

石印报刊在中国的发展历程体现了怎样的新闻业发展规律？在影响力层面，处于"低音"媒介场域的石印报刊是难与铅印报刊相抗衡的。作为一个异类的媒介场域，石印报刊有自己作用于社会的方式，它是中国近代新闻事业的重要组成部分。当然，它自身的场域逻辑也表征了一定的新闻业发展规律。

其一，打破新媒介与旧媒介的二元对立。

技术日新月异，新媒介正在以瞬息万变的速度产生裂变。媒介更迭的频率前所未有，这也造就了旧媒介被快速遗忘的现状。一味推崇新媒介的"新"却贬低旧媒介的"旧"的二元对立做法并不可取。

在新旧媒介的更迭交织中，旧媒介仍有一定的价值，新媒介与旧媒介之间是相互联系的，有一张意义之网将彼此勾连。同时，旧媒介的影响不会转瞬即逝，仍可能会满足特定的社会需求。

我们身处网络社会，新媒介不可能平地而起，它身上或多或少地保留着旧媒介的痕迹。对理性的人来说，在新的物质形态中看见或认出自己的经验，是一种无须代价的生活雅兴。① 晚清士人主动将中式图书与石印术相结合，此举便是移"旧"入"新"的结果。行动者和接受者也正是在这番新旧媒介的交织过程中，找到了办报的意义与读报的雅兴。《点石斋画报》是画报中的里程碑，对后来的摄影画报有直接影响。纵然《点石斋画报》已消逝百余年，但它内在的形式仍在延续，画报至今在中国的新闻业中占有重要的位置。

旧媒介也可能会满足特定的社会需求。若无石印报刊的先行，部分地区的近代报刊之路还会被延缓。抗战时期，铅印是报刊出版的首选，石印报刊已经成为旧媒介。但对于国共双方而言，石印报刊仍发挥了积极的新闻纽带作用。抗战时期的报纸呈现三个特点：第一，篇幅减少，有的报纸只出一张；第二，改用土纸，《中央日报》和《新华日报》都使用土纸；第三，印刷工

---

① 马歇尔·麦克卢汉：《理解媒介：论人的延伸》，何道宽译，译林出版社，2019，第260页。

具改变。一般城市报纸用铅印，外地或敌后区域的报纸主要用油印或者石印。[①] 条件最好的时候用铅印，铅印困难时用石印，最差的情况下用油印，居于中间场域的石印报刊满足了一定的社会需求。

更应该受到重视的是石印报刊在县级新闻事业中的作用。某些基层地区，石印报刊甚至为当地提供了唯一的信息传播窗口。民国时期，江苏徐州一直处于军阀的铁蹄之下，兼之交通梗阻、风气闭塞，当地人亦无心发展新闻事业，人民对于报章亦无甚需求。幸而石印术已经扩散至徐州，1919—1920 年，两位山东人先后创办了《徐州日报》和《民生日报》，均是四开石印。偌大的徐州仅此两份刊物。1936 年，国民党才在此地创办了《徐报》。[②] 1939 年底，在湖南永州的八个县城中，其中的六个县城只有一份石印三日刊在传播。宁远县的一份石印报刊，是 1938 年冬天才创办的，当地的人日子穷苦，不知时事，很多人连抗战都不知道。[③] 此时的石印报刊更加集中于地方，石印的灵活性恰好可以辅助行动者出版报刊。在时局的影响下，后方的新闻事业"不得不地方化"。[④] 若干乡镇诞生了地方化的石印报刊。地方报刊最好能做到图文并重，但限于物质条件，铜版锌版是无法使用的。如果用石印，可以直接构图，方法更便捷，也能生产简单的插图和连环画。[⑤] 石印的地方报刊，以报道地方社会生活、提高地方政治文化水准为目的，充实了当地的新闻资源。

抗战胜利后，政治纷争延续，国民党统治下的社会经济继续走向深渊，基层新闻事业的发展严重滞后。时任中央日报社社长的马星野对中国广大农村的信息传播现状深感忧虑。马星野估计，按战后中国报纸的产量，约 45 万人才拥有一份报纸。大量的报纸供应给城市，而在中国广大的农村，往往数县没有一份报纸。[⑥] 石印报刊面向农村，在国共内战时期仍在不断发展，直至新中国成立后才走向衰落。

新媒介身上有旧媒介的影响力，旧媒介也可为新用。未来，新媒介的更

① 　胡道静：《报坛逸话》，世界书局，1940，第 73 页。
② 　《徐州新闻界之鸟瞰》，《新天津》1934 年 7 月 1 日，第 9 版。
③ 　《零祁新闻事业概况》，《扫荡报》（桂林版）1939 年 10 月 26 日，第 4 版。
④ 　长江：《强调地方新闻工作》，《扫荡报》（桂林版）1939 年 8 月 17 日，第 4 版。
⑤ 　《地方报的编辑问题》，《扫荡报》（桂林版）1939 年 8 月 17 日，第 4 版。
⑥ 　马星野：《新闻事业与民主政治》，《中央日报》（昆明版）1946 年 1 月 28 日，第 3 版。

迭会更加迅速，打破线性思维才可以更好地把握新媒介的变化。打破新旧媒介的二元对立，将媒介置于社会与时代中去看待和评估其价值，才是更为理性的做法。

其二，技术影响但不决定行动者的媒介实践。

本书的研究驳斥了技术决定论。作为一种为社会提供基础设施的技术，石印术在一定程度上锻造了中国报刊的新形态，丰富了近代新闻出版文化。石印术影响了行动者，但不决定行动者的媒介实践。

诚然，照相石印术的引入是中国近代石印报刊兴起的前提，它在缩印和还原图画上有着巨大的优势。但在石印报刊的初兴时期，技术并未发挥决定性的作用。如果认为以照相石印术为标志的媒介技术的引入是石印报刊兴起的首要条件，将无法充分解释为何《点石斋画报》始于点石斋书局开业六年之后。在这六年间，照相石印术并未发生实质性的变化。19 世纪 80 年代初期，点石斋书局生产了许多畅销产品，生产力已经不容小觑。但是，《点石斋画报》到 1884 年才出现。

技术与社会相互依赖，不应该分而视之，更不应将技术与社会二元对立。近代后半期，石印术已经从一项先进的"技术"逐渐沦为落后的"技艺"。2021 年下半年，上海中华印刷博物馆组织了一项为期三个月的"石版印刷非遗技艺课程"。此课程教授的是石印最原始的方法，即手写石印法中的画石法，教学内容有试剂配制、研磨石版、画石、蚀刻、换底、打样、用铁质机按压印刷等环节（相关内容参见"上海中华印刷博物馆"微信公众号）。这是石印发明者在 200 多年前就已经使用过的方法。照相石印术曾在中国社会大放异彩，后又被废弃。

石印术在中国的传播与它的图画传播功能密不可分。早期的石印报刊出版者因洞悉了石印术在图画传播中的奇效，提升技术设备，开启了一个石印画报的时代。对于申报馆和新闻报馆这样的大型报馆而言，石印画报可以作为它们在市场上进行差异化竞争的产品。这些办报者往往并不认为石印术可以融入文字报刊的领域。首先，在石版上就会遭遇困难。19 世纪末的《申报》《新闻报》等都是大张式，一张报纸约 50 厘米×100 厘米，而石印的石版一般较小。其次，铅印的快速高效是石印无法比拟的。民国初年，史量才的《申报》改进了印刷设备，两小时可印完 10 万份报纸，这个印刷效率是石印难以匹敌的。申报馆应用石印术的过程中，多将石印术用于复制石印本、招贴广告和出版石印画报。石印术在画报领域发挥出的功效，便已达到了商业报馆的预期值。出于成本和效率的考虑，早期的商业报馆未将石印术抽离出单一的画报生产领域。

在抗战的影响下，铅印在后方报业中很难维持。诸多后方报社都经历过印刷方式的变更，常见的有：先石印，后铅印；先铅印，后石印，再油印；先油印，后石印，再铅印。根据形势交替变化，来回挪移。晚清时期也发生过铅印与石印的互换，却是不同的景象。《时务报》《农学报》等从石印变为铅印，这是顺应印刷潮流的转变，石印报刊向铅印报刊的转变过程自然而迅速。民国中后期，报纸从石印"进化"为铅印的过程则要曲折许多。

对于石印报刊场域的行动者而言，媒介技术提供了一种行动的可能性，但并非行动的决定性因素。在社会需求和抗日战争的刺激下，行动者再次聚集到石印报刊场域中。不同的是，惯习与场域渐行渐远。民国中后期，强大的社会需求推动了石印报刊的生产。在政治力量的介入下，媒介场域的规模持续扩张。近代后期，惯习与场域几乎已经完全断裂，惯习难再起作用，这个场域基本由社会需求来推动。变革了的场域，呼唤新的与之相适应的行动准则。

我们在各种特定的环境中所经历的事情往往是由结构性的变化引起的，非单一因素能够促就。而我们的思想领域又在很大程度上决定了对媒体的选择和使用。① 技术革新本身就是社会环境的产物。我们不能用单一的眼光去看待石印术，而应该在石印术与其他类型的报刊以及社会场域的交融中去审视它的发展动因与功效。

其三，传播媒介的形成来自技术与社会的双向建构。

传播媒介的形成来自技术与社会的双向建构。单有社会环境，或是单有技术优势，都不足以支撑媒介的正常发展。

媒介的成长需要技术支持。中国落后的近代工业限制了石印术的发展。近代国人一直在研制进口石印物料的替代品，我们很难去判定这些不断进行的探索成功与否。至少就实际效果来看，一直到近代结束，中国都没有量产

---

① 雷吉斯·德布雷：《媒介学引论》，刘文玲译，中国传媒大学出版社，2014，第94页。

石版与石印机，大家甚至尝试过很多土办法进行石印。1944 年，《解放日报》登载了一则消息，展现了华中某地石印业的"新创造"："为适合战斗环境，便于携带埋藏起见，大部石印店已废弃，机器改以烧饼机代替。"① 以烧饼机代替石印机，现在看来是让人啼笑皆非的尝试，在近代社会晚期竟被称为新创造。民国时期，与现代报业印刷相配合的是新式铅活字、先进的轮转机、进口卷筒纸、折叠机、铜版印刷图片。对于现代报刊来说，铅印报刊才是一个正常的媒介场域。石印报刊场域日渐式微，其存在仅仅是因为它需要尽石印报刊之义务，去弥补铅印之不足，基于西式技术的石印报刊场域蜕变成一个另类的本土化媒介场域。

石印术的每一步变化，背后都蕴含着深层次的社会因素。媒介的发展需要一定的社会空间。中国近代石印报刊曾具有较强的自主性，但最终走向高度他律性，并受制于他律性。我国近代石印报刊场域不断被自身最他律的一极控制，聚合在政治力量中。它在不成熟的市场机制中运转，忽略了大众媒介的商业属性。

我国近代的石印报刊曾具有较强的自主性。借助新式的照相石印术，石印画报将新闻与图画相结合，为受众带来了新的视觉体验。随后，文人行动者又出版了石印文字报刊。他们选择性地吸纳西式石印术，来满足特定的出版偏好，主动去建构一个与铅印报刊平行的场域，对这个场域有一定的掌握度。行动者与媒介相互成就，生产出具有自身特色的石印报刊。一旦对场域失去控制力，行动者可以及时抽离。部分行动者对石印报刊场域的媒介组织体制、内容形式、传播方式等有较大的发言权。直至民国成立前，石印报刊都能够在报刊市场竞争中占据一席之地。《时务报》曾达到每月万份左右的发行量，这在晚清时期的中国报刊界甚为罕见。

抗战时期，石印报刊不断下沉到中国基层地区的路径，也是它与政治权力日趋靠拢的过程。后期的石印报刊质量和影响力都在下行，只存在数量上的繁盛。假若民国时期中国经济、技术和社会一直顺利向前的话，中国的石印报刊应该会与西方国家的石印报刊走上相同的路径，它会自然被印刷技术更为先进的报刊替代。然而，历史不容假设。尽管如此，中国近代社会转型

---

① 《淮南路东石印业 创造新的生产办法》，《解放日报》1944 年 5 月 20 日，第 2 版。

期曲折而漫长，报刊媒介的前进之路也不能一蹴而就，石印报刊对中国近代事业做出的贡献是值得肯定的。

综上，本书围绕中国近代石印报刊进行了系统性研究。全书以场域理论为分析工具，讨论了中国报刊历史中一个潜隐的媒介空间。中国近代石印报刊生于社会转型期，它们围绕启蒙与救亡的时代命题，利用石印出版的特色，曾在中国近代报刊史上留下了灿烂的一笔。惯习与资本在其中运作和调适，使石印报刊场域最终被建构为一个本土化的媒介场域。受制于社会、技术、经济等多方因素，近代后期的石印报刊难以获得独立性，命运多舛。因而，它们在新中国成立后完全消逝也就在所难免了。概言之，中国近代石印报刊特殊的发展历程既体现了惯习、资本与场域的互相交织，也是社会建构的结果。

参考文献

一 中文文献

(一) 史料、工具书

1. 报纸新闻志

[1] 安徽省地方志编纂委员会编《安徽省志·新闻志》，方志出版社，1999。

[2] 福建省地方志编纂委员会编《福建省志·新闻志》，方志出版社，2002。

[3] 广东省地方史志编纂委员会编《广东省志·新闻志》，广东人民出版社，2000。

[4] 贵州省地方志编纂委员会编《贵州省志·报纸志》，贵州人民出版社，2003。

[5] 河北省地方志编纂委员会编《河北省志·出版志》，河北人民出版社，1996。

[6] 黑龙江省地方志编纂委员会编《黑龙江省志·出版志》，黑龙江人民出版社，1996。

[7] 湖北省报业志编纂委员会编《湖北省报业志》，新华出版社，1996。

[8] 湖南省地方志编纂委员会编《湖南省志·新闻出版志·报业》，湖南出版社，1993。

[9] 辽宁省地方志编纂委员会办公室主编《辽宁省志·报业志》，辽宁人民出版社，2005。

[10] 山东省地方史志编纂委员会编《山东省志·报业志》，山东人民出版社，1993。

[11] 《上海新闻志》编纂委员会编《上海新闻志》，上海社会科学院出版

社，2000。

［12］四川省地方志编纂委员会编纂《四川省志·报业志》，四川人民出版社，1996。

［13］《厦门新闻志》编纂委员会编《厦门新闻志》，鹭江出版社，2009。

［14］云南省地方志编纂委员会总纂《云南省志·报业志》，云南人民出版社，1997。

［15］赵多年主编《青海省志·报业志》，青海民族出版社，1999。

［16］《浙江省新闻志》编纂委员会编《浙江省新闻志》，浙江人民出版社，2007。

2. 史料选编

［1］方汉奇、王润泽、郭传芹主编《民国时期新闻史料三编》，国家图书馆出版社，2018。

［2］方汉奇、王润泽、郭传芹主编《民国时期新闻史料四编》，国家图书馆出版社，2019。

［3］方汉奇、王润泽、郭传芹主编《民国时期新闻史料续编》，国家图书馆出版社，2017。

［4］方汉奇主编《民国时期新闻史料汇编》，国家图书馆出版社，2011。

［5］河北省新闻出版局出版史志编辑部编《中国共产党晋察冀边区出版史资料选编》，河北人民出版社，1991。

［6］李永璞、林治理编《中国共产党历史报刊名录（1919—1949）》，山东人民出版社，1991。

［7］宁夏回族自治区图书馆编著《民国时期创刊号图录》，国家图书馆出版社，2022。

［8］任保全主编《近代纸业印刷史料》，凤凰出版社，2014。

［9］沈云龙主编《近代中国史料丛刊》，文海出版社，1966—1973。

［10］史和、姚福申、叶翠娣编《中国近代报刊名录》，福建人民出版社，1991。

［11］汪敬虞编《中国近代工业史资料（1895—1914年）》第2辑（上、下册），科学出版社，1957。

［12］汪耀华编《商务印书馆史料选编（1897—1950）》，上海书店出版社，

2017。

［13］ 吴永贵编《民国时期出版史料汇编》，国家图书馆出版社，2013。

［14］ 吴永贵编《民国时期出版史料续编》，国家图书馆出版社，2016。

［15］ 徐雪筠等译编《上海近代社会经济发展概况（1882—1931）：〈海关十年报告〉译编》，上海社会科学院出版社，1985。

［16］ 张静庐辑注《中国近现代出版史料》，上海书店出版社，2011。

［17］ 《中国报刊发行史料》编辑组编《中国报刊发行史料》，光明日报出版社，1987。

［18］ 中国海关总署办公厅、中国第二历史档案馆编《中国旧海关史料（1859—1948》，京华出版社，2001。

3. 工具书

［1］ 编辑出版学名词审定委员会审定《编辑与出版学名词》，科学出版社，2022。

［2］ 邓伟志主编《社会学辞典》，上海辞书出版社，2009。

［3］ 中国大百科全书总编辑委员会《新闻出版》编辑委员会中国大百科全书出版社编辑部编《中国大百科全书·新闻 出版》，中国大百科全书出版社，1990。

（二）著作

［1］ 爱新觉罗·溥仪：《我的前半生》，北京联合出版公司，2018。

［2］ 白润生主编《中国少数民族新闻传播通史》，中央民族大学出版社，2008。

［3］ 包天笑：《钏影楼回忆录》，刘幼生点校，山西古籍出版社、山西教育出版社，1999。

［4］ 毕克官、黄远林：《中国漫画史》，文化艺术出版社，1986。

［5］ 陈建云：《大变局中的民间报人与报刊》，福建教育出版社，2008。

［6］ 陈力丹、王辰瑶：《外国新闻传播史纲要》，中国人民大学出版社，2008。

［7］ 陈平原：《左图右史与西学东渐：晚清画报研究》，生活·读书·新知三联书店，2018。

［8］ 陈旭麓：《近代中国社会的新陈代谢》，生活·读书·新知三联书店，2017。

［9］ 樊亚平：《中国新闻从业者职业认同研究（1815—1927）》，人民出版社，

2011。

［10］《范长江新闻文集》，沈谱编，新华出版社，2001。

［11］范长江：《中国的西北角》，新华出版社，1980。

［12］范慕韩主编《中国印刷近代史》，印刷工业出版社，1995。

［13］方汉奇：《中国近代报刊史》，山西教育出版社，1981。

［14］高力克：《启蒙先知：严复、梁启超的思想革命》，东方出版社，2019。

［15］高力克：《五四的思想世界》，东方出版社，2019。

［16］高力克：《新启蒙：从欧化到再生》，东方出版社，2019。

［17］高郁雅：《国民党的新闻宣传与战后中国政局变动（1945—1949）》，台湾大学出版中心，2005。

［18］戈公振：《中国报学史》，商务印书馆，1935。

［19］韩丛耀等：《中国近代图像新闻史：1840—1919》，南京大学出版社，2012。

［20］何干之：《近代中国启蒙运动史》，生活书店，1937。

［21］贺圣鼐、赖彦于：《近代印刷术》，商务印书馆，1947。

［22］黄永年：《古籍版本学》，江苏教育出版社，2009。

［23］蒋廷黻：《中国近代史》，天津人民出版社，2016。

［24］李彬：《中国新闻社会史》，清华大学出版社，2008。

［25］李金铨编《报人报国：中国新闻史的另一种读法》，香港中文大学出版社，2013。

［26］李金铨主编《文人论政：知识分子与报刊》，广西师范大学出版社，2008。

［27］李磊：《〈述报〉研究：对近代国人第一批自办报刊的个案研究》，兰州大学出版社，2002。

［28］李细珠：《新政、立宪与革命：清末民初政治转型研究》，北京师范大学出版社，2018。

［29］李孝悌：《清末的下层社会启蒙运动：1901—1911》，河北教育出版社，2001。

［30］李泽厚：《中国近代思想史论》，生活·读书·新知三联书店，2008。

［31］李泽厚：《中国现代思想史论》，生活·读书·新知三联书店，2008。

［32］廖梅：《汪康年：从民权论到文化保守主义》，上海古籍出版社，2001。

[33] 刘大鹏遗著《退想斋日记》，乔志强标注，北京师范大学出版社，2020。

[34] 刘海龙：《重访灰色地带：传播研究史的书写与记忆》，北京大学出版社，2015。

[35] 刘继忠：《国民党新闻事业研究（1927—1937）》，光明日报出版社，2019。

[36] 刘龙心：《知识生产与传播：近代中国史学的转型》，生活·读书·新知三联书店，2021。

[37] 刘小枫：《现代性社会理论绪论》，华东师范大学出版社，2018。

[38] 路鹏程：《难为沧桑纪废兴：中国近代新闻记者的职业生涯（1912—1937）》，东方出版中心，2021。

[39] 闾小波：《中国早期现代化中的传播媒介》，上海三联书店，1995。

[40] 罗荣渠：《现代化新论：世界与中国的现代化进程》，商务印书馆，2004。

[41] 罗志田：《权势转移：近代中国的思想与社会》，北京师范大学出版社，2014。

[42] 马光仁主编《上海新闻史（1850—1949）》，复旦大学出版社，2014。

[43] 马建标：《权力与媒介：近代中国的政治与传播》，北京师范大学出版社，2018。

[44] 茅海建：《天朝的崩溃：鸦片战争再研究》，生活·读书·新知三联书店，2014。

[45] 茅海建：《戊戌时期康有为、梁启超的思想》，生活·读书·新知三联书店，2021。

[46] 宁树藩主编《中国地区比较新闻史》，复旦大学出版社，2018。

[47] 欧阳明：《书刊编辑学》，华中科技大学出版社，2006。

[48] 潘吉星：《中国科学技术史：造纸与印刷卷》，科学出版社，1998。

[49] 钱存训：《中国纸和印刷文化史》，广西师范大学出版社，2004。

[50] 钱穆：《中国历代政治得失》，生活·读书·新知三联书店，2001。

[51] 任毕明：《战时新闻学》，光明书店，1938。

[52] 芮必峰：《政府、市场、媒体及其他：新闻生产中的力量博弈》，中国传媒大学出版社，2018。

[53] 桑兵：《历史的本色：晚清民国的政治、社会与文化》，广西师范大学

出版社，2016。

［54］ 上海图书馆编《汪康年师友书札》，上海书店出版社，2017。

［55］ 苏精：《马礼逊与中文印刷出版》，台北：台湾学生书局，2000。

［56］ 苏精：《铸以代刻：十九世纪中文印刷变局》，中华书局，2018。

［57］ 孙宝瑄：《忘山庐日记》，上海人民出版社，2015。

［58］ 汤志钧：《戊戌时期的学会和报刊》，台北：台湾商务印书馆，1993。

［59］ 涂凌波：《现代中国新闻观念的兴起》，中国传媒大学出版社，2016。

［60］ 万启盈编著《中国近代印刷工业史》，上海人民出版社，2012。

［61］ 汪家熔：《商务印书馆史及其他——汪家熔出版史研究文集》，中国书籍出版社，1998。

［62］ 汪荣祖：《读史三编》，上海人民出版社，2019。

［63］ 王汎森：《权力的毛细管作用：清代的思想、学术与心态》，北京大学出版社，2015。

［64］ 王汎森：《执拗的低音：一些历史思考方式的反思》，生活·读书·新知三联书店，2020。

［65］ 王汎森：《中国近代思想与学术的系谱》，上海三联书店，2018。

［66］ 王韬：《瀛壖杂志》，沈恒春、杨其民标点，上海古籍出版社，1989。

［67］ 王天根等：《近代报刊与辛亥革命的舆论动员》，黄山书社，2011。

［68］ 吴果中：《左图右史与画中有话：中国近现代画报研究（1874—1949）》，北京大学出版社，2017。

［69］ 吴廷俊：《新记〈大公报〉史稿》，武汉出版社，1994。

［70］ 吴永贵：《民国出版史》，福建人民出版社，2011。

［71］ 夏晓虹主编《晚清北京的文化空间》，北京大学出版社，2021。

［72］ 肖东发、杨虎主编《中国出版史》，北京大学出版社，2017。

［73］ 徐沛：《图像与启蒙：清末民国画报教化功能研究》，中国社会科学出版社，2018。

［74］ 《徐铸成日记（1947—1957）》，上海三联书店，2022。

［75］ 许静波：《石头记：上海近代石印书业研究（1843—1956）》，苏州大学出版社，2014。

［76］ 杨奎松：《国民党的"联共"与"反共"》，社会科学文献出版社，2008。

[77] 杨丽莹：《清末民初的石印术与石印本研究——以上海地区为中心》，上海古籍出版社，2018。

[78] 于海：《西方社会思想史》，复旦大学出版社，2010。

[79] 余英时：《士与中国文化》，上海人民出版社，2013。

[80] 张申府：《我相信中国》，上海杂志公司，1938。

[81] 张秀民：《中国印刷史》，上海人民出版社，1989。

[82] 《张元济日记》，张人凤整理，河北教育出版社，2001。

[83] 张志安：《编辑部场域中的新闻生产：基于〈南方都市报〉的研究》，复旦大学出版社，2020。

[84] 张仲民：《叶落知秋：清末民初的史事和人物》，上海人民出版社，2020。

[85] 张仲民：《种瓜得豆：清末民初的阅读文化与接受政治》，社会科学文献出版社，2021。

[86] 章光梅编《报纸印刷术》，申报新闻函授学校，1940。

[87] 章开沅：《辛亥革命与近代社会》，天津人民出版社，1985。

[88] 中国青年记者学会编《战时新闻工作入门》，生活书店，1939。

[89] 周光明：《近代新闻史论稿》，社会科学文献出版社，2014。

[90] 卓南生：《中国近代报业发展史：1815—1874》，中国社会科学出版社，2002。

（三）译著

[1] 阿比盖尔·威廉姆斯：《以书会友：十八世纪的书籍社交》，何芊译，北京大学出版社，2018。

[2] 埃尔基·胡塔莫、尤西·帕里卡编《媒介考古学：方法、路径与意涵》，唐海江主译，复旦大学出版社，2018。

[3] 爱德华·W. 萨义德：《东方学》，王宇根译，生活·读书·新知三联书店，2019。

[4] 安东尼·吉登斯、菲利普·萨顿：《社会学基本概念》，王修晓译，北京大学出版社，2019。

[5] 安东尼·吉登斯：《社会的构成：结构化理论纲要》，李康、李猛译，中国人民大学出版社，2016。

［6］ 白馥兰：《技术·性别·历史——重新审视帝制中国的大转型》，吴秀杰、白岚玲译，江苏人民出版社，2017。

［7］ 白瑞华：《中国报纸（1800—1912）》，王海译，暨南大学出版社，2011。

［8］ 布尔迪厄：《关于电视》，许钧译，辽宁教育出版社，2000。

［9］ 布尔迪厄：《国家精英——名牌大学与群体精神》，杨亚平译，商务印书馆，2020。

［10］ 戴维·克劳利、保罗·海尔编《传播的历史：技术、文化和社会》，董璐、何道宽等译，北京大学出版社，2018。

［11］ 戴维·斯沃茨：《文化与权力：布尔迪厄的社会学》，陶东风译，上海译文出版社，2012。

［12］ 费夫贺、马尔坦：《印刷书的诞生》，李鸿志译，广西师范大学出版社，2006。

［13］ 盖伊·塔奇曼：《做新闻：现实的社会建构》，李红涛译，中国人民大学出版社，2022。

［14］ 格奥尔格·G.伊格尔斯：《二十世纪的历史学：从科学的客观性到后现代的挑战》，何兆武译，商务印书馆，2020。

［15］ 加布里埃尔·塔尔德：《传播与社会影响》，何道宽译，中国人民大学出版社，2005。

［16］ 柯文：《历史三调：作为事件、经历和神话的义和团》，杜继东译，社会科学文献出版社，2015。

［17］ 林文刚：《媒介环境学：思想沿革与多维视野》，何道宽译，中国大百科全书出版社，2019。

［18］ 刘易斯·芒福德：《技术与文明》，陈允明等译，中国建筑工业出版社，2009。

［19］ 罗伯特·达恩顿：《启蒙运动的生意：〈百科全书〉出版史（1775—1800）》，叶桐、顾杭译，生活·读书·新知三联书店，2005。

［20］ 罗德尼·本森、艾瑞克·内维尔主编《布尔迪厄与新闻场域》，张斌译，浙江大学出版社，2017。

［21］ 罗塔尔·穆勒：《纸的文化史》，何潇伊、宋琼译，广东人民出版社，2022。

［22］ 马克·布洛赫：《历史学家的技艺》，张和声、程郁译，上海社会科学

院出版社，2019。

[23] 迈克尔·埃默里等：《美国新闻史：大众传播媒介解释史》，展江译，中国人民大学出版社，2004。

[24] 迈克尔·格伦菲尔编《布迪厄：关键概念》，林云柯译，重庆大学出版社，2018。

[25] 米怜：《新教在华传教前十年回顾》，北京外国语大学中国海外汉学研究中心翻译组译，大象出版社，2008。

[26] 米歇尔·福柯：《知识考古学》，董树宝译，生活·读书·新知三联书店，2021。

[27] 尼克·库尔德利：《媒介、社会与世界：社会理论与数字媒介实践》，何道宽译，复旦大学出版社，2014。

[28] 彭丽君：《哈哈镜：中国视觉现代性》，张春田、黄芷敏译，上海书店出版社，2013。

[29] 皮埃尔·布迪厄、华康德：《实践与反思——反思社会学导引》，李猛、李康译，中央编译出版社，1998。

[30] 皮埃尔·布迪厄：《实践感》，蒋梓骅译，译林出版社，2003。

[31] 芮哲非：《谷腾堡在上海——中国印刷资本业的发展（1876—1937）》，张志强等译，商务印书馆，2014。

[32] 斯蒂芬·哈尔西：《追寻富强：中国现代国家的建构，1850—1949》，赵莹译，中信出版社，2018。

[33] W. 本雅明：《机械复制时代的艺术作品》，王才勇译，浙江摄影出版社，1993。

[34] 王迪：《街头文化：成都公共空间、下层民众与地方政治（1870—1930）》，李德英、谢继华、邓丽译，商务印书馆，2013。

[35] 沃尔特·李普曼：《舆论》，常江、肖寒译，北京大学出版社，2018。

[36] 伊丽莎白·爱森斯坦：《作为变革动因的印刷机：早期近代欧洲的传播与文化变革》，何道宽译，北京大学出版社，2010。

[37] 伊曼努尔·康德：《康德历史哲学论文集》，李明辉译注，广西师范大学出版社，2020。

[38] 约翰·R. 麦克尼尔、威廉·H. 麦克尼尔：《人类之网：鸟瞰世界历史》，

王晋新、宋保军等译，北京大学出版社，2011。

[39] 约翰·杜海姆·彼得斯：《奇云：媒介即存有》，邓建国译，复旦大学出版社，2021。

[40] 约翰·杜翰姆·彼得斯：《对空言说：传播的观念史》，邓建国译，上海译文出版社，2017。

[41] 詹姆斯·W. 凯瑞：《作为文化的传播："媒介与社会"论文集》，丁未译，华夏出版社，2005。

（四）论文

[1] 白红义：《以"人—物"关系为中心：新闻研究的物质敏感性》，《福建师范大学学报》（哲学社会科学版）2021年第5期。

[2] 曹家荣：《社群媒体研究的异质行动网络：重新想象数位时代的知识生产》，《新闻学研究》第143期，2020年。

[3] 陈金龙：《"半殖民地半封建"概念形成过程考析》，《近代史研究》1996年第4期。

[4] 陈霆：《晚清民初石版印刷艺术研究》，博士学位论文，苏州大学，2014。

[5] 陈旭麓：《戊戌时期维新派的社会观——群学》，《近代史研究》1984年第2期。

[6] 丁守和：《关于五四运动的几个问题》，《历史研究》1989年第3期。

[7] 杜恺健、王润泽：《作为区分的印刷术与近代中国报业的读者想象（1815—1911）》，《编辑之友》2021年第3期。

[8] 范军：《作为"出版史"的中国近现代报刊史研究》，《华中师范大学学报》（人文社会科学版）2017年第6期。

[9] 方汉奇：《东瀛访报记》（上），《新闻研究资料》1989年第2期。

[10] 何炳然：《梁启超和〈时务报〉的变法宣传特色》，《新闻研究资料》1990年第1期。

[11] 黄旦：《媒介变革视野中的近代中国知识转型》，《中国社会科学》2019年第1期。

[12] 黄旦、詹佳如：《同人、帮派与中国同人报：〈时务报〉纷争的报刊史意义》，《学术月刊》2009年第4期。

[13] 蒋建国:《〈时务报〉的发行与"阅读共同体"的建构》,《东岳论丛》2019 年第 1 期。

[14] 蒋建国:《晚清士人的西书阅读与意义之网——以日记史料为中心》,《中国社会科学》2022 年第 5 期。

[15] 李金铨:《新闻史研究:"问题"与"理论"》,《国际新闻界》2009 年第 4 期。

[16] 李金铮:《读者与报纸、党政军的联动:〈晋察冀日报〉的阅读史》,《近代史研究》2018 年第 4 期。

[17] 李培文:《石印与石印本》,《图书馆论坛》1998 年第 2 期。

[18] 林绪武:《中共党报党刊史的研究方法》,《广州大学学报》(社会科学版)2022 年第 3 期。

[19] 刘海龙:《媒介场理论的再发明:再思〈关于电视〉》,《当代传播》2020 年第 4 期。

[20] 刘小燕:《罗振玉编辑实践与创获——基于〈农学报〉的考察》,《中国出版》2021 年第 18 期。

[21] 闵大洪:《对传播技术的发展和作用多写几笔——新闻史研究中的一点思考》,《新闻与传播研究》1994 年第 1 期。

[22] 孙藜:《"飞线"苦驰"万里天":晚清电报及其传播观念(1860—1911)》,博士学位论文,复旦大学,2006。

[23] 田秋生:《迈克尔·舒德森的新闻史研究取径》,《全球传媒学刊》2015 年第 4 期。

[24] 王敏:《"场域—惯习"框架下的新闻生产:一个研究范式的学术史考察》,《新闻界》2018 年第 3 期。

[25] 王润泽、谭泽明:《〈时务报〉属权之争:报刊、权力及现代化政治源起》,《兰州大学学报》(社会科学版)2018 年第 5 期。

[26] 吴果中、夏亮:《媒介的社会批判:清末〈图画日报〉的文本特色——以"新闻画"为中心》,《国际新闻界》2011 年第 12 期。

[27] 谢欣、程美宝:《画外有音:近代中国石印技术的本土化(1876—1945)》,《近代史研究》2018 年第 4 期。

[28] 俞月亭:《我国画报的始祖——点石斋画报初探》,《新闻研究资料》

1981 年第 5 期。

[29] 曾培伦：《近代商业报纸何以成为"技术新知"？——以中国活字印刷革命中的〈申报〉〈新闻报〉为例》，《新闻与传播研究》2018 年第 12 期。

[30] 张庆海：《论对"半封建"、"半殖民地"两个概念的理论界定》，《近代史研究》1998 年第 6 期。

[31] 张铁弦：《略谈晚清时期的石印画报》，《文物》1959 年第 3 期。

[32] 张晓雪：《场域理论视角下的中国舆论社会研究》，博士学位论文，山东大学，2020。

[33] 张志安：《编辑部场域中的新闻生产——〈南方都市报〉个案研究（1995—2005）》，博士学位论文，复旦大学，2006。

[34] 朱至刚：《跨出口岸：基于"士林"的〈时务报〉全国覆盖》，《新闻与传播研究》2017 年第 10 期。

二 英文文献

（一）著作

[1] A. Senefelder, *A Complete Course of Lithography*, London：Legare Street Press, 2021.

[2] A. Senefelder, *The Invention of Lithography*, Glasgow：Good Press, 2019.

[3] B. J. David, R. Grusin, *Remediation*, Cambridge, Mass：The MIT Press, 2000.

[4] C. Giviskos, *Set in Stone: Lithography in Paris, 1815−1900*, Munich：Hirmer Publishers, 2017.

[5] C. Marvin, *When Old Technologies Were New: Thinking about Electric Communication in the Late Nineteenth Century*, New York：Oxford University Press, 1990.

[6] C. M. Murata, *State and Crafts in the Qing Dynasty (1644−1911)*, Amsterdam：Amsterdam University Press, 2018.

[7] C. Reed, *Gutenberg in Shanghai: Chinese Print Capitalism, 1876−1937*, Hawaii：University of Hawaii Press, 2004.

[8] D. Johnson et al. , *Popular Culture in Late Imperial China*, Auckland: University of California Press, 1985.

[9] D. MacKenzie & D. Wajcman, eds. , *The Social Shaping of Technology*, Milton Keynes: Open University Press, 1999.

[10] E. L. Eisenstein, *The Printing Press as an Agent of Change*, Cambridge: Cambridge University Press, 1980.

[11] H. Harder et al. , *Asian Punches: A Transcultural Affair*, Berlin: Springer, 2013.

[12] I. Rogerson, *Breaking the Mould: The First Hundred Years of Lithography*, London: British Library, 2001.

[13] J. Judge, *Print and Politics: "Shibao" and the Culture of Reform in Late Qing China*, California: Stanford University Press, 1996.

[14] K. Fallon, *Where Truth Lies: Digital Culture and Documentary Media after 9/11*, California: University of California Press, 2019.

[15] K. W. Chow, *Publishing, Culture, and Power in Early Modern China*, California: Stanford University Press, 2004.

[16] L. A. Lievrouw, S. Livingstone, eds. , *Handbook of New Media: Social Shaping and Consequences of ICTs*, London: SAGE, 2002.

[17] L. Gitelman, *New Media, 1740-1915*, Cambridge, Mass: The MIT Press, 2004.

[18] M. Heidegger, *The Question Concerning Technology, and Other Essays*, New York: Harper & Row, 1977.

[19] M. McLuhan, *The Gutenberg Galaxy: The Making of Typographic Man*, Toronto: University of Toronto Press, 1962.

[20] M. McLuhan, *Understanding Media a Extensions of Man*, London: Routledge, 1964.

[21] M. Schudson, *The Power of News*, Cambridge, Mass: Harvard University Press, 1995.

[22] M. Twyman, *Early Lithographed Books: A Study of the Design and Production of Improper Books in the Age of the Hand Press*, London: Farrand Press &

Private Libraries Association, 1990.

[23] M. Twyman, *Lithography, 1800-1850: The Techniques of Drawing on Stone in England and France and Their Application to Works of Typography*, New York: Oxford University Press, 1970.

[24] N. Oudshoorn & T. J. Pinch, eds., *How Users Matter: The Co-construction of Users and Technology*, Cambridge, Mass: The MIT Press, 2003.

[25] P. Bourdieu, *Distinction: A Social Critique of the Judgement of Taste*, Cambridge, Mass: Havrard University Press, 1984.

[26] P. Bourdieu, *Outline of a Theory of Practice*, Cambridge: Cambridge University Press, 1997.

[27] P. Bourdieu, *Rules of Art: Genesis and Structure of The Literary Field*, California: Stanford University Press, 1996.

[28] P. Bourdieu, *The Field of Ultural Production*, New York: Columbia University Press, 1993.

[29] P. Claver, *The Design of Race: How Visual Culture Shapes America*, New York: Bloomsbury Visual Arts, 2021.

[30] P. Mainardi, *Another World: Nineteenth-century Illustrated Print Culture*, New Haven: Yale University Press, 2017.

[31] S. C. Hirsch, *Printing From a Stone: The Story of Lithography*, New York: Viking, 1967.

[32] T. Gillespie, *Media Technologies: Essays on Communication, Materiality, and Society*, Cambridge, Mass: The MIT Press, 2014.

[33] T. S. Mullaney, *The Chinese Typewriter: A History*, Cambridge, Mass: The MIT Press, 2017.

[34] W. E. Bijkerm et al., *The Social Construction of Technological Systems: New Directions in the Sociology and History of Technology*, Cambridge, Mass: The MIT Press, 2012.

[35] W. E. Bijkerm, *Of Bicycles, Bakelites, and Bulbs: Toward a Theory of Sociotechnical Change*, Cambridge, Mass: The MIT Press, 1997.

[36] W. H. Mudurst, *China: Its State and Prospects*, Delaware: Scholarly Re-

sources，INC，1973.

（二）期刊

[1] A. Dobbertee，"About the Eye of the Bird: 19th-century Prints of Washington, D. C. ," *Washington History* 31 （2019）.

[2] A. E. Kent, "Early Commercial Lithography in Wisconsin," *The Wisconsin Magazine of History* 36 （1953）.

[3] A. H. Mayor, "Lithographs," *The Metropolitan Museum of Art Bulletin* 7 （1948）.

[4] A. Leonard, "How Can a Book Tell Its Own Life Story?," *The Cambridge Quarterly* 46 （2017）.

[5] B. Maidment, "Caricature and the Comic Image in the 1830s," *The Yearbook of English Studies* 48 （2018）.

[6] C. A. Reed, "Gutenberg and Modern Chinese Print Culture: The State of the Discipline Ⅱ," *Book History* 10 （2007）.

[7] C. Berret, "Walter Benjamin and the Question of Print in Media History," *Journal of Communication Inquiry* 41 （2017）.

[8] C. J. V. Rees & J. K. Vermunt, "Event History Analysis of Authors' Reputation: Effects of Critics' Attention on Debutants' Careers," *Poetics* 23 （1996）.

[9] D. Bryans, "The Double Invention of Printing," Journal of Design History 13 （2000）.

[10] D. Stantonm, "French Lithographs of the Nineteenth Century," *Bulletin of the Art Institute of Chicago* 31 （1937）.

[11] E. Grauerholz & B. A. Pescosolido, "Gender Representation in Children's Literature: 1900-1984," *Gender and Society* 3 （1989）.

[12] E. Piola, "The Rise of Early American Lithography and Antebellum Visual Culture," *Winterthur Portfolio* 48 （2014）.

[13] F. B. Karen, "The Interdependence of Printer and Printmaker in Rarly 19th-Century Lithograph," *Art Journal* 39 （1980）.

[14] F. Furstenberg, "The Social Life of Maps in America, 1750-1860," *Journal of American History* 105 （2019）.

［15］ G. A. Borchard et al. , "From Realism to Reality: The Advent of War Pho-tography," *Journalism* 15 (2013).

［16］ G. B. Barnhill, "Business Practices of Commercial Nineteenth-century Amer-ican Lithographers," *Winterthur Portfolio* 48 (2014).

［17］ G. Domini, "Exhibitions, Patents, and Innovation in the Early Twentieth Cen-tury: Evidence from the Turin 1911 International Exhibition," *European Re-view of Economic History* 24 (2020).

［18］ H. W. Lepovitz, "The Industrialization of Popular Art in Bavaria," *Past & Present* 99 (1983).

［19］ I. Siles & P. J. Boczkowski, "At the Intersection of Content and Materiality: A Texto-material Perspective on the Use of Media Technologies," *Communi-cation Theory* 22 (2012).

［20］ J. A. Stein, "Masculinity and Material Culture in Technological Transitions: From Letterpress to Offset Lithography (1960s – 1980s)," *Technology and Culture* 57 (2016).

［21］ J. Bourdon, "The Case for the Technological Comparison in Communication Histroy," *Communicaiton Theory* 28 (2018).

［22］ J. E. Dittmar, "Information Technology and Economic Change: The Impact of the Printing Press," *The Quarterly Journal of Economics* 126 (2011).

［23］ J. Noth, "Reproducing Chinese Painting: Revised Histories, Illustration Strat-egies, and the Self-positioning of Guohua Painters in the 1930s," *The Lan-guage of Art History* 48 (2018).

［24］ J. W. Carey, "Journalism and Technology," *American Journalism* 17 (2000).

［25］ K. F. Beall, "The Interdependence of Printer & Printmaker in Early 19th-century Lithography," *Art Journal* 39 (1980).

［26］ K. Vasudevan, "Depthof Filed: How DSLR Cameras Informed Video Jour-nalism Habitus and Style," *Journalism Practice* 13 (2019).

［27］ K. V. Rees & G. J. Dorleijn, "The Eighteenth-century Literary Field in West-ern Europe: The Interdependence of Material and Symbolic Production and Consumption," *Poetics* 28 (2001).

[28] K. Yacavone & A. Notes, "Portrait of the Witer: Photography and Literary Culture in France," *French Studies Bulletin* 39 (2018).

[29] M. Deuze, T. Witschge, "Beyond Journalism: Theorizing the Transformation of Journalism," *Journalism* 19 (2018).

[30] N. Couldry, "Theorising Media as Practice," *Social Semiotis* 14 (2004).

[31] N. Green, "Stones from Bavaria: Iranian Lithography in Its Global Contexts," *Iranian Studies* 43 (2010).

[32] N. Vittinghoff, "Readers, Publishers and Officials in The Contest for a Public Voice and The Rise of a Modern Press in Late Qing China (1860–1880)," *Toung Pao* 87 (2001).

[33] O. E. Hinkle, "The Re-birth of Lithographic Printing," *Journalism Quarterly* 32 (1955).

[34] P. J. Boczkowski, "The Material Turn in the Study of Journalism: Some Hopeful and Cautionary Remarks from an Early Explorer," *Journalism* 16 (2015).

[35] P. L. Farias & J. Aynsley, "Typographic Histories: Three Decades of Research," *Journal of Design History* 34 (2021).

[36] R. Darnton, "What Is the History of Books?" *Daedalus* 111 (1982).

[37] S. Wajda, "City of Second Sight: Nineteenth-Century Boston and the Making of American Visual Culture," *Journal of American History* 107 (2020).

[38] S. Wu, E. C. Tandoc & C. T. Salmon, "When Journalism and Automation Intersect: Assessing the Infuence of the Technological Field on Contemporary Newsrooms," *Journalism Practice* 113 (2019).

[39] T. K. Andrew, "The History of Books and Print Culture in Japan: The State of the Discipline," *Book History* 14 (2011).

[40] T. Pinch, "Technology and Institutions: Living in a Material World," *Thoery and Society* 37 (2008).

[41] W. M. Ivins, "French Lithographs," *The Metropolitan Museum of Art Bulletin* 17 (1922).

附 录 中国近代石印报刊一览

序号	类型*	名称	时间	办报地点或办报机构
1	G	《各国消息》	1838 年	广州
2	G	《博物报》	1878 年	厦门
3	A	《点石斋画报》	1884 年	上海
4	G	《述报》	1884 年	广州
5	G	《中西近事汇编》	1884 年	广州
6	G	《词林书画报》	1888 年	上海
7	C	《飞影阁画报》	1890 年	上海
8	C	《飞影阁画册》	1893 年	上海
9	A	《新闻报馆画报》	1893 年	上海
10	A	《时事新报画报》	1895 年	上海
11	A	《飞云阁画报》	1895 年	上海
12	A	《饶舌杂志》	1895 年	上海
13	B	《时务报》	1896 年	上海
14	B	《蒙学报》	1897 年	上海
15	B	《新学报》	1897 年	上海
16	B	《农学报》	1897 年	上海
17	B	《算学报》	1897 年	温州
18	B	《集成报》	1897 年	上海
19	B	《萃报》	1897 年	上海
20	B	《实学报》	1897 年	上海
21	B	《经世报》	1897 年	杭州
22	B	《工商学报》	1898 年	上海
23	B	《格致新报》	1898 年	上海
24	B	《求我报》	1898 年	上海
25	B	《女学报》	1898 年	上海

序号	类型	名称	时间	办报地点或办报机构
26	C	《采风报》	1898 年	上海
27	A	《类类报》	1898 年	天津
28	A	《中西画报》	1899 年	上海
29	A	《双管阁画报》	1900 年	上海
30	A	《觉民报》	1900 年	上海
31	A	《求是斋画报》	1900 年	上海
32	C	《南洋七日报》	1901 年	上海
33	C	《普通学报》	1901 年	上海
34	A	《世界繁华报》	1901 年	上海
35	C	《善报》	1901 年	上海
36	A	《春江书画报》	1902 年	上海
37	C	《中外算报》	1902 年	上海
38	A	《飞影阁大观画报》	1902 年	上海
39	C	《童子世界》	1903 年	济南
40	D	《济南汇报》	1903 年	济南
41	D	《简报》	1903 年	上海
42	A	《奇新画报》	1903 年	上海
43	A	《书画谱报》	1903 年	上海
44	A	《集益书画报》	1903 年	上海
45	D	《江西官报》	1903 年	江西南昌
46	A	《风云画报》	1904 年	上海
47	G	《湖州白话报》	1904 年	浙江
48	A	《书画日报》	1905 年	上海
49	D	《婴报》	1905 年	内蒙古
50	A	《恒亨馆画报》	1905 年	上海
51	C	《时事画报》	1905 年	广州
52	C	《文明汇报》	1905 年	江苏扬州
53	A	《时报星期画报》	1906 年	上海
54	A	《星期画报》	1906 年	北京
55	A	《赏奇画报》	1906 年	广州
56	A	《诗对画合报》	1906 年	上海
57	G	《开通画报》	1906 年	北京

序号	类型	名称	时间	办报地点或办报机构
58	A	《通俗画报》	1906 年	成都
59	G	《北京画报》	1906 年	北京
60	D	《官话日报》	1906 年	济南
61	G	《河南白话报》	1906 年	河南
62	A	《生香馆画报》	1906 年	上海
63	D	《甘肃官报》	1907 年	甘肃
64	G	《日新画报》	1907 年	北京
65	A	《益森画报》	1907 年	北京
66	C	《时谐画报》	1907 年	上海
67	C	《醒俗画报》	1907 年	广州
68	C	《人镜画报》	1907 年	天津
69	C	《双日画报》	1907 年	汕头
70	E	《神州画报》	1907 年	上海
71	A	《时事报》	1907 年	上海
72	D	《西藏白话报》	1907 年	拉萨
73	D	《江西农报》	1907 年	南昌
74	C	《醒华画报》	1908 年	天津
75	A	《浅说画报》	1908 年	北京
76	C	《蒙学画报》	1908 年	上海
77	A	《社镜画报》	1908 年	上海
78	A	《图画新闻》	1908 年	上海
79	A	《舆论日报》	1908 年	上海
80	A	《沪报新闻画》	1908 年	上海
81	D	《吉林蒙文报》	1908 年	吉林
82	C	《当日画报》	1908 年	北京
83	A	《时事画报》	1908 年	上海
84	D	《成都自治局白话报》	1908 年	成都
85	G	《天津两日画报》	1909 年	天津
86	A	《戊申全年画报》	1909 年	上海
87	A	《觉民录》	1909 年	上海
88	A	《图画日报》	1909 年	上海
89	C	《图画新报》	1909 年	汕头

序号	类型	名称	时间	办报地点或办报机构
90	G	《白话报画报》	1909 年	杭州
91	E	《民吁日报》	1909 年	上海
92	E	《卓报》	1909 年	上海
93	A	《新世界画册》	1909 年	上海
94	D	《江西学务官报》	1909 年	江西南昌
95	D	《新铭画报》	1909 年	北京
96	A	《正俗画报》	1909 年	北京
97	G	《北京白话画图日报》	1909 年	北京
98	E	《民呼日报》	1909 年	上海
99	A	《申报图画》	1909 年	上海
100	A	《环球社图画日报》	1910 年	上海
101	E	《民立画报》	1910 年	上海
102	A	《舆论时事报图画新闻》	1910 年	上海
103	A	《上海杂志》	1910 年	上海
104	A	《震兴白话报》	1910 年	河北唐山
105	D	《伊犁白话报》	1910 年	新疆
106	D	《如皋白话报》	1910 年	江苏如皋
107	G	《开通画报（新）》	1910 年	北京
108	C	《国学丛刊》	1911 年	北京
109	E	《民立画报》	1911 年	上海
110	A	《图画灾民报》	1911 年	上海
111	A	《近事画报》	1911 年	上海
112	A	《明星画报》	1911 年	上海
113	A	《图画报》	1911 年	上海
114	C	《震旦日报》	1911 年	广州
115	A	《时事新报》	1911 年	上海
116	A	《时事新报星期图画》	1911 年	上海
117	A	《嘉定通俗画报》	1911 年	上海
118	E	《平民画报》	1911 年	广州
119	A	《菊侪画报》	1911 年	北京
120	G	《北京画报》	1911 年	北京
121	C	《启智画报》	1911 年	四川成都

续表

序号	类型	名称	时间	办报地点或办报机构
122	E	《光复报》	1911 年	上海
123	E	《民权画报》	1911 年	上海
124	A	《维新画报》	1911 年	北京
125	D	《大汉报》	1911 年	江苏苏州
126	A	《民强画报》	1912 年	上海
127	E	《蒙文白话报》	1912 年	北京
128	A	《时报附刊之画报》	1912 年	上海
129	E	《天铎报附刊之画报》	1912 年	上海
130	C	《评议报》	1912 年	河南开封
131	E	《蒙文大同报》	1912 年	北京
132	A	《图画剧报》	1912 年	上海
133	E	《兰州日报》	1912 年	甘肃
134	E	《交通旬报》	1912 年	蒙藏交通公司
135	C	《九澧民报》	1912 年	湖南常德
136	C	《漳州日报》	1913 年	福建漳州
137	G	《徽州新闻》	1913 年	安徽歙县
138	A	《黄钟日报附张》	1913 年	上海
139	E	《藏文白话报》	1913 年	杭州
140	A	《归绥日报》	1913 年	绥远
141	C	《之江画报》	1913 年	上海
142	C	《日日新闻副张》	1913 年	四川成都
143	A	《文艺杂志》	1914 年	上海
144	G	《扬州日报》	1915 年	江苏扬州
145	E	《河南日报》	1915 年	河南开封
146	E	《信报》	1915 年	江西九江
147	E	《晚报》	1916 年	河南开封
148	G	《河南晚报》	1916 年	河南开封
149	C	《郑州日报》	1916 年	郑州
150	C	《瓯海公报》	1917 年	温州
151	A	《小说画报》	1917 年	上海
152	G	《谭风新闻》	1917 年	黑龙江齐齐哈尔
153	C	《豫言报》	1917 年	河南开封

序号	类型	名称	时间	办报地点或办报机构
154	A	《河南鸣报》	1917 年	湖北县城
155	C	《救同讲演周刊》	1919 年	洛阳
156	C	《觉剑》	1919 年	湖北随县
157	C	《河洛周刊》	1919 年	洛阳
158	C	《诸暨民报》	1919 年	浙江诸暨
159	A	《通扬日报》	1919 年	江苏扬州
160	C	《徐州日报》	1919 年	江苏徐州
161	G	《民生报》	1920 年	江苏徐州
162	A	《九华钟日报》	1920 年	安徽
163	A	《泰报》	1920 年	江苏泰州
164	E	《汉中日报》	1920 年	陕西汉中
165	C	《友世画报》	1920 年	上海
166	A	《宿县导报》	1921 年	安徽宿县
167	C	《雅言》	1921 年	江苏东台
168	F	《赤潮》	1921 年	江苏徐州
169	C	《民治日报》	1921 年	湖北宜昌
170	C	《宿县日报》	1921 年	安徽宿县（现宿州市）
171	C	《泰东卫生会报》	1921 年	江苏海安
172	E	《宜昌日报》	1922 年	湖北宜昌
173	C	《警刊》	1922 年	湖北宜昌
174	A	《儿童画报》	1922 年	上海
175	C	《消闲周刊》	1922 年	江苏泰州
176	E	《豫省简报》	1922 年	河南开封
177	E	《扶余日刊》	1923 年	江西扶余
178	E	《宜昌新闻报》	1923 年	湖北宜昌
179	C	《梯云》	1923 年	江西义宁
180	A	《皖淮报》	1923 年	安徽蚌埠
181	C	《宜昌商报》	1923 年	湖北宜昌
182	A	《绥远日报》	1923 年	绥远
183	F	《楚北日报》	1923 年	湖北汉口
184	C	《友声月刊》	1923 年	江苏泰州
185	C	《涛声》	1923 年	江苏泰州

序号	类型	名称	时间	办报地点或办报机构
186	C	《桃之华》	1923 年	江苏泰州
187	C	《曲水》	1924 年	江苏泰县 （现泰州市姜堰区）
188	A	《铎声》	1924 年	江苏泰县
189	C	《文光》	1924 年	江苏泰县
190	C	《集秀》	1924 年	江苏泰县
191	G	《中报》	1924 年	湖北宜昌
192	C	《豫州时报》	1924 年	河南开封
193	G	《国民日报》	1924 年	内蒙古包头
194	G	《新民日报》	1924 年	内蒙古包头
195	A	《国民快览》	1924 年	上海
196	C	《我们的通讯》	1924 年	河南开封
197	C	《包头周报》	1925 年	内蒙古包头
198	E	《西北民报》	1925 年	内蒙古包头
199	G	《察哈尔平安日报》	1925 年	张家口
200	E	《西北日报》	1925 年	内蒙古包头
201	E	《宜昌大公报》	1925 年	湖北宜昌
202	E	《新涪声报》	1925 年	重庆涪陵
203	A	《滨江画报》	1925 年	哈尔滨
204	C	《海棠花片》	1925 年	江苏泰县
205	C	《素心》	1925 年	江苏泰县
206	C	《泰月》	1925 年	江苏泰县
207	C	《文风》	1926 年	江苏泰州
208	E	《新涪陵报》	1926 年	重庆涪陵
209	C	《赤水三日刊》	1926 年	贵州赤水
210	C	《正心报》	1926 年	湖北宜昌
211	C	《少年友谊报》	1926 年	湖北宜昌
212	C	《农民画报》	1926 年	湖北汉口
213	C	《现实生活》	1926 年	河南开封
214	E	《革命画报》	1926 年	广州
215	E	《黎川三日刊》	1926 年	江西黎川
216	E	《中山日报》	1926 年	重庆北碚

序号	类型	名称	时间	办报地点或办报机构
217	E	《中由周报》	1926 年	宁夏银川
218	E	《陇西民报》	1927 年	甘肃陇西
219	C	《妇女月刊》	1927 年	青海西宁
220	F	《红星》	1927 年	山东淄博
221	E	《醒鄢周报》	1927 年	河南许昌
222	G	《简报》	1927 年	陕西渭南
223	C	《曲江潮》	1928 年	四川双流
224	E	《冲锋报》	1928 年	山东济宁
225	C	《三小学报》	1928 年	浙江桐庐
226	C	《蜀镜画报》	1928 年	四川成都
227	A	《上海漫画》	1928 年	上海
228	E	《嘉陵江日报》	1928 年	重庆北碚
229	E	《新生命画刊》	1928 年	重庆北碚
230	E	《蕲春日报》	1928 年	湖北蕲春
231	C	《怀阳三日刊》	1928 年	贵州赤水
232	E	《莱芜党声》	1928 年	山东莱芜
233	C	《心声》	1928 年	江苏泰县
234	E	《民声》	1928 年	江苏泰兴
235	E	《河间三日刊》	1928 年	河北河间
236	E	《南宫周报》	1929 年	河北南宫
237	G	《青年文艺》	1929 年	江苏泰县
238	F	《红星画报》	1929 年	江西瑞金
239	F	《工农兵》	1929 年	湘赣鄂边
240	F	《工农兵》	1929 年	广西左江
241	F	《群众报》	1929 年	广西龙州
242	E	《通俗周报》	1929 年	临武
243	F	《红日半月刊》	1929 年	河南商城
244	F	《红日五月刊》	1929 年	河南商城
245	F	《红日画报》	1929 年	河南商城
246	F	《右江日报》	1929 年	广西百色
247	E	《新黔北报》	1929 年	贵州赤水
248	A	《西北日报》	1929 年	临河

序号	类型	名称	时间	办报地点或办报机构
249	F	《新江津日报》	1929 年	重庆江津
250	E	《青海省政府公报》	1929 年	青海
251	E	《青海民国日报》	1929 年	青海
252	E	《国庆特刊》	1929 年	四川叙永
253	F	《新浏阳》	1930 年	湖南浏阳
254	F	《永定画报》	1930 年	福建永定
255	F	《暴动周刊》	1930 年	湖南浏阳
256	F	《前进报》	1930 年	湖南浏阳
257	F	《红旗日报》	1930 年	闽西苏维埃地区
258	F	《红报》	1930 年	闽西苏维埃地区
259	E	《新合江报》	1930 年	四川泸县
260	F	《少年先锋》	1930 年	闽西苏维埃地区
261	F	《红日报》	1930 年	安徽赤城
262	F	《福建红旗》	1930 年	闽西苏维埃地区
263	E	《民众喉舌》	1930 年	福建浦城
264	F	《工农报》	1930 年	江西
265	F	《画报》	1930 年	闽西苏维埃地区
266	E	《安乡民报》	1930 年	湖南安乡
267	E	《济宁县党政半周刊》	1930 年	山东济宁
268	E	《民众半月刊》	1930 年	江苏泰州
269	C	《考古丛刊》	1931 年	江苏泰县
270	F	《苏维埃》	1931 年	四川古蔺
271	F	《健康报》	1931 年	江西瑞金
272	F	《四川晓报》	1931 年	四川成都
273	E	《破晓月刊》	1931 年	山东济宁
274	E	《大庸民报》	1931 年	湖南大庸（现张家界）
275	C	《民意报》	1931 年	陕西西乡
276	E	《旬刊》	1931 年	河北景县
277	F	《瑞金红旗》	1931 年	江西瑞金
278	F	《战斗画报》	1931 年	湘赣鄂苏维埃地区
279	F	《湘赣红旗》	1931 年	湘赣苏维埃地区
280	F	《湖南决战周报》	1931 年	湖南苏维埃地区

续表

序号	类型	名称	时间	办报地点或办报机构
281	F	《湖南决战画报》	1931 年	湖南苏维埃地区
282	F	《斗争先锋》	1931 年	湖南浏阳
283	F	《平江农村周报》	1931 年	湖南岳阳
284	E	《青海民国日报》	1931 年	青海西宁
285	F	《列宁报》	1931 年	鄂豫皖苏区
286	F	《鄂豫皖红旗》	1931 年	鄂豫皖苏区
287	F	《苏维埃季刊》	1931 年	鄂豫皖苏区
288	F	《战斗报》	1931 年	鄂豫皖苏区
289	F	《红军报》	1931 年	鄂豫皖苏区
290	F	《共产主义 ABC》	1931 年	鄂豫皖苏区
291	F	《显微镜报》	1931 年	鄂豫皖苏区
292	E	《新古蔺周刊》	1931 年	四川古蔺
293	F	《红旗日报》	1931 年	湘鄂西地区
294	F	《半月刊》	1931 年	湖南苏区
295	E	《四二导报》	1931 年	陕西渭南
296	G	《广德日报》	1931 年	安徽广德
297	E	《黔阳民报》	1931 年	湖南洪江
298	C	《追求》	1931 年	陕西汉中
299	G	《海报》	1931 年	江苏泰县
300	C	《广报》	1931 年	安徽广德
301	G	《淮东报》	1932 年	江苏泰县
302	F	《红的江西》	1932 年	江西瑞金
303	E	《锁江日报》	1932 年	湖北蕲春
304	F	《少年先锋》	1932 年	湖南苏区
305	C	《公民周刊》	1932 年	重庆
306	F	《艰苦斗争》	1932 年	吉水县等附近地区
307	F	《政治工作》	1932 年	中国工农红军总政治部
308	F	《革命与战争画报》	1932 年	中国工农红军总政治部
309	E	《永顺民报》	1932 年	湖南永顺
310	F	《列宁青年》	1932 年	少共国际湘赣省委
311	F	《苏区工人》	1932 年	中华全国总工会 苏区执行局机关

序号	类型	名称	时间	办报地点或办报机构
312	F	《红光报》	1932 年	江西军区政治部
313	A	《施鹤日报》	1932 年	湖北恩施
314	F	《红色闽赣》	1932 年	福建
315	F	《红的江西》	1932 年	湘赣地区
316	F	《政治工作》	1932 年	中国工农红军政治部
317	F	《湘赣列宁青年》	1932 年	湖南苏区
318	F	《红旗》	1932 年	闽北分区委机关
319	F	《湘赣鄂红旗》	1932 年	湘赣鄂省委机关
320	F	《红光》	1932 年	江西军区政治部
321	G	《广报》	1932 年	安徽宣城
322	E	《泾报》	1932 年	安徽泾县
323	E	《萨县社会周报》	1932 年	萨拉齐
324	F	《瞄准画报》	1932 年	湘鄂赣军区政治部
325	F	《赤色儿童》	1933 年	江西瑞金
326	E	《和林周报》	1933 年	和林格尔
327	E	《临武民报》	1933 年	湖南临武
328	F	《春耕运动画报》	1933 年	江西瑞金
329	F	《时刻准备着》	1933 年	江西瑞金
330	F	《选举运动画报》	1933 年	江西瑞金
331	F	《三八画报》	1933 年	江西瑞金
332	F	《加紧准备大检阅画报》	1933 年	江西瑞金
333	F	《互济画报》	1933 年	江西瑞金
334	C	《南风》	1933 年	湖南临武
335	F	《红色闽北》	1933 年	闽北分区委机关
336	F	《红色东北》	1933 年	闽浙赣省委
337	E	《碧报》	1933 年	甘肃文县
338	F	《选举运动画报》	1933 年	江西瑞金
339	F	《省委通讯》	1933 年	江西瑞金
340	F	《司法汇刊》	1933 年	江西瑞金
341	F	《湘赣斗争》	1933 年	湘赣苏区
342	F	《红色湘赣》	1933 年	湘赣苏区
343	F	《青年实话》	1933 年	福建

序号	类型	名称	时间	办报地点或办报机构
344	F	《少共国际师画报》	1933 年	福建
345	E	《新闻周报》	1933 年	陕西韩城
346	E	《蒙文周报》	1933 年	绥远
347	E	《乐山三日刊》	1933 年	四川乐山
348	E	《民知时报》	1933 年	陕西安康
349	C	《河套通讯》	1934 年	五原
350	E	《河套周报》	1934 年	五原
351	F	《五一国际劳动节画报》	1934 年	中华全国总工会
352	F	《战线》	1934 年	福建军区政治部
353	F	《红色福建》	1934 年	红色福建社
354	F	《拂晓报》	1934 年	江西军区政治部
355	E	《新新疆》	1934 年	新疆迪化
356	F	《红色江西》	1934 年	江西
357	E	《渭南报》	1934 年	陕西渭南
358	E	《汉中博报》	1934 年	陕西汉中
359	C	《南郑日报》	1934 年	陕西汉中
360	E	《南郑民众三日刊》	1934 年	陕西汉中
361	E	《抗日周刊》	1934 年	陕西汉中
362	E	《卫生周刊》	1934 年	陕西汉中
363	E	《宁羌之醒民周刊》	1934 年	陕西汉中
364	E	《新盘十日》	1934 年	贵州盘县（现盘州市）
365	E	《赤水民治》	1934 年	贵州赤水
366	E	《新政刊》	1934 年	贵州江口
367	C	《边铎月刊》	1934 年	新疆
368	C	《实业周报》	1935 年	绥远
369	C	《雅江周刊》	1935 年	四川乐山
370	C	《池阳通讯》	1935 年	安徽贵池
371	C	《农商日报》	1935 年	河南许昌
372	E	《新时代画报》	1935 年	四川泸县
373	E	《临河公报》	1935 年	内蒙古临河
374	E	《南郑日报》	1935 年	贵州遵义
375	C	《播声报》	1935 年	宁波石浦

序号	类型	名称	时间	办报地点或办报机构
376	G	《南乡新闻报》	1936 年	陕西南郑
377	E	《邛崃周刊》	1936 年	四川邛崃
378	A	《清江周报》	1936 年	湖北恩施
379	E	《贵溪半月谈》	1936 年	江西贵溪
380	E	《徐报》	1936 年	江苏徐州
381	E	《民众周刊》	1936 年	四川叙永
382	E	《清江日报》	1937 年	湖北恩施
383	E	《绵竹县政府公报》	1937 年	四川绵竹
384	E	《团讯》	1937 年	四川成都
385	E	《大邑旬刊》	1937 年	四川大邑
386	F	《晋察冀日报》	1937 年	晋察冀军区
387	E	《新长乐》	1937 年	福建长乐
388	F	《抗战日报》	1937 年	晋察冀地区
389	E	《民众教育周刊》	1937 年	四川双流
390	E	《射洪政刊》	1937 年	四川射洪
391	E	《抗建周刊》	1937 年	四川简阳
392	F	《大家看》	1937 年	四川自贡
393	E	《凤凰民报》	1937 年	湖南凤凰
394	E	《高县青年旬刊》	1937 年	四川高县
395	E	《临夏日报》	1937 年	甘肃临夏
396	F	《陇东报》	1937 年	甘肃庆阳
397	F	《胜利报》	1937 年	山西
398	G	《中南日报》	1937 年	安徽广德
399	E	《安康日报》	1937 年	陕西安康
400	C	《河套新民报》	1937 年	内蒙古五原
401	E	《力行旬刊》	1938 年	四川洪雅
402	F	《战斗日报》	1938 年	山西
403	C	《民众周报》	1938 年	四川丹棱
404	F	《动员周报》	1938 年	冀南地区
405	E	《学生军》	1938 年	四川绵阳
406	E	《乾城民报》	1938 年	湖南乾城（现吉首）
407	F	《大众画报》	1938 年	晋西美术厂

序号	类型	名称	时间	办报地点或办报机构
408	E	《荡寇报》	1938 年	贵州毕节
409	F	《胜利报》	1938 年	晋冀特委机关
410	F	《大众报》	1938 年	山西沁水
411	F	《大众报》	1938 年	河北束鹿（现辛集市）
412	E	《中山日报》	1938 年	湖南保靖
413	E	《固原三日刊》	1938 年	宁夏固原
414	F	《烽火报》	1938 年	冀鲁地区
415	C	《邛崃三日刊》	1938 年	四川邛崃
416	F	《动员》	1938 年	山东曹县
417	E	《仁寿日报》	1938 年	四川仁寿
418	E	《蓬溪三日刊》	1938 年	四川蓬溪
419	G	《西北战线》	1938 年	山西
420	F	《动员》	1938 年	晋鲁豫地区
421	F	《烽火报》	1938 年	鲁北地区
422	F	《战斗三日报》	1938 年	山西汾西
423	F	《抗敌副刊》	1938 年	晋察冀军区
424	F	《河山战报》	1938 年	河北
425	F	《边政导报》	1938 年	晋察冀边区
426	F	《冀中导报》	1938 年	冀中党委机关
427	F	《前线报》	1938 年	冀中军区
428	E	《铎声报》	1938 年	湖南大庸
429	E	《通俗日报》	1938 年	湖南桃源
430	F	《动员旬刊》	1938 年	安徽天长
431	F	《长江日报》	1938 年	安徽安庆
432	E	《动员旬刊》	1938 年	安徽泾县
433	F	《抗战报》	1938 年	晋察冀边区
434	F	《子弟兵报》	1938 年	晋察冀军区
435	E	《庆元日报》	1938 年	浙江庆元
436	E	《山东民国日报》	1938 年	山东沂水
437	E	《许昌日报》	1938 年	河南许昌
438	E	《印江日报》	1938 年	贵州印江
439	F	《冀南日报》	1939 年	河北南宫

序号	类型	名称	时间	办报地点或办报机构
440	E	《浙西日报》	1939 年	浙江於潜
441	F	《大众日报》	1939 年	山东沂水
442	E	《合肥日报》	1939 年	安徽
443	F	《黄河日报（上党版）》	1939 年	山西
444	F	《黄河日报（路东版）》	1939 年	山西壶关
445	F	《太南日报》	1939 年	山西壶关
446	E	《邛崃》	1939 年	四川邛崃
447	C	《邛崃新闻旬刊》	1939 年	四川邛崃
448	F	《前进报》	1939 年	江苏武丹
449	E	《督导旬报》	1939 年	华北战地督导民众服务团书记处
450	E	《新闻报》	1939 年	华北战地督导民众服务团书记处
451	E	《政训月报》	1939 年	华北战地督导民众服务团书记处
452	E	《边疆新闻通讯稿》	1939 年	四川宜宾
453	E	《民智周刊》	1939 年	重庆潼南
454	F	《先锋报》	1939 年	定南
455	F	《前线画报》	1939 年	河北
456	A	《建宁报》	1939 年	四川西昌
457	E	《平武导报》	1939 年	四川平武
458	E	《铁血旬刊》	1939 年	四川西昌
459	C	《绿野》	1939 年	四川西昌
460	E	《富顺三日刊》	1939 年	四川富顺
461	E	《宁远报》	1939 年	四川西昌
462	E	《日日新闻》	1939 年	四川宜宾
463	E	《党政周刊》	1939 年	四川宣汉
464	C	《战时漫画》	1939 年	四川叙永
465	F	《抗敌画报》	1939 年	安徽泾县
466	G	《先导日报》	1939 年	安徽贵池
467	E	《扫荡简报》	1939 年	四川雅安
468	F	《复报》	1939 年	江西九江

序号	类型	名称	时间	办报地点或办报机构
469	F	《边区教育》	1939 年	晋察冀边区
470	F	《救国报》	1939 年	晋察冀边区
471	F	《挺进报》	1939 年	冀察区革命根据地
472	E	《民众日报》	1939 年	察绥蒙旗
473	F	《抗战生活》	1939 年	太岳区革命根据地
474	F	《泰山时报》	1939 年	山东莱芜
475	F	《群众报》	1939 年	清河特委（现淄博淄川）
476	F	《战友周刊》	1939 年	晋鲁豫军区
477	F	《新华日报（太南版）》	1939 年	山西壶关
478	F	《皖东北日报》	1939 年	安徽泗县
479	E	《新铜仁报》	1939 年	贵州铜仁
480	E	《榕江半月刊》	1940 年	贵州榕江
481	F	《边区群众报》	1940 年	陕甘宁边区
482	F	《新民主报》	1940 年	冀中地区
483	E	《湄潭县政府工作周报》	1940 年	贵州湄潭
484	C	《三角地带》	1940 年	山西运城
485	E	《中条战报》	1940 年	山西运城
486	E	《宜昌三日刊》	1940 年	湖北宜昌
487	C	《隆昌人报》	1940 年	四川宜宾
488	E	《新宜昌报》	1940 年	湖北宜昌
489	E	《北原战报》	1940 年	山西晋城
490	F	《鲁西日报》	1940 年	山东
491	F	《新群众报》	1940 年	鲁南地区
492	F	《群众导报》	1940 年	苏南澄西（现江阴市）
493	F	《前进报》	1940 年	河北唐山
494	F	《前进报》	1940 年	河南鲁山
495	F	《抗战日报》	1940 年	晋察冀地区
496	E	《山东公报》	1940 年	山东莒县
497	C	《志林》	1940 年	四川三台
498	F	《山地》	1940 年	太岳山区
499	C	《冀中教师》	1940 年	冀中文建会
500	F	《团结报（洪流报）》	1940 年	冀中六地委

续表

序号	类型	名称	时间	办报地点或办报机构
501	F	《新民主报》	1940 年	七地委
502	F	《群声报》	1940 年	八地委
503	F	《湖西日报》	1940 年	苏鲁豫区委
504	E	《保山日报》	1940 年	云南保山
505	F	《人民报》	1940 年	山西平顺
506	F	《新时代》	1940 年	山西平顺
507	E	《大庸青年报》	1940 年	湖南大庸
508	E	《抗建报》	1940 年	湖南大庸
509	E	《团结报》	1940 年	江西邬县（现邬州市）
510	F	《太岳日报》	1940 年	山西沁源
511	F	《晋西大众报》	1940 年	山西兴县
512	F	《扩补通讯》	1940 年	冀南革命根据地
513	E	《新山东报》	1940 年	鲁中地区
514	F	《抗敌报（江北版）》	1940 年	苏北地区
515	E	《高县新刊》	1940 年	四川高县
516	E	《禁烟月刊》	1940 年	四川川北地区
517	A	《小星报》	1940 年	四川泸县
518	E	《璧山导报》	1940 年	四川璧山
519	E	《开县新闻》	1940 年	四川开县（现开州区）
520	C	《师中校刊》	1940 年	四川南川
521	E	《江油公报》	1940 年	四川江油
522	C	《国立女子师范学院旬刊》	1940 年	四川江津
523	C	《珙县民报》	1940 年	四川珙县
524	C	《珙县自治旬刊》	1940 年	四川珙县
525	F	《阵地报》	1940 年	晋察冀地区
526	F	《新生报》	1940 年	晋察冀地区
527	F	《团结报》	1940 年	晋察冀地区
528	F	《晋西大众报》	1940 年	山西吕梁
529	E	《永绥民报》	1940 年	湖南永绥（现花垣县）
530	C	《察绥民众日报》	1940 年	内蒙古包头
531	F	《人民报》	1940 年	安徽泗县
532	F	《滨海时报》	1940 年	山东海滨区

续表

序号	类型	名称	时间	办报地点或办报机构
533	E	《南宁日报》	1940 年	广西南宁
534	E	《忠贞报》	1941 年	湖南永绥
535	F	《新胶东报》	1941 年	山东烟台
536	F	《昆嵛报》	1941 年	山东烟台
537	F	《淮海报》	1941 年	安徽泗县
538	E	《胜利旬刊》	1941 年	四川资阳
539	F	《海启大众》	1941 年	江苏
540	F	《民主报》	1941 年	鲁西南地区
541	F	《新民主报》	1941 年	山东
542	A	《新雅报》	1941 年	四川雅安
543	F	《支部通讯》	1941 年	晋鲁豫地区
544	F	《太湖报》	1941 年	苏皖地区
545	F	《晋冀豫日报》	1941 年	山西和顺
546	F	《太南导报》	1941 年	山西平顺
547	F	《人山报》	1941 年	冀南地区
548	C	《鄱阳抗敌三日刊》	1941 年	江西鄱阳
549	F	《人民周报》	1941 年	山西
550	F	《光明报》	1941 年	山西平顺
551	F	《群众报》	1941 年	胶东地区
552	F	《运西日报》	1941 年	鲁西地区
553	C	《东北集刊》	1941 年	四川三台
554	G	《民情旬刊》	1941 年	四川垫江
555	E	《綦江潮》	1941 年	四川綦江
556	E	《青年报》	1941 年	四川剑阁
557	C	《巫山间日刊》	1941 年	四川巫山
558	F	《前进报》	1941 年	山东济南莱芜
559	E	《安岳县国民教育视导团专刊》	1941 年	四川安岳
560	E	《新襄阳日报》	1941 年	湖北襄阳
561	F	《北海时报》	1941 年	山东烟台
562	F	《西海导报》	1941 年	山东烟台
563	F	《正义报》	1941 年	鄂东特委
564	F	《大众》	1941 年	苏皖边区

序号	类型	名称	时间	办报地点或办报机构
565	C	《太岳文艺》	1941 年	山西洪洞
566	E	《蕲春周刊》	1941 年	湖北蕲春
567	G	《黔声日报》	1941 年	贵州遵义
568	C	《遵义周报》	1941 年	贵州遵义
569	E	《铁军周刊》	1941 年	贵州黔西
570	E	《青年导报》	1941 年	贵卅 盘县
571	E	《凤台话报》	1942 年	安徽凤台
572	E	《江口旬刊》	1942 年	贵州江口
573	C	《通讯月刊》	1942 年	贵州江口
574	F	《鄂东报》	1942 年	鄂东特委
575	E	《永川新闻》	1942 年	重庆永川
576	E	《奉节三日刊》	1942 年	重庆奉节
577	F	《晋豫日报》	1942 年	山西
578	F	《群众报》	1942 年	冀南地区
579	F	《饶州民报》	1942 年	江西饶州（现鄱阳县）
580	E	《三边报》	1942 年	陕西定边
581	F	《先进》	1942 年	新四军
582	F	《先进画报》	1942 年	新四军
583	F	《儿童画报》	1942 年	陕西延安
584	F	《正义报》	1942 年	山西兴县
585	F	《大道月刊》	1942 年	鲁西地区
586	E	《滇西日报》	1942 年	云南大理
587	E	《滇东日报》	1942 年	云南昭通
588	F	《黎明报》	1942 年	河北深泽
589	F	《抗战生活》	1942 年	冀南地区
590	F	《沂蒙导报》	1942 年	鲁中地区
591	E	《怒江涛日报》	1942 年	云南
592	F	《鲁中日报》	1942 年	鲁中地区
593	F	《滏阳报》	1942 年	河北新河
594	F	《滏运报》	1942 年	河北沧州
595	E	《铜仁日报》	1942 年	贵州铜仁
596	E	《锦屏半月刊》	1942 年	贵州锦屏

序号	类型	名称	时间	办报地点或办报机构
597	E	《新江口》	1942 年	贵州江口
598	E	《新思南》	1942 年	贵州思南
599	E	《新黎平》	1942 年	贵州黎平
600	E	《新锦屏》	1942 年	贵州锦屏
601	G	《禹乡》	1943 年	四川茂县
602	E	《民众画报》	1943 年	贵州三穗
603	F	《祖国呼声》	1943 年	晋绥抗日根据地
604	F	《冀南日报》	1943 年	河北南宫
605	E	《民权旬报》	1943 年	四川宣汉
606	F	《山东画报》	1943 年	山东沂蒙地区
607	E	《文县周报》	1943 年	甘肃文县
608	E	《新文报》	1943 年	甘肃文县
609	E	《新赤水报》	1943 年	贵州湄潭
610	E	《文报》	1943 年	甘肃文县
611	E	《河防通讯》	1943 年	陕西渭南
612	F	《滦东日报》	1943 年	河北卢龙
613	E	《大荔青年》	1943 年	陕西渭南
614	C	《八师学生》	1943 年	湖南
615	E	《永绥青年报》	1943 年	湖南
616	F	《大家看画报》	1943 年	鲁北陵县 （现德州陵城区）
617	E	《荣圣简报》	1943 年	湖南靖县 （现靖州苗族侗族自治县）
618	F	《战友报》	1943 年	晋鲁豫地区
619	F	《新习水》	1943 年	贵州习水
620	G	《江龄报》	1943 年	苏北地区
621	F	《新湄潭》	1943 年	贵州湄潭
622	F	《黎明报》	1944 年	鲁北陵县
623	F	《新生报》	1944 年	豫皖苏军区
624	E	《湄潭县政府公报》	1944 年	贵州湄潭
625	E	《贵池简报》	1944 年	安徽贵池
626	E	《正风报》	1944 年	贵州赤水

序号	类型	名称	时间	办报地点或办报机构
627	E	《新清镇半月刊》	1944 年	贵州清镇
628	F	《苏南报》	1944 年	浙江
629	F	《胶东画报》	1944 年	山东
630	E	《陇西青年》	1944 年	甘肃陇西
631	E	《鹃声》	1944 年	四川郫县（现为郫都区）
632	E	《峨眉旬刊》	1944 年	四川峨眉县
633	A	《远东新闻》	1944 年	四川叙永
634	A	《远东新闻周报》	1944 年	四川叙永
635	E	《政工报》	1944 年	四川绵阳
636	E	《都昌实验简报》	1944 年	江西九江
637	F	《工作与学习》	1944 年	太行区委
638	F	《鲁西北日报》	1944 年	鲁西北地委
639	E	《华中日报》	1944 年	陕西西安
640	F	《前哨画报》	1944 年	新四军
641	F	《拂晓画报》	1944 年	新四军
642	A	《新雅报》	1944 年	西康（原西康省，现归四川）
643	F	《关中报》	1944 年	陕西旬邑
644	F	《苏北画报》	1944 年	安徽阜宁
645	E	《蕲春三日刊》	1944 年	湖北蕲春
646	C	《三立报》	1944 年	四川泸县
647	F	《天津导报》	1945 年	冀中区党委
648	F	《滨海农村》	1945 年	滨海区委
649	G	《潮声周报》	1945 年	重庆彭县（现彭水苗族土家族自治县）
650	C	《沐爱教育旬刊》	1945 年	四川宜宾
651	F	《晋绥大众报》	1945 年	山西兴县
652	G	《神木民报》	1945 年	陕西神木
653	E	《青年报》	1945 年	江西九江
654	C	《会计学会会刊》	1945 年	山西长治
655	F	《战斗报》	1945 年	晋绥边区
656	C	《胜利晚报》	1945 年	贵州兴义

序号	类型	名称	时间	办报地点或办报机构
657	A	《炉山民报》	1945 年	贵州凯里
658	E	《建国日报》	1945 年	安徽怀宁
659	E	《军中导报》	1945 年	四川璧山
660	E	《白沙实验简报》	1945 年	四川白沙
661	E	《启明周报》	1945 年	四川南部县
662	E	《湔声周报》	1945 年	四川彭县（现彭州市）
663	F	《天津导报》	1945 年	冀中地区
664	E	《胜峰报》	1945 年	云南曲靖
665	E	《广德青年》	1945 年	安徽广德
666	E	《会泽声报》	1945 年	云南曲靖
667	E	《岷县日报》	1945 年	甘肃岷县
668	C	《新星报》	1945 年	四川泸县
669	E	《青年周报》	1945 年	河南许昌
670	F	《山东邮电报》	1945 年	山东益都（现青州市）
671	E	《镇远报》	1945 年	贵州镇远
672	E	《安县旬报》	1946 年	四川安县（现安州区）
673	C	《许都日报》	1946 年	河南许昌
674	F	《人民画报》	1946 年	中共晋绥分局
675	E	《习水青年报》	1946 年	贵州习水
676	E	《复兴晚报》	1946 年	安徽贵池
677	F	《团结报》	1946 年	河北南宫
678	E	《立人报》	1946 年	贵州惠水
679	C	《博望坡》	1946 年	贵州赤水
680	E	《奋斗日报蒙文版》	1946 年	内蒙古
681	E	《蒙汉联合画报》	1946 年	内蒙古
682	E	《兴义通讯》	1946 年	贵州兴义
683	F	《德州时报》	1946 年	山东德州
684	E	《青年导报》	1946 年	临武
685	E	《大道报》	1946 年	临武
686	E	《哈密日报》	1946 年	新疆哈密
687	C	《万溶江》	1946 年	湖南吉首
688	C	《海原民报》	1946 年	宁夏

序号	类型	名称	时间	办报地点或办报机构
689	C	《乡风》	1946 年	四川綦江
690	C	《白云》	1946 年	重庆
691	C	《建国先锋》	1946 年	四川綦江
692	E	《新血轮》	1946 年	江西九江
693	C	《开平周报》	1946 年	湖南邵阳
694	F	《人民的军队》	1946 年	晋冀鲁豫军区
695	F	《渤海民兵》	1946 年	山东滨州
696	E	《新安龙》	1946 年	贵州安龙
697	F	《战士报》	1946 年	湖南邵阳
698	E	《思南周报》	1946 年	贵州思南
699	E	《新习水报》	1946 年	贵州湄潭
700	F	《人民的军队》	1946 年	河北邯郸
701	G	《自卫队》	1946 年	东北地区
702	E	《崇安民报》	1946 年	闽北地区
703	E	《君山报》	1946 年	闽北地区
704	E	《新颍报》	1946 年	安徽颍上
705	G	《颍上日报》	1946 年	安徽颍上
706	E	《巢县日报》	1946 年	安徽巢县（现属巢湖市）
707	G	《泾县日报》	1946 年	安徽泾县
708	E	《巢声报》	1946 年	安徽巢县
709	F	《大众画报》	1946 年	苏北地区
710	F	《少年画报》	1946 年	苏北地区
711	G	《广德报》	1946 年	安徽广德
712	C	《綦江周报》	1946 年	四川綦江
713	C	《綦江》	1946 年	四川綦江
714	C	《民意报》	1946 年	四川泸县
715	F	《草原之路》	1947 年	内蒙古西科中旗（现属兴安盟）
716	F	《襄南报》	1947 年	湖北沙市
717	G	《五原导报》	1947 年	内蒙古
718	C	《宁阳青年报》	1947 年	安徽宣城
719	C	《自力周刊》	1947 年	四川邛崃

序号	类型	名称	时间	办报地点或办报机构
720	F	《支援前线报》	1947 年	河北南宫
721	E	《正气报》	1947 年	江西九江
722	E	《正义报》	1947 年	江西九江
723	E	《正义报》	1947 年	贵州松桃
724	F	《大众报》	1947 年	晋鲁豫地区
725	F	《皖西日报》	1947 年	皖西地区
726	F	《西海大众》	1947 年	山东烟台
727	F	《农村生活》	1947 年	冀鲁豫地区
728	F	《直南大众》	1947 年	冀鲁豫地区
729	F	《民主报》	1947 年	冀鲁豫地区
730	F	《冀鲁豫画报》	1947 年	冀鲁豫地区
731	F	《农村画报》	1947 年	冀鲁豫地区
732	F	《博山民报》	1947 年	山东博山 （现淄博市博山区）
733	F	《职工生活》	1947 年	晋鲁豫地区
734	F	《农村生活》	1947 年	晋鲁豫地区
735	F	《农村画报》	1947 年	晋鲁豫地区
736	F	《远东通讯》	1947 年	晋鲁豫地区
737	E	《三边报》	1947 年	陕西靖边
738	E	《阿旗简报》	1947 年	内蒙古阿拉善
739	C	《援声》	1947 年	四川富顺
740	E	《民声报》	1947 年	贵州习水
741	G	《楚南》	1947 年	湖南零陵 （现永州市零陵区）
742	C	《蒙声半月刊》	1947 年	张家口
743	G	《敬言报》	1947 年	安徽广德
744	C	《綦江日报》	1947 年	四川綦江
745	F	《儿童健康画报》	1947 年	福建沙县
746	F	《民声报》	1947 年	辽宁北票
747	A	《扬报》	1947 年	江苏扬州
748	E	《临武正报》	1948 年	湖南临武
749	E	《新文报》	1948 年	甘肃文县

续表

序号	类型	名称	时间	办报地点或办报机构
750	F	《新民主报》	1948 年	山东济南
751	F	《襄西报》	1948 年	中共襄西工委
752	F	《鄂豫报》	1948 年	中共鄂豫区委
753	F	《桐柏日报》	1948 年	河南桐柏
754	F	《冀南画报》	1948 年	冀南地区
755	C	《虺江》	1948 年	贵州赤水
756	F	《翻身报》	1948 年	河南汤阴
757	F	《人民子弟兵》	1948 年	河北邯郸
758	F	《陕南新闻》	1948 年	陕南区委
759	F	《冀南画报》	1949 年	河北
760	F	《冀南日报》	1949 年	河北
761	F	《人民子弟兵》	1949 年	华北军区
762	F	《运输通讯》	1949 年	西北军区
763	C	《光明报》	1949 年	江西修水
764	C	《万榕江》	1949 年	湖南乾城（现为吉首市）
765	C	《人民报》	1949 年	湖南大庸
766	F	《战声报》	1949 年	安徽淮北
767	F	《一二一报》	1949 年	四川叙永
768	E	《贵池导报》	1949 年	安徽贵池
769	C	《新赤水日刊》	1949 年	贵州赤水
770	F	《滇西北日报》	1949 年	云南大理
771	F	《翻身报》	1949 年	云南丽江
772	C	《兴化市乡公报》	民国初年	江苏兴化
773	G	《抗战导报》	抗战期间	山西高平
774	G	《抗战三日刊》	抗战期间	山西兴县
775	G	《冲钟三日刊》	抗战期间	太岳地区
776	C	《曙光》	抗战期间	陕西汉中
777	E	《镇平民报》	抗战期间	河南镇平
778	E	《青年周刊》	抗战期间	河南镇平
779	E	《冀城民报》	抗战期间	河北
780	E	《峡风三日刊》	抗战期间	重庆巫山
781	C	《养正校刊》	抗战期间	贵州黔西

序号	类型	名称	时间	办报地点或办报机构
782	E	《冲锋日报》	抗战期间	山东冠县
783	E	《抗战先锋》	抗战期间	山东堂邑
784	E	《抗日导报》	抗战期间	山东
785	E	《动员日报》	抗战期间	山东夏津
786	E	《建国日报》	抗战期间	山东临清
787	E	《战地周报》	抗战期间	山东恩县 （现被划归平原、 夏津和武城县）
788	C	《群众周报》	抗战期间	山东阳谷
789	C	《群众周刊》	抗战期间	山东朝城 （现属莘县地区）
790	C	《荡寇日报》	抗战期间	山东清平 （现被划归临清市、 高唐县和茌平区）
791	G	《太和动员导报》	抗战期间	安徽阜阳
792	G	《动员三日刊》	抗战期间	安徽阜阳
793	G	《午报》	抗战期间	安徽阜阳

注：* 类型一栏代表行动者：A 为商人，B 为维新派，C 为其他中国文人，D 为清政府，E 为国民党，F 为中国共产党，G 为其他。

图书在版编目(CIP)数据

中国近代石印报刊研究：基于场域理论的视角 / 曾丹著 . --北京：社会科学文献出版社，2024.12.
(思雅传媒丛书) . --ISBN 978-7-5228-4537-1

Ⅰ . G219.295

中国国家版本馆 CIP 数据核字第 202441FV51 号

· 思雅传媒丛书 ·

中国近代石印报刊研究

——基于场域理论的视角

著　　者 / 曾　丹

出 版 人 / 冀祥德
责任编辑 / 刘　荣
文稿编辑 / 贾全胜
责任印制 / 王京美

出　　版 / 社会科学文献出版社 (010) 59367011
　　　　　地址：北京市北三环中路甲 29 号院华龙大厦　邮编：100029
　　　　　网址：www.ssap.com.cn
发　　行 / 社会科学文献出版社 (010) 59367028
印　　装 / 三河市龙林印务有限公司

规　　格 / 开　本：787mm×1092mm　1/16
　　　　　印　张：22.5　字　数：366 千字
版　　次 / 2024 年 12 月第 1 版　2024 年 12 月第 1 次印刷
书　　号 / ISBN 978-7-5228-4537-1
定　　价 / 158.00 元

读者服务电话：4008918866